INCLUSION AND DEMOCRACY

포용과 민주주의

아이리스 매리온 영 지음
김희강·나상원 옮김

IRIS MARION YOUNG

PARKYOUNG
publishing&company

감사의 말

이 책의 윤곽은 1995년 여름학기 괴테대학(Johann Wolfgang von Goethe Universität)에서 진행했던 민주주의이론 세미나에서 구상했던 것이다. 당시 함께 세미나를 했던 일원들 모두가 이 책의 논지를 발전시키는 내 생각을 자극하는 데 기여했다. 콘라디(Lisa Conradi), 크렙스(Angelika Kreps), 나시멘토(Amos Nasimento), 푸욜(Katharina Pühl), 라이엑(Anna Riek), 세자인(Hillal Segin) 그리고 이름은 좀 가물거리지만 그들의 음성과 면면이 여전히 머릿속에 선한 다른 일원들에게도 사의(謝意)를 표하는 바이다.

이 책의 초기 구상은 1994년 미국인문학이사회(American Council of Learned Societies)의 한 학기 지원금으로 진행되었다. 피츠버그대학(University of Pittsburgh)이 부여한 안식년(1996~97년)의 기회로 말미암아 프린스턴대학의 인간가치센터(Center for Human Values at Princeton University)에서 이 프로젝트를 진행할 수 있었다. 센터의 지원, 그리고 작업할 수 있는 지적 자극과 인간미 넘치는 분위기에 심심한 감사를 표한다.

일부 장들은 일찍이 학회에서 발표하고 발전시켜 그 후 편서의 북 챕터로 출판했던 것들이다. 이들 아이디어를 가다듬고 선보일 수 있는 기회와 지면을 할애해준 편집자들에게 감사인사를 올리고 싶다. 2장의 일부는 카드(Claudia Card)가 편집한 『페미니스트 윤리와 정치(Feminist Ethics and Politics)』(Lawrence: University of Kansas Press, 1999)의 '정치적 포용의 징표인 공적 인정(Public Address as a Sign of Political Inclusion)'을 바탕으로 했다. 3장의 일부는 보만(James Bohman)과 레그(William Rehg)가 편집한 『심의와 민주주의(Deliberation and Democracy)』(Cambridge, Mass.: MIT Press, 1997)의 '민주적 의사소통의 밑거름으로서 차이(Difference as a Resource in Democratic Communication)'를 기반으로 했다. 4장은 샤피로(Ian Shapiro)와 킴리카(Will Kymlicka)의 편서 『인종과 집단권리(Ethnicity and Group Rights)』, NOMOS 29(New York: New York University Press, 1997)의 '지연된 집단대표성(Deferring Group Representation)'을 대폭 수정한 것이다. 5장은 샤피로(Ian Shapiro)와 칼더론-헤커(Casiano Calderon-Hacker)의 편서 『민주주의의 가치(Democracy's Value)』(Cambridge: Cambridge University Press, 1999)의 '국가, 시민사회 그리고 사회정의(State, Civil Society and Social Justice)'가 근간이 되었다. 6장은 아이슨(Engin Isen)이 편집한 '도시에서의 권리(Rights to the City)'를 부제로 한 학술지 『시민자격연구(Citizenship Studies)』의 특별판에 수록된 '거주의 칸막이화와 차별화된 시민자격(Residential Segregation and Differentiated Citizenship)'을 두텁게 수정한 것이다. 7장은 마케도(Stephen Macedo)와 샤피로(Ian Shapiro)가 편집한 『민주적 제도설계(Designing Democratic Institutions)』, NOMOS 39(New York: New York University Press, 2000)에 수록된 '자기결정과 글로벌 민주주의: 자유주의적 민족주의 비판(Self-Determination and Global Democracy: A Critique of Liberal Nationalism)'을 큰 폭으로 손질했다.

나는 지난 5년간 많은 대학과 컨퍼런스에서 각 장의 아이디어와 논지를 발표했었다. 살아있는 매번의 토론이 내 생각을 더 정교하게 다듬

어줬기 때문에, 나 또한 이들에게 감사를 전하지 않을 수 없다. 여러 동료들이 이 책의 여러 부분을 읽고 귀중한 논평을 보내주셨다: 보만(James Bohman), 브러쉬(Lisa Brush), 구딩-윌리암스(Robert Gooding-Williams), 그리에프(Pablo De Greiff), 것만(Amy Gutmann), 헌올드(Christian Hunold), 인그람(David Ingram), 아이작(Jeffrey Isaac), 제거(Alison Jaggar), 맥커시(Thomas McCarthy), 마투스틱(Martin Matustik), 프렛(Geraldine Pratt), 소자(Edward Soja), 그리고 튤리(James Tully), 뷰리가드(Robert Beauregard), 콕스(Joan Cocks), 트림버(John Trimbur), 그리고 윌리암스(Melissa Williams)는 초안 전체를 통독해 주셨다. 이들의 격려와 비판이 없었다면 이 책 곳곳에 틈이 많았을 것이다. 그래도 남아 있는 흠결에 대한 책임은 내 몫이다. 또한 자료 조사를 도와준 모그슨(Forrest Morgeson)에게도 고마움을 전한다.

알렉산더(Dave Alexander)는 산책을 하거나 벽난로 앞에서 내 아이디어에 대해 나와 많은 대화를 주고받았다. 그는 내 질문, 개념 그리고 논리주장이 더 매서워지도록 나를 독려해가며 각 장을 몇 번이고 읽었다. 내 글이 충분히 괜찮아졌다는 판단이 서면, 그는 나를 데리고 재즈를 들으러 갔다. 그의 지지와 동료애는 내 작업과 삶을 받치는 기둥이다.

역자해제

아이리스 영(Iris Young)의 정치철학*

김희강(고려대 행정학과)

***

아이리스 영은 1949년 1월 2일 미국 뉴욕시(New York City)에서 출생했다. 퀸스대학(Queens College)에서 철학을 전공하고, 1974년 펜실베이니아주립대학(Pennsylvania State University)에서 '비트겐슈타인의 언어와 말'에 대한 논문으로 철학 박사학위를 받는다. 이후 영은 마이에미대학(Miami University), 우스터공과대학(Worcester Polytechnic Institute) 등을 거쳐, 1991년부터 피츠버그대학교(University of Pittsburgh)의 '공공 및 국제문제 대학원(Graduate School of Public and International Affairs)'에서 정치철학을 가르쳤고, 1999년부터 2006년 8월 57세로 세상을 떠나기 전까지 시카고대학교(University of Chicago) 정치학과에서 정의론, 민주주의 이론, 페미니즘이론 등을 가르쳤다. 1970년대 영의 학문적 관심은 주로 현상학, 급진적 페미니즘, '여성의 체험, 체득 그리고 체현'에 초점

* 이 글은 김비환 외. 『현대정치의 위기와 비전』(서울: 아카넷, 2020)에 실린 김희강. "아이리스 영: 구조적 부정의와 포용적 민주주의"를 수정하여 재구성한 것이다.

이 맞춰졌으며, 당시의 연구들은 1990년 『여자처럼 던지기: 여성주의 철학과 사회이론』[1]에서 출판되었다. 이 책은 추후에 몇 개의 장이 추가되어 2005년 『여성 몸의 체험에 대하여: "여자처럼 던지기"와 다른 에세이』[2]라는 책으로 새롭게 개정 출판되었다. 1980년대 영은 연구영역을 현대정치이론과 정의론 분야로 확장시키며, 분배의 문제를 넘어 집단 간 억압과 지배에 주목하는 신좌파 정의론의 새로운 지평을 열게 된다. 이러한 연구는 1990년 『정의와 차이의 정치』[3]로 출판되었고, 영은 이 책을 통해서 학자로서 대내외적인 명성을 공고히 다지게 된다. 1990년대에 들어 영의 연구는 정의의 담지자로서 민주주의와 구체적인 사회정책을 다룸으로써, 이는 1997년 『교차하는 목소리: 젠더, 정치철학, 정책에서의 딜레마』[4]와 2000년 『포용과 민주주의』[5]로 성과를 발휘하게 된다. 2000년대에는 전지구적 정의와 책임이론에 보다 주목하게 된다. 팔레스타인/이스라엘 분쟁 및 9/11 이후의 안보 등의 이슈를 다룬 『글로벌 도전: 전쟁, 자결, 정의를 위한 책임』[6]이 2007년 마지막 책으로, 2011년에는 유고작인 『정의를 위한 책임』[7]이 출판되었다.

---

1 *Throwing Like a Girl: And Other Essays in Feminist Philosophy and Social Theory* (Bloomington and Indianapolis: Indiana University Press, 1990).

2 *On Female Body Experience: "Throwing Like a Girl" and Other Essays* (Oxford: Oxford University Press, 2005).

3 *Justice and the Politics of Difference* (Princeton, NJ: Princeton University Press, 1990). 김도균·조국 역. 『차이의 정치와 정의』(서울: 모티브북, 2017).

4 *Intersecting Voices: Dilemmas of Gender, Political Philosophy, and Policy* (Princeton, NJ: Princeton University Press, 1997).

5 *Inclusion and Democracy* (Oxford: Oxford University Press, 2000). 김희강·나상원 역. 『포용과 민주주의』(서울: 박영사, 2020).

6 *Global Challenges: War, Self-Determination, and Responsibility for Justice* (Cambridge, UK: Polity Press, 2007).

7 *Responsibility for Justice* (Oxford: Oxford University Press, 2011). 허라금·김양희·천수정 역. 『정의를 위한 정치적 책임』(서울: 이화여자대학교출판문화원, 2018).

영은 냉혹한 현실의 문제를 따뜻한 철학의 시각으로 분석한 가장 탁월한 학자이자 세상을 열렬히 사랑한 사회운동가였으며, 언제나 동등한 동료이자 학생을 살폈던 자상한 어머니와 같은 스승이었다.

***

영은 사회적 약자의 관점에서 정의(justice)와 민주주의를 논하는 대표적인 정치철학자이자 페미니즘이론가이다. 영 정치철학의 주요 아젠다는 사회정의, 글로벌 정의, 규범적 정책분석, 민주주의이론, 여성주의윤리, 여성주의현상학으로부터, 불평등, 차이, 원조, 전쟁, 임신과 낙태, 사회운동, 한부모가정 등까지 넓게 펼쳐져 있다. 미국 출신인 영의 정치철학에 주요하게 영향을 미친 학문적 계기로 다음의 두 가지를 꼽을 수 있다.

첫째, 1960년대부터 미국 사회 전반적으로 진행되었던 민권운동이다. 흑인은 1870년, 여성은 1920년 이래로 평등한 참정권이 부여되었음에도 불구하고, 20세기 중후반의 미국은 여전히 백인과 남성에게 유리하게 구조화된 불평등한 사회였다. 당시 흑인에 대한 차별은 공공연했으며, 공공장소에서 엄격한 인종분리정책이 시행되고 있었다. 여성 역시 교육 및 직업선택에 있어 평등한 대우를 인정받지 못했다. 이러한 차별과 불평등에 대한 저항으로서 본격적인 반인종주의운동과 페미니즘운동이 진행되었으며, 이는 후에 장애인운동과 동성애운동 등 여타 다른 사회운동으로까지 확대되었다.

영은 20대의 학창시절에 이러한 민권운동을 경험한다. 이때 영에게 던져진 중요한 학문적 화두는, 무엇이 이들을 거리로 나와 투쟁하게 만들었으며, 어떻게 사회는 이들을 부당하게 대했는지에 대해서였다.

영은 이들이 겪고 있는 불평등과 부정의에 주목했으며, 이들의 목소리에 귀 기울임으로써 보다 정의로운 사회로 나아가기 위한 이론적 작업에 천착했다. 실제로 영의 많은 글의 모티브는 자신이 직접 참여한 다양한 사회운동의 경험, 이를 통한 고민과 실천으로부터 시작한다.

둘째, 데카르트 이후 진행된 이성 중심주의 서구 정치철학에 대한 비판이다. 영 정치철학의 기저에는 합리성과 불편부당성으로 무장된 근대성에 대한 비판이 깊숙이 깔려있다. 영은 이성 중심주의 서구 정치철학이 가정하는 이성/감정, 정신/육체, 공/사, 남성/여성의 위계적 이분법에 정면으로 도전하면서, 포스트 구조주의, 포스트 모더니즘, 해체주의, 마르크스주의, 페미니즘, 비판인종이론, 분석도덕철학 등을 선별적으로 받아들인다. 영의 정치철학은 마르크스주의의 유물론적 요소, 포스트 모더니즘의 해체주의적 특성, 하버마스의 의사소통 윤리, 실존주의적 대륙철학, 다양한 여성주의철학과 흑인철학의 면면을 의미 있게 흡수하면서 그녀 나름의 이론적 틀을 구축하고 있다.

영 정치철학을 관통하는 핵심 주제는 '정의'다. 그러나 영 자신이 인정하듯이, 그녀의 목적은 어떤 대안의 포괄적인(comprehensive) 정의론을 제시하는 것이 아니다.[8] 오히려 그녀는 사회가 공공연하게 간과하고 묵인한 부정의를 밝혀내고, 이에 도전하는 것을 통해 정의에 대해 이야기하고 싶어 한다. 무엇보다도 영은 불평등과 부정의의 문제에 심각하게 고심하고, 현대사회를 살아가는 일반 시민의 입장, 특히 사회적 약자의 관점에서 정의와 정의로운 민주주의에 대해 치열하게 고민한다. 더 나아가, 사회의 고질적이고 고착화된 부정의를 드러내고 교정해야 하는 우리 모두의 책임에 대해서도 적극적으로 주장한다.

---

8 *Justice and the Politics of Difference*, 3.

영 정치철학의 큰 부분은 '정의'라는 주제를 다루지만, 반면 다른 중요한 부분으로 여성주의 현상학에 대해서도 심도 깊게 논의한다.[9] 여성주의 현상학에서는 몸의 정치학(body politics)이라 지칭되는 여성의 몸에 투영된 왜곡된 가치와 권력관계를 주로 논의한다. 그러나 아래 지면에서는 구조적 부정의에 대한 문제의식, 정의의 조건으로서 민주주의, 구조적 부정의를 드러내고 교정해야 하는 책임을 중심으로 영의 논의를 살펴보고자 한다.

불편부당성의 허구와 비판이론

영 정치철학에는 합리성(rationality)과 불편부당성(impartiality)으로 대표되는 이성 중심주의 서구 철학에 대한 비판과 회의가 근저에 있다. 특히 도덕적 이성의 핵심적 특징을 불편부당성으로 설정한 근대 윤리학의 전제에 강하게 도전한다. 기존 근대 윤리학은 어디에도 위치하지 않는, 즉 초월적인 도덕적 관점을 규범적 이상(normative ideal)으로 상정한다. 다시 말해, 현실의 구체적인 행위를 도덕적으로 판단하기 위해서는, 그러한 도덕적 판단의 기준이 현실 밖에 위치한 불편부당한 입장을 취해야 한다는 것이다. 이러한 근대 윤리학의 대표적인 학자로 존 롤스(John Rawls)를 들 수 있다. 롤스는 정의의 원칙을 산출하기 위해 원초적 상태와 무지의 베일이라는 가상의 상황을 설정하고, 이러한 가상의 상황 속에서 불편부당한 입장을 견지한 보편이론(universal theory)을 설립한다.

9 *Throwing Like a Girl and Other Essays in Feminist Philosophy and Social Theory*와 *On Female Body Experience*는 여성주의 현상학에 대한 영의 대표적인 저작들이다.

그러나 영에 따르면, 현실의 상황을 규범적으로 판단하기 위해 가상의 상태나 사고실험(thought experiment)을 상정하여 초월적인 도덕적 관점을 상정하려함, 즉 '불편부당성의 이상(ideal of impartiality)'은 허구라고 밝힌다. 어디에도 위치하지 않는 초월적인 도덕적 관점이 있다는 가정은 그 자체로 불가능하며, 또한 모든 도덕적 관점은 불가피하게 어디인가에 위치해 있기 때문에 보편적일 수 없다고 보았다. 즉, 가상적 상황에 대한 전제로부터 시작하여 사회의 기본구조에 적용되는 보편원칙을 개발하고자 하는 롤스의 의도는 필연적으로 성립불가능하다는 것이다.[10]

영에 따르면, 규범이론은 필연적으로 맥락화된다. 우리가 채택하는 규범적 관점은 역사적·문화적·사회적으로 구체적인 맥락(배경, 환경)에서 비롯된다. 따라서 현재 우리가 살고 있는 구체적인 사회와 괴리된 불편부당한 규범이론을 만들고자 하는 노력은 의미 없을 뿐만 아니라 성립할 수도 없다. 이 점에서 영은 근대 윤리학과 구별되는, 자신이 추구하는 규범이론을 '비판이론(critical theory)'이라 칭한다. 비판이론은 사회적으로 맥락화되어 있는 규범이론으로서, 그 규범적 관점은 사회 속에서 나온다. 비판이론의 규범적 근거는 "인간의 도덕성, 인간본성, 좋은 삶"과 같은 철학적이고도 추상적인 원리 혹은 불편부당성의 이상에서 나온 것이 아니라 실질적인 사회적 맥락과 구조로부터 비롯된다.[11] 비판이론은 사회의 구체적인 상황에서 비롯되었기 때문에, 이는 불편부당하지도 포괄적이지도 보편적이기도 않다고 영은 설명한다.

하지만 사회의 구체적인 맥락에 위치해 있으면서 동시에 그 사회의 모순을 규범적으로 지적하기란 쉽지 않다. 왜냐하면 우리의 규범적 관

10 *Justice and the Politics of Difference*, chapter 3.
11 *Justice and the Politics of Difference*, 5-6; *Inclusion and Democracy*, 10-11.

점과 입장은 많은 경우 이미 공고화된 관습과 제도의 모습으로 정상화(normalize)되었기 때문이다. 따라서 비판이론이 규범적인 관점을 성공적으로 견지하기 위해서는 다시 말해, 그 사회를 의미 있게 비판하기 위해서는 제도화되고 정상화된 사회의 지배 · 억압 관계에 주목해야 한다는 것이 영의 주장이다. 이때 중요한 것은 지배하는 집단의 관점이 아닌, 억압받는 사회집단 다시 말해, 차별당하며 주변화되고 소외된 피억압집단의 관점에 주목해야 한다는 점이다. 피억압집단의 관점에서 사회의 불의와 불평등을 지적함으로써 보다 정의에 가깝게 도달할 수 있다고 보았다. 영에게 정의란 추상적이고 불편부당한 유토피아라기보다, 우리가 현재 고통 받고 있는 부정의(injustice)에 대한 부정(negation)으로 이해된다.

분배 패러다임의 한계

1990년 『정의와 차이의 정치』가 출판된다. 이 책은 영의 정치철학에서 매우 중요한 의미를 갖는데, 무엇보다도 영은 이 책에서 비판이론으로서 자신의 규범이론을 '차이의 정치(politics of difference)'라는 이름으로 제시하고 구체화한다. 후술하겠지만, 이 책은 이후 영이 민주주의이론 및 책임이론을 발전시키는 데 있어 디딤돌로서 역할한다.

이 책에서 영은 분배 중심의 자유주의 정의론의 한계를 지적한다. 영에 따르면, 자유주의 정의론은 정의를 도덕적으로 정당한 분배로 한정하고 있다. 예를 들어, 롤스에게 정의란, 부와 소득을 포함한 사회적 재화를 사회구성원들에게 도덕적으로 정당하게 분배하는 것이다. 그 결과, 자유주의 정의론은 정의와 분배를 "동연(coextensive)"개념으로 간주하는 오류를 범하게 된다고 영은 비판한다.[12] 물론 분배가 정의의

12 *Justice and the Politics of Difference*, 16.

주요한 주제일 수 있겠으나, 정의를 분배와 쉽게 일치시키거나 단지 축소시키는 시도는 옳지 않다고 보았다.[13]

영에 따르면, 분배 패러다임 정의론의 한계는 크게 두 가지로 압축된다. 첫째, 분배 패러다임은 재화(자원, 소득, 부 혹은 사회적 지위와 권력 등)의 분배를 다룰 뿐, 분배가 이뤄지는 다시 말해, 분배의 패턴을 결정하는 제도적 맥락을 간과하거나 당연시 여긴다. 이는 분배가 이뤄지는 근본적인 제도적 맥락을 규범적 평가의 대상으로 삼고 있지 않다는 증거이다. 분배 패러다임은 정의의 쟁점으로 분배의 패턴에 주로 관심이 있을 뿐, 정작 분배를 일으키는 원인과 과정을 무시하는 정태적인 입장을 취하고 있다고 영은 비판한다. 예컨대, 분배 패러다임은 여성의 사회경제적 낮은 지위에 대한 보상을 이유로 재분배를 논의할 수 있겠지만, 왜 지속적이고 고질적으로 여성은 남성에 비해 낮은 사회경제적 지위에 자리하게 되는지에 대해 근본적인 문제를 제기할 수 없다고 지적한다.

따라서 분배 패러다임의 한계는 제도를 정의의 대상으로 간주하지 않고 오히려 기존 제도를 당연시함으로써, 결과적으로 부정의가 생겨나는 원인과 과정을 방관·묵인하게 될 뿐만 아니라 부정의를 강화하게 만든다는 것에 있다. 영이 언급하는 제도적 맥락이란 구조와 관습, 그러한 구조와 관습을 이끄는 관행과 원칙, 사회관계를 맺을 때 매개되는 언어와 표상 등을 모두 포함한다. 정의의 이슈에서 제도가 간과될 경우, 의사결정과정에서의 부정의, 노동분업에서 작동하는 모순, 문화적 담론의 지배 등을 다룰 수 없게 된다고 지적한다.

둘째, 분배 패러다임은 물질적 재화를 넘어 소위 비물질적(혹은 양적

13 *Justice and the Politics of Difference*, chapter 1.

으로 측정할 수 없는) 재화까지 분배의 논리가 확장된다. 예를 들면, 비물질적 재화인 권리, 기회, 자존감 등도 소유되고 분배되는 것으로 간주된다. 이때, 개인은 단지 소유하고 소비하는 원자론적 존재이자 분배의 대상으로 여겨지며, 사회는 이미 존재하는, 서로 절연된 개별 개인에게 재화를 분배하는 주체로 이해될 뿐이다. 영에 따르면, 분배 패러다임은 개인이 어떤 행동을 할 수 있게 되거나 혹은 할 수 없게 된다는 조건이 궁극적으로 사람들 사이 상호관계의 함수라는 점을 인식하지 못한다. 예컨대, 권력을 '물건'과 같이 단지 소유되는 것으로 파악한다면, 권력이 '관계'라는 사실이 은폐되기 쉽다. 권력을 행사하기 위해서는 재화나 군사장비 등 자원을 보유해야 가능하지만, 이러한 자원 자체가 권력을 의미하지 않는다. 권력의 본질은 이를 행사하는 사람은 자신의 의도를 자의적으로 관철시키는 반면 권력행사의 상대방은 이를 손쉽게 묵인하게 되는, 즉 권력행사 당사자와 상대방 사이의 관계에 있다.

결국, 영은 정의란 분배가 아니라 지배와 억압과 관련된다고 주장한다. 정의는 사람들을 자유롭게 하거나 혹은 제약하는 조건인 제도적인 지배와 억압을 주목해야 한다고 언급한다. 영이 관심을 갖는 지배와 억압은 단지 소수의 강압적 영향력이거나 특정한 정책의 결과라기보다 오랜 기간에 걸쳐서 고착화된 사회 전반에 걸쳐있는 "구조화된 지배와 억압"이다.[14]

영은 구체적으로 다섯 가지 억압의 양상을 제시한다.[15] 이는 착취(exploitation), 주변화(marginalization), 무력함(powerlessness), 문화제국주의(cultural imperialism), 폭력(violence)이다. 이러한 다섯 가지 억압의 양상은 어떤 억압의 전형을 보여준다기보다, 피억압집단의 구성원들이

---

14 *Justice and the Politics of Difference*, 40.
15 *Justice and the Politics of Difference*, chapter 2.

자신이 처한 부정의한 상황을 설명하기 위해 억압이라는 용어를 사용한 용례들의 집합이다. 피억압집단의 구성원들은 구체적인 사회적 맥락과 관계 속에서 억압을 경험하며, 이들이 경험하는 억압은 다면적인 양상을 갖는 일군의 상황이다. 이러한 억압은 기존의 분배 중심의 정의론으로는 제대로 설명되어질 수 없다.

사회집단과 '차이의 정치'

영의 규범이론이 주목하는 것은 지배와 억압과 같은 구조화된 불평등이다. 이때 불평등이 구조화되었다는 것은 매일매일의 생활 속에서, 일상을 매개하는 당연한 언어와 상징 속에서, 함께 따르고 지키는 다양한 제도와 규칙 속에서 누군가가 강제로 힘쓰거나 애쓰지 않아도 자연스럽게 불평등으로 유도되는 결과를 낳는다는 것이다. 동시에 구조화된 불평등은 판에 박힌 듯한 일상을 통해, 소통되는 대화와 유통되는 미디어를 통해, 준수된 제도와 규칙을 통해 지속적으로 재생산되고 고착화된다.

구조화된 불평등의 치명적 불의는 이렇듯 아무렇지도 않는 일상의 상호관계 속에서 특정 집단은 우대되게, 반면 다른 특정 집단은 불리하게 조건 지어짐에 있다. 예컨대, 구조화된 젠더불평등은 여성과 남성이 하는 관습화된 행동과 선택, 이들이 기대하는 (혹은 이들에게 기대되는) 사회적 역할과 태도, 이러한 기대, 역할, 가치가 투영된 시장제도와 사회제도를 통해, 일반적으로 여성은 불리한 삶의 궤적을, 남성은 우대된 삶의 궤적을 갖도록 산출된 결과이다.

영의 입장에서 구조화된 불평등은 고질적이고 고착화된 부정의이다. 규범이론이라면 구조화된 불평등의 모순과 불의를 지적할 수 있어야 하며, 이러한 지적을 위해 집단 간 관계에 특히 주목해야 한다고 설명한다. 구조의 문제점을 지적하기 위해서는 사회에서 발견되는 지속적이고 패턴화된 집단 간 불평등을 눈여겨보아야 한다는 것이다. 이 점에서 영은 사회적 통계의 유용성을 언급한다. 사회현황을 보여주는 통계수치가 젠더변수에 있어서 유의미한 차이를 지속적으로 보일 때 예를 들어, 여성의 평균 소득이 남성의 평균 소득에 비해 상대적으로 낮으며, 이러한 젠더격차가 몇 십 년 혹은 몇 세대에 걸쳐 큰 변화 없이 지속된 경우, 그러한 젠더불평등은 구조화된 불평등일 수 있음을 경계해야 한다는 것이다. 쉽게 말해, 계속되는 남녀의 평균소득 차이가 그 자체로 젠더관계의 부정의를 증빙하지 못할 수 있어도, 젠더관계에 있어 무엇인가 잘못되고 있음을 의심해보기에는 충분하다는 것이다.

특히, 영이 구조화된 불평등을 지적하며 주목하는 집단은 사회집단(social group)이다. 사회집단은 어떤 공유하는 속성을 지닌 사람들의 집합(운집체, aggregation)이 아니며, 특정 목표를 위해 계약과 같은 자발적인 동기로 구성된 집합(결사체, association)도 아니다. 사회집단이 운집체 및 결사체와 구별되는 가장 주요한 특징은, 관계에 의해 만들어진 집단이라는 점이다. 지속적이고 체계화된 사람들 간의 관계는 사회구조로 나타나며 사회구조를 매개로 만들어진 사람들의 집합이 사회집단이다. 사회구조는 일반적으로 '권력의 과정, 자원의 배분, 담론의 헤게모니'를 결정 짓는다. 이 속에서 유리한 처지(자리매김, position)를 차지하는 집단과 불리한 처지를 차지하는 집단이 구별된다. 예컨대, 여성과 남성이라는 집단은 사회구조에 의해서 구성된 사회집단이며, 사회구조는 권력의 과정, 자원의 배분, 담론의 헤게모니 속에서 여성과 남성을 사회적으로 차이 나게 위치시킨다.[16]

---

16 *Inclusion and Democracy*, chapter 3.

영은 사회집단에 주목하는 자신의 규범이론을 '차이의 정치'라고 부른다. '차이의 정치'란 집단 간 구조적 차이를 긍정하는 작업이다. 특히 피억압집단이 경험하는 억압과 불이익에 주목함으로써, 사회에 고질적으로 팽배한 불평등의 구조를 밝히고 이에 도전하는 이론적 기반을 마련한다. 집단 간 차이를 제거하는 것이 아니라 이를 인정함으로써, 배제된 집단이 사회의 주요 제도에 충분히 참여하고 포용될 수 있는 조건을 마련하며, 이를 통해 평등과 사회정의에 다가서고자 한다.

기존 정의론과 비교할 때, 영의 '차이의 정치'는 크게 세 가지 면에서 유의미하다. 첫째, 기존 정의론은 주로 '무엇'을 분배할 것인지의 문제(what to distribute)와 '어떻게' 분배할 것인지의 문제(how to distribute)를 논의한다. 반면 '누구'를 대상으로 하는 분배인지에 대한 문제(distribute to whom)에 대해서 소홀하다. 영은 분배의 내용이나 분배의 패턴을 결정하는 것보다 분배의 대상에 대한 문제야말로 사회의 구조적 불평등을 직시할 수 있는 정의론의 핵심주제가 되어야 하며, '차이의 정치'는 이러한 '누구'의 문제에 주목하고 있다고 보았다.

둘째, '누구'라는 문제에 있어, 영은 그 대상으로 개인도 공동체도 아닌 (사회)집단에 주목해야 함을 강조한다.[17] 이 지점에서 영의 주장은 1980년대에 유행했던 자유주의-공동체주의 논쟁의 구도를 뛰어 넘는다. 이는 개별 개인에게 초점을 맞추는 자유주의나 공동체 전체에 관심 갖는 공동체주의는 구조적 불평등을 지적하기에 부족함이 있음을 보여준다.

셋째, 영의 '차이의 정치'는 '정체성의 정치(identity politics)'라는 이름으로 논의되는 집단주의와 다르다. '정체성의 정치'란 특정 집단이

17 "Equality of Whom? Social Groups and Judgments of Injustice," *Journal of Political Philosophy*, 2000, 9(1): 1-18.

나 그 집단구성원들의 전형적인 경험과 활동이 사회에서 제대로 가치를 인정받지 못하는 경우 그에 대한 재평가 및 가치인정 요구라고 볼 수 있다. 1980년대 이후 정의론 연구의 새로운 동향은 '분배의 정치'에서 '인정의 정치'로의 패러다임 변환이었다. 따라서 몇몇 학자들은 영의 이론을 '정체성의 정치'에 속하는 것이라 임의로 분류하기도 하였다.[18] 그러나 영에 따르면, '차이의 정치'를 '정체성의 정치'로 등치시키는 것은 잘못이다. 사회집단의 논의와 '정체성의 정치'는 다르다. '정체성의 정치'는 집단정체성에 대한 가치인정의 요구인 반면, 사회집단 논의는 사회의 구조적 불평등과 부정의에 대한 도전이기 때문이다.

페미니즘 운동의 딜레마와 '버스를 기다리는 사람들'

'차이의 정치'의 요체는 사회집단이 겪는 구조적 불평등의 모순을 지적할 수 있음이다. 거듭 언급했듯이, 영은 이러한 집단중심 논의가 집단이기주의로 비춰질 수 있음을 염려하고 '차이의 정치'를 '정체성의 정치'와 구분한다. 이러한 맥락에서 영은 집단 개념을 보다 정교화한다. 이러한 시도는 당시 제3기 페미니즘 운동이 겪고 있는 딜레마로부터 비롯되었다고 영은 밝힌다.

페미니즘 운동은 다음의 세 단계를 밟아왔다. 제1기 페미니즘 운동은 19세기 중반부터 20세기 초반까지 지속된 여성참정권 운동이다. 제2기 페미니즘 운동은 1960~70년대 미국의 민권운동의 맥락에서 발견

---

18 대표적으로 낸시 프레이저(Nancy Fraser)를 들 수 있다. 이와 관련하여, 영과 프레이저 간 다음의 논쟁을 참조. Iris Young, "Unruly Categories: A Critique of Nancy Fraser's Dual Systems Theory," *New Left Review* 1997, 222: 147-160; Nancy Fraser, "A Rejoinder to Iris Young," *New Left Review* 1997, 223: 126-128.

된다. 20세기 초반 평등한 투표권이 보장되었음에도 불구하고, 교육과 직장에 있어 성차별이 만연하는 등 여성은 경제사회적으로 여전히 2등 시민으로 간주되었다. 정치적 권리에 주목한 제1기 운동과 달리, 제2기 페미니즘 운동은 여성의 사회경제적 지위향상, 차별금지 및 권리보호에 주목한다. 동시에 이는 소위 여성적(feminine) 특징, 성격, 태도에 대한 사회적 가치인정과 재평가를 강조하기도 했다. 1980년대부터 시작된 제3기 페미니즘 운동은 여성들 간의 다양성을 강조한다. 제1기와 제2기 페미니즘 운동이 남성과 구별·대립되는 여성이라는 본질적이고 통일체적인 집단을 상정하는 반면, 제3기 페미니즘 운동은 여성이라는 집단에 다양한 여성들의 모습이 있을 수 있음을 지적한다. 여성 간의 차이를 강조하는 것이 제3기 페미니즘 운동의 특징이라 할 수 있다.

그러나 제3기 페미니즘 운동은 다음의 딜레마에 봉착한다. 페미니즘이라는 실천과 정치운동을 감안한다면 젠더를 집단으로 개념화하는 것은 불가피하지만 필연적인 작업이다. 그러나 젠더를 공통의 특성을 공유하는 단일화된 집단으로 묶는다면, 젠더집단 내의 차이 및 다양한 젠더정체성을 간과하고 배제하는 결과를 낳는다. 반면에 젠더집단 내의 차이 및 집단 구성원의 다양한 정체성을 강조한다면, 집단으로서의 젠더는 의미를 잃게 된다. 젠더집단에 기반을 둔 페미니즘의 실천성과 정치적 운동성을 잃게 되는 것이다. 이 점이 바로 딜레마이다. 즉, 여성을 단일한 집단으로 본다면 집단 내 다양한 정체성을 간과하는 결과를 낳고, 반면에 집단 내 다양한 정체성을 강조하면 여성이라는 젠더집단성을 잃게 되기 때문이다.

영은 자신이 주장하는 사회구조와 관계에 기반을 둔 사회집단 개념이 이러한 딜레마를 해결할 수 있다고 보았다. 사회집단 개념은 여성의 집단성을 유지하면서도 동시에 집단 내 여성 간 차이를 설명할 수 있다

는 것이다.[19]

이와 관련되어 영은 사르트르의 시리즈(series) 개념을 빌려온다. 실제로 사르트르는 집단으로서의 계급을 설명하기 위해 '시리즈' 개념을 활용했다. 시리즈는 특정한 대상에 대한 '실천적-관성적' 행위로 구성된 사회적 무리(social collectivity)를 말한다. 사회적 무리는 특정 대상에 대한 인간행위의 결과라는 측면에서 실천적이지만, 동시에 그러한 인간행위가 다른 사람들과의 관계를 통해 형성된 습관, 관행, 제도에 의해 제약된다는 측면에서 관성적이라고 보았다. 다시 말해, 시리즈는 개인의 선택과 행동의 결과로 만들어진 것이지만, 동시에 개인의 선택과 행동은 의도하지 않은 과거의 행동이나 제도에 의해 조건 지어진 것이라는 의미이다. 따라서 시리즈는 사람들이 서로 무정형적으로 분리된 채 분포된 모습도 아니지만, 그렇다고 어떤 공통의 목적을 공유하며 조직된 집단도 아니다. 시리즈란 충분히 조직화되지 않았으며, 공동의 목적의식도 형성되지 않은 사회적 무리를 의미한다.

시리즈의 예로서 영은 '버스를 기다리는 사람들'을 제시한다. '버스를 기다리는 사람들'은 개개인의 버스를 기다리는 행위(실천적)에 의해서, 그러나 동시에 버스라는 대중교통수단(버스노선, 버스시간 등)이라는 사회적 제도(관성적)에 의해 형성된 무리이다. '버스를 기다리는 사람들' 개개인을 살펴보면, 이들의 최종 행선지, 버스를 타는 이유, 각자의 정체성, 개인이 가진 삶의 경험 등은 모두 다르다. 이들 무리 자체는 어떤 공유된 지향도 목적도 가지고 있지 않다. 그러나 이 무리는 결집력 있는 집단행동을 할 수 있는 어떤 잠재력을 가지고 있다. 예를 들어, 버스가 시간표대로 제때에 오지 않는다면, 이들은 버스회사에 서비스

---

19 "Gender as Seriality: Thinking about Women as a Social Collective," in *Intersecting Voices*.

불만을 서로 성토할 수 있으며, 불만과 공포의 경험을 다른 이들에게 전파할 수 있고, 또는 이들 중 대표를 정해 버스회사에 항의하거나 택시를 불러 공유하는 등 특정한 집단행동도 가능하게 한다. 이때 '버스를 기다리는 사람들'은 개별 혼자가 아닌 서로 간에 연결된 시리즈가 되는 것이다.

여성이라는 집단도 마찬가지이다. 시리즈로서 여성을 개념화하는 것은 모든 여성이 공통된 속성이나 어떤 조건을 공유한다고 전제하지 않고서도, 인간관계망에 의해 느슨하게 묶인 사회적 무리로서 여성을 생각할 수 있게 한다. 성별노동분업 및 이성애 중심의 사회구조는 사회적 무리로서 여성과 남성을 다르게 위치시킨다. 젠더화된 사회구조는 집단구성원의 사고와 행위의 방향을 집합적으로 조건 짓게 함으로써, 여성에게는 불리하게 상대적으로 남성에게는 유리하게 작동한다. 그러나 이때 사회구조가 개별 여성의 정체성을 결정하는 것은 아니다. 개별 여성은 스스로의 정체성을 구성하고 만든다. 다만, 이들이 속한 시리즈는 정체성 형성의 조건이 된다.

포용적 민주주의

『정의와 차이의 정치』가 비판이론의 입장에서 부정의를 다루었다면, 이로부터 10년 뒤 출판된 『포용과 민주주의』는 민주주의를 통해 정의의 내용을 채우는 시도로 볼 수 있다. 『포용과 민주주의』는 구조적 불평등을 직시하고 교정하기 위해 피억압 사회집단의 관점이 대표되고 소통될 수 있는 민주주의에 대한 논의이다.

민주주의는 정치적 평등이라는 규범적 이상이다. 따라서 민주주의를 단지 전략적 선택이나 선호의 총합으로 보는 것은 그 규범성에 부합하지 않는다. 이 점에서 영은 심의(deliberation)로 이해되는 공적 토론과 의사결정과정을 통해 정치적 평등이 반영·실현되는 심의민주주의가 다른 어떤 민주주의보다 규범적 이상에 보다 충실하다고 평가한다. 그렇다고 해서 모든 심의민주주의가 정치적 평등이라는 규범적 이상을 언제나 담보하는 것은 아니다. 정치적 평등이라는 민주주의의 규범성은 공적 토론과 의사결정과정에 그 토론과 의사결정에 영향 받는 사람들이 얼마나 실질적으로 참여하는지, 참여한 이들이 의사결정을 하는 데 있어 얼마나 정당하고 평등한 기회를 갖는지, 그리고 그러한 의사결정 결과가 정의를 위한 사회변화에 얼마나 기여하는지에 달려 있다. 그러나 기존 심의민주주의는 이러한 규범성에 도달하지 못한다고 영은 비판한다. 그 이유는 심의내용 및 방법 측면에서 피억압 사회집단에 대해 충분히 포용적(inclusive)이지 못하기 때문이다.

첫째, 기존 심의민주주의는 심의의 내용이 공동선(common good) 혹은 공익(public interests)에 호소하는 방향으로 전개되어야 한다고 전제한다. 즉, 공동체 전체의 화합과 이익을 위하는 방향으로 심의되어야 한다는 것이다. 그러나 영은 공적 심의가 공동선에 호소한다면 사회의 억압과 지배, 그리고 구조적 불평등으로부터 야기된 집단 간 차이를 설명할 수 없다고 지적한다. 왜냐하면 사회구조적으로 우위에 있는 집단은 자신의 경험과 관점에 부합하는 공동선을 정립하는 데 상대적으로 유리한 조건을 가졌기 때문에, 그 결과 공동선 혹은 공익이라는 아이디어는 흔히 배제의 수단이 되기 쉽기 때문이다.[20]

따라서 공적 심의가 진정으로 포용적이 되려면, 심의과정과 결과에 사회구조적으로 다른 지위를 지닌 집단의 특정하고 구체적인

---

20 *Inclusion and Democracy*, 83-87.

(particular) 퍼스펙티브, 입장, 경험이 포함되어야 하며, 이러한 관점, 입장, 경험의 차이가 소통을 통하여 공적 의사결정으로 반영될 수 있어야 한다고 영은 주장한다. 주변화되고 배제된 사회집단의 퍼스펙티브를 통해 사회의 구조적 불평등을 비판할 수 있고, 이러한 비판을 근거로 정의를 향한 사회변화를 주도할 수 있다고 보았다.

둘째, 기존 심의 민주주의는 감정을 배제한 채 이성을 중심으로 이뤄지는 소그룹 면대면 상호작용으로서 심의를 이해한다. 심의란 이해관계자 간의 공적 논쟁이 이성적이고 예의 있고 질서정연하고 담담하게 논증되는 방식이라는 것이다. 그러나 이러한 논리는 주변화되고 차별받는 사회집단을 심의의 과정에 제대로 포용할 수 없다. 영은 이를 내적 배제라고 칭한다. 피억압 사회집단은 공적 심의의 주체로 인정받지 못하는 외적 배제를 경험할 뿐만 아니라, 이들이 공적 심의의 테이블에 앉게 된다 할지라도, 기존 심의방식은 이들을 내적으로 배제시킨다는 것이다. 이들이 심의의 과정에 진정으로 포용되고 당당한 심의의 주체로서 역할하기 위해서는, 보다 넓고 다양한 의사소통의 방식들이 심의의 방법으로 고려되어야 한다고 영은 주장한다.[21]

예를 들면, 심의의 시작은 피억압집단을 반갑게 맞이하고 이들의 존재를 긍정하며 서로서로를 인정하는 호상인사(greetings)로부터 비롯되어야 한다. 이러한 인사는 향후 토론을 지속하는 데 필수적인 상호인정과 신뢰를 구축하는 데 필수적이다. 또한 언어로 표현되는 논증뿐만 아니라 시각적 영상, 팻말과 현수막, 가두시위, 거리공연 등도 다양한 소통의 방식으로 고려되어야 한다고 주장한다. 이러한 소통방식은 토론과 토론참여자의 폭을 확장하며, 피억압집단의 요구와 관점을 대표하여 다

21 *Inclusion and Democracy*, chapter 2.

른 이해관계자의 입장을 설득하고 변화시키는 데 기여할 수 있다.

영에 따르면, 사회집단이 자신의 차별화된 퍼스펙티브로부터 심의의 논리를 펼치는 것은 당연하며, 따라서 심의과정에서 자신의 퍼스펙티브가 공동체 모두에게 이득이 된다고 설명할 필요는 없다. 그럼에도 불구하고 사회집단의 퍼스펙티브가 그 집단의 이익만을 위한 것이라고 볼 수 없는데, 그 이유는 피억압 사회집단의 퍼스펙티브는 궁극적으로 사회정의에 호소하지 않을 수 없기 때문이다. 따라서 집단으로 차별화된(group-differentiated) 퍼스펙티브는 공적 심의에서 정보를 극대화시키고 보다 정의롭고 현명한 결정을 내릴 수 있는 환경을 제공한다고 영은 지적한다.

이 점에서 영은 사회집단의 특정하고 구체적인 퍼스펙티브가 공적 심의의 장애가 아니라 밑거름(resource)이라고 설명한다.[22] 사회의 구조적 불평등으로 인해 상대적으로 불리한 지위를 점유한 집단의 퍼스펙티브와 경험이 공적 심의에 포함된다면, 이는 사회의 부정의를 비판하고 보다 정의로운 사회를 향한 토대로서 작동할 수 있다는 것이다. 따라서 공적 심의에서 집단으로 차별화된 퍼스펙티브가 포함되고 이러한 퍼스펙티브가 실질적으로 의사결정에 영향을 미칠 수 있다는 것은, 집단 간 평등한 관계를 보장할 뿐만 아니라 다양한 퍼스펙티브가 동등한 관심을 받아야 한다는 민주주의의 입장과 근본적으로 양립한다고 보았다.

이러한 배경에서 영은 피억압집단이 대표되는 집단대표제(group representation)를 지지한다. 사회부정의를 인지하고 비판하려면, 피억압 사회집단의 차별화된 퍼스펙티브의 구체성과 특정성이 배제되어서는

22 *Inclusion and Democracy*, 115-116.

안 되며, 오히려 그러한 구체성과 특정성을 가진 퍼스펙티브가 공적 심의에 포함되는 것이 허용되고 또한 그러한 허용이 보장되어야 한다고 보았다. 이를 통해서만이 차별, 배제, 억압, 소외받는 사회집단이 자신만의 목소리를 가질 수 있으며, 그래야만 공적 심의의 과정 속에서 제대로 포용되고 인정될 수 있다는 것이다. 따라서 집단대표제는 불리한 처지에 있는 집단이 자신의 경험과 역사 그리고 사회지식을 토대로 문제를 제기하고 논쟁을 야기함으로써, 사회적 사유과정을 보다 공정하게 구성하는 데 기여할 수 있다. 이것이 바로 사회집단의 퍼스펙티브가 대표되어야 하는 이유이고 또한 '차이의 정치'가 요구되는 지점이다. 가장 현명하고 가장 정의로운 정치적 판단을 위한 정치토론은 사회적 차이를 인정하고 이를 주목해야 하며, 이를 통해서만이 공정과 정의를 만들어 갈 수 있다고 영은 보았다.

결과적으로, 영이 생각하는 민주주의는 '이질적 공중(heterogenous public)'이 대표되며, 이들의 퍼스펙티브를 심의의 과정에 충분히 포용하는 제도이다.[23] 공동선의 추구를 위해서 차이와 특정성을 초월해야 한다는 이상에 호소하는 '동질적 공중(homogeneous public)'의 가설은 왜곡된 것이라 지적하며, 기존 심의민주주의가 전제하는 '동질적 공중'을 징면으로 비판한나. 반면, 영에게 민주주의는 의사결정에 관여하고 영향을 받는 모든 특정하고 구체적인 사회집단들에게 목소리와 표결권을 확실하게 보장하는 제도이며, 이러한 보장을 통해서만이 민주주의가 부정의에 대적하고 정의를 증진하는 최선의 정치적 수단이 될 수 있다고 보았다. 민주주의가 정의를 증진하려면 민주주의가 먼저 정의롭지 않으면 안 된다. 이것이 바로 영이 주장하는 '포용적 민주주의'이다.

23 *Justice and Politics of Difference*, chapter 6.

구조적 부정의와 정의를 위한 책임

『정의를 위한 책임』은 책 출판을 목적으로 집필해 놓은 원고를, 영의 사후 2011년 영의 딸(Morgen Alexander-Young)이 어머니를 대신하여 출판한 저서이다. 이 저서에서 영은 구조적 부정의를 바로잡고, 정의를 위한 민주적 조건을 마련하며, 더 나은 사회를 만들기 위한 책임에 대해 구체화한다. 특히 이 저서를 통해 영은 구조적 부정의에 대한 논의를 개별 국가 수준에서 전지구적 수준으로 보다 확장시킨다.

앞서 언급했듯이, 구조적 부정의란 개별 개인의 잘못된 행동이나 정부의 특정 정책에 기인한다기보다 주어진 제도와 규칙, 일상에서 당연히 받아들여진 관습과 규범 속에서 사람들이 자신의 목적과 관심을 추구하는 자연스런 과정과 결과로서 나타나게 된다. 따라서 영은 자연스런 협력과 그 과정에 속한 모든 사람이 구조적 부정의에 대한 책임을 갖는다고 주장한다. 협력과 경쟁을 통해 우리가 구조의 과정과 체계에 속해 있는 이상, 우리 모두는 어느 정도 구조의 부정의에 일조하고 있는 셈이기 때문에, 우리 모두가 부정의를 직시하고 교정할 책임이 있다는 것이다. 영은 이러한 책임을 '정치적 책임(political responsibility)' 혹은 '사회적 연결(social connection)' 모델에 기초한 책임이라 칭한다.[24]

영에 따르면, 기존의 법적·도덕적 책임 개념으로는 구조의 억압과 지배 문제를 제대로 설명할 수 없다고 보았다. 왜냐하면 기존의 법적·도덕적 책임은 주로 가해/피해의 이분법적 틀로 설명하는데, 구조의 모순은 그러한 이분법적 시각으로는 적절히 규명될 수 없기 때문이다. 예를 들어, 기존의 법적·도덕적 책임은 개인 혹은 집단의 행동이 규율

24 *Responsibility for Justice*, chapters 1 & 4.

이나 규칙을 어기거나 피해를 야기했을 때, 그러한 잘못에 대해 책임을 져야 하는 의무가 있다고 설명한다. 반면 구조적 부정의의 경우, 구조의 잘못이 개인 혹은 집단의 특정한 행동에 의해서라기보다 다수가 제도와 구조의 과정에 참여함으로써 야기된 것이기 때문에, 특정 개인에게 책임을 개별화하거나 분리시키는 것은 불가능하다. 물론 우리의 행동이 구조와 구조가 낳은 결과에 얼마나 일조하고 있는지, 개인의 행동과 구조의 부정의 사이에 얼마나 직접적인 인과관계가 있는지에 대해 명확하게 밝히기는 어렵다. 따라서 정치적 책임은 그 책임의 근거를 행동과 결과 간의 직접적인 인과성이 아니라 구조적 부정의를 야기하는 제도와 과정에의 참여에서 찾는다.[25]

영이 언급한 전지구적인 구조적 부정의 사례인 저개발국의 노동착취를 살펴보자. 많은 다국적기업들은 저개발국에 공장을 세워 노동집약적인 의류, 신발 등을 제조하며, 이렇게 제조된 의류와 신발 대부분은 유명 브랜드를 달고 상대적으로 저렴한 가격으로 선진국에서 팔린다. 저개발국 공장노동자의 노동환경은 상상할 수 없을 정도로 열악하다. 그렇다면, 만연된 저개발국의 노동착취는 누구의 책임인가? 저렴한 가격의 의류와 신발을 사고자하는 선진국 소비자는 저개발국의 노동착취 책임에서 자유로울 수 있을까? 저개발국 공장장, 다국적기업 혹은 노동환경을 관리하는 저개발국 정부에게만 노동착취의 책임을 전가함이 옳은가?[26]

영은 선진국 소비자의 매우 일상적이고 합리적일 수 있는 소비행위

25 영은 기존의 법적·도덕적 책임 개념이 더 이상 중요하지 않거나 무의미하다고 주장하지 않는다. 가해/피해의 이분법적인 틀로 설명되기 힘든 구조적 부정의의 경우, 법적·도덕적 책임을 대신해 정치적 책임이 보다 적절히 책임을 규정할 수 있다고 보았다.

26 *Responsibility for Justice*, chapter 5.

가 결과적으로 저개발국의 노동착취에 일조하고 있다고 밝힌다. 소비자는 유명 브랜드의 상품을 보다 저렴한 가격에 원하고, 다국적기업은 보다 저렴한 노동력을 찾아 저개발국으로 이동한다. 저개발국에 수천의 하청업체를 두고 있는 다국적기업은 제조원가를 최대한 줄이려 노력하며, 하청업체는 이에 부응하기 위해 임금노동을 더욱더 가혹한 조건으로 내몰게 된다. 영에 따르면, 저개발국 노동착취를 선진국 소비자의 탓이라 비난하는 것은 일면 불합리할 수 있겠지만, 선진국 소비자의 일상적이며 합리적으로 보이는 소비가 궁극적으로 부정의에 일조하고 있음은 부인할 수 없는 사실이다. 따라서 노동착취를 야기하고 유지하는 거대한 구조에 선진국 소비자의 행위가 일조하고 있는 이상, 선진국 소비자는 저개발국의 노동착취에 대해서 책임이 있다는 것이다.

정치적 책임은 누구를 탓하거나 비난하기 위한 책임이 아니며, 부정의의 양산과 공고화에 직간접적으로 관여한 구성원 모두가 구조의 잘못을 지적하고 이를 바로잡아야 할 책임이다. 이는 현재 진행 중인 구조의 모순에 대한 책임을 의미한다. 그래서 정치적 책임은 현재의 구조 그 자체의 변화를 요구한다. 구조를 변화시켜서 잘못을 교정한다는 것은 과거에 대한 보상과 처벌보다는 구조의 변화가 야기할 미래의 정의로운 사회에 대한 정당한 기대이다. 따라서 정치적 책임은 미래 지향적이다. 또한 정치적 책임은 어떤 개인의 특정 행동에 대해 보상을 요구하거나 처벌을 부과하는 것이 아니라 구조에 속한 모든 사람에게 구조를 변화시킬 수 있도록 집단행동을 요구하는 것이다. 구조적 부정의에 일조하는 제도와 과정에 참여한 개인들이 모두 함께 제도와 과정을 바꾸는 책임을 이행함으로써, 그러한 제도와 과정이 야기한 부정의를 최소화하려는 목적을 갖는다. 이러한 변화는 한 개인의 노력만으로 이뤄지지 않으며, 변화를 위해서는 관계를 조직하고 행동을 조율할 수 있는 다른 사람들과의 공적인 소통과 연대가 필요하다.

무엇보다도, 정치적 책임의 핵심 과제는 일상적이며 당연하게 여겨지는 구조의 모순과 균열을 드러내는 것이다. 이는 일부 영향력 있는 행위자들은 구조의 현상유지를 통해 항시적인 혜택을 얻는 반면, 그렇지 못한 사람들은 피해를 본다는 사실을 폭로하는 것에서 시작되어야 한다. 착취당하고 지배당하는 사람들은 권력자에게 정의를 요구해야 한다. 이때 정의의 요구는 권력자를 비난하는 것이 아니라 권력자에게 그들의 소명책임(accountability)을 묻겠다는 것이다. 구조적 부정의를 정치적으로 쟁점화 함에 있어 중요한 것은 피억압집단의 구성원들이 겪는 특정 고통이 사실상 많은 사람들이 관련되고 참여하여 발생한 부정의임을 드러내는 것이며, 이는 동시에 부정의를 야기하는 구조와 과정을 실제로 바꿀 수 있는 구체적 힘을 가진 사람들에게 구조가 변혁되도록 동참해야 한다고 촉구하는 것이기도 하다. 이것이 바로 사회구성원 우리 모두가 이행해야 하는 정치적 책임의 지점이다.

***

영의 정치철학은 합리성과 불편부당성으로 대표되는 이성 중심주의 서구철학에 대한 비판으로부터 시작되었다. 비판이론의 입장에서 '정의'를 논의하는 영의 규범이론은, 자유주의 분배적 정의론의 한계, 지배와 억압에 주목하는 구조적 부정의에 대한 이해, 사회집단론과 '차이의 정치,' 정의의 조건으로서 제시되는 포용적 민주주의, 그리고 구조적 부정의를 직시하고 교정해야 할 사회구성원의 책임을 다루는 정치적 책임 등을 포함한다.

무엇보다도, 영의 정치철학은 현재의 한국사회를 시의성 있게 설명할 수 있는 유용한 이론 틀을 제시한다. 가속화·지속화되는 부의 불평등, 부유한 사람들은 더 쉽게 부유해지고 가난한 사람들은 더 쉽게 가난해지는 모순된 경제구조, 만연한 경제불평등과 끈끈하게 연계된 교육·돌봄의 불평등 및 세대 간 불평등, 지배와 억압이 삶의 일상을 잠식해가는 갑질문화, 여성·장애인·노인 등 사회적 약자를 배척하고 혐오하는 사회문화와 제도, 사회적 약자에게 사회경제적으로 불리하게 돌아가는 사회시스템 등 작금의 한국사회가 직면한 이러한 현실은 영이 언급한 구조적 부정의의 구체적인 양상들이라 할 수 있다. 영의 정치철학은 기존 정치철학으로는 예컨대, 불편부당성의 이상을 상정하는 정의론, 자유주의 분배 패러다임, '동질적 공중'을 전제한 민주주의이론, 가해/피해의 이분법적 책임이론으로는 구조의 모순과 잘못을 지적하기 어려울 뿐 아니라 오히려 이를 방관하고 묵인하는 결과를 낳는다는 점을 여실히 보여준다.

구조의 모순과 잘못을 지적하는 것은 고통 받는 사람들 혹은 곤경에 처했다고 생각하는 사람들의 불만과 울음소리를 잘 듣는 것으로부터 비롯된다고 영은 설명한다. 또한 이들의 불만과 절규로부터 사회를 평가하는 규범의 잣대를 발견하는 것이 바로 정치철학자에게 부여된 책임이라고 보았다. 정치철학자도 여느 사회구성원과 마찬가지로 사회적 맥락과 환경에 필연적으로 위치 지어진다. 만약 사회가 억압/피억압의 관계로 양분된다면, 정치철학자도 누군가를 억압하거나 혹은 반대로 억압에 도전하는 입장 중 하나에 위치 지어질 뿐이다. 따라서 정치철학자의 책임은 현실과 동떨어진 불편부당한 관점이 아니라 현실에서 고통 받고 곤경에 처한 이들의 목소리가 드러나도록 시각과 정치적 언어를 제공하는 것이다.[27] 이는 세상을 초월한 시각에서 누군가

27 *Justice and the Politics of Difference*, 5-6.

를 평가할 수 있다고 보는 기존 정치철학자들의 허상과 오만함을 꾸짖음과 동시에, 고통 받고 곤경에 처한 이들을 외면하면 안 된다는 정치철학자의 사명에 경종을 울린다.

추상의 언어로 정의를 이야기하는 정치철학자였지만 동시에 불의에 맞서 피켓을 들고 가두시위에 참여하는 사회운동가였으며, 불평등과 부정의에 정면으로 비판적이었지만 동시에 이를 교정할 수 있는 사회정책을 제안하고 건설적인 책임을 논의한 행동하는 학자였던 그녀의 이론적·실천적 논의의 반향은 정의, 민주주의, 페미니즘 등 개별 주제를 넘어 정치철학 전반의 지평을 넓히는 귀중한 나침반이 되고 있다.

***

영은 역자의 박사논문 지도교수님이셨다. 역자가 박사학위를 받은 다음 해에 돌아가셨다. 돌아가신지 10년이 넘게 흘렀지만, 요즘도 가끔씩 떠오르는 영의 모습은 어제처럼 생생하다. 논문주제를 정하기 위해 막막함으로 오피스를 노크하던 일, 언어도 서툴고 논리도 부족했던 제자에게 바로 옆자리를 내주고 한 시간 이상 조목조목 말씀하시던 모습, 돌려받은 논문의 모서리 여백에 빼곡히 적혀있던 코멘트와 손수 고친 논문목차, 투병 중에도 링거를 꼽은 채 박사논문 심사에 오셨던 일, 심사 후 자신의 일처럼 기뻐하시며 박사됨을 악수로써 축하해 주셨던 일, 이후 병세가 회복되신 후 이메일 교환에서 향후 출간소식 등을 기쁘게 전하셨던 일...

역자의 박사논문 심사위원 중 한 분은 마사 너스바움(Martha Nussbaum)이셨는데, 지도교수님과 너스바움 교수님의 코멘트가 매번 사뭇 달라서 학생의 입장에서 곤란했던 기억이 있다. 영은 무한히 관계적이고 상호의존적이며 완전치 못한 일부분으로서의 인간에 주목하셨던 반면, 너스바움은 엄마(자신의) 뱃속 태아의 태동도 자유롭고 독립적이고자 하는 인간의 태생적 몸짓으로 해석하시던 분이셨다. 이 두 분은 서로 만날 때마다 반갑게 인사를 건네며 가족근황까지 묻던 친근한 관계였으나, 각자의 학문적 관점과 입장에서는 매우 대립적이어서 연구에 있어서는 서로 한 치의 양보도 없었다. 학생의 입장에서 대가(大家) 두 분의 관계를 관망(觀望)하는 것은, 한편으로 아슬아슬하기도 했지만 다른 한편으로 자신이 연구하는 학문에 대한 자신감과 학자로서의 태도를 배울 수 있는 기회였다.

여느 제자와 마찬가지로, 역자도 지도교수님으로부터 지대한 학문적 영향을 받았다. 학위를 받은 이후 새로운 논의와 주제를 많이 접하며 배우고 있지만, 논의와 주제를 해석하는 역자의 학문적 시각은 지도교수님의 영향이 짙게 스며들어 있다. 관계론적 인간관, 구조적 불평등과 부정의, 정부의 소명책임과 역할, 정의론으로서 여성주의 그리고 정의론으로서 돌봄(carism) 같은 역자의 연구들을 관통하는 주제는 영 정치철학의 커다란 우산 아래에서 그 반석이 다져졌다고 볼 수 있다. 이른 나이에 작고하셨기에 아마 지금까지 살아계셨더라면 약자들에게 더 힘이 되고 학문적으로도 의미 있는 족적을 계속 만들어가고 계셨을 것이다. 연이어 출간된 영의 번역서를 보며 느꼈던 부끄러운 마음과 지도교수님께 있었던 평생의 감사의 마음을 함께 전하는 심정이다.

차 례

서 장

01
민주주의와 정의

02
포용적인 정치적 소통

03
정치적 밑거름으로서 사회적 차이

04
대표성과 사회적 퍼스펙티브

일러두기

- 원서에는 각주가 있으나 본서는 이를 각 장의 후주로 배치하였다.
- 본문 중 대괄호[ ] 속의 글과 각주는 역자가 첨가한 것이다.
- 원서에서 이탤릭으로 강조한 부분은 고딕으로 표시하였다.
- 본문의 인용, 표시양식 및 참고문헌을 포함하여 전체적인 편집양식은 모두 원서의 것을 전반적으로 따랐다.
- 집단이나 단체의 이름은 ' ' 표시로 구별하였다.

서장

나는 1997년 1월 피츠버그(Pittsburgh) 시내 한 길가에서 주민청원서명을 받고 있었다. 한낮에도 기온이 영하 20도나 되는 엄동설한이었다. 이런 고생을 마다하지 않는 이유는 수십 명의 동료들 역시 서명을 받기 위해 도심 곳곳에서 최선을 다하고 있음을 잘 알기 때문이다. 이는 경찰청시민심사위원회(Police Civilian Review Board)의 창설승인을 유권자에게 묻는 5월 투표를 요구하는 청원이었다. 주법(state law)은 피츠버그 유권자 중 11,000명 이상의 서명을 6주 내로 받아올 것을 주문했다. 난 원인들은 우리가 서명을 요청한 많은 시민들이 이미 이 내용을 잘 알고 있고, 몇몇 경찰간부를 포함한 다수의 시민들이 청원서에 서명했음을 알고 가슴 벅차했다. 우리는 마감일에 16,000여명의 명단을 확보했다.

주민투표캠페인은 시민을 대하는 경찰의 행태에 대한 4년이 넘는 시민의 끈질긴 문제제기와 촉구운동(agitation)으로 일궈낸 결과이다. 피츠버그 내 아프리카계 미국인들에게 이 이슈는 언제 터져도 놀랍지 않은 문제였지만, 추격하던 경찰이 한 젊은이의 등에 공권력이라는 이름으로 발포한 사건이 발단이었다. '혐오반대연합(The Coalition to Counter Hate Groups)'은 새롭게 결성된 '경찰의 책임을 촉구하는 시민들(Citizens for Police Accountability)'과 함께 연대해서 경찰청심사위원회의 창설제안을 발전시켜왔다. 동시에 '미국시민자유연합(American Civil Liberties Union)'의 피츠버그 지부는 문제되는 경찰의 공권력남용이나 가혹행위 관련 사건을 문건으로 입증하기 시작했다. 게이와 레즈비언 단체들도 시위에 연대했으며, 게이 남성에 대한 경찰의 권한남용 대응 사건을 공식적으로 공개했다. 지역뿐만 아니라 전국적인 매체가 교통법 위반 건으로 구금된 기간에 피츠버그 교외에서 발생한 한 아프리카계 미국인의 사망관련 소식을 앞다퉈 알렸다.

책임있는 경찰(police accountability)이라는 이슈가 공적인 시각에서 매우 중요한 문제가 되면서 시민심사위원회는 동력을 얻게 되었다. '경찰의 책임을 촉구하는 시민들'은 피츠버그 주민이 참가한 여러 모임을 조직했다. 이어 제안된 법안이 피츠버그 시의회에서 안건으로 상정되었다. 시의회는 시 곳곳에서 '경찰공제조합(Fraternal Order of Police)', '전국유색인연대(National Association for the Advancement of Colored People)', '피츠버그중재센터(Pittsburgh Mediation Center)'같은 다양한 단체들을 대표하는 수백의 시민들이 참가한 여러 공청회를 후원했다. 경찰서장은 경찰 자체적으로 그러한 불만을 다룰 수 있는 심사시스템이 있다는 점을 이유로 제안된 심사위원회 설립안을 반대했다. 시장은 공개적으로 심사위원회의 설립반대를 표명했다.

'경찰의 책임을 촉구하는 시민들'은 제안된 발의안을 의회가 심의하는 동안, 모든 회의에서 매번 시의회 회의실을 가득 채웠다. 이들은 여타 도시의 시민심사진행절차에 대한 정보를 제공하면서, 시의원들과 보좌관들에게 당부했다. '경찰공제조합' 역시 시의원들에게 로비를

했다. 1996년 가을, 시의회는 심사위원회 설립안을 부결시켰다. 이렇게 되자 지지자들은 피츠버그 시민의 직접 투표를 이슈화하기로 결정했다.

16,000명의 서명을 받기위해 고군분투했던 우리는 당시 이 이슈를 투표에 부치는 것만으로도 성공이었던 것을 자축할 시간조차 없었다. '경찰공제조합'은 컨설팅회사를 고용했으며 서명 중 9000명의 명단이 무효라고 주장했다. 다시 비상이 된 짧은 시간동안, 자원한 대다수 지지자들 중 소수의 용사들은 최선을 다해 각각의 잘못된 이의제기에 대해 대응문건을 준비해 가며 청원서와 투표인 명부의 우군이 되었다. 지지자들은 주문받은 서명인 수를 넘기는 데 성공했다.

이렇게 되자, '경찰공제조합'은 이 이슈가 투표의 대상이 아니라는 법원의 판단을 받으려했다. 투표일인 5월 22일 바로 몇 주 전이 되어서야 법원은 조합의 소청을 각하했고 지지자들은 지체 없이 캠페인에 돌입했다. 투표 당일 피츠버그 유권자들은 경찰청시민심사위원회의 창설을 2:1의 비율로 승인했다. 지지자들은 승전을 만끽했으며 피츠버그 시민의 목소리는 크고 명확했다.

하지만 주민투표만으로 심사위원회가 창설된 것은 아니었다. 주민투표는 단지 시의회가 모종의 큰 지침에 맞는 심사위원회를 수립할 것을 요구하도록 했다. '경찰의 책임을 촉구하는 시민들'의 회원들은 좀 쉬고 싶어 했으나, 대신 법령의 자구와 문구에 대해 시의원들을 로비로 설득하기 시작했다. 위원회가 생기는 것에 반대했었던 의원들도 이제는 구체적인 문안작성에 관한 논의에 관심을 보였다. 결과로 나온 문안문구는 원안에서 다소 후퇴했지만, 그래도 원안의 구상을 지지했던 지지자들은 의회를 최종적으로 통과한 위원회설립법에 수긍할 수 있었다.

경찰청시민심사위원회는 1998년 출범했다. '경찰의 책임을 촉구하는 시민들'의 회원들은 여전히 그 업무를 모니터하고 있으며, 피츠버그 시민들이 심사위원회에 책임을 물을 수 있는 것처럼, 심사위원회는 경찰에 책임을 물을 것임을 피츠버그 시민들에게 확신시키려 노력하고 있다. 시 담당자들이 소청인들의 불만을 열심히 처리하지 않으며 조사위원들이 요청한 정보를 제대로 제공하지 않는다는 불만들이 제기되곤 한다. 사적인 일이나 다른 정치적 이슈에 대응하느라 위원회 및 그 업무에 대한 대중의 높은 관심도 점차 잦아들었다. 하지만 경찰에 대한 심각한 불만을 가진 시민들은 이제 그 불만을 공표하고 그러한 청문의 장이 종종 대대적으로 공개되는 공적 논의의 장을 갖게 되었다.

1. 민주주의로 가는 도전

내가 이렇듯 실제 일상 속에서 생기는 민주주의 스토리를 제일 먼저 거론하는 것은 그 스토리가 민주적 과정의 거의 모든 요소들을 보여주기 때문이다. 불만을 제기해 볼 만한 사적인 문제들은, 정부가 그 문제에 철저히 대처할 수 있는 방법을 폭넓게 논의해가고 조직해가는 시민들에 의해, 시민사회에서 보다 공적인 궤도의 토론으로 진입해 들어간다. 이러한 문제들은 그 자체가 부분적으로는 사회집단의 구조적인 차이(structural social group differences)와 그러한 차이에서 파생되는 편견, 특혜, 오해 등에서 비롯된다. 일례로, 인종적으로 칸막이화된 거주지는 이 같은 구조적 차이를 구성하는 주요한 요소이다. 하지만 위 스토리는 공적 토론과 공적 의사결정이 때에 따라 이러한 차이를 성공적으로 뛰어넘는 방식을 보여준다. 위 이슈가 처음 등장했을 때, 많은 백인중산층들은 이 이슈를 전혀 엄중한 것으로 보지 않았다. 그러나 다른 사람들의 경험을 읽고 경청할 기회를 갖게 되면서 그들 중 많은 이들의 마음이 달라졌다. 시민결사가 정치적 토론과 정부정책을 독촉함에 있어 결정적인 역할을 했다.

일련의 사례는 시각과 이익이 다른 상대들과 벌어지는 경합을 수반한다. 그리고 이 경합은 여러 담론의 지형 — 언론, 공청회, 시의회, 시 법정 등 — 안에서 벌어진다. 이 스토리는 공적인 위상이나 자원에 있어서 훨씬 더 열세이고 훨씬 더 주변에 처한 시민들이 때때로 그러한 불평등을 조직화와 시간으로 버텨낼 수 있음을 보여주는 예이다. 약자들도 흔히 민주적 과정이 폐쇄적이지 않고 공정하다면, 그리고 그들 자신이 내세울 수 있는 대의명분인 정의와 지혜로 동료시민을 설득할 수 있는 기회를 갖는 공적 토론을 지속해 간다면, 정치적 목표를 이룰 수 있다. 하지만, 이 사례는 또한 민주적으로 결정된 통치를 통해 어떤 정책을 제도화하는 것은 지난한 시간이 필요하며, 지지자들의 결연함과 끊임없는 동원이 필요함을 보여준다. 그 과정은 때때로 더디다기보다 관료적일 수 있다. 심지어 원칙이 훼손될 때, 어떤 민주적 과정으로 어떤 결정에 도달하는 것은 번번이 타협으로 이어지는 주고받기(give-and-take)를 해야 할 수도 있다. 이 예에서 논란의 한 쪽이 '승리'했을 수 있지만, 그 결과에 대한 정통성은 문제가 되지 않았다. 왜냐하면 과정은 비교적 공개적이고 포용적이었으며 절차적으로 이상이 없었기 때문이다.

이 스토리는 또한 능동적 참여와 정치적 대표성이 서로 배타적이지 않으며, 오히려 때에 따라 정책결과물을 함께 만들어낸다는 점을 보여준다. 능동적 시민들의 문제제기가 아니었다면 실상은 변함없었을 것이다. 시민 본인에게 쓸모가 있는 직접민주주의의 도구가 있다는 것은 중요했다. 그렇지만 그 과정은 많은 단계마다 공식적으로 선출되었으며 또한 시민결사를 대변해 줄 시민대표자의 중재가 필요했다. 게다가 정책의 결과는 대의기구를 만들어낸다. 그럼에도 정책을 만드는 어떤 기구도 제한된 관할권만을 가지며, 이 같은 사실은 어렵게 얻은 개혁의 실질적인 파급력을 제한할 수도 있다. 일례로, 시민심사위원회의 활동은, 경찰의 공권력남용으로 보이는 공개된 엄청난 몇몇 사건들이 시외곽에서 벌어졌음에도 불구하고, 피츠버그 시계(市界) 안에서 일어나는 사건들로 제한되어야 했다.

결국, 이 스토리는 종종 무언가를, 민주적 과정이 비록 작거나 더디더라도 그것이 어떻게 성취해 가는지를 보여준다. 거의 모두가 민주주의에 호의적인 역사적인 모멘트에 와있지만, 민주정부가 무언가를 **할 수 있다**고 믿는 사람은 역설적으로 사실상 거의 없는 것 같다. 민주적 과정은 정책결정을 마비시키는 것처럼 보인다. 공적 토론과 공직 담임자들에게 그 책임을 묻는다는 이상(ideals)은 거의 제도적인 영향을 끼치지 못하고 있다. 이 이상은 단지 군중이 괴담을 뱉어내는 것으로 보일 수 있다. 좋은 제도와 좋은 뜻을 지닌 시민들은 그들이 살면서 함께 겪게 되는 문제에 대해 서로 관여할 수 있으며, 이러한 문제를 같이 고심하고 대처하며 정책을 만들어 갈 수 있다는 생각은 오늘날 대부분 흔히 무심한 냉소적 반응에 부딪힌다. '그래요, 그렇긴 하죠'.

내 스토리에 재를 뿌리기는 쉽다. 혹자는 시민심사위원회는 그것이 복무해야 할 시민들과 단절된 채, 감시 대상인 사람들에게 포박될 수 있는 단지 또 한 겹의 관료제를 더하는 것이라 평할 수도 있다. 더욱이 시민심사위원회는 금지하거나 처벌해야 하는 갈등과 공권력 남용의 근본 원인에 대해서는 대처하지 못한다고 말할 수도 있다. 이러한 문제들은 사회생활의 여러 많은 개별영역 — 주거, 고용, 교육, 소유관계 — 에서 염두하고 걱정해야 하는 구조적 불평등에서 자란다.

후속 장은 구조적 불평등이라는 조건 속에서 민주적 실천의 측면을 하나씩 살펴본다. 예를 들어, 국가기관이 해결책을 찾는 문제를 유발하는 차이와 갈등, 의사결정에 있어서 공적 토론의 역할과 의미, 공식적인 제도와 시민사회에서의 정치적 대표성의 특징, 정치적 평등과 공정한 결과에 대한 구조적·소통적·사법적 장벽 등이다.

2. 깊이 있는 민주주의

더 나은 정의(justice)를 향한 법적·행정적·사회적 변화를 견인하기 위해 민주적 과정을 거친다는 것은 고된 작업이다. 하지만 나는 민주적 과정은 대체로 더 큰 정의를 위한 필수적이며 타당한 수단이라는 확신에서 출발한다. 나는 민주주의에 대한 최소적(minimalist) 이해를 전제한다. 즉, 민주정치는 법의 지배, 시민적·정치적 자유의 증진, 입법자에 대한 자유롭고 공정한 선거를 수반한다. 이러한 제도가 확립된 곳은 오늘날 많지 않으며, 제도가 확립된 사회라 할지라도 그 민주적 두께는 얇을 뿐이다. 세계에서 가장 민주적인 사회라도 대개는 '선거(plebescite)' 민주주의다. 즉, 후보자들은 몇 안 되는 쟁점에 어정쩡한 입장을 취하고, 시민들이 그 중 한 둘을 뽑아주고 나면, 시민들은 다음 선거까지 정책과정에서 아무것도 못하게 된다. 민주주의의 정신과 실천은 많은 자발적 조직들을 고취시키며, 이러한 집단들이 추진하는 공익운동은 흔히 정부의 행위와 여타 위력적인 제도의 행위에 영향을 미친다. 이 책의 성찰 중 일부는 시민사회 일부 영역의 이 같은 민주적 추동력을 이론화한다. 하지만 결정이 광범위하거나 혹은 가장 위력적인 기본적 이익을 포함하게 되는 곳에서, 힘있는 자들은 일반적으로 본인이 결정하려하며 민주주의를 거론조차하지 않고도 종종 성공한다. 나는 이와 관련해 서구 자유민주주의 19개 국가들이 그 나라의 시민 혹은 선출된 대표자와 공식적인 일체의 협의 없이도 무시무시한 전쟁을 벌였음에 대해 간단히 적었다.

현재의 민주주의는 몇몇 쟁점 및 제도와 관련된 몇몇 측면에서 실제로 민주적이다. 사실상 대부분의 사회는 민주적 실천의 전통을 갖고 있다. 민주주의는 전부 아니면 아무것도 아닌 사안이 아니라 정도의 문제이다. 사회는 민주적 실천(democratic practice)을 함께하는 강도와 범위 모두에서 다양할 수 있다. 일부 또는 많은 제도는 민주적으로 조직될 수 있으며 그러한 명목상의 민주적인 제도에서 민주적 실천의 깊이는 각양각색일 수 있다.[1] 민주적 실천이 정의를 증진하는 수단이라는 점은 이 책에서 염두하고 있는 확신이며, 이 확신은 많은 사회가 승인하고 현실화하는 겉으로 보이는 장식물 이상으로 민주주의를 확장하고 깊이 있게 할 것을 요구한다.

이 책은 민주적 실천을 확대하고 깊이 있게 하고자 하는 사람들이 호출하는 하나의 규범을 강조한다. 그것은 바로 포용*(inclusion)이다. 민주적 결정이라는 규범적 정통성은 그 결정으로 영향을 받는 사람들이 그 의사결정과정에 포함되었는지 그리고 그 결과에 영향을 미칠 수 있는 기회가 있었는지의 정도에 좌우된다. 포용이 요구되는 것은 기본적인 정치적 권리, 참여의 기회, 논쟁의 헤게모니적 조건에서 배제를 겪기 때문에 생긴다. 금세기 가장 위력적이고 성공적인 사회운동의 일부는 억압받고 주변화된 사람들이 자신의 정체(polities)에 온전하고 평등하게 포용되어야 한다고 요구했다. 투표권 확대 요구는 이러한 운동

---

* '남을 너그럽게 감싸 주거나 받아들임'이란 뜻의 포용(inclusion)이란 번역어는 정확히는 영이 강조하는 inclusion의 의미는 아니다. 한국어의 포용 — 너그럽게 감싸주거나 덮어준다 — 은 시혜성이나 위계성을 전제하는 반면, 영의 inclusion은 정치과정에서 반드시 있어야 하는 것(necessarily involved)의 의미이다. 다시 말해, 포용은 개개인이 각자의 도덕적 장본인임을 전제하는 도덕적 정통성에 대한 인정과 존중이다. 이 책에서는 포용/포함/포괄/포섭을 혼용해서 번역어로 택했다.

중 일부였다. 하지만 특히 대다수 사회의 대부분 성인이 명목상 투표권이 있는 오늘날, 평등한 투표는 단지 정치적 평등의 최소조건일 뿐이다. 이 책『포용과 민주주의』는 그 이상으로 더 할 수 있고 더 깊이있는 정치적 포용과 배제의 조건들 — 예를 들면, 의사소통 방식들, 사회적 차이에 대한 주목, 대표성, 시민조직화 그리고 정치적 관할구역과 같은 — 을 탐구(探究)한다.

이 책은 민주적 과정의 중심축에 해당하는 각각의 문제를 견인하는 세 부분으로 구성된다. (1) 구조적 불평등과 문화적 차이가 존재하는 환경 속에서 포용적인 민주적 의사소통의 규범과 조건은 무엇인가? (2) 포용적인 민주적 의사소통과 의사결정이 수백만의 사람들이 사는 사회에서 어떻게 이론화되어야 하는가? (3) 민주정체(democratic polity)의 적정한 범위는 무엇이며, 그 범위를 제약함으로써 어떻게 배제가 이뤄지고 있는가?

이 책의 1장부터 3장까지는 심의민주주의 모델에 대한 특정 해석에 대해서 비판하지만, 그 이론을 정련(精練)함으로써 첫 번째 질문을 다루고자 한다. 나는 심의민주주의 모델이 더 튼튼하다는 뜻으로 — 민주적 의사결정과정이 정의를 증진시킬 수 있는 가능성을 높인다는 뜻으로 — 포용과 정치적 평등을 의미한다고 주장한다. 민주적 실천을 심의적 관점에서 이해한다면, 민주주의는 그것을 통해 시민이 자신의 이익을 증진시키고 통치자의 권력을 견제하는 수단일 뿐만 아니라, 이는 그 사회의 정통성과 지혜가 해당 사회의 모든 구성원들의 다양한 의견표명과 비판에 달려있는 집합적 문제해결의 수단이다. 포용적인 민주적 실천은 가장 정의로운 결과를 촉진할 것이다. 왜냐하면 사람들은 각자의 주장을 서로의 정의로움과 지혜로움으로 설득하고자 할 것이며, 자신의 의견과 이익에 대한 이해가 심의과정에서 변할 수 있는 가능성을 열어두고 있기 때문이다.

하지만 심의민주주의라는 이상에 대한 몇몇 공식화들은 정치적 의사소통 논의를 제약하는 경향이 있으며, 또한 합당함(reasonable)이라는 의미를 편협하거나 협소하게 이해하는 경향이 있다. 심의(deliberation)라는 규범이 감정적이지 않음(dispassionate), 질서있음(orderly) 또는 논리정연함(articulate)을 함의하는 특정 스타일의 표현에 은연중에 가치를 두는 만큼, 심의가 내포하는 규범은 암묵적으로 배제적일 수 있다. 더군다나 이와 같이 협소한 스타일의 심의는 소통의 여타 형식들이 포용적이고 민주적인 결과를 이끌어내는 중요한 역할을 간과하게 된다. 이 책 2장은 민주적 심의를 조성하는 데 있어 특별히 중요한 기능을 하는 소통의 세 가지 모습 혹은 측면을 규정한다. 내가 **호감인사**(greeting) 혹은 **공적 인정**(public address)이라 부르는 것은 정치적 공중(political public)에서 각양각색의 사회부문들이 실재함(presence)과 이들의 시각을 인정하는 것이다. 내가 **레토릭**(rhetoric)이라 이름붙인 범주는 요구와 논거가 공표되는 방식을 말하고, 또한 모든 논리주장을 수반한다. 나는 이 범주에 의사소통의 정서적 차원, 의사소통의 비유적 측면 그리고 의사소통의 다양한 매체 예를 들어, 전단지나 소식지 대신에 현수막과 거리공연을 포함시킨다. 레토릭은 청중과 관련된 것으로 다른 사람들을 설득시키고자 하는 사람들을 **위치시키게**(situating)하는 중요한 기능을 갖는다. 마지막으로, **네러티브**(narrative)는 정치적 심의에서 많은 중요한 기능을 한다. 네러티브는 어떤 주장에 있어 논리적 단계를 제시할 수 있지만, 또한 집단들이 어떤 논리주장을 진척시킬 수 있는 전제가 충분히 공감되지 못할 때 그 의미와 경험을 설명하는 데 기여할 수 있다.

일부 민주주의 이론가들이 전제하는 또 다른 문제가 있는 가정은, 적정하게 순기능을 하는 민주적 토론은 공동선(common good) 혹은 공동의 이익(common interest)을 지향해야 한다는 것이다. 이들은 정치란 사적이고 갈등적인 이익 간의 경쟁일 수밖에 없다거나 혹은 정치참여자들은 공적 심의를 형성하기 위해 자신의 특정한 이해관계와 몸담고 있는 소속을 접어두어야 한다고 가정한다. 나는 3장에서 이것은 이분법적 오류이며 제3의 가능성이 더 설득력이 있다고 주장한다. 민주적 토론과 의사결정은 차별화된 사회집단이 다른 집단의 구체적인 상황을 염두에 두며, 그리고 사회집단 간 갈등과 집단적 문제에 대해 집단저마다 위치 지어진 입장을 가로질러 정의로운 대책을 기꺼이 마련해야하는 과정으로 더 잘 이론화된다. 구조적 혹은 문화적으로 차별화된 사회집단으로 위치 지어진 사람들의 경험에 기반한 공적 항변을 자기만 생각하는 이해관계로 치부하는 것은 오산이다. 나는 이러한 왜곡된 해석은 부분적으로 사회집단에 기반한 공적 항변을 오로지 그리고 전적으로 집단의 '정체성(identity)' 주장으로 오해하는 데 기인한다고 생각한다. 나는 이러한 집단정체성 개념에 물음을 던지는 주장을 검토할 것이며, 현대 민주주의 정치체제에서 집단에 기반한 대부분의 사회운동들과 요구들은 관계적으로 구성된 구조적 차이로부터 파생한다고 주장한다. 이렇게 이해될 때, 사회적 자리매김에 기반한 이해관계, 제안, 요구, 경험의 항변은 모두 민주적 토론과 의사결정의 중요한 밑거름임은 분명해진다. 이렇듯 위치 지어진 지식은 헤게모니 담론을 복수화하고 상대화(relativize)할 수 있으며, 그렇지 않았으면 표명되지 않았을 지식이 현명한 결정에 기여하도록 할 수 있다.

4장과 5장은 대중사회라는 맥락에서 포용적인 소통적 민주주의를 어떻게 이해할 것인가라는 이 책의 두 번째 문제의식을 살펴본다. 민주적 실천을 심화하는 데 관심을 쏟는 많은 이론가들과 활동가들은 대의제가 깊이 있는 민주주의와 양립할 수 없다는 잘못된 가정을 해왔다. 이 시각에서 보는 진정한 민주주의란 직접적이고 면대면적(face-to-face)인 것이다. 하지만 만약 그것이 사실이라면, 거대 규모의 대중사회는 얇은(thin) 민주주의로 자격미달 선고를 받게 될 것이다. 이 딜레마는 부분적으로 참여와 대표(성)를 서로 반대되는 것으로 잘못 놓음으로써 비롯된 것이다. 오히려 역으로 시민은 서로에게 뿐만 아니라 그들의 대표자에게 관여되는 많은 통로와 제도가 구비되었을 때라야 비로소 정통성 있게 대표자에게 권력을 위임(authorize)할 수 있으며, 위임받은 권력을 남용하지 않았는지에 대한 소명책임을 대표자에게 정통성 있게 물을 수 있다. 더욱이 대의제 시스템은 그것이 상대적으로 주변화되거나 불이익당하는 사회집단의 특정한 퍼스펙티브가 각별한 표명으로 받아들여 질 수 있도록 고무할 때, 가장 포용적이 된다.

이와 같이 주변화된 사회집단을 특정하게 대표하는 메커니즘은 투표제, 선거법, 위원회, 청문회와 같은 국가제도를 포함할 수 있다. 하지만 이 시대의 다른 많은 민주주들과 마찬가지로, 나 역시 중요한 참여방식, 사회적으로 위치 지어진 퍼스펙티브에서 비롯된 표명 그리고 튼튼한 소통적 민주주의가 요구하는 공권력의 사용에 대한 소명책임을 물을 수 있는 방안 같은 즉, 흔히 '시민사회'라는 명목 하에 일어나는 방대한 범위의 활동을 생각하고자 한다. 5장은 시민결사의 사적·공적 기능을 이론화하고, 공적 영역(public sphere)에 관한 중요한 이론적 아이디어를 깊이 있는(deep) 민주주의의 중심축으로 확장한다. 하지만 정의를 진흥시키는 사회변화의 주요한 근간을 시민사회에서 찾는 많은 이론가들과 달리, 나는 부정의(injustice)가 자라나는 기반을 타파하고픈 사람들이라면 그러한 목적을 달성할 수 있는 수단으로서 국가제도를 외면할 수 없다고 주장한다.

마지막 두 장은 정치이론가들이 거의 주제로 삼지 않는 문제의식을 담고 있다. 정체의 범위란 응당 어떠해야 하는가? 대다수 민주주의이론은 정체를 주어진 것으로 상정한다. 민주적 포용은 특정한 정체의 모든 구성원들은 그 정체 안에서 논쟁과 의사결정에 대해 실효적으로 동일한 영향력을 가져야 한다는 의미이다. 하지만 이러한 맥락에서 포용이라는 이슈를 제약하는 문제는 이미 주어진 정체의 개념정의 혹은 범위로 인해 정체 그 자체가 개인이나 사회집단을 부당하게 배제할 수 있다는 점이다.

6장은 인종적이며 계급적인 칸막이화(segregation)의 과정에서 나타나는 잘못된 배제의 모습을 논한다. 칸막이화로 인해 분리된 사회집단은 특정 정체에 명목적으로 포함되었다 하더라도, 칸막이화의 과정은 어떤 사람들에게는 참여를 가로막으며 다른 사람들에게는 특권을 보호하게 한다. 그럼에도 칸막이화는 다른 곳뿐만 아니라 특히 미국의 경제사회적 관계가 지역을 가로질러 사람들 사이에서 조밀한 상호의존을 하게 만드는, 메트로폴리탄 광역에서 관할구역이 분립됨으로써 종종 생기거나 강화되게 된다. 바로 이러한 사회경제적 상호작용이 정체의 정치적 관할구역의 범위와 맞아떨어지지 않을 때, 정체의 적정한 범위와 관련된 이슈들이 제기된다. 나는 정체의 범위는 정의의 의무(obligations of justice)가 적용되는 관계의 범위에 상응해야 마땅하다고 생각한다. 인구가 조밀한 메트로폴리탄 광역이 존재하는 세계의 많은 곳에서, 이러한 원칙은 정체의 범위가 광역적이어야 함을 시사한다. 하지만 광역거버넌스는 내가 **차별화된 연대성**(differentiated solidarity)이라 부르는 모델에서 지역사회와 집단의 친연성(affinities)으로 차별화되는 많은 공동체 기반의 참여적 제도와 결합될 때라야, 이는 두텁게 민주적일 수 있다.

7장은 정체의 범위 문제를 글로벌 수준으로 확장한다. 이 장에서는 차별화된 연대성 모델을 전지구적 폭에서 벌어지는 관민들(distinct peoples) 사이의 상호작용과 상호의존성에 적용한다. 기존의 민족국가 시스템은 심각한 배제를 실행하고 정당화하며, 이 같은 배제의 상당부분은 부정의하다. 글로벌 상호의존이라는 이 시대의 조건은 민족국가에 사는 일부 국민의 행위가 저 멀리 타국 사람들의 행위를 당연하게 여기거나 영향을 미칠 수 있음을 함의한다. 민주적 정치제도의 범위가 정의라는 의무의 범위에 부합해야 한다면, 이 주장은 전세계 사람들의 상호작용과 관계를 관할할 수 있는 보다 글로벌 수준의 제도적 역량이 마땅히 구비되어야 함을 역설하는 것이다.

하지만 많은 사람들이 문화적 동질화를 두려워하거나 혹은 관민의 특수성을 존경하고 인정하는 데 실패할 것을 우려해 코스모폴리탄 거버넌스의 기획을 신뢰하지 않는 것은 맞다. 글로벌 정의와 민주주의라는 규범적인 이상은 문화적 자율성과 관민이 갖는 자기결정(self-determination)에 대한 의지로 구체화되어야 한다. 그러나 자기결정이 헤게모니로 이해되는 한, 잘못된 배제와 지배를 결과하게 될 것이다. 따라서 나는 자기결정의 의미에 대해 보다 관계적인 해석을 제공함으로써 차별화된 연대성을 수용하는 전지구적 수준의 민주적 토론과 규제모델을 주장한다. 우리는 평등한 조건에서 벌어지는 자기결정적 관민들과 지역민들의 상호작호작용으로서 글로벌 민주주의를 구상해야 한다. 이러한 상호작용을 통해 모든 자기결정의 관민들이 서로 간 민주적으로 결정한 글로벌 규제원칙에 근거한 정립된 절차 속에서, 자신의 결정이나 행동이 영향 미치기를 기대하는 외부인들의 목소리를 경청해야하는 의무 및 외부인들과의 갈등에 대책을 세워야하는 의무를 이해할 수 있다.

그렇기에 포용적 민주주의는 비록 그것이 정치의 영역에서 집단의 친연성과 집단의 구조화된 차이의 중요성을 인정하지만 배타적인 주권의 경계를 거부한다. 포용적 민주주의는 성원자격(membership)과 투표권을 넘어, 다양한 문제와 이에 대한 제안된 대책에 영향 받는 모든 사람들이 참여하고 목소리를 낼 수 있게 한다. 민주적 과정은 특정한 장소를 중심으로 진행될 수 없으며, 오히려 그 과정은 사회의 구조적 차이에 대응하는 다양한 대의기구와 시민사회라는 공적 영역에서 일어나는 폭넓은 사회부문들 간의 소통적 관계와 관련된다.

3. 비판이론의 접근

이 책의 전체적인 이론의 접근은 비판이론의 접근이다. 비판이론의 접근은 사회적이고 역사적으로 위치 지어진 규범적 분석과 논리주장을 의미한다. 이 책 『포용과 민주주의』는 시민들이 공유된 문제를 정의롭게 해결하려 매진하는 민주정치의 이상을 가장 잘 설명하는 원칙을 구체화하고 지지한다. 비판이론은 도덕, 인간본성 혹은 좋은 삶에 관한 철학적 전제로부터 어떤 원칙이나 이상을 가져오지 않는다. 대신, 내가 이해하는 바, 비판이론의 방법은 사회적 관계와 과정 속에서 우리가 가치 있다고 경험하는 것, 하지만 간헐적, 부분적, 잠재적으로 실재하는 것을 규명하기 위해 그 관계와 과정을 비춰본다. 따라서 포용적 민주주의라는 이상을 규명하기 위해 여전히 부족함을 느끼지만, 그래도 아른거리는 희망의 가능성을 모색해 가며 현재 실재하는 민주주의의 경험을 살펴본다. 그러한 가능성은 합리적이나 열성적인 설득, 소명책임을 다하는 대표성(accountable representation), 권위적인 국가 행위에 따라붙는 참여적 시민의 활동 또는 전지구적 문제를 다루고 토론하는 초국가적 제도 같은 경험들이다. 규범적 비판이론은 구현되어야 하는 민주적 이상과, 실제 정치에서 우리가 체감하는 보다 체계적인 불만지점과 미진한 부분에 대한 논의를 구성해간다.[2]

이상은 해설서도 청사진도 아니다. 이상은 말 그대로 이상이기 때문에 현재나 미래의 현실에 부응하지 못한다. 이상은 사상가들과 행동가들이 현실을 비판할 수 있도록 현실에서 일정정도 거리를 두고 더 나은 무언가를 상상할 수 있게 한다. 그래서 『포용과 민주주의』는 현대 민주사회의 도덕적 결핍을 보여줌과 동시에 그러한 사회에서 변혁적인 가능성을 그릴 수 있도록 의도된 규범적 이상과 도덕적 논리주장을 구체화한다. 이들 두 가지 목적은 도덕이론과 사회이론의 컬래버를 필요로 한다.

따라서 이 책은 정치적 평등, 공공성(publicity), 대표성, 자기결정 같은 민주주의에 중요한 많은 규범적인 개념을 분석하고자 한다. 각 장은 현재의 도덕적·정치적 논리주장의 방법과 원칙에 따라 그 답이 달라지는 문제를 제기한다. 하지만 각 장은 또한 민주적 가치를 준수할 것을 요구하는 현대사회의 구조와 과정에 대한 설명과 해석의 맥락에서, 위와 같은 도덕적 논리주장을 성립시키려 한다. 그렇기 때문에 나의 사회이론적 과제는 사회적·소통적 열쇠 개념을 정의하고 분석하며, 그들 간의 논리관계를 정립하는 것을 포함한다. 나는 구조적 사회관계의 의미와 그 속에서 개인들이 자리매김하게 되는 방식에 대한 함의를 자세히 기술하고자 한다. 나는 사회적으로 차별화된 정치적 소통에서 레토릭과 내러티브의 긍정적인 정치적 역할을 정의하고자 한다. 나는 관민의 자기결정 요구와 전지구적 경제의 상호의존성의 증가 간의 겉보기에는 모순적 함의에 대한 규범적인 응답뿐만 아니라, 인종과 계급적 칸막이화의 의미와 그 여파를 성찰하려 한다.

4. 포용이라는 주제

민주주의이론은 법치, 자유로운 선거경쟁, 언론과 결사의 자유 같은 기본적인 규범의 조건을 형식적으로 충족하는 민주적 과정에서, 사람들이 빈번히 체감하는 어떤 문제를 충분히 주제화하지 못해왔다. 많은 이들은 현존하는 민주주의가 어떤 집단이나 어떤 사람들은 정책과정과 결과에 대한 유의미한 영향력에서 배제되거나 주변화되지만, 의사결정에 불평등한 영향을 갖는 다른 특정집단 혹은 엘리트에 의해 지배되고 있다고 비판한다. 이 같은 직관에서 보자면, 튼튼하고 규범적으로 정통성 있는 민주주의는 의사결정의 영향을 받게 되는 모든 사람들을 결정에 이르는 과정에서 평등하게 포용한다. 하지만 이론가들과 정치행위자들은 여러 시각에서 이 같은 포용이라는 주제를 의문시할 수도 있겠다.

혹자는 포용이 배제되거나 주변화된 사람들이 통합되는 절차, 제도, 공적 담론을 이미 주어진 것으로 전제한다는 점에서, 포용이라는 담론에 의구심을 가질지도 모른다. 포용에 대한 이 같은 이미지에서, 특정한 이해관계, 경험 그리고 예전에 배제된 사람들을 정치로 불러들이는 양상을 보는 방식 등은 포용의 과정이나 결과에 별 차이를 만들지 않는다. 이런 그림에서는, 정치적 평등이란 기존 제도와 실천으로는 충분히 혜택받지 못하는 사람들에게 헤게모니 규범을 따르리라 기대하면서, 기존 제도와 실천을 확대하는 것에 불과하다.

이것은 사실상 본인들은 포용되었다고 보며 특정 집단이나 특정 사람들이 정치과정에 포용되어야 한다고 보는, 선의를 가진 사람들의 행태와 담론에서의 암묵적인 태도라는 점에 나도 동의한다. 그러나 포용적 정치과정을 공동선에 대한 단일한 담론을 갖는 단일한 공적 공동체에 그 구성원들의 참여를 첨가하는 것쯤으로 보면 안 된다는 취지에서 볼 때, 이 책에서 내가 주장하는 바는 나의 이전 논의의 연장선에 있다.[3] 따라서 2장은 정치적 포용은 복수의 소통방식들에서 개방성을 특히 요구한다는 점을 주장하며, 3장은 행동하는 데 있어 가장 현명하고 가장 정의로운 정치적 판단을 위한 포용적인 정치적 토론은 사회적 차이를 인정하고 염두해야 한다고 주장한다. 이러한 시각에서 포용을 옹호하는 목적 중 하나는 공적 토론의 양상과 조건의 변화가 가능해야 한다는 점이며, 이를 통해 결과적으로 중대한 변화의 가능성이 열려진다는 점이다. 6장은 인종통합이라는 이상에 대한 일부 해석이 과도하게 동화주의적이며, 이는 거주의 칸막이화의 가장 중요한 해악을 은폐한다고 주장하면서, 아마도 이러한 반대 이면에 있는 우려를 가장 직접적으로 들여다본다. 그렇다면 이 책이 주문하는 포용정치(inclusive politics)의 상(像)은 공유된 문제의 정의로운 해결책을 제도가 실효성 있게 찾을 수 있도록 그 제도를 탈바꿈시키는 데 주목하는 이질적인(heterogenous) 공중의 상이다.

일각에서는 포용이라는 이상이 그 자체로 미흡하면서도 동시에 지나치게 포용적이라 반대한다. 한편으로, 포용이라는 개념은 배제된 사람들이 포용될 수 있는 모종의 경계가 있는 단위임을 전제한다. 따라서 개념적으로 포용은 지속되어온 배제에 달려있다. 다른 한편으로, 배제를 비판하고 포용을 요구하는 것은 흔히 모호하며, 부정의와 이에 대한 교정의 모든 방식을 망라하는 것처럼 보인다.

로버트 구딘(Robert Goodin)은 포용이라는 담론에 대한 비판에서 이러한 두 가지 비판을 지적하면서, 첫 번째 비판에 보다 주목한다.[4] 포용이라는 이상은 다른 사람들을 포함하는 것만큼이나 일부 사람들을 배제할 수 있는 기능을 지닌 경계가 있는 국가를 전제한다고 보았다. 포용에 대한 요구는 이러한 민족국가 형식에 거의 문제를 제기하지 않고, 단지 민족국가의 관할구역 내 기존에 살고 있는 사람들 사이의 정치적·사회적 불평등을 교정하려 한다는 것이다. 구딘은 우대됨과 불리함의 관계(relations of privilege and disadvantage)에 관심이 있는 사람들은 민족국가시스템 자체에 문제를 제기해야 한다고 생각하며, 민족국가 시스템을 대신해 개별 주권은 다른 주권에게 배타적이지 않으며 부정의에 대한 시정요구를 단 하나의 관할구역이라는 취약성에 개인들을 복속시키지 않는, 주권들 간의 다층적이고 중첩적인 시스템을 생각해야 한다고 주장한다.

전술했듯이 이 책은 세 번째 주요 문제로 정체의 범위를 중요하게 본다. 나는 사회와 정치제도가 자체의 정치적 행정관할구역을 통해 즉, 누가 자신의 작동에 영향을 미치는 권리를 가지며 누구는 그렇지 않은지를 설정하고 정의함을 통해, 가장 개탄스러운 배제를 저지르고 있다는 것에 동의한다. 6장은 지역정치(local politics)가 유의미한 상호의존성이 보이는 광역 내에서 분절적인 자율적 행정단위를 용인함으로써, 번번이 칸막이화와 여타 해악을 어떻게 영속화하는지 살펴본다. 구딘을 포함한 다른 연구자들과 마찬가지로, 7장은 민족국가는 부적절하게 배타적인 정치형식이며, 우리 시대의 포용정치는 규범적으로 보다 개방적인 글로벌 규제시스템과 지역적·광역적인 상호작용을 필요로 한다고 주장한다.

또한 포용을 요구하는 방식의 많은 부분이 지나치게 많은 것을 망라한다는 사회비판가들의 비판에 대해 짚어봐야 할 몇몇 지점이 있다. 특히 유럽에서 수많은 문제들이 '사회적 배제(social exclusion)'라는 일반화된 우산 개념 속에서 논의되고 있으며, 이러한 배제라는 언어는 안 맞는 것의 존재, 특히 인종적 혹은 문화적 차이를 경험하는 이민자들과 실업청년 같은 이슈를 설명하는 완곡한 표현처럼 보이기도 한다. 이 같은 담론 즉, 종종 '사회적 결속(social cohension)'이라 때때로 불리는 담론 속에서 포용을 증진한다는 것은 배제된 사람들을 지원하고 이들이 더 나은 지위의 시민들과 상호작용을 수월하게 하기 위한 다양한 정책, 사회서비스, 시민교육을 일컫는다. 하지만 이러한 맥락에서 제시되는 정책과 정책제안은 사회경제적 이탈자들에게 정치참여, 교육발전, 복지혜택에 대한 기회를 제공할 뿐만 아니라, 이들을 지배적인 주류 규범과 제도에 끼워 맞춰 넣음을 목적하는 것으로 보인다. 조정되어야 하는 이 같은 태도에 대한 의구심은 첫 번째 반대로 다시 돌아가게 한다.

배제와 포용이란 개념이 모든 사회적 갈등과 부정의 문제를 지칭하는 데 사용된다면, 그 의미는 잃고 말 것이다. 인종주의, 문화적 불관용, 경제적 착취 또는 곤경에 처한 사람을 돕기 거부하는 것 등이 문제라면, 문제되는 그러한 이름으로 불려야 한다. 이 책에서의 나의 테마는 특히 **정치적** 배제와 주변화이며, 나는 정치적 배제에 대한 공동의 비판적 대응을 토대로 정치적 포용이라는 원칙과 이상을 이론화하고자 한다. 나는 민주적이어야 하는 정치과정에 다시 말해, 바로 그 합당한 민주적 과정에 의해 영향을 받는 이익을 지닌 일부 사람들에게 지배되는 정치과정에 주목한다. 만약 의사결정에서의 포용이 민주적 이상의 핵심이라면, 위와 같은 정치적 배제가 실재하는 만큼, 민주사회는 그들이 기치로 내건 전망의 수준에 부응하지 못하고 있는 것이다. 문화적 불관용, 인종주의, 성차별주의, 경제적 착취와 박탈 그리고 다른 사회경제적 불평등은 이러한 정치적 배제를 설명하는데 도움이 된다. 이 책 대부분의 내용은 이러한 불평등을 자세히 이론화하지는 않지만, 한편으로 사회경제적 불평등과 다른 한편으로 정치적 불평등 사이의 인과관계를 다룬다.

5. 위치 지어진 대화

이 책에서 나는 단일하고 내적 완결성을 갖춘, 그리고 논리적으로 통합된 이론으로 구성된 세부 장을 제시하지는 않는다. 더 나아가, 이 책에는 많은 주장들이 존재하며 또한 하나 이상의 주장이 여러 장에 걸쳐있지만, 나는 각 장의 내용이 결론을 향한 순차적 단계가 되는 하나의 중요한 주장을 이 책이 제시한다고 생각하지 않는다. 대신에 나는 이 책의 각 장은 나의 사고를 자극하는 글을 쓰고 혹은 수차례 나와 흉금 없는 대화를 했던 다양한 이해관계와 배경을 가진 사람들과의 중첩된 대화 덕분이라고 생각한다. 나는 이러한 토론들을 통해 민주적 실천의 중추가 되는 이슈에 대한 내 자신의 사고와 내가 주목하는 사람들, 그리고 다른 독자들의 사고를 진전시키고자 한다. 이 책의 몇몇 지면에서 나의 의도는 이들 논객들을 서로 간의 대화로 불러들이는 것이다. 또한 몇몇 다른 지면에서 내가 생각하기에 그들이 충분히 염두하지 않았다고 보는 몇몇 이슈로 이들 논객들과 청취자들의 주안점이 바뀌기를 기대한다.

내가 이해하는바, 비판이론은 학계의 글쓰기가 흔히 채택하고 있는 이론적 보편성(universality)이라는 입장에 집착하지 않는다. 규범이론가들은 종종 사회적 맥락이 사상(捨象, abstracted from)된 입장에서 말하며, 모든 맥락에서 동일한 의미를 갖는 일반원칙을 단정한다. 이 같은 사상화(abstraction)가 가끔은 유용하며, 나 또한 내 논의의 일부에서 사상화된 작업에 의존하기도 한다. 나는 몇몇 일반원칙이 사회적 맥락을 망라해 유의미하게 강변될 수 있음을 부인하는 것은 아니다. 하지만 비판이론의 접근은 사상적이고 일반화되는 규범이론화에 도사리는 위험 예를 들어, 각자의 사고가 구성되는 사회역사적 맥락에서 도출된 또는 각자 자신의 삶을 조건화하는 구조화된 사회적 지위에서 도출된 자칭 일반화된 이론적 가정으로 꾸겨 넣음으로써 발생하는 위험을 지적하는 것이다. 더욱이, 일단 사상성[혹은 추상성]과 일반성의 입장을 채택하게 되면, 규범이론화는 그것과 결착된 정치적 행위 간의 관련성을 보여주기가 어려워지게 된다.

이 책 대부분은 특정된 현 시대의 사회적 맥락과 그것에서 비롯된 민주주의이론과 실천에 대한 문제에 가깝게 다가간다. 나는 미국적 맥락에서 쓰고 있기 때문에, 이러한 위치 지어짐은 학문적 담화자들, 사회적 조건, 정치적 토론 등 책의 지면에 영향을 미치고 있는 것들이 미국적 맥락에서 비롯된 것임을 의미한다. 하지만 내가 제기하는 문제, 성찰, 분석 그리고 그러한 문제에 대처하기 위해 내가 제시하는 주장은 다른 세계 여타 지역에서 민주적 실천의 증진에 열심인 사람들의 생각에 또 다른 씨앗으로 기여할 수 있으리라 희망한다. 나는 이 책에서 동료들 혹은 다른 저술가들과 대화를 나눠서 알고 있는 이슈들이 벌어진 지역 ―캐나다, 뉴질랜드, 호주, 독일, 남아프리카, 북아일랜드 등― 의 사회적 조건을 예로 들어 설명하려 노력했다. 나의 작업이 포용과 민주주의라는 이슈에 모든 맥락에서 완전히 접맥되었다고 하기에 부족함이 없다는 것은 아님에도, 이 작업이 많은 맥락들에서 대화를 시작할 수 있는 충분한 견인차를 제공하리라 나는 희망한다.

서장 후주

1 민주주의의 정도에 대해서는 Frank Cunningham, *Democratic Theory and Socialism*(Cambridge: Cambridge University Press, 1987), 3장을 참조하라.

2 현실 결핍에서 온 이상의 생성에 관해서는 Herbert Marcuse의 *One Dimensional Man*(Boston: Beacon Press, 1964)을 보라. 또한 Martin Matustick의 'Back to the Future: Marcuse and New Critical Theory', William Wilkerson and Jeffrey Paris(eds.), *New Critical Theory: Essays on Liberation*(Lanham, Md.: Rowman & Littlefield, 2000) 서문을 보라. 비판이론의 방법론에 대한 필자의 또 다른 설명은 *Justice and the Politics of Difference*(Princeton: Princeton University Press,1990), 5-7를 참조하라.

3 Young, *Justice and the Politics of Difference.*

4 Robert E. Goodin, 'Inclusion and Exclusion', *Archives of European Sociology*, 37/2(1966), 343-71.

01

민주주의와 정의

1. 두 가지 민주주의모델
2. 민주주의와 정의의 이상적인 관계
3. 자기결정과 자아발전이란 이상
4. 부정의한 조건 속의 민주주의이론
5. 심의민주주의의 한계들

민주주의와 정의

민주주의는 사랑하기 힘든 상대다. 아마도 어떤 사람은 남 앞에 나서서 말하거나 의견이 맞지 않는 사람들과 대적하거나 또는 주장과 요구로 무장한 채 우대받고 힘있는 사람들에 맞서는 것을 즐길 수 있다. 하지만 이러한 활동은 많은 사람들을 우려스럽게도 만든다. 아마도 어떤 사람은 하루 일과를 다 마치고도 모임에 가서 특정 이슈에 집중해서 토론하는 것을 좋아하고, 혹은 해법과 대책을 둘러싸고 옥신각신하거나 청원서명을 받으러 다닌다거나 모르는 명단의 수많은 사람들에게 전화하는 것을 좋아하는 사람도 있다. 하지만 대다수 사람들은 오히려 TV를 보거나 시를 읽거나 또는 데이트를 좋아할 것이다. 분명 민주정치는 모종의 즐거움도 있다. 예를 들어, 수천의 군중과 함께 대로를 행진하는 대열의 일부가 되어 우리가 믿는 대의명분을 외치는 짜릿함, 캠페인을 같이하면서 다른 사람들에게 느끼는 모종의 연대감, 승리의 희열 같은 것들이다. 허나, 패배, 포섭됨 또는 모호한 결말은 정치적 승리보다 더 공통적으로 겪는 경험이다. 시민들은 조그만 개혁을 이뤄내고자 번번이 막대한 시간을 들여야 한다. 민주주의에서는 사실상 모든 것이 정정될 수 있기 때문에, 그리고 예측할 수 없는 공중의 의견이 대단한 것으로 종종 간주되기 때문에, 불확실성은 민주주의를 어둡게 한다.[1]

불확실성 때문에 민주주의가 그 많은 우여곡절을 겪는데, 왜 그렇게 많은 사람들은 민주주의에 가치를 두는가? 어떤 정치이론가들은 민주주의가 지닌 본질적 가치로 인해 이를 예찬한다. 예를 들어, 민주주의는 능동적 시민의 삶을 확장하고, 사고, 판단, 협력할 수 있는 역량을 발전시키며, 사람들에게 영광의 기회를 제공하는 방식이라는 것이다. 민주주의의 이러한 본질적 가치는 실재한다. 그러나 이러한 보상이 민주적 실천에 가담하기 위해 포기된 보상의 기쁨보다 더 큰지는 명확하지 않다. 또한 민주주의의 본질적 가치가 분노, 좌절, 두려움, 불확실함, 고됨, 절망, 패배 같은 일종의 일상의 민주적 비용을 보상할 수 있을지도 확답할 수 없다. 그렇기 때문에, 대부분의 정직한 사람들은 민주주의가 그렇게 가치 있다면, 그것은 무엇보다도 수단적 이유 때문이라는 것을 인정해야 한다. 우리는 민주주의가 피할 수 없는 유혹인 권력남용으로부터 통치자들을 제약하기 위한 최선의 정치형태라고 믿는다. 더욱이 원칙적으로 오직 민주적 정치체제에서만이 사회의 모든 구성원들이 자신의 이익에 기여하고 이를 보호하는 공공정책에 영향을 미칠 수 있는 기회를 갖게 된다고 우리는 믿는다. 마지막으로, 흔한 공적 논쟁에서 비춰보았을 때, 우리는 또한 민주적 과정이 부정의한 조건을 바꾸고 정의를 신장시키는 최선의 수단임을 믿는다. 시민들이 겪는 부정의에 대해 혹은 어떤 입법안이 부정의를 키우거나 부정의에 제대로 대응하지 못함에 대해, 개개인과 사회운동은 정부당국과 동료 시민들에게 항변하고 호소하며, 그리고 이들은 민주적 공중과 정부당국이 그러한 부정의를 교정할 것으로 기대한다.[2]

이 장은 민주주의와 정의 간의 규범이론적 연결점을 설명한다. 이를 위해 나는 일반적으로 심의민주주의라 칭하는 민주주의이론과 실천에 대한 접근을 활용한다. 선호집합민주주의 모델(aggregative model of democracy)에 대한 비판을 검토하고, 포용, 정치적 평등, 합당함(reasonableness), 공공성(publicity)을 강조하는 심의민주주의 모델을 공식화한다. 나는 이 모델이 민주주의와 정의 간의 견고한 이론적 연결을 지지한다는 점을 보여줄 것이다. 다시 말해, 포용적인 정치적 평등과 공적 합당함이라는 이상적 조건 하에서, 민주적 과정은 가장 정의로운 정책을 발굴하고 유효화하는 수단으로 기여한다.

하지만 우리가 서 있는 사회는 이론으로 처방된 이상적인 사회가 아니다. 현실 세계에서 다른 사람들은 배제되거나 주변화되는 반면, 일부 사람들과 집단은 민주적 과정을 자신만의 목적에 맞게 이용할 수 있는 훨씬 더 큰 여력을 갖고 있다. 우리의 민주적 정책토론은 강압과 위협이 없는, 그리고 불평등한 권력과 불평등한 자원에 대한 통제라는 왜곡된 영향력이 미치지 않는 조건에서 벌어지지 않는다. 실제 현재의 민주주의는 힘있는 자들이 부정의를 영속화하거나 우대됨을 지키기 위해 형식상 민주적 과정을 이용할 수 있게 함으로써, 사회경제적 불평등과 정치적 불평등 간의 악순환의 고리를 강화하는 경향이 있다. 이러한 악순환의 고리를 끊는 한 가지 방법은 민주적 포용의 폭을 넓히는 것이라고 나는 주장한다. 민주적 정치운동과 민주적 과정의 설계자들은 보다 정의로운 결과를 일궈낼 수 있는 수단으로 의사결정과정에서 더 많은 포용을 부양할 수 있다. 많은 이론가들이 심의민주주의로 부르는 민주주의모델은 이 같은 포용적 실천을 위한 중요한 이상을 제공한다.

나의 이론적 출발점은 심의민주주의 모델이지만, 이 모델의 일부 공식화된 지점에서 몇 가지 단점이 보인다. 이 모델의 일부 옹호론자들은 심의의 적정한 셋팅은 면대면이어야 한다고 상정한다. 다른 옹호자들은 정치적 소통의 주요한 형식으로 논리주장(argument)에 주목한다. 더 나아가, 심의적 과정의 일부 옹호자들은 민주적으로 함께하겠다는 것은 공동선만을 유념하면 된다고 주장하며, 일부 옹호자들은 필자의 관점에서는 배제적으로 보이는 질서있음(orderliness)이라는 규범을 상정한다. 이에 반해 나는 포용적인 민주적 상호작용과 의사결정을 다루는 이론은 논리주장말고도 기여하는 다른 소통방식의 중요한 기능을 염두에 두어야 한다고 주장한다. 더 나아가, 이 민주주의모델은 대중사회에 적용될 수 있어야 하며, 이는 포용적 대표성(inclusive representation)의 의미를 이론화하는 것이기도 하다. 마지막으로, 내가 개념화하는 민주적 포용의 소통적 모델은, 공동선을 정당화하기 위해 사회적 차이를 내세우지 않는 것이 아니라, 이러한 사회적 차이를 가로질러 경합적이면서도 함께 엮어진 차별화된 사회부분을 이론화한다.

1. 두 가지 민주주의모델

현대정치이론에서는 다음의 두 모델, 선호집합민주주의 모델과 심의민주주의 모델이 중심축을 이룬다. 두 모델은 모두 민주주의제도의 기본틀에 관한 모종의 가정을 공유한다. 즉, 민주주의는 법치를 요구하며, 투표는 합의가 불가능하거나 합의되려면 지나치게 많은 비용이 들 경우 활용되는 의사결정의 수단이고, 민주적 과정은 발언, 집회, 결사의 자유 등을 요구한다는 점이다.[3] 두 모델은 민주주의제도의 기본틀보다 민주주의라는 바로 그 아이디어가 주목하는 의사결정의 **과정**에 관심을 더 기울인다. 나는 각각의 민주주의가 이상형으로 기능함을 제시하려는 목적에서 이들 민주주의를 '모델'이라고 부를 것이다. 다시 말해, 각각의 민주주의는 기존 민주적 실천의 특징을 뽑아내고 이를 민주적 과정이라는 이상에 대한 일반화된 논의로 체계화한다.

선호집합모델

첫 번째 모델은 민주주의란 공무담임자 및 공공정책을 선택하는 데 있어 시민들의 선호들을 합하는 과정으로 해석한다. 민주적 의사결정의 목표는 어떤 리더, 법규칙, 정책이 가장 폭넓고 강하게 선호되는지를 결정하는 것이다. 제대로 기능하는 민주주의는 선호표출과 선호들 간의 경쟁이 허용되며, 이러한 선호들을 합쳐서 하나의 결과를 만들 수 있는 신뢰할 만하고 공정한 방법을 갖고 있다. 제인 맨스브리지(Jane Mansbridge)는 이 같은 민주주의를 다음과 같이 설명한다.

> 유권자는 정치체제에 자신이 느끼는 강도에 비례하는 요구를 함으로써 각자의 이익을 추구한다. 자신의 이익을 추구하는 정치인 역시 유권자에게 표를 얻을 수 있는 정책을 채택하고, 그렇게 함으로써 소명책임성(accountability)을 보장한다. 정치인은 공직을 유지하기 위해 가능한 소수를 소외시키고 가능한 다수의 이익을 만족시키는 공식을 모색하려 한다는 점에서, 사업가와 중재자처럼 행동한다. 자기이익을 추구하는 투표자와 자기이익을 추구하는 중재자 사이의 교류에서, 개개인의 이익이 균형잡힌 합에 가능한 가까운 결정이 등장한다.[4]

선호집합모델은 정책형성의 민주적 과정을 다음과 같이 설명한다. 정체에 사는 개인들은 통치제도에 대해 바라는 다양한 선호를 갖는다. 이들은 다른 개인들 역시 자신의 것과 맞을 수도 그렇지 않을 수도 있는 선호를 갖고 있음을 알고 있다. 민주주의는 정당들과 후보자들이 각자의 정강을 제공하고 최대 다수의 선호를 충족시키려 하는 경쟁적 과정이다. 비슷한 선호를 가진 시민들은 흔히 정당의 행위 및 정책입안자들이 선출되었을 경우 이들의 행위에 영향을 미치기 위해 이익집단을 조직한다. 개인들, 이익집단들 그리고 공무담임자들은 자신의 압력행사 전략의 지향점을 조정하거나 경쟁적인 선호의 활동을 인정하는 자신의 방식에 따라 연합을 형성함으로써 저마다 전략적으로 행동한다. 경쟁, 전략적 행동, 연합형성, 압력에 대한 응답 등의 과정이 개방적이고 공정하다는 전제에서, 선거와 입법결정의 결과는 가장 강력하거나 혹은 가장 폭넓은 선호들의 합을 반영한다.[5]

이와 같은 민주주의의 선호집합모델은 여러 문제점이 있는데, 특히 민주적 과정은 때때로 정의에 대한 이해와 연결되어야 한다는 직관에 충실하려는 이론적 입장에서 보면 더욱 그렇다.[6]

첫째, 민주적 과정에 대한 이 모델의 설명에 따르면, 개인의 선호는 그것에 무슨 일이 있었는지와 상관없이 주어진 것으로 본다. 선호의 유래에 대한 설명은 없다. 즉, 선호는 때에 따라 달라지는 기분, 이성적인 추론, 신념 혹은 다른 사람이 위협을 가할 것이라는 두려움에 기인한 것일 수 있다. 어떤 선호는 자신의 이익에서 그 동기가 유래하거나 어떤 다른 선호는 주변 사람들을 외면하지 않으려는 이타적인 돌봄에서, 그리고 또 다른 선호는 공정한 시합이라는 정의감에서 그 동기가 유발될 수 있지만, 선호집합모델은 이러한 동기들을 구분할 수 있는 수단을 제공하지 않는다. 또한 선호집합모델은 내용, 유래 또는 동기에 의해서든 선호의 질을 구분할 수 있는 척도가 없다. 선호의 반영적(reflective) 기원이나 내용의 포괄성으로 인해, 어떤 선호가 다른 선호보다 본질적으로 가치가 더 있는 것으로 높게 평가되는 것이 상식적일 때에도, 이 모델은 얼마나 많은 사람들이 혹은 적은 사람들이 선호하는지 혹은 얼마나 강하게 선호하는지에 따라 단지 외향만으로 어떤 선호를 다른 선호보다 가치를 더 부여한다. 더군다나 선호를 정치적 과정 밖에서 생기는 외생변수로 인식하기 때문에, 사람들의 정치적 선호가 다른 사람들과의 상호작용이나 정치적 과정에 참여한 결과로 어떻게 바뀔 수 있는지에 대한 설명이 없다.[7]

더욱이 이 모델의 설명으로 보자면, 민주주의는 가장 많은 다수로부터 지지받는 혹은 가장 강하게 지지받는 시민들의 선호를 확인하고 합하는 하나의 메커니즘이다. 시민들은 선호를 달리하는 사람들과 상호작용하기 위해 사적 영역에 있는 자신의 이익과 선호를 탈피할 필요가 없다. 이 모델은 민주적 시민들이 서로 간의 상호작용을 통해, 그리고 어떤 결정을 내리려는 이들의 동기를 통해 형성되는 **공공**이라는 명확한 아이디어가 부족하다. 따라서 이 모델에서는 정치적 조정과 정치적 협력의 가능성에 대한 논의를 찾아볼 수 없다.

선호집합민주주의 모델의 세 번째 문제는 그것이 합리성(rationality)이라는 얇은 개인주의적 형식을 담고 있다는 점이다. 개별 정치행위자는 자신의 선호를 실현할 수 있는 최상의 수단에 대해 도구적 혹은 전략적 추론에 몰입할 수 있지만, 이러한 선호집합의 결과가 반드시 합리적인 것은 아니며 그 자체가 이성적 추론 과정을 거쳐 도달한 것도 아니다.[8] 사실상 선호집합의 결과는 심지어 선호 그 자체에 대한 측정이라 할지라도, 합리적일 수 있는 만큼 또한 쉽게 비합리적일 수 있다. 왜냐하면 합쳐진 선호의 우선순위는 개별 개인 차원에서 지녔던 선호의 우선순위와 다른 우선순위를 낳을 수 있기 때문이다.[9]

마지막으로, 선호집합모델은 규범적이고 가치평가적인 객관성이 가능한지에 대해 회의적이다. 이 모델은 무엇이 좋은지 혹은 무엇이 정당한지를 타인에게 주장하는 사람들이 주관적인 선호나 자신 또는 다른 사람의 이해관계를 넘어선 일반적 원칙에 호소한다는 점에서, 객관성의 논리로 자신의 주장을 옹호할 수 있음을 부정한다.[10] 이러한 주관주의적 해석으로 보면, 사람들이 도덕적 언어를 사용한다면, 이들은 다른 것에 비해 더 이상 합리적이거나 객관적이지 않은 특정한 종류의 선호 혹은 이익을 전하고 있는 것이다.[11] 비록 사람들이 일상의 정치생활에서 때때로 모종의 정책이 그것이 옳기 때문에 집행되어야 한다고 주장함에도 불구하고, 선호집합모델은 의사결정의 핵심에 대한 도덕적 정통성을 평가할 수 있는 방법을 제공하지 않는다. 이 같은 과정 속에서 일체의 규범적 논거 없이는 결과의 핵심을 규범적으로 평가할 수 있는 기반 또한 존재하지 않는다.

그렇기 때문에, 이 모델은 민주적 과정의 결과를 정통성 있는 것으로 받아들일 수 있는 동기를 부여하기에는 매우 부실한 토대만을 제공한다. 만약 이 모델의 민주주의가 기껏 해봐야 주관적이고 비합리적인 선호를 합치는 메커니즘이라면, 그리고 만약 이 모델에서 나온 공정한 결과가 더 넓거나 더 강한 선호를 반영한다면, 그러한 선호에 공감하지 않는 사람들이 왜 그 결과에 승복해야 하는지의 이유는 존재하지 않는다. 결과에 공감하지 않는 사람들이 소수일 경우, 이들은 따르는 것 밖에는 다른 대안이 없다고 느낄 수 있다.

심의모델

선호집합의 과정으로 모델링한 민주주의는 오늘날 세계의 민주적 과정의 일면을 대략 설명하며, 많은 정치행위자들이 민주주의에 대해 고심하는 방식을 표현한다. 정치과학자들과 정치경제학자들뿐만 아니라 많은 언론인들, 정치인들, 시민들은 목적과 가치는 주관적이고 비합리적이며 정치과정 외부에 존재한다는 선호집합모델이 상정하는 이러한 가정에 대해 암묵적으로 공감한다. 결과적으로, 이들은 민주정치가 사적 이익과 선호 간의 경쟁 그 이상도 이하도 아닌 것이라 믿는다. 자유민주주의 정치의 작동은 이러한 가정에 상응한다고 볼 수 있다. 후보자 목록이나 국민투표 선택의 선호표현인 투표는 가장 주요한 정치행위이다. 이때 민주적 과정은 다양한 집단들이 자신의 이익을 표출하고 득표 경쟁을 하는 것이다. 이와 같은 대중투표(mass plebiscite)의 과정은 문항으로 된 여론조사에 개인별로 응답하는 원자화된 존재로 시민을 다룬다.[12]

하지만 완벽하지 않은 민주주의임에도 재야에 있는 또 다른 민주주의모델이 있다. 민주적 동력이 생성되는 곳이라면, 많은 사람들은 민주주의를 열린 토론과 합의할 만한 정책으로 수렴되는 의견교류와 연결시킨다. 의회의 토론에서 참여자들은 흔히 자신의 의견이 가장 정당하며 합당한 제안이라 주장한다. 대부분의 민주주의는 참여자들이 자신의 입장이 옳다고 서로를 설득함을 목적으로 하는 정치적 토론과 비판이 가능한 [선거 이외의] 다른 실천과 제도를 포함한다.

현대정치이론가들은 대개 이 같은 대안적 모델을 심의민주주의라 부른다. 심의민주주의의 주요한 많은 이론들은 민주정치에서 추론, 설득, 규범적 호소에 대한 새로운 관심에 불을 붙이며 최근에 부각되었다.[13] 심의모델에서 민주주의는 실천이성(practical reason)의 한 양상이다. 민주주의 과정에서 참여자들은 어떻게 최선으로 문제를 해결할 것인지 혹은 어떻게 최선으로 정당한 필요를 충족시킬 것인지 등에 관한 방안을 제안하며, 이들은 자신의 제안을 다른 사람들이 받아들일 수 있도록 설득하려는 목적으로 논리주장을 펼친다. 민주적 과정은 문제, 갈등, 필요 또는 관심에 대한 요구에 관련한 토론이 주가 된다. 사람들은 대화를 통해 이러한 제안과 논리주장을 검증하고 도전한다. 이러한 제안과 논리주장이 대화를 통한 검증과정을 통과하지 못한다면, 심의하는 공중은 이러한 안건을 거부하거나 수정하게 된다. 참여자들은 어떤 선호가 가장 많은 수의 지지를 받는지가 아니라 어떤 제안이 최선의 이유로 지지되는지에 따라 의사결정에 도달한다. 이 모델에서 상정하는 민주적 과정은 심의당사자들의 관계와 태도에 대한 포용, 평등, 합당함, 공공성 등을 포함한 몇 가지 규범적 이상이 수반된다. 이 같은 이상은 모두 논리적으로 심의모델과 관련된다.

포용 — 이 모델의 민주적 의사결정은 그 결정에 영향을 받는 모두가 토론과 의사결정과정에 포용되는 경우에만 규범적으로 정통성을 갖는다. 이 같은 단순한 공식은 모두에게 영향을 미치는 방식과 그 정도에 대한 많은 문제를 제기한다. 예를 들어, 결정에 의해 사소한 방식으로 영향을 받는 각인 모두가 결정의 당사자가 되어야 마땅하다고 말하는 것은 터무니없을 수 있다. 이 문제를 어느 정도 한정하기 위해, '영향 받음'의 의미는 결정과 정책이 어떤 개인의 행위선택을 유의미하게 조건화함을 뜻한다고 볼 수 있다. 이상으로서 포용은 도덕적 존중(moral respect)이라는 규범을 구현한다. 사람들(그리고 아마도 기타 피조물들)은 만약 자신의 목소리와 이익이 배제된 의결에서 나온 결정에 따라 규칙을 준수해야 한다거나 자신의 행위를 적응시키리라 기대된다면, 이들은 수단으로 취급되고 있는 것이다. 포용은 정치적 평등이라는 규범과 결합되었을 때, 공중이 대책을 강구하는 문제 또는 이슈에 적실한 이익, 의견, 퍼스펙티브에 대한 최대한의 표출을 허용한다.

정치적 평등 — 규범적 이상으로서 민주주의는 정치적 평등을 의미한다. 영향 받는 모든 사람들은 의사결정에 명목상 포함되어야 할 뿐만 아니라 동일한 조건으로 포함되어야 한다. 모두는 자신의 이익과 근심을 표출할 수 있는 평등한 권리와 유효한 기회를 가져야 마땅하다.[14] 또한 모두는 서로에게 물어볼 수 있는, 그리고 서로의 제안과 논리주장에 대해 응답하고 비판할 수 있는 평등하고 유효한 기회를 가져야 마땅하다. 다시 말해, 이상적인 심의민주주의 모델은 말할 수 있는 자유와 평등한 기회를 진흥한다. 그러나 이 같은 조건은 평등의 세 번째 조건 즉, 지배로부터의 자유 없이 충족될 수 없다. 심의민주주의의 이상적 과정에 함께하는 참여자들은 그들 중 누구도 모종의 제안이나 결과를 받아들이도록 다른 사람들을 강압하거나 혹은 위협할 수 있는 지위에 있지 않다는 의미에서 평등하지 않으면 안 된다.

나는 '포용'과 '정치적 평등'이라는 개별 용어의 규범적 중요성을 구체화하기 위해 이들 용어를 구분하지만, 이 책에서 내가 포용이란 규범을 언급할 때 나는 그것이 정치적 평등이라는 규범과 응당 이어지는 것으로 이해한다. 실제 정치적 갈등에서 정치적 행위자들과 정치운동들이 배제를 규탄하고 더 많은 포용을 요구할 때, 이들은 줄기차게 정치적 평등이라는 이상에 호소하며 사람 수만을 세는 허울뿐인 수단을 받아들이지 않는다. 이렇듯 두터운 의미에서 토론이 포용적일 때 토론은 모든 이익, 의견, 비판을 허용하며, 또한 토론이 지배에서 자유로울 때 토론참여자들은 그 결과가 두려움, 상세 혹은 기만적인 합의에서가 아니라 좋은 근거에서 비롯되었음을 확신할 수 있다. 하지만 이러한 확신은 참여자들이 합당한 마음자세(disposition)를 가질 때라야 비로소 바람직하게 유지될 수 있다.

합당함 — 심의민주주의 모델이란 맥락에서 볼 때, 나는 합당함을 사람들이 논쟁에 기여하는 본질적인 속성이라기보다 토론의 참여자들이 지닌 일단(一團)의 마음자세로 받아들인다. 합당한 사람들도 때론 이성적이지 않은 생각을 할 수 있다. 그럼에도 이들을 합당하게 만드는 것은 왜 그들의 생각이 맞지 않은지를 혹은 부적절한지를 설명하려는 다른 사람들의 말을 귀담아 듣고자 하는 그들의 용의(用意, willingness)이다. 자신이 다른 사람들보다 더 많이 혹은 더 잘 알고 있다고 생각하는 사람들은 때론 다른 사람들의 항변을 성급하게 비합리적이라 딱지붙이고, 그 결과 다른 사람들과 논쟁하는 것을 외면하려 한다. 합당한 사람들도 종종 어떤 제안, 어떤 행위, 어떤 근거, 어떤 네러티브가 합리적인지 혹은 합리적이지 않은지에 대해 의견이 일치하지 않기 때문에, 지나치게 성급히 판단하는 것은 그 자체로 흔히 합당하지 않음의 징후이다.

합당한 사람들은 의견일치(합의, agreement)를 지향하며 집합적 문제(collective problem)를 해결하기 위해 토론에 임한다. 물론, 이들은 흔히 의견일치에 도달하지 못하게 될 수 있으며, 의견일치가 안 되는 상황에서도 결정에 다다르고 이견이 부각되는 절차를 가져야 한다. 합당한 사람들은 이견 속에 통찰이 들어있음을, 그리고 결정과 의견일치는 원칙적으로 새로운 도전에 열려 있어야 함을 이해한다. 그렇기 때문에, 실질적으로 만장일치(consensus)가 심의하는 이성의 필수조건은 아니지만, 토론참여자들은 토론에 임할 때 의견일치에 도달하려는 **지향**이 있어야 한다. 만약 모든 참여자들이 그들 간에 어떤 종류의 의견일치가 원칙상 가능할 수 있다고 믿기만 한다면, 그들은 좋은 신의에서 서로를 경청할 만큼 신뢰할 수 있으며 설득하려 할 수 있다.

따라서 민주적 토론에 관여하는 합당한 참여자들은 열린 자세를 갖지 않으면 안 된다. 이들은 우선시 되는 규범의 어떤 강력한 힘이나 의문의 여지가 없는 신념 등에 자신을 몰입시키며 집합적 문제에 대한 토론에 임해서는 안 된다.[15] 또한 모든 다른 사람들의 이익보다 자신의 이익이 먼저임을 단정할 수 없으며, 혹은 옳다고 혹은 정당하다고 생각한 자신의 기존 의견이 수정되어야 할 대상이 되지 않는다고 고집할 수 없다. 다른 사람들이 우리의 기존 의견이나 선호가 토론 대상이 되는 집합적 문제와 관련이 있을 때 부정확하거나 부적절하다고 우리를 설득할 수 있기 때문에, 합당하다는 것은 우리의 의견 혹은 선호를 변화시킬 용의가 있다는 것이다. 따라서 열려 있다는 것은 상대를 경청할 수 있고, 상대를 존중하며, 질문을 하여 상대를 이해하려 노력하고, 상대를 즉각 판단하려 하지 않는 마음가짐을 지칭한다. 합당하고 존중하는 토론의 과정은 심의적 습득력(deliberative uptake)을 보인다. 부연하면, 누군가 말할 때, 다른 사람들은 함께한다(engagement)는 방식으로 그들의 의견표명을 인정한다.[16]

공공성 — 마지막으로, 포용, 평등, 합당함이란 조건은 민주적 의사결정과정에서의 참여자들 간 상호작용으로 서로에게 소명(疏明)을 요구하는 공중을 형성하게 된다.[17] 공중은 공적인 절차 아래 집합적 문제를 토론하기 위해 서로가 마주하는 각기 다른 개인과 집단의 경험, 역사, 함께한다는 의지(commitments), 이상, 이익, 목표 등의 복수성으로 구성된다. 이 같은 공중의 구성원들이 서로에게 말할 때, 이들은 자신이 다른 사람들의 복수성에 답을 해야 함을 안다. 그리고 다른 사람들도 자신의 견해에 접근해야 한다는 사실로 인해 본인의 입장을 신중하게 표현한다. 이러한 복수성의 공적 대화라는 맥락은 토론참여자들로 하여금 역시 복수성을 지닌 타인들에게 소명될 수 있도록 자신을 표현하도록 한다. 토론참여자들은 자신만의 특별한 배경의 경험, 이익 혹은 제안을 다른 사람들이 이해할 수 있는 방식으로 설명할 수 있어야만 하며, 이들은 다른 사람들이 인정하기에 받아들일 수 있는 방식으로 자신의 요구를 뒷받침하는 적절한 근거를 보여줘야 한다. 비록 다른 사람들이 실상 이들의 근거와 요구에 의견일치를 보지 않는다 할지라도 말이다. 이들이 특별한 역사를 지닌 특정한 집단에게 말을 걸 때에도, 언제나 그러하듯 이들은 제3자가 그 대화를 듣고 있을 수 있음을 염두한다는 의미의 성찰적인 생각을 갖고 말해야 한다.[18] 의견표명의 내용이 공적이기 위해서는 그 내용이 즉시 모든 사람에게 이해되거나 혹은 논리주장이 호소하는 원칙이 모두에게 받아들여진다는 것이 아니라, 형식과 내용 면에서 그 의견표명이 단지 이해될 수 있고 받아들여질 수 있기를 목적하는 것이다. 그렇기 때문에, 심의적 교환은 곤란함이나 의견불일치의 표명, 문제의 제기, 문제에 답하기 등을 동반한다.

심의모델의 타당성

비록 두 모델이 민주주의의 실제 경험에 근거한 것이지만, 심의모델은 선호집합모델보다 민주적 실천에 가치를 두는 함께한다는 의지에 보다 타당하다. 선호집합모델은 주로 독재자의 횡포에 대한 보호, 그리고 개인과 집단이 정치와 정책에서 자신의 이익을 신장시키고 보호하려는 능력이라는 민주주의의 목적에 주요하게 부합한다. 심의민주주의 모델은 이러한 목적에 부응할 뿐만 아니라 예를 들면, 협력을 증진하기, 집합적 문제를 해결하기, 정의를 진흥하기 등과 같은 민주주의에 가치를 두기 위해 사람들이 표출하는 여타의 목적에도 부합한다.

심의모델의 상호작용적 측면은 심의모델의 더 큰 포괄성(comprehensiveness)을 보여준다. 심의민주주의 모델에서 정치적 행위자들은 자신의 선호와 이익를 표출할 뿐만 아니라, 포용적 평등이라는 환경 속에서 자신의 선호와 이익이 어떻게 균형을 맞춰 나갈지와 관련해 다른 사람들과 서로 함께한다. 이러한 상호작용은 참여자들이 자신의 주장과 제안이 모두에게 수용될 수 있도록 정당화하기 위해 참여자들 서로에게 개방적이고 귀기울일 것을 요구하기 때문에, 참여자들은 자기위주적인 것에서 공적으로 항변할 만한 것을 지향하는 쪽으로 움직이게 된다. 이익과 선호는 심의민주주의의 모든 과정에서 끊임없이 생기겠지만, 그것들은 단지 주어진 것이 아니며 또한 민주적 과정 밖에서 생기는 것도 아니다. 대부분의 심의민주주의 이론가들은 이 모델이 참여자의 선호, 이익, 신념, 판단을 단지 표명하고 부각시킴으로써가 아니라 그것들을 **탈바꿈**(변혁, transforming)시킴으로써 민주적 토론의 과정을 개념화한다고 강조한다. 다른 의견을 지닌 그리고 다른 맥락에 위치해 있는 사람들과 다양하게 뒤섞인 공적 토론과정을 통해, 사람들은 흔히 새로운 정보를 얻거나, 집합적 문제에 대한 상이한 체험을 배우거나, 자신의 기존 의견이 편견이나 무지에 근거했음을 또는 다른 사람들과 맞물려있는 자신의 이해관계를 미처 잘못알고 있었음에 눈뜨게 된다.[19]

나는 여기서 공식화한 심의민주주의 모델의 기본적인 대략을 지지한다. 이는 포용의 정치와 더 큰 정의를 진흥한다는 관점에서 민주주의를 고심하는 최선의 방식이다. 하지만 이 모델의 일부 공식은 비판되어야 하며, 이 모델 역시 포용적인 민주적 과정에 대한 이론이 되기 위해서는 몇몇 측면에서 세련됨이 필요하다.

2. 민주주의와 정의의 이상적인 관계

사람들이 민주주의가 가치 있다고 보는 것은, 적어도 부분적으로 민주주의가 부정의를 대적하고 정의의 우군이 되는 정치적으로 최선의 수단임을 우리가 믿기 때문이라고 나는 생각한다. 이 같은 믿음을 뒷받침할 근거가 있는가? 경험적으로 비추어 보았을 때, 질문에 반대되는 사례들이 존재한다. 분명 많은 민주주의가 부당한 법을 집행해왔거나 부정의한 행위를 승인해왔다. 민주주의가 부정의를 직접 실행하지 않는 경우에 있어서도, 민주주의의 과정과 정책은 흔히 그 과정과 정책이 야기하지 않은 사회경제적 부정의를 종종 강화했거나 이를 바꾸는데 실패했다. 그럼에도 불구하고, 민주주의자들은 민주주의와 정의 간의 연관성이 존재한다는 믿음을 고수한다. 나는 우리가 알고 있는 민주적 과정이 너무나 번번이 사회에서 부정의를 배출하거나 강화·두둔하고 있다는 문제에 대해 다시 고민하려 한다. 이제 나는 심의민주주의라는 이상이 민주적 절차가 가장 정의로운 정책을 진흥할 것이라는 버릴 수 없는 신념을 어떻게 지지하는지 이론적으로 정교하게 설명할 것이다.

나는 차이와 갈등이 존재하는 정체를 상정한다. 이러한 차이와 갈등은 어떤 집합체(collective)가 개별 구성원의 일 그리고 서로 함께 살아야 하는 집합적인 일을 잘 다루기 위해 맞닥뜨리지 않을 수 없는 문제이다. 정체는 그 구성원들이 공동으로 규칙을 만들고 절차를 협상함으로써 자신이 그러한 규칙과 절차에 의해 통치됨을 인정하는 구성원들의 집합체이다. 심의민주주의의 이상적인 모델은 어떤 결정에 의해 기본적인 이익에 영향 받는 모든 사람들은 심의적인 민주주의 과정에 포용되어야 한다고 말한다. 민주주의이론은 구체적인 문제를 다루는 **실제** 정체의 범위와 성원자격이 그 정체가 **마땅히** 포함해야 하는 범위에 부응하는지에 대한 문제를, 만약 그 토론이 의사결정으로 영향 받는 모든 사람들을 포함한다면, 대부분 제기하지 않는다. 하지만 민주적 포용이론은 그 정체가 정의라는 이름으로 제기되는 이슈에 대한 적정한 도덕적 범위와 부합하는지에 대한 문제를 고려하지 않을 수 없다. 이 책의 6장과 7장은 이 문제를 직접적으로 다룬다. 이 문제는 잠시 뒤로 하고, 이 지점에서 나는 단지 집합체가 맞닥뜨리는 문제를 고려하는 의사결정의 절차가 있는 정체로 논의를 상정한다. 이러한 일반적 논의에서, 정체는 법으로 한정된 국가일 필요는 없지만, 영리기업, 대학, 교회

등 여타 제도의 영역에 있는 비국가 통치기구를 지칭할 수도 있다.

심의에 누가 포함되어야 하는지의 문제뿐만 아니라 우리는 그러한 토론의 대상이 무엇인지도 알아야 한다. 무엇이 토론의 대상인지는 논쟁적일 수 있는 문제이다. 같이 살고 일하는 사람들은 외부이든 내부이든 협력적인 행위를 통해 가장 잘 대처할 수 있는 일정한 문제들에 부딪힌다. 이러한 문제들은 학교를 어디에 세우고 이를 어떻게 설계해야 할지 또는 중심가에 방해되지 않도록 도심외곽으로 도로를 어떻게 우회할 수 있을지 등과 같은 제한된 문제일 수 있다. 혹은 복잡한 갈등의 역사가 있는 상이한 역사적 기원을 지닌 사람들과 집단 간의 땅 분배를 둘러싼 오래된 분쟁을 어떻게 해결할 것인지 또는 공정하고 세원을 충분히 늘릴 수 있으며 탈세가 어렵고 집행이 쉬운 조세제도를 어떻게 설계할 것인지 같은 해묵은 문제일 수 있다. 민주주의가 무엇인지를 알 수 있는 유용한 방법은 대규모 집합체가 그 구성원들이 함께 부딪히는 이러한 문제들을 토론하는 과정으로 이해하는 것이며, 결과를 집행하는데 있어 모든 사람들이 협력하게 되는 해법에 평화롭게 도달하려 노력하는 것이다.[20]

정치적 과정을 통해 대책을 강구하려는 집합체가 부딪히는 문제들은 대개 기술적인 측면과 규범적인 측면 모두 가지고 있다. 이들은 가장 효율적인 방식으로 어떤 목표에 도달하는 것뿐만 아니라, 그 과정에서 해당 정체의 일부 구성원들에게 부당하게 부담이 전가되거나 그들의 권리와 이익이 사소하게 다뤄지지 않아야 함을 고민한다. 즉, 큰 집합체가 부딪히는 문제들에 대한 해법을 강구하는 것은, 비록 그것이 대개 다른 고려사항을 수반한다 해도, 언제나 정의를 고려하지 않을 수 없다. 흔히 이러한 문제들은 정의라는 이름으로 직접적으로 제기된다. 왜냐하면 이러한 문제들은 일부 개인 혹은 집단이 본인이 부정의로 인해 고통받고 있으니 정체가 해당 부정의를 교정하거나 없애주는 조치를 시행하라고 요구한다는 점에서 비롯되기 때문이다.

하지만 중요한 것은 집합체가 부딪히는 또한 민주적 과정을 통해 해결하려 하는 문제들에 대해, 철학자들은 정의의 이슈라면 그들이 종종 제기해왔던 공식을 거의 제기하지 않는다는 점이다. 다시 말해, 올바름을 고민하는 정체가 자신의 의사결정을 이끌어내기 위해 마땅히 수용해야 하는 정의의 제2의 혹은 제3의 원칙이란 무엇인가? 이러한 방식으로 해당 문제를 재편(再編)하는 것은 정치가 일상적으로 보여주는 것보다 추상적이고 포괄적인 결정 상황을 상상하도록 거론하는 것이다. 정체가 국가구성적 토론에 관여하게 되는 아주 드문 모멘트에 있어서도, 이들 토론의 목적은 정의의 원칙에 대해 의견일치에 도달하는 것이 아니라 제도의 설계에 합의하는 것이다. 그러나 대부분의 정치적 결정은 국가구성적 결정보다 훨씬 더 구체적이며 맥락화된다. 정치적 토론과 의사결정의 결과는 사실상 정의의 어떤 개념이 아니며, 오히려 **이러저러한** 상황에 대처할 수 있도록 **이** 집합체가 채택해야 하는 행위와 정책에 관한 **특정하고 구체적인 판단**(particular judgement)이다.[21]

이는 정치적 토론에서 정의에 관한 원칙과 이론의 역할이 없다는 의미는 아니다. 반대로 사람들이 자신의 주장과 제안에 대한 정당성을 서로에게 요구하는 만큼, 사람들은 흔히 정의의 원칙과 가치에 호소해야 한다. 어떤 사람이 다른 사람들이 호소하는 원칙에 의구심이 들거나 혹은 동의하지 않는 만큼, 합당한 정치적 토론 역시 각자의 원칙을 정당화해야 하거나 본인 주장을 일관성 있게 이론화해야 하거나 혹은 어떤 것이 다른 것보다 우선해야 하는지를 보여줘야 한다. 정의의 원칙을 거론하는 것은 많은 정의론이 일반적으로 간주하는 것보다 정치적 상호작용에서 더 실용적인 기능을 한다. 실용적인 판단이 토론자들이 목표하는 결과일 경우, 정의의 원칙에 호소하는 것은 당위에 대해 논리주장을 해나가는 단계이다.

그렇기 때문에, 정체의 구성원들은 자신의 문제를 생산적으로 주장하기 위해 그리고 도덕적으로 정통성 있는 대책을 내놓기 위해, 정의라는 일반 개념에 대해 의견일치를 강구하거나 도달할 필요는 없다. 이 점을 인정한다는 것은 정치적 합의를 흔히 그렇다고 생각하는 것보다 덜 경직된 것으로 보이게 만들 수 있다. 다시 말해, 공유된 문제나 갈등에 부딪히는 사람들이 집합체의 모든 문제에 적용할 수 있는 일반 원칙에 전념하는 것보다, 그러한 문제를 접근하고 다루는 방식에 대한 구체적인 판단에 대해 의견일치하는 것이 흔히 훨씬 더 수월하다. 정치적 의사결정에서 정의를 고려한다는 것은 거의 매번 도덕적으로 위태로울 수 있는 반면, 정의는 정치적 대처과정 속에서 도덕적 지평으로서 우리가 항상 기대하는 '그 자체'가 한계가 있는 개념이다.[22]

이제 주요 지점으로 돌아가 보자. 민주적 정치과정이 가장 정의로운 결과를 진흥할 것이라는 생각의 이론적 근거는 무엇인가? 이 주장은 내가 위에서 구체화한 심의민주주의 모델의 이상적인 조건을 상정한다. 만약 문제와 그것에 대한 해결책으로 유의미하게 영향 받는 모든 사람들이 평등과 비지배를 기반으로 도론과 의사결징에 포함된다면, 그리고 만약 그들이 합당하게 상호작용하며 서로에게 소명해야 하는 공중을 구성한다면, 이들이 벌인 토론의 결과는 가장 현명하고 정의로울 것이다.

이 같은 이상적 조건 하에서 진행되는 공적 심의의 과정은 모든 필요와 이익을 고려해야 하는 동기, 그리고 그러한 필요와 이익이 무엇인지에 대한 지식을 제공한다. 평등하게 말할 수 있으며 지배로부터 자유롭다는 조건은 사람들이 자신의 필요와 이익을 표출하도록 모두를 권장한다. 이러한 평등의 조건은 또한 개개인이 어떤 판단에 도달하기 위해서는 다른 사람들의 이익이 고려되어야 함을 인정할 정도의 상호성을 요구한다. 다른 사람들에게 답해야한다는 점과 의견일치에 도달하기 위해 그들과 함께 노력해야 한다는 점을 안다는 것은, 개개인은 본인 최선의 이익이 정당한 결과를 지향함을 통해서 충족될 것임을 이해한다는 의미이다. 그 결과, 본인의 이익이나 선호가 정의와 양립한다는 것을 다른 사람들에게 설득시키려는 목적으로, 개개인은 본인의 이익이나 선호를 표출하려는 동기를 갖는다. 즉, 이들은 다른 사람들의 정당한(legitimate) 이익을 무시하거나 뭉개려 하지 않는다. 왜냐하면 개개인과 집단은 흔히 처음에는 다른 사람들의 정당한 이익을 뭉개거나 무시하는 방식으로 자신의 이익과 선호를 만들기 때문에, 다른 사람들에 대해 이 같은 소명책임성을 갖는다는 것은 자신의 이익과 선호를 종종 탈바꿈시켜야 한다는 것을 의미한다. 즉, 그러한 탈바꿈을 통해서만이 자신의 이익과 선호가 정의와 양립될 수 있음이 공적으로 표명될 수 있기 때문이다.[23]

더욱이, 이상적인 심의민주주의의 구조와 규범은 실제로 어떤 제안이 현명하고 정의로운 결과를 가장 잘 증진할 것인지에 대한 집합적 지식에 우호적인 인식론적 조건(epistemic conditions)을 제공한다. 만약 토론이 모든 사회적 경험을 반영하고 또한 만약 모두가 자유롭게 말하고 비판할 수 있다면, 토론참여자들은 자신이 해결하려고 하는 문제의 근원에 대한 집합적 설명을 발전시킬 수 있게 되며, 또한 이들은 문제에 접근하는 대안적 행위가 야기하는 가능한 결과를 예견하는 사회지식(social knowledge)을 발전시키게 된다. 따라서 이러한 집합적인 비판적 지혜는 원칙상 규범적으로 옳을 뿐만 아니라, 경험적이고 이론적으로 건강한 판단에 도달할 수 있도록 기여한다. 3장에서 나는 사회지

식을 생성시키는 민주주의의 이러한 기능에 대해 추가적으로 설명할 것이다.[24]

3. 자기결정과 자아발전이란 이상

이 책은 보다 정의롭고 지혜로운 정치적 판단에 일조하는 포용적 의사결정의 조건을 살피고 있다. 정의로운 결과란 포용, 평등, 합당함, 공공성의 이상적인 조건 아래에서 참여자들이 도달하게 되는 것이다. 어떤 포괄적인 정의론도 민주주의를 두텁게 하는데 필연적이지도 적절하지도 않다. 하지만 정의라는 아이디어가 특정한 정치문제를 토론하는 실제의 과정에서 생겨나는 것과 같이, 나름의 정의 개념을 거론하고 호소하는 것은 정치이론화 작업에서 불가피하다. 나는 뒤 이을 장에서 사회정의의 두 가지 이상에 호소할 것이다. 일반화된 방식에 있어 이 두 가지 이상은 논쟁의 여지가 없어 보이지만, 나는 이 두 가지 이상이 품고 있는 전제에 대해서 명시적으로 언급할 것이다. 나는 이들 가치를 자아발전(self-development)과 자기결정(self-determination)이라 칭한다. 내가 이해하는 바, 이 두 일반적인 가치는 다음의 두 가지 일반적인 부정의의 조건에 대응한다. 즉, 자아발전에 대한 제도적 제약으로서 억압과 자기결정에 대한 제도적 제약으로서 지배이다.[25] 여타 이론가들이 이론화해 온 것처럼, 나는 이러한 사회정의 일반 개념 하나하나를 간략하게 설명할 것이다.

나는 자아발전이란 가치를 아마티아 센(Amartya Sen)이 가능성(capabilities)으로서의 평등이라 부른 가치와 동렬에서 해석한다. 정의로운 사회제도는 모든 사람들이 사회가 인정하는 배경에서 만족스럽고 발전성 있는 기량을 익히고 활용할 수 있는 조건을 제공하며, 또한 모든 사람들이 타인과 즐기고 소통하며 혹은 다른 사람들도 같이 듣게 되는 사회적 삶에 대한 자신의 감정과 퍼스펙티브를 표출할 수 있게 한다.[26] 이러한 의미에서 자아발전은 식량, 거처, 의료지원 같은 사람들이 요구하는 필요의 충족을 확실하게 수반한다. 하지만 센에 동의하며 나는 재화(goods)나 소득의 분배 **자체**에 초점을 두는 것은 정의나 안녕(well-being)을 평가하는 방식으로는 지나친 한계가 있다고 본다.[27] 왜냐하면 사람들이 가진 상이한 속성과 이들이 처한 상이한 상황으로 인해, 어떤 사람에게는 다른 사람들과 평등한 수준의 가능성을 성취하기 위해 더 많은 재화나 혹은 다른 종류의 재화가 필요할 수 있기 때문이다. 아마도 보다 중요하게, 자아발전이라는 가치는 재화나 소득에 단지 우연적으로만 관련된 측면이 존재한다. 만족스러운 기량을 활용하고 자신만의 특정되고 각별한 문화적 표현방식과 인정받는 삶의 방식을 갖는다는 것은 노동분업의 조직화와 소통과 협력의 구조에 따라 달라진다. 자원과 지위(positions)의 분배가 자아발전이란 가치에 주요한 이슈일 수 있지만, 이 가치는 분배로 환원될 수 없는 파워, 위상(status), 소통의 제도적인 조직화에 관한 문제들을 제기한다.

내가 이해하는 정의의 두 번째 측면인 자기결정은 자신의 행위와 자신이 행위하는 조건을 결정하는 데 참여할 수 있는 상태를 의미한다. 자기결정의 반대는 지배이다. 만일 타인이나 타 집단이 어떤 사람이 행위하는 조건을 서로 간의 상호성 없이, 직접적이든 혹은 이들 행위에 따른 구조적인 결과에 의하든 결정할 수 있다면, 이들은 지배의 구조 안에서 살게 되는 것이다.[28] 필립 페팃(Philip Pettit)은 비지배(non-domination)로 이해되는 자유에 대한 정치이론을 제시한다. 개인은 만약 본인 삶을 자신의 방식으로 추구할 수 있다면 자유로운 것이다. 하지만 페팃은 이러한 의미의 자율을 불간섭(non-interference)으로 환원하는 해석에 대해서 동의하지 않는다. 본인 자신의 방식으로 본인 자신이 추구하는 바를 따를 수 있는 능력은, 흔히 다른 행위 주체들의 직접적인 간섭뿐만 아니라 보다 중요하게는 제도적 관계에 의해 제약된다. 이러한 제도적 관계에는 다른 사람들의 선택과 행위를 제약할 수 있는 일부 행위주체에게 차별적으로 파워가 부여되는 관계도 포함된다. 이것이 지배의 제도적인 관계이다. 진정한 자유는 이러한 지배의 관계가 없음을 의미한다. 페팃은 제도가 모든 사람들에게 비지배를 진흥하고 보존해야 한다고 주장한다. 따라서 제도는 종종 지배적인 파워를 제약하고 협력을 증진시키기 위해 행위를 규제하고 간섭해야 한다. 자기결정이라는 개념에 도달하기 위해, 나는 페팃이 강조하지 않은 한 가지 요소 즉, 지배를 막기 위해 설계된 집합적 규제(collective regulation)를 만듦에 있어 참여라는 요소를 추가한다. 이 같은 측면에서, 비록 자기결정이라는 가치가 민주적 참여로 환원되지 않는다하더라도, 이 가치는 필연적으로 민주주의를 동반한다.

따라서 나는 사회정의를 구성원들의 자아발전과 자기결정을 진흥시키는 제도적 조건이라 정의한다. 이는 일단(一團)의 원칙보다 심지어 더 추상적인 정의의 이상을 표현한다. 이 이상은 논쟁적일 수 있지만, 추상의 수준에서 그러한 이상이 크게 논쟁적이지 않으리라 이 책에서 가정한다. 그럼에도 특정한 정치적 상황에서 이러한 이상에 대한 해석과 적용은 항상 논쟁적일 수 있다. 우리는 가장 추상적인 의미에서 목표와 가치에 동의할 수 있겠지만, 무엇이 특정한 맥락에서 이러한 가치를 북돋을 수 있는 최선의 수단인지, 무엇이 받아들일 수 있는 우선사항이고 상쇄되는 것인지 등에 대해서는 큰 이견을 보일 수 있다. 우리는 어떤 행위와 제도가 실제로 이러한 이상을 신장시키는지, 혹은 어떻게 사회의 상이한 부분의 이해관계가 서로 조정되는지 혹은 충돌하는지에 대해 의견이 일치하지 않을 수 있다. 정치적 판단은 이러한 구체적이고 맥락적인 불일치(이견, disagreements)의 해소에 관여한다. 나는 이어지는 장의 여러 지점에서 구체적인 맥락에서의 포용과 민주주의라는 이슈를 논의하기 위해 이러한 일반적인 정의의 아이디어를 거론할 것이다.

4. 부정의한 조건 속의 민주주의이론

나는 민주적 과정이 부정의의 기반을 약화시키고 정의를 진흥할 것이라는 직관을 심의민주주의 이론이 어떻게 뒷받침하는지 설명하였다. 이어가기에 앞서, 이 이론의 논리연결 상 문제점은 살펴야 한다. 이상적으로 볼 때, 이 이론은 사회적 협력을 견인하는 드러나지 않는 규제규범(regulative norms)으로 흔히 작동하는, 하지만 결코 완벽하게 실현되지 않는 조건을 보여준다. 심의민주주의 모델은 의사결정과정의 참여자들은 시간적으로 쫓기지 않으며 상당한 에너지를 본 토론에 집중할 수 있다고 전제한다. 이 모델은 실제 민주주의에서 제대로 의도된 심의일지라도 흔히 외람되게 윤색시키는 기존 신념, 무의식적인 편견, 공공기관의 영향력을 배제한다. 따라서 심의민주주의 이론은 정의란 평등하고 합당한 시민들로 이뤄진 포용적인 공적 영역에서의 모든 구성원들이 이러한 이상적 환경 아래서 동의하는 것이라고 말한다.

이렇게 보자면, 민주주의와 정의 사이의 연관성은 순환적이다. 왜냐하면 심의가 정의로운 출발점에서 시작되기 때문에, 이상적인 심의민주주의의 과정은 실질적으로 정의로운 결과를 이끌어낸다. 장차 영향받게 될 모든 사람들은 토론에 포함되며, 누구도 다른 사람들에게 자신의 제안을 받아들이라 그들을 위협하거나 강제할 수 있는 위치에 있지 않다는 환경 하에서, 누구든 자유롭게 말할 수 있고 비판할 수 있다. 이 같은 조건은, 저마다의 사람들이 자아발전을 가능하게 하는 정의로운 제도 속에서만, 그리고 누구도 다른 사람들의 지배에 종속되지 않을 때에만 존재할 수 있다.

하지만 현존하는 어떤 민주주의도 이 만큼 정의롭지는 않다. 우리가 경험하는 민주주의는 구조적 불평등 예를 들면, 부에 대한, 사회경제적 파워에 대한, 지식의 접근성에 대한, 지위에 대한, 기대하는 직장에 대한 불평등과 결부된다. 이러한 구조적 불평등은 이것이 지배를 떠받치거나 자아발전을 가로막는 제도적인 조건을 생성하고 영속화하는 만큼 부정의하다. 더군다나 우리 모두는 사회경제적 불평등이 정치적 불평등을 만들어내는 방식의 많은 부분에 씁쓸하지만 익숙해있다. 돈은 열린 토론보다 빈번하게 선거결과, 찬반투표 캠페인 혹은 입법전쟁을 결정하는데 훨씬 더 막강한 영향력을 발휘한다. 경제적 파워와 자금유력자의 이익은 번번이 대안적 정책제안을 좁게 한정하도록 작동한다.[29] 가난이란 해악, 착취적인 초과근무, 가정폭력 또는 인종적 편견은 흔히 형식상 평등한 권리를 갖고 있는 일부 시민들의 정치참여를 차단함과 동시에 상대적으로 다른 시민들의 정치참여를 강화시킨다. 따라서 구조적인 사회경제적 불평등은 흔히 어떤 집단의 목소리와 영향력을 배제하거나 주변화하는데 작용하지만, 다른 어떤 집단의 영향력을 증폭시킨다.

그 결과 여기에 또 다른 순환의 고리가 있다. 부와 파워의 구조적 불평등이 자리하는 곳에서, 형식적인 민주적 절차는 우대된 사람들이 불리한 사람들의 목소리와 이슈를 주변화할 수 있기 때문에, 구조적 불평등을 두둔하고 강화하게 된다. 왜냐하면 이 같은 양상은 구조적 불평등이라는 조건 속에 있는 민주주의의 현 실태이기 때문에, 만약 사회가 지배에서 특히 경제적 파워에 의해 빚어진 지배에서 자유로워진다면, 정치과정은 적정하게 민주적이 될 수 있다고 일부 심의민주주의자들은 주장한다.[30]

민주주의가 정의를 진흥하려면 민주주의가 먼저 정의롭지 않으면 안 된다. 구조적 불평등이 작동되고 있는 사회에서 형식상 민주적 과정은 민주주의가 원칙상 정의를 증진해야 하는 만큼 부정의를 강화할 것이다. 우리는 이러한 악순환을 받아들여야만 하는가? 이러한 악순환은 현실세계의 정치행위자들이 더 큰 정의를 강구하기 위해 민주적 수단을 활용할 수 없음을 시사하는 것으로 보인다. 하지만 보다 정의로운 제도와 관계를 일궈낼 수 있는 사회적 변화에 매진하는 사람들에게 어떤 대안이 있는가?

정치행위자들은 보다 정의로운 조건에 대한 자신의 아이디어를 권위주의적인 혹은 혁명적인 힘을 통해 부여하려 할 수 있다. 나는 그렇게 하려는 것이 항상 틀리다고 말하려는 것은 아니지만, 실제로 그것은 살아있는 선택지가 되지 못한다. 더욱이, 사회경제적 지배가 없는 더 큰 자유를 향한 조건을 조성하기 위해, 그리고 보다 많은 사람들에게 자아발전의 가능성을 열어주기 위해, 반민주적인 수단을 활용하는 것은 그 자체가 부정의를 배양하고 키우며 두둔하고 강화할 위험을 초래하는 것이다. 형식상의 민주적 제도와 규범을 벗어나지 않으면서 사람들을 조직화하고 정치적으로 동원하는 것은, 억압받고 불이익당하는 사람들과 이들의 연대세력들이 사회적 관계와 제도를 개선할 수 있는 유일한 현실적인 선택지이다.[31]

민주주의자들은 악순환의 고리를 끊어낼 수 있다고 믿는다. 심각한 부정의로 시름하는 형식상의 민주사회에서 민주적 수단을 통해 더 큰 정의를 향한 사회변화를 촉진시킬 수 있어야 한다. 실제로 수많은 사회의 역사는 민주적 수단이 부정의를 잠식시키려는 사회운동과 정부개혁 노력의 고무적인 사례를 보여준다. 이러한 노력은 프랭크 커닝햄(Frank Cunningham)이 사회적 해악과 문제에 대한 '민주적 교정(democratic fix)'이라 부른 것과 관련된다. 보다 정의로운 정책을 구현하는 민주주의 능력에 대한 방해물은 오히려 민주주의에 깊이를 더함으로써 가장 잘 대처될 수 있다.[32]

앞서 설명했듯이, 심의민주주의 규범으로 견인되는 정치적 실천은, 민주주의를 다양한 요구와 퍼스펙티브에 대해 더욱 포용적이게 하고 또한 보다 불리한 참여자들에게 힘이 되기 위해 민주주의를 더 깊이 있게 할 수 있다. 부정의로 구동되는 완벽하지 못한 민주주의의 실제 정치과정에 심의민주주의 모델의 적용을 지지하는 사람들은 다음과 같이 제안한다. 공적 삶과 정치적 의사결정이 정치행위자들로 하여금 자신의 논리주장과 행위를 정당화하고 동료 시민들에게 소명책임을 져야할 동기를 더 많이 부여할수록, 탐욕스러운 자의성, 적나라한 파워 혹은 냉소적인 자기이익 추구는 [공중에게] 보다 더 노출되고 보다 더 제한될 것이라는 것이다. 공적 논쟁이 짧은 선전문구와 조작된 여론조사를 넘어설 때, 이슈들은 흔히 더 복합적이고 덜 극단화되며, 따라서 소수의 목소리에 더 열리게 된다. 상대적으로 소수의 혹은 약한 사회부분들은, 기존의 선호를 합치는 경쟁보다 사람들이 자신의 의견과 행위를 정당화하고 다른 사람들의 말을 경청할 것으로 기대되는 과정에서 정치결과에 영향미칠 수 있는 기회를 더 갖는다. 힘있는 자들에게 소명을 요구하며 제도적 혹은 정책적 파장과 결합된 진지하고 다원적인 공적 토론을 할 수 있는 기회의 증가는, 구조적인 사회경제적 불평등이 작용하는 사회의 민주적 과정이 그러한 부정의에 대처할 수 있는 수단일 수 있다.

기존 민주주의에서는 사회경제적 구조가 정의로운지에 대한 동의보다 포용적 민주주의 규범이 필요하다는 데에 더 많은 동의가 존재한다. 예를 들면, 사회의 경제적 불평등이 부정의하다고 보지 않는 많은 사람들도, 경제사회적으로 힘있는 사람들이 공적 조사를 피하고 금권을 발휘하며 일부 개인과 집단이 참여할 수 없도록 배제하려는 움직임을 비판한다. 많은 민주주의는 사회적으로 우대된 사람들이 종종 정책결과에 영향을 미치기 위해 일부 사람들을 배제하는 방식에 맞설 수 있는 대비책을 가지고 있다. 선거자금규제, 로비규제, 부패진상조사, 청문규칙, 공청회절차 등은 모두 민주주의를 보다 포용적이게 하기 위해 의사결정과정을 규제하려는 시도이다. 배제나 주변화를 고발하는 것은 흔히 공방중인 정치지도자들과 정치운동이 보다 포용적이 되도록, 아니 최소한 그렇게 보일 수 있도록 하는 것이다. 그렇기 때문에, 시민들은 민주주의에 깊이를 더하는 과제를 맡아 수행함에 있어 그러한 수단이 제정되고 시행될 수 있도록 투쟁하지 않을 수 없다.

5. 심의민주주의의 한계들

포용은 민주정치에서 정통성의 기본적이고 폭넓게 받아들여진 조건이기 때문에, 이는 사회경제적 불평등에서 파생된 정치적 불평등이 다시 사회경제적 불평등을 강화하는 악순환을 끊을 수 있는 수단이 될 수 있다. 충만한 정치적 평등을 달성하기 위해 사회정의라는 조건은 필수적이지만, 그럼에도 정치적 불평등은 직접적으로 공격받을 수 있으며, 일부 구성원들에 대한 배제와 주변화에 대해 제도와 행위자들이 실질적인 비판을 받을 수 있다. 심의민주주의 모델은 배제를 비판하고 포용이란 비전을 선사하는 유용한 출발점을 제공한다. 하지만 심의민주주의 모델에 대한 일부 해석은 구조적 부정의를 안고 사는 대중 사회에서 민주주의에 깊이를 더하는 임무를 장려하는 것을 지나치게 협소하게 혹은 그 자체를 배제적인 것으로 만든다. 모든 심의모델 옹호자들이 그러한 해석과 가정을 공유하지는 않지만, 옹호자들이나 비판가들 모두가 심의민주주의의 이론적 검증여부를 가르는 기준으로 그러한 해석과 가정을 사용할 정도로 그것은 그들 모두에게 공히 유효하다.

논리주장 우대하기

심의민주주의 모델의 일부 공식에서 논리주장은 정치적 소통의 주요한 형식을 구성한다. 내가 의미하는 논리주장이란, 전제부터 결론까지 순서대로 연결된 추론적 고리의 구성을 의미한다. 논리주장이 정치토론에서 중요한 공로자이지만, 다른 의사소통형식보다 논리주장 특히, 좋은 논리주장을 규정하는 특정 해석을 우대한다면 이는 의심해볼 만한 근거가 있다. 심의민주주의의 해석에 따르면, 모든 토론자들이 받아들이는 몇몇 가정과 이슈를 프레이밍하는 일반적으로 받아들여진 개념적이고 규범적인 틀이 없이 심의는 진행될 수 없다. 따라서 이러한 해석에 따르면, 토론은 이와 같이 상호적으로 받아들여진 전제와 틀을 인정함으로써 비로소 진행되어야 하며, 토론은 논리주장의 기반을 이러한 전제와 틀에 두어야 한다고 상정한다. 하지만 인간 삶의 이질성과 사회구조 및 상호작용의 복잡성을 감안한다면, 공유된 담론적(discursive) 틀이 공유하는 전제에 따라 논리주장을 구성하려는 노력은 때때로 특정한 필요, 이익, 부정의로 인한 고통의 표출을 배제한다. 왜냐하면 특정한 필요, 이익, 부정의에 대한 고통은 작동되는 전제와 틀 속에서는 그러한 목소리가 들리지 않기 때문이다. 장 프랑수아 리오타르(Jean-François Lyotard)는 이 점을 '쟁론(differend)'의 문제로 부른다. 즉,

> 원고 측이 논리주장할 수 있는 수단이 박탈되어서 그것 때문에 피해자가 되는 경우이다. 만약 원고 측 심문, 피고 측 변론, 증언 등이 모두 중립화(neutralized)된다면, 모든 일은 마치 어떤 피해도 생기지 않는 것처럼 일어난다. 한쪽 당사자가 겪는 부당함이 다른 한쪽 당사자의 관용구 체계 속에서 표출되지 않으면서, 다른 한쪽 당사자가 활용하는 관용구로 양쪽 당사자 간의 갈등이 '통제(regulation)'될 때, 두 진영 간에는 쟁론의 경우가 생기게 된다.[33]

어떤 문제나 경험을 침묵시키는 것은 소통에서 늘상있는 위험이며, 토론의 어떤 일반적 규칙이나 실천도 이런 일을 미연에 방지할 수 없다. 하지만 포용적인 민주적 소통은 이해를 공유해온 공중이 그렇게 공유된 이해로는 드러나지 않는 어떤 필요를 배제할 수 있다는 가능성에 깨어있어야 한다. 그러나 필요나 부정의에 대해 논리주장을 할 수 있는 공유된 전제 또는 담론적 틀이 없다고 해서, 그러한 필요나 부정의에 대해 다른 사람들과 소통할 수 있는 방식이 없다는 의미는 아니다. 그럼에도 이 같은 소통은 공유된 전제가 특정적이고 각별할 수 있는 것 이상으로 특정적이고 각별하지 않으면 안 된다.

정치토론의 참여자들이 토론의 전제와 관용구를 공유하고 있는 곳에서도, 심의의 실천 및 이론이 흔히 상정하는 규범은 일부 사람들을 우대하고, 다른 일부 사람들을 불리하게 할 수 있다. 특히 논리정연함(articulateness)과 감정적이지 않음(dispassionateness)이라는 규범에 관한 기대는 때때로 정치적 공중을 대상으로 자신의 요구와 주장을 하려는 일부 참여자들의 노력을 경시하거나 일축하는데 기여한다.

토론에서의 합당함은 타인을 경청하며, 타인이 우리의 견해에 영향을 미친다는 점에 개방적이며, 타인의 동의나 이해를 얻고자 하는 방식으로 자신의 요구사항을 표현함을 의미한다고 볼 수 있다. 이 같은 의미에서 합당하고자 하는 바람과 능력은 사람들이 말을 주고받을 때처럼 그들이 서로를 이해시키려고 하는 한, 소통적 행위(communicative action)의 실천 그 자체에 존재한다.[34] 이러한 의미에서 합당함은 협력적인 사회적 상호작용이라는 중요한 요구를 넘어서는 어떤 유별난 교육이나 훈련을 요구하지 않는다.

하지만 내가 '논리정연함'이라 부른 말하기 규범은 고등교육을 받은 사람들에게 정형화된 표현방식을 우대한다. 잘 짜여진 문어체적 말하기 구조를 따르는 말하기 표현이 다른 방식보다 우대된다. 직설적으로 단정하는 방식으로 규격화된 말하기나 쓰기가 우회적이거나 조심스럽게 문제를 제기하는 표현방식보다 우대된다. 또한 심의라는 규범은 흔히 형식적이고 일반화된 말하기(스피치)를 우대한다. 이 규범은 일반화된 원칙을 공식화하고 이를 구체적인 사례에 적용한다는 점에서, 전제부터 결론까지 체계적으로 진행되는 표현에 가치를 부여한다.[35]

이해함에 도달하는 것을 목표로 하는 소통적 행위의 일반적인 규범인 합당함과 달리, '논리정연함'이란 규범은 문화적으로 특수하다. 이와 같은 논리정연한 표현을 구사하는 사람들은 대개 사회적으로 우대받는 사람들이다. 흔히 토론의 실제 상황은 요구를 하고 이에 대한 적절한 근거를 대는 모든 방식에서 평등하게 열려 있지 않다.[36] 많은 사람들은 공적으로 말을 한다는 것이 갖는 암묵적인 요건에 겁을 낸다. 교실, 법정, 시의회장 등과 같은 토론과 논쟁의 상황에서, 많은 사람들은 자신이 말 주변이 없고 프레임된 스타일로 멋지게 말하지 못하는 것에 대해 미안해야 한다고 느낀다. 우리 모두가 명쾌함, 섬세함 혹은 표현의 다른 탁월함을 부러워해야 하지만, 말투, 문법, 말씨 같은 문화적으로 특정된 규범에 맞게 자신의 입장을 표명하지 못한다고 해서 우리 중

누구도 정치토론의 상황에서 배제되거나 주변화되어서는 안 된다.[37]

세 번째로, 규범으로서 심의는 감정적이지 않고 체화되지 않는(disembodied) 말하기에 특권을 부여한다. 이 같은 규범의 신봉은 이성과 감정을 상반된 것으로 전제하는 것이다. 이는 객관성을 차분함과 감정 표현이 없는 상태로 잘못 보는 것이다. 이는 감정에 회의적이기 때문에, 분노, 상처 또는 복받치는 염려(念慮)의 표현은 그것이 수반하는 요구와 근거가 무엇이라 하더라도 이러한 요구와 근거를 오염시킨다고 간주한다. 더욱이, 큰 몸동작, 초초해하는 동작 또는 감정을 몸으로 표현하는 것 등은 말하는 사람의 강변(assertions)을 상쇄하거나 그 인격체가 객관성과 통제력이 부족함을 드러내는 결점의 표시로 간주된다. 심의적 규범의 옹호론자들은 은유, 과장 등의 비유적 언어보다 '문자 그대로의' 언어를 우대한다. 하지만 민주적 소통에 적절한 개념은 이성과 감정, 문어체적(literal) 언어와 비유적(figurative) 언어를 대립적인 것으로 봐서는 안 된다. 다음 장에서 살펴보겠지만, 감정적이고 비유적인 표현은 합당한 설득과 판단의 중요한 수단이다.[38]

더 나아가, 소위 감정적이지 않게 말하는 스타일을 우대하는 것은 다른 차이에 대한 사회적 우대와 흔히 상관성을 갖는다. 백인중산층 남성의 말하기 문화는 눈에 띄는 몸짓과 표현을 혹은 감정을 배제하고 더 통제되는 경향이 있다. 반면, 여성, 유색인종, 소수민족 혹은 노동계급 사람들의 말하기 문화는 흔히 더 들떠있고 체화된 것이며, 혹은 그렇다고 인식되며, 감정적인 표현에 더 가치를 두고, 비유적인 언어를 사용하며, 목소리 톤을 변화시키고, 몸 동작의 폭이 넓다.[39]

의견과 경험이 공적으로 목소리를 낼 수 있는 능력을 확장하는 수단으로서 포용을 강조하는 토론에 기반한 민주주의는 정통성 있는 정치적 소통의 개념을 지나치게 제한적으로 간주하지 않도록 유의해야 한다. 왜냐하면 많은 이들에게 '심의'라는 용어는 소통에 있어 논리주장, 감정적이지 않음, 질서정연함을 우선시한다고 암시하기 때문에, 나는 이 책의 나머지 부분에서 정치적으로 보다 개방된 맥락에서의 소통을 뜻할 때, '소통적' 민주주의라는 용어를 대신 사용할 것이다.

일체성 우대하기

많은 심의민주주의자들에게 공적 토론의 주제는 공동선이다. 토머스 스프라겐스(Thomas Spragens)에 따르면, 진리라는 아이디어가 이론의 담금질로 기능하듯, 공동선이란 아이디어는 민주주의의 공적 이성으로 기능한다.[40] 사람들이 공동의 이익이나 공동의 생활방식을 갖는다는 전제 없이도 혹은 자신만의 독특한 구체적인 이익과 가치를 배속시키거나 초월해야 한다는 전제 없이도, 공동선이라는 아이디어는 단지 사람들이 다 같이 맞닥뜨리는 문제를 설명하는 것으로 해석될 수 있다. 하지만 일부 이론가들은 공동선 아이디어의 보다 강한 전통에서, 정체의 구성원들이 원칙과 정책에 있어 공동의 이익과 의견일치를 가진다고 해석한다. 나는 심의민주주의 이론에서 심의적 공중(deliberative public)의 공동성(commonness)에 대해 두 가지 다른 접근이 있다고 이해한다. 그러나 둘 중 어느 이론이든 공동성을 심의의 우선조건으로 상정하거나 혹은 추구해야할 어떤 목표로 이해한다. 두 접근 모두 문제의 소지가 있다.

민주주의를 심의적인 것으로 접근하는 많은 학자들은 성공적인 민주적 과정은 심의참여자들 사이에 존재하는 우선하는 일체성(unity)에 달려있다고 보는 것 같다. 예를 들어, 마이클 왈쩌(Michael Walzer)는 유효한 사회비판가라면 자신의 비판 수위를 조절하는 데 있어 공동체가 갖는 우선하는 어떤 '공유된 이해'를 찾아서 호소할 것이라고 주장한다.[41] 왈쩌에 따르면, 정체의 구성원들은 반성적인 사회비판과 행위를 동기부여하기 위해 갱신되고 소환될 수 있는 공유된 가치와 전통의 어떤 핵심을 갖는다고 보았다. 이보다 좀 더 강한 입장에서, 데이비드 밀러(David Miller)는 민족정체성(nationality)이 제공하는 공동의식만이 심의를 개시하는 데 필수적인 상호존중과 신뢰를 뒷받침할 수 있다고 주장한다.[42] 문화나 민족의 공동성(commonality)에 대한 호소가 아니더라도, 제인 맨스브리지(Jane Mansbridge)는 『대립적 민주주의를 넘어서(Beyond Adversary Democracy)』라는 저서에서, 토론에 의존하는 참여적인 민주적 공론장은 사람들이 이미 많은 목표, 이익, 전제와 많은 생활경험을 공유하는 맥락에서만 적용된다고 제시한다. 이러한 것들이 공유되지 않는 곳에서는 대립적 민주주의가 더 적절하다고 그녀는 제안한다.[43]

공동의 이해에 기반하여 심의민주주의가 진행되어야 한다는 가정에는 적어도 두 가지 문제가 있다. 첫째, 우리는 다원주의 사회에서 많은 상황과 집합적 문제를 해결할 때, 우리가 호소할 수 있는 어떤 이해를 충분히 공유하고 있다고 상정할 수 없다. 대부분의 정치단위는 지역 수준이라도 다문화적이다. 더욱이, 모든 정치단위는 저마다의 다른 사회적 경험과 그리고 종종 다른 이익의 원천이 되는 젠더차이를 안고 있다. 대부분의 사회에서 계급 그리고/또는 직업의 차이는 경험과 문화를 유의미하게 분리한다. 다원주의 환경 아래에서 자칭 공유된 이해에 대한 호소는 전적으로 공정할 수 있다. 하지만 다른 한편으로, 이러한 호소는 일부 사람들 혹은 집단을 배제하거나 주변화할 수 있다. 공동성에 대한 이 같은 전제는 밀폐된(enclosed) 정치적 공중을 구성한다. 즉, 이 전제는 외부인들을 우리와 구별하기만 한다면, 우리 서로는 협력할 수 있다고 암묵적으로 말하는 것이다.[44] 다원적이고 구조적으로 차별화된(structurally differentiated) 사회의 현실에 보다 유용하며, 또한 존중과 협력이라는 규범을 권장하는 정치이론이라면, 차이에 대한 개방적인 실천과 기능을 설명할 수 있어야 한다. 이 작업은 3장의 나의 과제이다.

정치적 소통에 우선하는 혹은 조건으로서 단일한 공동선이나 공유된 이해를 가정할 때 생기는 또 다른 문제점은, 자기위주적 사고에서 내가 앞서 주장한 토론기반의 민주주의모델의 중요한 측면인 확장된 사고로의 탈바꿈의 필요성을 제거한다는 것이다. 참여자들 모두가 이미 공유한 것에 호소해야 대화가 된다면, 그 누구도 다른 사람들의 이익, 의견, 퍼스펙티브를 고려하기 위해 자신의 의견이나 시점을 교정할 필요가 없다. 또한 비록 모두가 공유하는 것을 알기 위해 타인이 필요하다는 점을 우리가 이해한다 하더라도, 우리는 서로서로를 단지 우리 자신의 거울로서 발견하기 십상일 것이다.[45]

이런 문제점을 인식하기 때문에, 몇몇 심의민주주의 이론가들은 일체성을 출발점이 아니라 정치적 대화의 목표로 개념화한다. 이 견해에 따르면, 참여자들은 자신의 특정한 이익은 접어두고 전체의 선(good)을 강구함으로써, 정치적 이슈에 관한 자신의 주관적이고 자기위주적인 퍼스펙티브를 초월한다. 민주적 대화의 참여자들은 흔히 문화, 퍼스펙티브, 이익의 차이에서 출발하지만, 토론의 목표는 모두가 공유할 수 있는 공동의 이익을 찾아내거나 만드는 것이다. 공동선에 도달하기 위해 차이를 관통하여 작동함은 필요할 수 있지만, 차이 그 자체는 일부분적(partial)이고 분할적(divisive)이라는 점에서 초월되어야 하는 무엇으로 간주된다.

특히 벤자민 바버(Benjamin Barber)는 어떻게 공적 토론이 사람들을 사적 이익에서 공동의 이익으로 전환시키는지에 대해 확고한 입장에 있다.

> 개개인이 타자를 대면하고 자신 삶의 계획을 어떤 공유된 세상의 지시에 맞게 조정하는 것은 바로 시민으로서 그런 것이다. **나**는 필요와 희구(希求)의 피조물이며, **우리**는 하나의 도덕적 실체이며 그것의 존재는 개개인의 필요와 희구를, 우리 모두가 공유할 수 있는 미래의 단일한 비전으로 귀결되는 공동의 질서화에 의존한다.[46]

이처럼 심의과정을 공동의 이익이나 공동선을 강구하는 과정으로 이해하는 것은, 공적 담론과 의사결정에서 정체성, 문화, 이익, 사회적 지위, 특권 등을 사상되거나 초월되어야 하는 무엇으로 보는 것이다. 경험, 이익, 집단연대성, 사회적 퍼스펙티브 등의 차이는 단지 사사로운 것이다. 이러한 입장에서 보면, 공적 정치논쟁에서 이러한 차이를 항변하고 인정을 강구하는 것은 단지 사람들을 분열시키고, 해결할 수 없는 갈등을 만들며, 사적 이익과 경험을 넘는 진정한 공적 담론의 가능성을 차단하는 데 복무할 뿐이다. 이 입장에서 보는 유일한 대안은 둘 중 하나인데, 하나는 타인에 대한 고려없이 개개인이 저마다의 이익과 선호가 최대가 될 수 있도록 타인과 경쟁하는 선호를 합치는 과정이고, 다른 하나는 사적 이익과 친연적 소속성(affiliation)을 접어둔 공적인 것으로 무장된 대화이다.[47] 3장에서 나는 이것이 이분법적 오류임을 보여줄 것이다.

나는 사회에서 이익, 경험, 친연적 소속의 각별함(particularities)을 초월하는 공적 토론의 목표가, 공동선이나 공동이익을 밝혀내고 실행하는 것이 되어야 한다는 위와 같은 입장의 세 가지 문제점을 지적하고자 한다.

첫째, 사회적 불평등이 있다는 조건에서 공동선이나 일반이익이라는 아이디어는 흔히 배제의 수단으로 복무한다. 다음의 토론 환경을 상정하는 곳에서 예를 들면, 참여자들이 사회적 지위나 문화에 의해 차별화되는 환경에서, 일부 집단은 다른 집단에 비해 더 큰 상징적 혹은 물질적 우대를 누리는 환경에서, 혹은 사회경제적으로 힘없는 소수자들이 존재하는 환경에서, 공동선이라 함은 일반적으로 지배집단의 이익과 퍼스펙티브를 대표하기 쉽다. 덜 우대받는 사람들은 자신의 경험에 대한 표현을 내세우지 말라고 요구받거나 또는 본인에게 불리하게 기울어진 공동선을 지키기 위해 자신의 불만사항과 요구사항은 뒷전이 되어야 한다.[48] 모든 차이와 분열됨을 초월하는 일반화되고 불편부당한 공적 이익이라는 아이디어는, 사람들이 정치를 그저 적나라한 이익의 경쟁쯤으로 치부하고 냉소할 때보다도, 우대받는 사람들의 퍼스펙티브가 얼마나 공적 아젠다를 지배하고 있는지에 대해 부각시키기 어렵게 한다.

더 나아가, 우리가 공유한다고 동의하는 가치와 이익의 맥락에서 공동선에 대해 위와 같은 특전을 두는 것은, 심의의 대상일 수 있는 아젠다를 협소하게 만들기 쉬우며, 따라서 일부 관점을 효과적으로 침묵시키기 쉽다. 만약 참여자들이 집합적 문제를 어떻게 대처할지에 대한 의견일치에 함께하려하지 않는다면, 심의과정은 가식적이 될 뿐이다. 하지만 사람들이 모두 일치할 수 있는 이익의 집합과 재화의 우선순위가 있다는 주장에 동의하지 않더라도, 사람들은 토론의 결과 자신의 입장을 바꿀 수 있을 정도로 열린 상태라는 의미에서, 어떤 일치를 목표로 할 수 있다. 일치됨은 협력의 수단으로 다뤄질 때 또한 상황이 특정된 그렇기 때문에 그 이상의 문제와 얽혀있지 않고, 따라서 잠정적이고 재갱신될 수 있는 집합적 문제를 처리하는 수단으로 다뤄질 때, 그것이 최상으로 도달된다. 더군다나 구체적인 문제에 대처하는 방법에 대한 일치됨은, 친연적 소속성과 퍼스펙티브의 차이를 토론에서 문제 삼지

않으며 오히려 그러한 차이를 부각시킬 수 있다.[49]

비록 일치됨을 지향한다는 것은 규범적으로 볼 때 의미있는 대화를 규제하는 역할을 하겠지만, 제대로 구조화된 심의민주주의 배경에서 갈등과 불일치는 매일매일의 일이다. 그럼에도 불구하고, 일치됨을 목표하고 일치됨에 열려 있는 대화참여자들은 갈등과 불일치는 빈번한 일이며 그러한 갈등과 불일치가 생기는 것을 민주적 실천의 하나로 의연하게 지켜봐야 한다. 이견 없음을 단일한 공동선으로서 지나치게 고수하는 것은, 토론의 일부 또는 전부가 일치됨과 공동선을 보존하기 위해 어려운 이슈를 기피함을 두둔할 수 있다. 때때로, 이 같이 어려운 이슈는 일부 집단의 사람들이 기본적인 부정의를 감내하고 있다고 인식한다는 점에서 그들에게 절박하게 중요하지만, 사회 내 다른 사람들은 이들이 강변하는 부정의를 시정하는 것을 자신도 감당해야 할 막대한 비용으로 인식한다는 점에서, 이러한 이슈는 골이 깊은 불일치의 근원이다. 골이 깊은 이견은 또한 다양한 집단들이 매우 상이한 가치, 퍼스펙티브, 해당 이슈에 대한 전제를 가질 때 생길 수 있다. 이익이나 가치가 근본적으로 충돌하는 이러한 상황 모두에서 의견불일치의 근원과 조건이야 말로 모든 개인들이 바로 이해해야 하는 것이다. 만약에 이들이 정의를 수행하려면 말이다. 공동선보다 차이를 노정시키는 이런 환경은 진지한 그리고 열려 있는 공적 대화를 더 많이 부양할 것이다.[50] 이익과 가치에서 깊이 있는 갈등을 겪고 있는 참여자들이 공동이익을 가지고 있는 척 한다면, 차이에서 비롯된 자신의 의견을 공표할 수 없기 때문에 그 토론은 깨지기 십상이다. 반대로 만약 참여자들이 자신의 차이를 서로 인정한다면, 그럼으로써 이들 간의 협력이 그러한 차이를 교차해 상대방을 저마다 이해시켜야 한다고 인정한다면, 그들은 협력을 보다 더 바람직하게 유지할 것이며 때때로 투박해도 쓸 만한 잠정적인 일치됨에 더 잘 도달할 것이다. 골이 깊은 갈등을 빚어내는 이익의 구조적인 갈등이 엄연한 곳에서, 정치적 소통의 과정은 일치라기보다 치열한 겨루기(struggle)에 가깝다.

면대면 토론을 전제하기

많은 현대 심의민주주의자들은 심의란 소규모의 시민모임에서든 의회에서든, 심의자들이 서로를 직접 대면하는 공론장에서 행해져야 한다고 전제한다. 맨스브리지는 이익기반의 대립적 민주주의에 대한 대안 이론으로서 뉴잉글랜드 타운미팅과 소규모 서비스협동조합에 기대를 걸고 있다. 바버는 토론기반의 튼튼한 참여제도의 근간으로 이웃간의 모임집단을 권장한다. 비록 존 드라이젝(John Dryzek)은 담론적 기획은 국내 이슈뿐만 아니라 전지구적 이슈로 확장되어야 한다고 보지만, 그는 담론적 민주주의라는 이상에 대의제를 받아들이지 않는다.[51] 제임스 피쉬킨(James Fishkin)은 작은 집단의 면대면 토론과 의사결정의 요건을 대중민주주의 맥락에 적용하는 수단으로서 '심의적 여론조사'를 제안한다.

의문의 여지없이 민주주의는 자신이 속한 집합체가 당면한 이슈에 대해 사람들이 작은 규모로 서로 만나서 토론할 수 있노록 상려하는 결사의 자유와 시민문화가 없다면, 제 기능을 할 수 없다. 하지만 토론기반의 민주주의이론은, 그것이 민주주의의 가치, 규범, 통찰력을 인구밀도가 높은 사회경제적 과정 및 법적 프레임과 연동된 수백만 규모의 정치에 적용할 수 없다면, 적실하지 못할 것이다. 많은 민주주의가 직면하는 주요 문제와 갈등은 이제 대규모 대중사회, 사실상 전지구적 사회의 맥락 속에서 등장한다. 예를 들면, 수천마일 밖 재난희생자들을 어떻게 구조해야 하는지, 한 도시의 이웃으로 조밀하게 모여 사는 인종적·종교적으로 다양한 집단에 소속되어 있는 수백만에 달하는 사람들이 덜 폭력적이고 더 협력적일 수 있도록 어떻게 그들의 관계를 구조할 것인지, 어떻게 국가의 연금체계를 보다 사려 깊고 정의롭게 설계하고 부담할 수 있는지 등에 대한 것이다. 교통, 통신 그리고 경제적 상호의존은 전지구화의 과정을 거스를 수 없게 하는 것 같다. 민주정치는 이러한 규모에 대응해야 하며, 따라서 서로 관계된 수백만의 사람들을 민주적 제도로 포용하지 않으면 안 된다. 토론기반의 민주주의이론이 당면한 도전은, 구성원들의 관계가 면대면이 아니라 복잡하게 매개된 관계인 대중정치에서 민주주의의 규범과 가치를 어떻게 적용할 수 있을지 설명하는 것이다. 이를 위해 토론기반의 민주주의는 무엇보다 민주주의 규범과 양립하는 대의제 정치이론을 필요로 한다. 4장은 이러한 대의제 이론의 몇몇 요소를 제안한다.

심의민주주의 모델은 작은 집단 규모의 면대면 상호작용만을 강조하기 때문에, 이는 위르겐 하버마스(Jürgen Habermas)가 민주적 과정의 '중심화된(centred)' 이미지로 명명한 것을 흔히 암묵적으로 가정한다.[52] 이 같은 이미지에서, 단일한 심의기구 예컨대, 의회나 제헌회의는 사회전체를 심의의 대상으로 삼을 수 있으며, 이는 사회제도를 명령하고 법규칙을 제정하는 최선의 그리고 정의로운 방식을 토론할 수 있다. 중심화된 심의민주주의 이미지는 민주적 과정을, 우리가 정의롭기를 희망하는 어떤 결정을 내리는 대형 미팅으로 간주한다. 나는 이러한 이미지를 비판하며, 하버마스와 동의하는 입장에서, 정치와 사회의 '탈중심화(decentered)된' 개념을 지지한다. 이 개념에 따르면, 우리는 민주주의의 대상을 사회조직 전체로 인식할 수 없다. 사회는 정치보다 크고 또한 정치제도를 넘어서며, 따라서 민주정치는 의사결정의 통제를 제외하고는 사회전체가 한 눈에 들어올 수 없는 크고 복합적인 사회

과정의 맥락 속에서 발생하는 것으로 생각되지 않으면 안 된다.

더욱이, 심의민주주의의 탈중심화된 모델에서 민주적 과정은 어떤 제도 혹은 제도들의 집합으로 예를 들면, 국가, 입법기구, 법원 등으로 볼 수 없다. 오히려, 규범적이고 합리적인 의미를 민주주의에 부여하는 소통의 과정은, 구성원들을 하나로 통일시키는 원칙으로 묶일 수 없는 다양한 사회부문들 간의 교류와 의견교환에서 생긴다.[53] 이 과정에서 모임과 토론이 존재하지만, 의사결정의 종료지점은 존재하지 않으며, 그렇기 때문에 민주적 포럼은 그 자체가 검토의 대상이 될 수 있다. 규범으로 견인되는 개방되고 공적인 민주주의의 소통적 과정은, 시공간뿐만 아니라 퍼스펙티브의 차이를 가로질러 서로에게 말하는 다양한 사회부문들과 함께, 넓은 범위와 장기간에 걸쳐 생긴다. 5장에서 자세히 설명하겠지만, 이와 같은 민주적 과정에 대한 탈중심화된 관점은, 대부분의 심의민주주의 이론이 간주하는 것보다 시민사회의 결사들에서의 토론과정과 시민가담(citizen involvement)을 중요하게 부각한다. 이러한 개념에서 보면, 민주적 소통과 민주적 영향력은 시민사회의 비국가제도와 국가제도 사이를 교류한다.[54]

탈중심화된 민주주의라는 개념은 그것의 행정관할구역(jurisdiction)과 권위가 **분권화된다는**(decentralized) 것과 다르다. 내가 이해하는 바, 민주주의의 정책결정과 집행권위가 소규모의 비교적 조정되지 않은 관할구역에서 분산될 때 민주주의는 분권화된다. 탈중심화와 분권화, 이 두 개념은 독립적이다. 분권화된 민주주의는 하버마스와 내가 거부하는 중심화가 될 수 있다. 즉, 사람들은 하나의 단일한 면대면 포럼에서 생기는 것과 같은 권위있는 민주적 과정에 대한 이미지를 바라거나 갖고 있기 때문에, 이들은 흔히 분권화를 옹호한다. 6장에서 설명할 예정이듯, 지역주의(localism)의 장점은 상호의존적인 대중사회라는 사실의 관점에서 다시 정확하게 생각되어야 한다.

질서있음을 전제하기

심의민주주의 모델을 지지하는 이론가들 중 누구도 심의가 규범의 특정한 질서(순위, order)를 담고 있는지 명시적으로 밝히고 있지 않다. 그럼에도 불구하고, 일상의 정치적 맥락에서 심의를 규범으로 거론할 때는, 무질서적이거나 소란스럽고 방해적이라고 간주되는 정치적 소통방식을 불신하거나 배제하는 수단으로서의 심의에 번번이 호소한다. 자주 공적 담론에서 합리적 심의자들은 차분하게 전달되는 준비된 발언 이외의 정치적 소통의 '무질서해 보이는' 방식을 제어하려는 협소한 '시민성(civility)' 이미지를 거론한다. 이러한 시각에서 보면, 수천 명의 사람들이 희화된 혹은 냉소적인 손팻말을 들고 나와 힘있는 자들에 대해 비판적인 구호를 외치는 가두시위 즉, 원활한 교통흐름을 방해하고 자신의 구호를 행인들이 보지 않을 수 없게 하는 유난스럽고 소란스러운의 가두시위는 성숙된 시민성의 정도를 넘어서는 것이다. 심의를 질서정연함과 등치시키는 것도 역시, 시위 당사자들이 생각하기에 심의의제에서 부당하게 배제되어온 이슈나 입장에 주목하게 하기 위해 정부나 의회가 관행적으로 해오던 방식을 깨려는 의도로 현수막을 전개하거나 상징적 조형물을 진열하고 행진하는 것과 같은 행위를 탐탁하지 않은 것으로 비난하며 배제하는 것이다.[55]

이런 사례는 비판가들이 종종 자신의 이슈를 공중 앞에 선보이는 방식과 관련된다. 심의, 합당함 혹은 성숙한 시민성이라는 아이디어는 흔히 일부 사람들은 절제할 줄 아는 사람으로 묘사하고, 더 시위적이고 방해적이며 소란스러운 수단을 사용하는 사람들에게 '극단적인' 사람이라는 딱지를 붙이는 데 흔히 사용된다. 더욱이, '온건'과 '극단'의 대비는 단순히 그들의 표현방식이 아니라 표방된 시각을 보여준다. 이 같은 구성 틀에서, 질서있는 심의는 가정, 대안, 표현형식이 '온건한' 특정 범위 안에서만 존재한다. 이러한 심의의 전제를 문제시하는 사람들이나 어떤 문제에 대처하기 위해 지배적인 담론이 제공하는 대안의 범위를 문제시하는 사람들에게는 '극단'이라는 딱지가 붙는다. 이 딱지는 그러한 시각으로 보는 사람들을 합당하지 않다고 보는 것이라, 그들에게는 일체의 청문기회를 주지 않음으로써 그들의 견해를 고려사항에서 배제하는 것이다.

심의민주주의의 규범이 무질서적이고 시위적이며 방해적인 정치행위를 반대하거나 혹은 이러한 극단적 입장을 일축하기 위해 이러한 범주의 입장에 딱지를 붙이는 만큼, 이 규범은 그들의 의견과 표현방식을 부당하게 배제한다. 토론에 기반한 민주주의모델은 종종 무질서하거나 어느 정도 방해적일 수 있는, 그리고 방해를 극대화하기 위해 설계된 특히 공중의 정치시위를 저평가해서는 안 된다. 공중의 시위는 반대와 비판을 표명하고, 힘있는 행위자들에게 소명책임을 묻는 가장 중요하며 유효한 방식이다. 어떤 기발한 시위와 공중의 가세 없이는 민주주의는 활력을 잃고 허약하게 비실댈 것이다. 하지만 공중의 시위로 보다 많은 주목을 받을 수 있는 목소리와 의견을 지닌 많은 사람들은, 반시민적이고 합당하지 않게 보일 것 같은 두려움으로 인해 그러한 행위를 가담하거나 지지하지 않으려 한다.

질서있음이라는 암묵적인 규범을 비판함으로써, 나는 정치에서 모든 것이 허용된다고 의미하는 것은 아니다. 이 장의 앞에서 설명한 바, 합당함이라는 규범은 집합적 문제를 해결하고 정의를 신장시키려는 목표를 지향하는 정치적 소통의 중추이다. 앞서 나는 시민이 합당하다는 것은 본인의 요구가 정당하다는 확신을 가지고 타인에게 자신의 요구를 주장한다는 의미라고 설명했다. 그렇기 때문에, 합당한 사람은 자기 주장의 정당함을 다른 사람들에게 설득하려 노력해야 하는 의무가 있다. 따라서 합당함의 상태는 비폭력을 수반한다. 다시 말해, 누구도 자신과 의견이 일치하지 않는 사람들이나, 자신의 특권에 도전하는 사람들이나 혹은 본인 생각에 지배적이나 억압적이거나 혹은 생판 잘못된 사람들일지라도 그 사람들을 해치거나 제거하겠다고 위협하거나 위협하려하지 않는다. 하지만 성숙한 시민성이라는 일부 이미지는 다른 사람들에게 정당함을 보여주고, 해당 이슈에 주목하도록 하거나, 그것도 안 되면 소란스럽고 집요한 방식으로 다른 사람들에게 문제를 제기하려는 목적의 항의 또는 시위 같은 특정한 형태를, 약한 형식의 폭력으로 범주화하려는 경향이 있다. 물론, 시위와 항의의 적합한 한도가 어디까지인지는 논쟁의 여지가 있지만, 깊이가 있는 민주사회라면 시위의 목적은 설득을 위한 것이라는 전제에서, 시위자들에게 우호적이어야 한다.

더 나아가 합당함은 기본적인 존중(basic respect)의 입장에서 타당한 의견불일치의 표출을 동반한다. 즉, 만약 우리를 반대하는 사람도 번갈아 우리의 의견을 경청하려 한다면, 우리가 반대하는 사람들이 인간 이하라거나 혹은 단지 그들이 누구이기 때문에 그 의견은 동등하게 청문될 자격이 없다는 방식으로, 다른 사람들의 행위나 의견에 대한 불일치, 비판 혹은 판단을 제기할 수 없다. 따라서 해당 정체의 일부 구성원들의 인격이나 친연적 소속(affiliations)을 부정하는 것을 목표로 하는 또는 폭력과 가혹행위로 이들을 위협하거나 폭력을 선동하는 '혐오표현(hate speech)'은 '반(反)시민적'이라 정당하게 규탄받는다. 우대됨과 불리함의 구조적인 지위에서 비롯된 골 깊은 갈등이 있는 환경에서는, 그리고/또는 종속되었고 힘이 약한 집단이나 소수자 집단이 공적 토론에서 자신의 이익이 백안시된다고 생각하는 환경에서는, 특히 이러한 집단의 구성원들이 심각하게 소란스럽고 방해적인 행위에 가담하거나 성난 비난으로 자신의 주장을 표출한다 해도, 이는 합당함이라는 규범을 위반하는 것은 아니다. 무질서함은 다른 사람들의 합당하지 않음에 예를 들면, 이들이 토론의 조건을 지배하거나, 일부 사람들이나 의견을 쟁점에서 배제하거나, 토론을 예단하거나, 고정관념과 조롱만을 일삼는 등에 경종을 울리기 위한 중요한 비판적 소통 수단이다.[56]

이 지면을 포함해 심의민주주의 일부 논의와 이미지에 대한 나의 비판적 입장에서,[57] 나는 합당하고 개방적인 공적 논쟁을 정중하고 질서정연하며 감정적이지 않고 젠틀맨 같은 논리주장으로 규정하는 견해에 도전하려 한다. 민주정치의 규범적 이상으로서 이 같은 이미지에 반대하기 때문에, 나는 민주적 과정의 보다 '쟁투적(agonistic)' 모델을 승인하는 다른 정치이론가들의 대열에 함께한다.

예를 들어, 샹탈 무페(Chantal Mouffe)에 따르면, 일부 자유민주주의 이론은 정치적 표현을 지나치게 합리주의적인 규범 요건의 집합에 종속시키고, 그렇게 함으로써 쟁투성과 경합성을 민주적 과정의 고질병쯤으로 백안시하여 이를 이론적으로 탈각시키는 방식으로, 사회적 다원주의를 정치적 일체성으로 해결하려 한다는 것이다. 무페는 '쟁투적 다원주의(agonistic pluralism)'로 현대민주주의를 구성하자고 제안한다. 현대사회는 부정의, 탐욕, 편향, 가치의 차이 등에서 파생된 갈등으로 가득차 있다. 따라서 민주주의란 받아들일 수 있는 법규칙 내에서 다름에 대한 배제와 반대를 함께 하는 쟁투로 탈바꿈시키는 제도의 집합이다. 다원주의적 민주질서는,

> '적(enemy)'과 '상대(adversary)'를 구분하는데 기반한다. 정치공

동체라는 맥락에서, 다원주의적 민주질서는 반대편을 파괴해야 하는 적으로서 보는 것이 아니라, 존재의 정통성이 있으며 이는 용인되어야 하는 상대로서 보아야 한다. 우리는 그의 아이디어와 싸우지만, 그가 자신의 생각을 방어할 권리에 대해서 우리는 의문을 품지 않을 것이다.[58]

나는 민주적 논쟁의 정상적인 조건을 **겨루기**(경합)의 과정이라 부르려 한다. 사회집단의 차이와 상당한 부정의가 있는 사회에서, 민주정치를 치열한 경합의 과정으로 보는 것은 타당하다. 반대의 입장에서 승패를 끝장내려는 적대적 결투상황이 아닌, 치열한 경합은 시민들 서로 간의 소통적 결연(communicative engagement)의 과정이다. 사회적 입장이나 이익이 다른 사람들은 이슈를 제기하기 위해 치열하게 경합하지 않을 수 없다. 왜냐하면 타인들이 그러한 이슈로 위협받을 수 있거나 그들은 단순히 다른 이슈가 더 중요하다고 생각할 수 있기 때문이다. 일단 이들이 걱정하고 중요하게 생각하는 이슈가 토론의 아젠다가 되면, 이들은 자신이 관계되는 이슈에 대해 다른 사람들과 경합적으로 갑론을박해야 하며, 자신들의 퍼스펙티브를 알아듣게 하기 위해 격론을 벌여야 하고, 다른 사람들을 설득하기 위해 치열해져야 한다. 치열한 경합의 지형은 평평하지 않다. 즉, 일부 사회집단과 사회부분은 대개 불리하다. 공정하고 개방적이며 포용적인 민주적 과정이라면 이와 같은 불이익에 유념해야 하며, 배제에 대한 보상적인 수단을 제도화해야 한다. 불리하고 배제된 부문들은 과정이 공정해 지기를 기다릴 여력이 없기 때문에, 또한 대개 경합적인 이익과 이슈는 너무나 많기 때문에, 억눌리고 불이익 받는 집단은 불평등한 조건 아래에서 더 큰 정의를 위해 치열한 겨루기 말고 다른 대안이 없다. 민주적으로 치열한 경합의 과정은 사회문제와 제안된 해법에 대한 논쟁에 다른 사람들을 결연시키려는 노력이며, 또한 본인 입장을 설명하고 정당화하는 기획에 다른 사람들을 결연시키려는 노력이다. 질서없는, 소란스럽고 방해적인, 짜증나게 하는 혹은 주의를 뺏는 소통방식은 흔히 이슈와 그 파장에 대한 논쟁에 다른 사람들을 결연시키려는 민주적 노력의 불가피하거나 유효한 요소이다.

민주적 과정을 이와 같이 쟁투적이고 결연된 경합의 과정으로 보는 설명에 대해, 혹자는 다음과 같은 문제를 제기할 수 있다. 이처럼 제도화된 갈등과 경합은 이 장의 초반에서 내가 기각시킨 선호집합모델과 어떻게 다른가? 기억해 보자면 선호집합모델은 민주주의를 다수의 선호가 정책의 전장에서 승리하는, 분분한 정책선호 간 경쟁의 과정으로 이해한다. 나는 앞서 선호집합민주주의 모델을 비판했는데 이유는, 그것은 힘있는 자의 의지와 규범적으로 정통성 있는 결과를 구분하는 방법이 없으며, 또한 주관적인 선호와 정의 및 옳음에 대한 더 객관적인 판단 사이의 구분을 하지 않았기 때문이다.

민주정치의 쟁투적 모델을 표방하는 정치이론가들 중 일부는 이익을 한데 모으는 것이 옳은 것이라 간주하는 이익집단의 경쟁모델과 대동소이한 시각을 보여준다. 이들은 정의나 정통성이라는 규범을 인정하지 않으며, 실제로 일각에서는 정의나 옳음에 대한 호소는 그저 이데올로기일 뿐이라고 주장하기도 한다.

하지만 내가 여기서 지지하는 민주적 과정의 모델은 규범적인 근거로 향하는 소통적 지향점에 대한 심의민주주의 논의뿐만 아니라 사적이고 자기위주적인 욕구가 정의에 대한 공적인 호소로 탈바꿈되는 심의민주주의 논의를 담고 있다. 치열한 민주적 경합과정 속에서 시민들은 서로의 열의와 마음 즉, 동의를 얻기 위해 다른 시민들과 결연을 맺는다. 그러기 위해, 시민들은 열려 있고 합당해야 하고, 단지 반대하는 고집이 아닌 비판을 통해 다른 사람들에 대해 도전하기 위해 준비되어야 한다. 그렇기 때문에 담론이나 담론의 표현방식을 정형화된 논리주장으로, 시민의 호소를 공동선이나 혹은 온건하고 시민적 성숙이라 이름붙인 것으로 제약하는 정치적 움직임을, 우리는 경계해야 한다.

1장 후주

1 Mark Warren, 'What Should We Expect from More Democracy? Radically Democratic Responses to Politics', *Political Theory*, 24/2(May 1996), 241-70를 참조하라.

2 샤피로(Ian Shapiro)는 민주주의를 정의를 증진하는 역할이 주 임무가 되는, 그가 '부차적 선(subordinate good)'이라 부르는 것으로 이해한다. 샤피로의 *Democratic Justice*(New Haven: Yale University Press, 1999)를 보라. Philippe Van Parijs, 'Justice and Democracy: Are They Incompatible?', *Journal of Political Philosophy*, 4/2(June 1996), 101-17를 보라.

3 보만(James Bohman)은 심의민주주의 모델의 공식이 자유주의적 그리고 대의제적 제도라는 제도적 가정을 항상 수용하지는 않았으며, 이 점에서 보다 최근의 이론화는 자유주의적 다원주의 가정에 가까워지고 있음을 보여준다. 보만의 'The Coming of Age of Deliberative Democracy', *The Journal of Political Philosophy*, 6/4(December 1998), 400-25를 보라.

4 Jane Mansbridge, *Beyond Adversary Democracy*(New York: Basic Books, 1980), 17.

5 내가 선호집합이라고 부르는 모델은 일각에서 다원주의 혹은 이익집단 다원주의(interest group pluralist)라고 부르는 민주주의를 고민하는 방식이다. 나는 '이익집단 다원주의'라는 용어 대신 '선호집합'이라는 용어를 택했다 왜냐하면 나는 다원주의나 정당한 이익의 증진도 민주적 과정의 심의적 해석과 반대할만 하거나 양립불가한 점을 찾지 못했기 때문이다. 심의이론가들이 반대하는 이 모델의 특징은 민주적 정치과정을 시장경제의 과정으로 해석하려는 경향, 그리고 정치행위자들의 추론방식을 경쟁적 시장이라는 맥락에서의 전략적인 추론방식과 유비하려는 경향이다. 이 모델에 대한 요약과 비판에 대해서는 C. B. Macpherson, *The Life and Times of Liberal Democracy*(Oxford: Oxford University Press, 1977), 4장; Thomas Christiano, *The Rule of the Many*(Boulder, Colo.: Westview Press, 1996), 133-50; David Ingram, *Reason, History and Politics*(Albany: State University of New York Press, 1995), 1장을 참조하라.

6 선호집합모델에 대한 추가적인 비판에 대해서는 Benjamin Barber, *Strong Democracy*(Berkeley: University of California Press, 1984), 특히 132-43; John Dryzek, *Discursive Democracy*(Cambridge: Cambridge University Press, 1990), 1장을 보라.

7 Cass R. Sunstein, 'Preferences and Politics', *Philosophy and Public Affairs* 20(Winter 1991), 3-34를 참조하라.

8 Thomas Spragens, *Reason and Democracy*(Durham, NC: Duke University Press, 1990).

9 David Miller, 'Deliberative Democracy and Social Choice', in David Held(ed.), *Prospects for Democracy*(Oxford: Polity Press, 1993)를 보라.

10 Dryzek, *Discursive Democracy*, 125를 보라.

11 Mansbridge, *Beyond Adversary Democracy*, 18.

12 투표민주주의 아이디어와 이에 대한 비판에 대해서는 James Fishkin, *The Voice of the People*(New Haven: Yale University Press, 1991)을 보라.

13 심의민주주의 이론가로 내가 포함시키는 학자들은 다음을 포함한다. Joshua Cohen, 'Deliberation and Democratic Legitimacy', in Alan Hamlin and Philip Pettit(eds.), *The Good Polity*(London: Blackwell, 1989); Spragens, *Reason and Democracy*; Barber, *Strong Democracy*; Cass R. Sunstein, *The Partial Constitution*(Cambridge, Mass.: Harvard University Press, 1993), 특히 8장; Frank Michelman, 'Traces of Self-Government', *Harvard Law Review*, 100(1986), 4-77; Jane Mansbridge, 'A Deliberative Theory of Interest Representation', in Mark P. Patracca(ed.), *The Politics of Interest: Interest Groups Transformed*(Boulder, Colo.: Westview Press, 1992); Dryzek, *Discursive Democracy*; James Bohman, *Public Deliberation*(Cambridge, Mass.: MIT Press, 1996); James Fishkin, *The Voice of the People*; Jurgen Habermas, *Between Facts and Norms*(Cambridge, Mass.: MIT Press, 1996); Amy Gutmann and Dennis Thompson, *Democracy and Disagreement*(Cambridge, Mass.: Harvard University Press, 1996); Christiano, *The Rule of the Many*, 특히 3장; Ingram, *Reason, History and Politics*.

14 심의적 방식의 정치적 평등에 대한 포괄적인 이론에 대해서는 Charles Beitz, *Political Equality*(Princeton: Princeton University Press, 1990)를 참조하라.

15 Cohen, 'Deliberation and Democratic Legitimacy', 22-3.

16 심의이론가들 중 보만은 습득력이라는 아이디어를 가장 강조한다. 그의 *Public Deliberation*, 58-9, 116-18를 보라.

17 공공성과 소명책임성은 것만과 톰슨(Amy Gutmann and Dennis Thompson)의 심의 개념의 핵심이다. 그들의 *Democracy and Disagreement* 참조하라.

18 Jodi Dean, *Solidarity of Strangers*(Berkeley: University of California Press, 1994)를 보라. 딘은 특정 집단의 구성원 간 보편적으로 개방된 관계의 연대성이라는 아이디어를 발전시킨다. 이러한 연대관계에서 특정 집단의 구성원들은 '가상적 제3자(hypothetical third)'와 함께 묶인다. 몇몇 학자들은 이러한 공공성의 조건을 칸티안의 보편가능성(universalizability)의 관점으로 이해하지만, 나는 그것은 오산이라 생각한다. 왜냐하면 칸티안적 보편가능성은 담론에서 그것의 맥락적 위치성(situatedness)을 제거하기 때문이다. Bohman, *Public Deliberation*, 35-47를 살펴보라.

19 대다수 심의민주주의자들은 담론적 상호작용(discursive interaction)의 이러한 변혁적 측면을 주제로 삼는다. 예를 들면, 다음을 참고하라. Barber, *Strong Democracy*, 136-58; Jane Mansbridge, *'Self-Interest and Political Transformation'*, in George E. Marcus and Russell L. Hanson(eds.), *Reconsidering the Democratic Public*(University Park: Pennsylvania State University Press, 1993).

20 민주주의를 집합적 문제해결의 모델로 정의하는 것은 민주주의이론과 실천에 대한 듀이(John Dewey)의 접근을 상기시킨다. 듀이의 *The Public and its Problems*(Chicago: Swallow Press, 1927)를 참조하라. 듀이의 계보에서 민주주의의 심의적 이해에 대한 두 가지 다른 최근의 해석에 대해서는 다음을 참조하라. Hilary Putnam, 'A Reconsideration of Deweyan Democracy', *Southern California Law Review*, 63/6(Sept. 1990), 1671-97 그리고 Axel Honneth, 'Democracy as Reflexive Cooperation: John Dewey and the Theory of Democracy Today', *Political Theory*, 26/6(Dec. 1998), 763-83. 호네트(Axel Honneth)는 듀이의 민주주의 개념을 선호집합적 개념과 하버마스의 과도한 절차적 개념 모두에 대한 대안으로서 제시한다.

21 현대 도덕이론가들과 정치이론가들은 일반이론 혹은 원칙의 집합과는 차원이 다른 도덕적 추론의 결론으로서 판단에 거의 관심을 두지 않는다. 판단은 일반이론이나 원칙의 집합, 그리고 이러한 이론과 원칙을 따르는 구체적인 언명 및 행위와 구별된다. 반면 라모르(Charles Larmore)는 판단을 권상하는 도

덕이론가 중 한 명이다. 그의 *Patterns of Moral Complexity*(Cambridge: Cambridge University Press, 1987), 1장을 참조하라. 네델스키(Jennifer Nedelsky)는 칸트와 아렌트에서 민주주의이론에 유용한 논의를 발전시킬 수 있는 판단의 역할을 고찰한다. Jennifer Nedelsky, 'The Problem of Judgement', 미출판원고, University of Toronto.

22 Jacques Derrida, 'Force of Law: The "Mystical Foundation of Authority"', in Drucilla Cornell, Michel Rosenfeld, and David Gray Carlson(eds.), *Deconstruction and the Possibility of Justice*(New York: Routledge, 1992).

23 나에게 이 문단은 담론윤리에서 제시된 옳음의 실용론(pragmatic theory of rightness)을 떠오르게 한다. 이 이론에 따르면, 만약 규범이 포용적 평등이라는 환경아래에서 자유로운 토론과 합의의 결과라면 그것은 유효한 것이다. Jurgen Habermas, *Moral Consciousness and Communicative Ethics*(Cambridge, Mass.: MIT Press, 1990), 3장과 4장을 보라. 앞선 논의에서 하버마스는 대화과정은 일반화 가능한(generalizable) 이익을 그렇지 않은 이익에서 가려낸다고 설명한다. 여기에서 나는 '일반화 가능한'을 모든 사람들이 공유하는 이익이라는 의미가 아니라(이 역시 하버마스가 생각하고 있는 하나의 해석이기도 하다), 다른 사람들이 자기결정과 자아발전에 대한 그들 자신의 정당한 주장을 부인하지 않고서도, 이러한 이익을 정당하다고 인정할 수 있다는 점에서 공적으로 진작될 수 있는 이익이라는 의미로 해석한다. 이후의 논의에서 하버마스는, 담론적(discursive) 환경에서의 구체적인 주체의 선호와 경험이 사회적 관점을 지닌 보다 객관적인 성격으로 탈바꿈되는 과정에 좀 더 관심을 두게 된다. Harbermas, 'A Genealogical Analysis of the Cognitive Content of Morality', in *The Inclusion of the Other: Studies in Political Theory*(Cambridge, Mass.: MIT Press, 1998)를 보라.

24 여기에서 나는 많은 이론가들이 심의민주주의의 인식론적 해석이라고 부르는 것을 따른다. 만약 심의민주주의 모델이 민주주의를 집단적 실천이성의 양식으로 해석한다면, 심의의 결과는 '진실'의 가치를 지닌다. 심의자들은 최선의 판단을 찾기 위해 주장과 논증을 한다. 『자유론(On Liberty)』에서 밀(J. S. Mill)은 심의의 자유가 현명한 결정으로 더욱 이끌 것 같다는 전통적인 주장을 펼친다. 심의민주주의의 인식론적 장점에 대해서는 다음을 참조하라. Joshua Cohen, 'An Epistemic Conception of Democracy', *Ethics*, 97(Oct. 1986), 26-38; David Estland, 'Making Truth Safe for Democracy', in D. Copp,

J. Hampton, and J. Roemer(eds.), *The Ideal of Democracy*(Cambridge: Cambridge University Press, 1993); Estland, 'Beyond Fairness and Deliberation: The Epistemic Dimension of Democratic Authority', in Bohman and Rehg(eds.), *Deliberative and Democracy*(Cambridge, Mass.: MIT Press, 1996); Bohman, *Public Deliberation*, 27; Christiano, *The Rule of the Many*, 31-7.

25 Iris Marion Young, *Justice and the Politics of Difference*(Princeton: Princeton University Press, 1990), 33-8을 보라. 구드(Carol Gould)는 자아발전으로서의 자유 개념을 발전시킨다. Gould, *Rethinking Democracy: Freedom and Social Cooperation in Politics, Economy and Society*(Cambridge: Cambridge University Press, 1988), 특히 40-1를 보라.

26 Young, *Justice and the Politics of Difference*, 38.

27 Amartya Sen, *Inequality Reexamined*(Cambridge, Mass.: Harvard University Press, 1992), 특히 2장. 그리고 Sen, 'Justice; Means versus Freedoms', *Philosophy and Public Affairs*, 19(Spring 1990), 111-21를 보라. 가능성의 조건으로서 정의를 논하는 센 이론의 전반적인 재구성으로는 다음을 참조하라. David Crocker, 'Functions and Capability: The Foundations of Sen's and Nussbaum's Development Ethic', in Martha Nussbaum and Jonathan Glover (eds.), *Women, Culture and Development: A Study in Human Capabilities* (Oxford: Oxford University Press, 1995). 역시 Young, *Justice and the Politics of Difference*, 1장을 보라.

28 Young, *Justice and the Politics of Difference*, 37.

29 Adam Pzeworski and Immanuel Wallterstein, 'Structural Dependence of the State on Capital', *American Political Science Review* 82(1989), 11-29를 보라.

30 Joshua Cohen, 'The Economic Basis of Deliberative Democracy', *Social Philosophy and Policy*, 6/2(Spring 1989), 25-50를 보라. 것만과 톰슨은 경제적 최소수준에 대한 충족을 그들의 심의민주주의 개념에 집어 넣었다. 그들의 *Democracy and Disagreement*를 참조하라. 필자의 글 'Justice, Inclusion and Deliberative Democracy', in Stephen Macedo(ed.), *Deliberative Politics: Essays on Democracy and Disagreement*(Oxford: Oxford University Press, 1999), 151-8를 보라.

31 Van Parijs, 'Justice and Democracy: Are they Incompatible?과 비교하라.

32 Frank Cunningham, *The Real World of Democracy Revisited*(Atlantic Highlands, NJ: Humanities Press, 1994), 특히 2장과 3장.

33 Jean-François Lyotard, *The Differend: Phrases in Dispute*(Minneapolis: University of Minnesota Press, 1988), 9.

34 여기서 나는 하버마스의 (의사)소통적 행위 개념을 차용한다. 하버마스는 (의사)소통적 상호작용을 즉, 실천으로서의 언어로 다시 말해, 존중과 합당함의 규제적 규범으로 은연중에 견인되는 과정으로 이론화한다. 물론 인간은 정도를 알 수 없을 정도로 이기적이며, 비합리적인 증오로 채워져 있고 또한 폭력적이다. 하지만 매일매일의 (의사)소통 역시 사람들의 입장에서 서로를 이해하려는 욕구와 서로의 의미와 의도를 확인하려는 욕구를 보여주며, 이러한 협력의 노력은 결코 작은 성취가 아니다. Habermas, *The Theory of Communicative Action*, i(Boston: Beacon Press, 1984)를 참조하라.

35 Susan Bickford, *The Dissonance of Democracy*(Ithaca, NY: Cornell University Press, 1996), 97-8 참조. 다음의 프레이저(Nancy Fraser) 논의와 비교해 보라. Nancy Fraser, 'Rethinking the Public Sphere: A Contribution to the Critique of Actually Existing Democracy', in Bruce Robbins(ed.), *The Phantom Public Sphere*(Minneapolis: University of Minnesota Press, 1993). 프레이저는 사회적 불평등은, 흔히 다른 집단들의 말하기 방식에서 그러한 불평등에 대해 함구할 것을 요구하는 심의의 맥락에서 표면화된다고 주장한다. 그녀는 공적 영역을 논하는 이론가들은 흔히 공적 토론을, 실제로는 일부 문화유형에 다른 문화유형보다 가치를 더 부여하면서도, 문화적으로 중립적인 것으로 상정한다고 주장한다.

36 Lynn Sanders, 'Against Deliberation', *Political Theory*, 25/3(June 1997), 349와 비교해 보라.

37 Stanley Aronowitz, 'Is a Democracy Possible? The Decline of the Public in the American Debate', in Robbins(ed.), *The Phantom Public Sphere*. 아로노위츠(Stanley Aronowitz)는 '대중' 문화에 대한 조롱이 일부 민주주의이론의 기저에 있음을 주장한다. 립만(Walter Lipmann)과 같은 이론가들은 원칙적으로 포용과 정치적 평등을 승인하면서도, 상위문화의 교육받은 사람들을 위한 정치참여라는 입장을 고수한다. 아로노위츠는 민주주의에 대한 진정으로 평등한 접근은 이러한 방식으로 문해력(文解力)과 교육을 우대하는 것을 중단해야 한다고 주장한다.

38 Jane Mansbridge, 'Activism Writ Small, Deliberation Writ Large', 미국정치학회발표문, 워싱턴, 9월, 1997.

39 맨스브리지(Jane Mansbridge)는 여성 의원들이 남성 의원들보다 덜 발언하며, 또한 공적 회의에서 남성들은 의견을 개진하고 대치에 임하려고 하는 반면 여성들은 정보를 더 제공하고 질문을 더 하는 경향을 보인다는 연구를 인용한다. Mansbridge, 'Feminism and Democratic Community', in John W. Chapman and Ian Shapiro(eds.), *Democratic Community*, NOMOS 35(New York: New York University Press, 1991). 코르테스(Anthony Cortese)는 콜버그(Kohlberg)와 하버마스가 전제하는 도덕추론모델은 특정 인종 중심적이며 문화적으로 편향되었으며, 멕시코계 미국인의 어투와 추론스타일을 측정등급에서 낮게 위치시키는 경향이 있다고 주장한다. 이에 대해서는 그의 *Ethnic Ethics*(Albany: State University of New York Press, 1990)을 참조하라. 헨리(Charles Henry)는 공적 토론에서 아프리카계 미국인 스타일을 논의하며, 아프리카계 미국인이 백인보다 감정과 분노를 논증에 더 많이 사용하는 경향에 대해 언급한다. 그의 *Culture and African American Politics*(Bloomington: Indiana University Press, 1990)를 참조하라.

40 Spragens, *Reason and Democracy*, 120.

41 Michael Walzer, *The Company of Critics: Social Criticism and Political Commitment in the Twentieth Century*(New York: Basic Books, 1990).

42 David Miller, *On Nationality*(Oxford: Oxford University Press, 1995), 96–8.

43 Mansbridge, *Beyond Adversary Democracy*.

44 Chantal Mouffe, 'Democracy, Power and the "Political"', in Seyla Benhabib(ed.), *Democracy and Difference*(Princeton: Princeton University Press, 1996), 255; William Connolly, *Identity/Difference*(Ithaca, NY: Cornell University Press, 1993), 93; Iris Marion Young, 'The Ideal of Community and the Politics of Difference', in Linda Nicholson(ed.), *Feminism/Postmodernism*(New York: Routledge, 1990).

45 Iris Marion Young, ' Asymmetrical Reciprocity: On Moral Respect, Wonder and Enlarged Thought', in *Intersecting Voices: Dilemmas of Gender, Political Philosophy and Policy*(Princeton: Princeton University Press, 1997).

46 Barber, *Strong Democracy*, 224.

47 Jean Elshtain, *Democracy on Trial*(New York: Basic Books, 1995), 3장.

48 Young, *Justice and the Politics of Difference*, 4장을 보라.

49 나는 이것을 '중첩적 합의(overlapping consensus)'라는 롤즈의 개념 뒤에 있는 정신으로 이해한다. *Political Liberalism*(New York: Columbia University

Press, 1993)을 보라.

50 Jack Knight and James Johnson, 'Aggregation and Deliberation: On the Possibility of Democratic Legitimacy', *Political Theory* , 22/2(May 1994), 277-98를 보라. 맨스브리지도 그녀의 글 'Activism Writ Small, Deliberation Writ Large'에서 유사한 지적을 한다.

51 Dryzeck, *Discursive Democracy*, 41.

52 Habermas, *Between Facts and Norms*, 296-307.

53 Claude Lefort, *The Political Forms of Modern Society*(Cambridge, Mass.: MIT Press, 1986), 9장과 10장; Chantal Mouffe, 'Democratic Citizenship and the Political Community', *The Return of the Political*(London:Verso, 1993)을 보라.

54 Jean Cohen and Andrew Arato, *Civil Society and Political Theory*(Cambridge, Mass.: MIT Press, 1992); Bohman, *Public Deliberation*, 4장을 참조하라.

55 Sanders, 'Against Deliberation', 361과 비교하라.

56 스파크(Holloway Sparks)는 무질서한 표현이 때때로 역할을 하지만, 그럼에도 진행형의 논쟁과 이견의 가능성을 유지하는 '이견 있는(dissident)' 성원자격이란 아이디어를 제안한다. 스파크의 'Dissident Citizenship: Democratic Theory, Political Change, and Activist Women', *Hypatia: Journal of Feminist Philosophy*, 12/4(Fall 1997), 74-109를 보라.

57 Iris Marion Young, 'Communication and the Other: Beyond Deliberative Democracy', in Seyla Benhabib(ed.), *Democracy and Difference*(Princeton: Princeton University Press, 1996).

58 Mouffe, *The Return of the Political*, 4장. 민주정치에 대한 이러한 '쟁투적' 관점에 대해서는 다음을 참조하라. Connolly, *Identity/Difference*; Wendy Brown, *States of Injury*(Princeton: Princeton University Press, 1995); Bonnie Honig, *Political Theory and the Displacement of Politics*(Ithaca, NY: Cornell University Press, 1993). 민주정치에 대해 쟁투적 해석을 권장하는 학자들과 이러한 해석에 회의적인 학자들, 두 진영은 모두 민주주의에 대한 쟁투적 해석이 논쟁 참여자들이 이견(disagreement)을 적극적으로 드러낸다 하더라도 합의를 지향하는 합당함이라는 태도에는 부합하지 않는다고 생각한다. 하지만 라라(Maria Pia Lara)는 견실한 소통민주주의는 쟁투적이고 또한 합의적인 국면 모두를 포함한다고 주장한다. Lara, *Moral Textures: Feminist Narratives in the Public Sphere*(Cambridge: Polity Press, 1998), 서론을 참조하라.

02

포용적인 정치적 소통

1. 외적 배제와 내적 배제
2. 호감인사 즉, 공적 인정
3. 레토릭의 건설적 사용
4. 내러티브와 위치 지어진 지식
5. 조작과 기만의 위험들

포용적인 정치적 소통

앞 장은 시민들과 공무담임자들이 제안하고 서로를 비판하며 집합적 문제에 대한 최선의 해결책을 서로에게 설득함을 목적으로 하는, 그들 간의 소통과정으로서 민주주의라는 규범적 이상을 지지하였다. 이러한 소통과정의 참여자들은 다른 사람들에게 소명(accountable)할 용의가 있다는 의미에서 합당해야 한다. 이 과정은 공공(public)이라는 의미에서 개방적이어야 하며, 또한 이는 규범적으로 정통하다고 인정받기 위해서 집근성이 있어야 한다.

가장 중요한 것은, 민주적 규범은 정치적 결과의 정통성을 가늠할 척도의 임무를 포용(inclusion)에 부여한다는 것이다. 민주주의는 정체의 모든 구성원들이 의사결정과정에 평등하게 포함되고 그 결과에 영향을 미칠 수 있는 평등한 기회를 갖는 정치적 평등을 수반한다. 포용은 제안을 하는 사람들이 본인의 입장을 기존의 자기위주적인 입장에서 정의에 대한 보다 객관적인 호소로 탈바꿈시킬 수 있는 기회를 높인다. 왜냐하면 제안을 하는 사람들 역시 자신이 답해야 하는 다른 입장에 있는 사람들을 경청해야 하기 때문이다. 이들이 어떤 결과에 동의하지 않더라도 공적 토론의 포용적 과정을 통해서 그 결의에 도달했다면, 정치행위자들은 그 결의의 정통성을 받아들여야 한다. 따라서 포용이라는 규범은 명목상의 민주적 과정과 결정의 정통성을 비판하는 막강한 수단이다.

많은 민주주의들은 흔히 이러한 포용이란 규범을 위반한다. 이 장에서 나는 정치적 토론과 의사결정에서 보이는 두 가지 모습의 배제를 구분하고자 한다. 가장 확연한 배제의 형태는 논쟁의 포럼이나 의사결정의 과정에 일부 개인이나 집단이 접근하지 못하게 하는 것 즉, 그 안에서 일어나는 일에 대해 다른 일부 개인이나 집단에게 지배적 통제를 허용하는 것이다. 나는 이를 **외적** 배제(external exclusion)라고 부른다. 어떠한 민주주의도 외적 배제를 비판할 만큼 만족스럽지는 않지만, 많은 민주주의이론과 실천은 이러한 배제를 염두하고 있으며 이러한 배제를 줄이기 위해 무엇을 해야 하는지 논의한다.

반면 관심을 덜 받고 있는 배제가 있는데, 이는 개인과 집단이 토론과 의사결정과정에 명목상 포용될 때 생기는 배제의 형태이다. 앞 장에서 나는 여러 형태의 이러한 **내적** 배제(internal exclusion)를 언급했다. 즉, 내적 배제의 형태는 담론의 조건이 다른 누군가는 공유할 수 없는 가정을 전제하는 것, 상호작용이 특정한 표현방식을 우대하는 것, 일부 사람들의 참여를 무질서로 일축하는 것 등을 포함한다.

이 장은 이와 같은 내적 배제를 경감시킬 수 있는 소통의 세 가지 양상을 이론화한다. 즉, 호감인사(greeting), 레토릭(rhetoric), 내러티브(narrative)이다. 나는 이 세 가지 범주화를 통해 일상의 상호작용에서 볼 수 있는 소통방식에 대해 살펴보고자 한다. 나는 다르게 위치 지어졌거나 의견이 일치될 수 없는 개인들과 집단들 간의 정치적 토론과정에서 이러한 세 가지 양상의 소통적이고 규범적인 기능을 해석하려 한다. 그러한 해석을 함에 있어, 나는 일상의 소통적 상호작용(communicative interaction)을 견인하는 암묵적인 규범을 명시적으로 보여주는 규범적 이론화의 방법인, 하버마스(Jürgen Habermas)의 담론윤리(discourse ethics) 방법론을 채택하고자 한다.[1] 호감인사 즉, 정치적 맥락에서의 공적 인정(public acknowledgement)은 어떤 주체가 직접적으로 다른 사람의 주체성을 인정하는, 그렇게 함으로써 신뢰를 신장시키는 소통의 한 형태이다. 레토릭은 정치적인 항변과 논리주장이 표현되는 방식으로서, 이는 말하고자 하는 바를 유념해 듣게 하며 발언자와 청중을 상호적인 관계에 위치시킴을 포함하는, 포용적이고 설득적인 정치적 소통에 기여하는 여러 기능을 갖는다. 내러티브 역시 배제적인 경향에 대항하고 논리주장을 그 이상으로 심화시키는 여러 기능을 갖는다. 내러티브는 다른 기능보다도 상대적으로 시민자격이 주어지지 않았던 집단에게 공적으로 자신에 대해서 말할 수 있는 힘과 권한을 부여한다. 다시 말해, 내러티브 역시 서로에 대한 경험과 신념의 차이가 너무 큰 나머지 유익한 토론에 가담할 정도의 충분한 전제를 공유하지 못한 사람들이, 그럼에도 불구하고 대화를 통한 이해에 도달할 수 있는 수단을 제공한다.

1. 외적 배제와 내적 배제

민주주의라는 규범은 포용과 정치적 평등을 요구한다. 왜냐하면 정치적 결과는 그 결과를 준수하거나 적응해야 하는 사람들이 그 결과의 형성에 일부분일 때라야 도덕적인 정통성이 있는 것으로 판단되기 때문이다. 하지만 비록 민주적 사회라 할지라도, 자원과 파워를 두고 벌이는 치열한 경합은 정치적 결과에 영향 받는 많은 사람들을 의사결정과정에서 배제하려는 노력을 부추긴다. **외적** 배제는 마땅히 포함되어야 하는 개인과 집단이 고의적으로 혹은 우연히 토론과 의사결정의 포럼에서 빠지는 방식을 지칭한다.

일례로, 사전담합(back-door brokering)은 정치적 배제의 전형적인 형식이다. 정치과정에서 힘있는 사람들이 자신이 원하는 것을 얻는 가장 손쉬운 방법은, 사적으로 의제설정을 심의하고 정책에 도달하며, 그렇게 함으로써 그러한 의제와 정책을 기정사실인양 공적 논쟁에 끼워 넣는 독점적인 자천(self-appointed)위원회를 만드는 것이다. 이런 행태는 공공성(publicity)이란 가장 기본적인 민주적 규범을 위배하는 것이다. 이런 행태는 영향 받는 사람들이 사후적으로도 알아채기 쉽지 않기 때문에, 이에 대해 정확하게 맞대응하기가 어렵다. 따라서 대부분 민주사회의 시민활동과 공적 규제는 정치적 의사결정에 있어 투명성을 재고하는 방안을 가지고 있다. 왜냐하면 그렇지 않다면 사적 통제에 대한 유혹이 너무나 만연할 것이기 때문이다.

또한 공적 토론과 의사결정과정에 형식적으로라도 접근하기가 쉽지 않다는 점이 최고의 민주주의 국가들에서도 나타나는 공통된 문제이다. 미국 민권운동(Civil Rights movement)은 투표자 예비등록제의 번거로움과 차별성을 폭로했으며, 투표를 쉽게 할 수 있는 접근성을 높이기 위해 계속 싸우고 있다. 소모임 및 공청회의 장소와 시간은 참여하고 싶어 하는 많은 사람들에게 엄두가 나지 않는 장애가 될 수 있다. 공적 토론과 의사결정과정에 비교적 접근할 수 없음은, 토론과 의사결정과정의 설계자들이 지닌 무의식적 편향과 무심함에 따른 흔한 결과이지만, 이 경우도 역시 배제이다.

아마도 현대 민주주의에서 가장 만연된 은밀한 외적 배제형식은 내가 앞 장에서 언급한, 사회경제적으로 힘있는 행위자들이 행사할 수 있는 정치적 지배의 능력이다. 만약 일부 시민들이 어떤 이슈에 대한 공적 토론을 지배하기 위해 미디어 시간을 충분히 매수할 수 있다면, 다른 시민들은 사실상 배제되는 것이다. 제조업자들이나 금융업자들이 본인이 원하는 대로 정치적 결정이 내려지지 않는다고 특정 지역에 투자를 하지 않겠다 위협할 때, 그들은 독단적인 독재를 하는 것이다. 정치후보자가 당선을 위해 특정 개인 혹은 조직의 막대한 기여에 좌지우지되지 않을 수 없을 때, 정치적 영향력은 부당하게 불평등한 것이다.

파워와 자원의 불평등은 빈번하게도 참여할 수 있는 형식적으로 평등한 권리를 가진 일부 시민들이, 그럼에도 불구하고 그들이 결정에 영향을 미칠 수 있는 포럼과 절차에 대해 사실상 거의 혹은 전혀 접근하지 못하게 되는 불평등한 결과로 이어진다. 이런 외적 배제는 현존하는 모든 민주주의에서 나타난다. 막강한 파워나 재력을 지닌 사람들이 정지과정을 지배할 수 있는 곳에서, 정치적 결과가 배제적 과정의 결과임이 드러날 때, 민주주의 규범의 시각에서 보면 그 결과는 정통성이 부재한다.

형식적인 민주주의에서 많은 경합은 이 같은 배제를 드러내기 위해 노력하며, 의사결정과정에서 더 많이 영향 받는 사람들에 대한 실질적인 포용을 더 잘 보장할 수 있는 제도변화를 위해 압력을 가한다. 민주적 시민사회의 임무는 이와 같은 배제를 드러내고 비판하는 것이며, 그렇게 함으로써 제도적 법규칙과 그 결정의 정통성에 사실상 도전한다. 대부분의 민주주의는 더 힘있고 부유한 행위자들이 정책결과에 영향을 미치기 위해 다른 사람들을 실효적으로 배제할 수 있는 능력에 대적하는 대비책을 마련하고 있다. 선거자금규제, 로비규제, 부패진상조사, 청문규칙, 공청회절차, 위원회 성원자격, 투표절차 등은 잠재적으로 주변화된 구성원들이 드러나도록 진작시키기 위해 의사결정과정을 규제하기 위한 노력이다.

사람들이 어떻게 토론과 의사결정의 과정 밖에 남아있게 되는지를 묻는 점에서, 나는 이러한 이슈를 **외적** 배제라고 부른다. 튼튼한 민주주의(strong democracy)를 주장하는 대부분의 이론가들은 이와 같은 외적 배제에 주목한다. 그들은 민주적 과정에 참여하는 능력에 미칠 수 있는 부나 지위의 영향을 제한할 것을 요구하며, 투명성, 소명책임성, 심의적 공중에 대한 접근성을 그들 규범 논의의 축으로 삼는다. 하지만 그들은 내가 **내적** 배제와 포용이라 부른 실태에 대해서는 덜 걱정한다.

배제된 집단은 자신이 공적 영역에서 실재될 수 있는 절차가 존재하는 만큼, 정치과정에 대항하고 그 과정의 설계자들에게 성토할 수 있다. 새로운 법규칙은 얼마 안 되는 비용으로 소비자 그룹에게 무료 TV나 라디오시간대를 편성한다. 시의회의 문호는 예산심사공청회에서 발언하기 원하는 가난한 사람들과 이들의 옹호자들에게 개방된다. 새로운 법규칙은 중요한 위원회와 위임위원회에서 여성비율을 더 늘릴 것을 보장한다. 이렇듯 공적 존립근거가 있음에도 불구하고, 그러나 시민들은 그 과정에서 여전히 더 힘있는 자들이 휘두르는 가끔은 무의식적인 새로운 양상의 배제를 목격한다. 예를 들면, 그들의 성명이나 표명을 무시하고 묵살하며 혹은 선심인 양 한수 지도하려 든다. 비록 형식적으로 포럼이나 토론과정에 포함되었다 해도, 사람들은 자신의 요구사항이 진지하게 다뤄지지 않으며 동등한 존중으로 대우받고 있지 않다고 생각할 수 있다. 지배적인 풍조는 그들의 아이디어나 표현방식이 어리석거나 단순하거나 또는 고려할 가치가 없다고 볼 수 있다. 사람들은 토론 중인 이슈와 관련된 자신의 경험이 다른 사람들의 견해와 너무 달라서 자신의 입장이 무시되고 있다고 생각할 수 있다. 나는 이렇듯 낯익은 경험을 **내적** 배제라고 부른다. 왜냐하면 비록 사람들이 의사결정의 공론장과 절차에 접근가능한 경우에도, 이러한 경험은 다른 사람들의 생각에 영향을 미칠 수 있는 실효적인 기회를 사람들이 갖지 못하는 방식에 주목하기 때문이다.

이어질 절은 내적 배제에 해당하는 세 가지 정치적 소통방식(political communication)에 주목할 것이다. 이러한 주목이 내적 배제가 외적 배제보다 더 중요하다고 시사하지 않는다. 역으로, 사람들이 근본적으로 민주적 과정에서 배제되는 메커니즘은, 상호작용적이고 소통적인 배제보다 정치적 평등을 더 크게 저해한다. 내가 내적 배제와 포용에 집중하는 이유는, 이것들은 그동안 이론적 관심을 덜 받았기 때문이며, 또한 내적 배제에 대응하는 것이 앞 장에서 시작했던 심의민주주의 모델의 세련됨을 완성하기 때문이다.

1장에서는 심의민주주의 모델에 대한 일부 해석은 적절한 정치적 소통의 개념을 논리주장으로 즉, 주장과 제안을 하고 이에 대해 다른 사람들이 응당 받아들여야 한다고 뒷받침하는 근거를 제시하는 것으로 제한하는 경향이 있음을 주장했다. 이러한 의미의 논리주장은 정의롭고 현명한 의사결정을 하려는 공적 토론의 필수요소임에 이론의 여지가 없다. 만약 참여자들이 서로에게 묻지 않으며, 토론을 통해 서로의 주장과 의견을 감수(監修)하지 않고, 그들이 승인하는 이유를 논의하지 않는다면, 정치토론의 인식론적(epistemic) 기능은 역할할 수 없을 것이다. 하지만 논리주장은 정치적 갈등상황에서 항상 존재할 수 없는 공유된 전제를 요구한다. 만약 상호이해를 보다 증진시키는 정치적 소통의 다른 형태가 존재하지 않는다면, 심의의 가능성은 매우 제한된 범위의 상황으로 제약될 것이다.

더욱이, 논리주장에 방점을 찍는다는 것은 스타일과 관용구(idiom)로 내적 배제를 범하게 되는 경향을 보인다. '논리정연함(articulateness)'

이라는 규범은 연결점을 논리적으로 명확하게 삼단논법이 아닌 방식으로 주장을 하고 근거를 대는 사람들의 말하기를 폄하한다. 감정적이지 않음(dispassionateness)이란 [몸짓으로 드러나는] 체화된(embodied) 표현, 감정, 비유적 표현 등을 묵살하고 절하한다. 토론에 대한 사람들의 기여는 말의 내용이 아니라 말하는 스타일 때문에 진지한 고려대상에서 제외되는 경향이 있다. 질서있음(orderliness)이라는 규범은 사람들을 주목하게 하고 중요한 주장을 펼치는 데 꽤나 실효적일 수 있는 소란스럽고 방해적인 혹은 감정적인 표현을 때때로 배제한다.

내적 포용의 양식을 규정하기 위해서, 또한 이해에 도달하기 위해 서로에게 주목하는 보다 포용적인 가능성에 대한 논의를 제공하기 위해서, 민주적 포용이론은 정치적 소통에 대한 확장된 개념을 요구한다. 이어갈 지면에서 나는 논리주장을 펼치는 것 이외에도 소통의 세 가지 방식의 정치적 기능을 설명하고자 한다. 세 가지 소통방식은 호감인사, 레토릭, 내러티브이다.[2] 더 완벽한 정치적 소통방식에 대한 설명은 심의의 실천에서 나타나는 배제적 성향을 교정할뿐만 아니라, 소통적인 민주과정이 어떻게 존중과 신뢰를 키우는지, 구조적·문화적 차이를 가로지르는 이해가 어떻게 가능한지, 그리고 수용하고 행동하도록 어떻게 동기부여 하는지 등의 특정한 방식을 보다 긍정적으로 설명한다.

정치적 소통의 이러한 방식을 이론화하려는 목적은, 논리주장의 역할을 강조하는 이론을 대체하려는 것이 아니라 이를 증보(增補)하려는 것이다. 호감인사, 레토릭, 내러티브 범주의 관점에서 나는 정치적 토론에서 보이는 기존 소통의 일상적 방식을 재검토할 것이다. 나는 다르게 위치 지어졌거나 혹은 의견이 일치되지 않는 집단 간의 정치토론의 과정에서 위 소통방식의 소통적이고 규범적인 기능을 가감 없이 보여주고자 한다. 나는 정치적 논리주장의 역할을 대체하기보다 호감인사, 레토릭, 내러티브라는 실천이 묘사적·규범적 두 측면 모두에서 공적 토론과 심의의 저변을 두텁게 한다고 제시하고자 한다. 이러한 세 가지 소통 모두는 논리주장을 하는 데 있어 일조하며, 또한 이는 논리주장만으로 불가능한 이해와 상호작용을 가능하게 한다. 각각이 남용 혹은 조작에서 자유롭지는 않지만, 이는 논리주장도 마찬가지다.

2. 호감인사 즉, 공적 인정

정치적 토론에서 요구와 주장을 하고자 노력했던 상대 개인과 집단으로부터 자신이 무시당하거나, 더 심하게는 그 자리에 없는 존재인 것처럼 다른 사람들이 자신에 대해 말을 하거나, 업신여김을 당하거나, 선입견의 대상이 되거나, 그렇지 않으면 모욕을 경험했던 불만을 듣는 것은 비일비재하다. 어떤 법규칙이나 형식으로도 사람들이 다른 사람들을 정치적 공중으로 존중하도록, 그리고 그들의 요구를 경청하도록 실질적으로 보증할 수는 없다. 하지만 나는 참여자들이 다른 참여자들을 가시적으로 인정하는 정치적 소통의 상황은 그렇지 않은 상황에 비해 실질적으로 더 포용적이라고 본다. 내가 호감인사 즉, 공적 인정이라 부르는 것은 민주적 실천에 있어서 중요함에도 이세껏 충분히 주목받지 못한 기능을 가진 구체적인 소통적 제스처이다.

내 방법은 가장 일상적인 비(非)정치적 소통의 제스처에 대한 규범적 함의를 고찰하고 보여주는 것으로부터 시작한다. 가장 기본적인 차원에서, '호감인사'는 사람들이 서로의 특정성을 인정하는 일상 소통의 모멘트를 지칭한다. 따라서 이는 '안녕', '잘 지내세요?', 상대방의 이름 부르기 같은 문자 그대로 인사를 포함한다. 또 하나는 호감인사의 범주에 은근히 듣기 좋은 칭찬하기, 자존심 치켜세우기, 존중하는 태도, 정중함 등 토론을 종종 원활히 하게하는 말하기 형식뿐만 아니라 '잘 가요(Good-bye)', '또 봐요(See you later)' 같은 작별의 순간이 포함된다. 호감인사는 악수, 포옹, 음식이나 마실 것을 권하기, 본론으로 직행하기 전 사소한 담화 등을 포함한다.

호감인사의 역할에 대한 나의 이해는 에마뉘엘 레비나스(Emmanuel Lévinas)의 소통의 윤리학에서 출발한다. 『존재와 다르게, 본질의 저편(Otherwise than Being, or Beyond Essence)』에서 레비나스는 주체와 주체의 인정과정으로서 소통의 한 측면을, 주체 간의 내용을 표현하는 또 다른 측면의 소통과 구분한다. 그는 전자를 말함(Saying)으로 후자를 말해진 것(the Said)으로 부른다. 주장하고 논거를 제시함의 조건이자 선행하는 것은, 세상에 대해 언급하려는 내용을 매개하지 않고도 타인에게 마음이 열리고 이들을 직접적으로 인정하게 되는 모멘트이다. 전달하려는 생각과 언급하고 행동하며 공유하려는 세상에 앞서, 화자가 상대에게 당신을 위해 '여기 있어요', '당신이 있다는 것을 알아요'라고 이야기하는 곳에서 다른 인격체의 마음을 여는 제스처가 존재한다.

레비나스에게 이러한 행동의 의미는 드러냄(exposure), 취약성(vulnerability), 위험의 의미이다. 이때 화자는 상호성에 대한 어떤 전망 없이도 다른 인격체의 취약성에 대한 책임을 담당함으로써, 다른 인격체가 지각이 있는 실재임(sensible presence)에 응답한다. 소통은 답이 있다거나 받아들여준다는 전망이 없이도 상대에게 자신을 드러낸다는 책임감에서 비롯된 '첫 번째 움직임'을 하지 않는다면 결코 일어나지 않을 것이다. 호감인사(나의 용어이지, 레비나스의 용어는 아닌)는, 우리 모두가 함께 직면한 이슈에 관한 토론이 지속되는 데 필수적인 신뢰라는 끈을 성립시키고 유지하기 위해, 신뢰의 위험을 떠안는 소통적 모멘트이다.

레비나스는 한 인격체와 또 다른 인격체의 윤리적 관계의 가장 시원적인 모멘트를 볼모(being hostage)라는 조건으로서 설명한다. 또 다른 사람을 인정하는 것은 상대 인격체의 잠재적 필요가 요구하는 것을 이미 안다는 것이다. 신체적 필요와 고통 받을 가능성에 처한 타자의 감각적이고 시공간적인 근접성이, 나를 볼모삼아 나에게 피할 수 없는 요구를 한다. 흔히 어떤 사람은 자신에 대한 타인의 요구를 외면하거나 무심하다. 때로는 그 사람은 이기적인 탐욕이나 잔인함으로 타인의 요구에 반응할 수 있다. 하지만 그 사람이 상대를 인정할 때, 그 사람은 다른 인격체에 응답하며 상대 인격체에 대한 윤리적 책임의 관계를 인정한다. '바로 볼모라는 조건을 통해서, 이 세상에 연민, 동정(compassion), 놀림(parody), 가까움은 — 심지어 "먼저 하세요(After you, sir)"와 같이 — 아무리 보잘것없고 시시한 것이라도 존재할 수 있다. 볼모의 무조건성은 연대의 한계가 아니라 모든 연대의 조건이다'.[3]

내가 호감인사라 부른 소통의 모멘트에, 화자는 경청할 준비가 되어 있고 본인의 담화자들과 본인의 관계에 대한 책임을 담임할 준비가 되어 있음을 알림과 동시에, 화자는 타인으로부터의 거리 즉, 타인의 더 이상 약분할 수 없는 특정성(irreducible particularity)으로부터의 거리를 알린다. 이 같은 넓은 의미의 호감인사는 날마다 일어나는 소통적 상호작용의 상수직(constant) 측면이나. 이러한 존중과 정중함의 제스처가 없다면 즉, 말해진 어떤 것 없이 말함만 있다면, 사람들은 서로에 대한 경청을 중단하려 할 것이다. 호감인사의 방식이 없는 소통적 상호작용을 상상해 본다면, 자신의 진리나 옳음을 추구하며 세상일을 처리하기만 하는, 단지 말해야 하기 때문에 말을 하는 무정한 존재 같은 공상과학에 나오는 외계생명체의 스피치처럼 느껴질 것이다. 호감인사는 어떤 문제나 갈등이 있고, 이 문제를 토론을 통해 어느 정도 해결하려는 당사자들 간의 소통적 상황에서 매우 중요한 자리를 차지한다.

소통적 민주주의이론이 일상의 소통윤리에 근간을 두어야 한다는 하버마스에 동의하기 때문에, 나는 레비나스의 스피치론(theory of speech)과 윤리적 관계를 언급했다. 내가 보기에, 말함의 모멘트에 대한 레비나스 논의는 말해진 것에 대한 하버마스 논의를 보충할 수 있다고 본다. 하지만, 레비나스는 정치적 수준이 아닌 윤리와 존재론적 수준에서 그의 이론을 표방한다. 호감인사 즉, 우리가 공적 인정이라 부를 수 있는 것은 어떻게 정치적 상호작용에 등장하며, 그곳에서 어떤 기능을 하는가?

호감인사의 의례는 많은 비서구사회와 전통사회의 정치적 실천 중 형식적인 부분이다. 예를 들어, 다른 마을이나 부족에 속한 마오리(Maori)인 사이의 미팅은 여러 단계와 형식의 호감인사로 시작한다. 마오리인은 오늘날에도 자신의 정치적 삶에서 이러한 의례를 함께 하며, 이는 뉴질랜드 사회의 정치적 실천에 보다 일반적으로 영향을 미치고 있다.[4] 호감인사의 제스처는 신뢰를 성립하고 당사자들 간의 이전 관계에 기반한 접점을 구축할 뿐만 아니라, 이는 당사자들 간의 담론적 평등과 상호존중의 관계를 인정하는 기능을 한다. 현대 서구의 정치과정에서 호감인사의 역할이 그렇게 의식되지는 않았지만, 나는 그 역할이 종종 상당히 의례화되었다고 본다. 마치 대부분의 비정치적 상황에서처럼, 정치토론, 논쟁, 협상 등 대다수 공론장은 온통 호감인사의 제스처로 가미된다. 호감인사를 하는 이 같은 모멘트의 정치적 기능은, 담론적 평등을 강변하고 좋은 신의로 토론이 진행되는 데 필수적인 신뢰를 성립 혹은 재성립하는 것이다.

초청연사가 공적 포럼에서 그날의 이슈를 스피치하기 전, 연사는 주최 측으로부터 소개를 받아야 한다. 흔히 주최 측은 자신에 대한 설명과 자신과 연사 및 연사의 활동 등의 관련성을 묶어, 연사의 이력과 업적을 낭독한다. 마침내 연사가 연단에 올라설 때, 보통 본론으로 바로 들어가지 않고 소개자에게 사의를 표하고, 주최 측에게 찬사와 감사의 몇 마디를 하고, 그들의 관계에 대한 연사의 내러티브가 — 예를 들어 아마도 간단한 농담 같은 — 이어진다.

대표자는 매번 격렬하게 대치중인 이슈로 가득찬 의제가 기다리고 있음을 알고 있는 채로, 대규모 시민조직의 연례회의나 입법회의에 온다. 특히 집단 및 일파는 그들이 결정하게 될 이슈에 대해 서로 맞서야 할 때, 의사표시와 정중함의 의례(rituals)는 토론을 시작하고 또한 난국을 뚫고 나가 토론이 계속해서 진행될 수 있게 하는 데 있어 중요하다. 논쟁이 다반사인 모임은 흔히 개인들이 서로에게 인격적으로 호감인사하는 시간인 리셉션으로 시작하거나 마친다. 의견이 서로 맞지 않는 사람들은 본인 이견의 근거를 설명하기 전에, 흔히 상대편 집단의 중요성, 진실성, 호의를 인정한다. 이 같은 제스처는 정보를 제공하지도, 그렇다고 근거나 비판을 가지고 직접적으로 논리주장을 진척시키지도 않는다. 그러나 정중함, 경의, 다른 사람의 특정하고 각별한 퍼스펙티브와 호의, 집합체의 기여 등에 대한 인정 등을 이렇게 말로 표현하는 모멘트가 없다면, 토론 그 자체는 종종 와해될 수 있다. 물론, 몇몇 혹은 모든 논쟁자들은 상대가 자신을 정치적으로 평등한 인격체로 존중한다고 믿지 못하기 때문에, 토론이 불가능해지는 정치적 경합장에서 상대를 치켜세워주는 언사와 경의의 태도를 빈번히 찾아보기 어려울 수 있다. 그렇게 되면 단지 힘의 정치(power politics)만 남게 된다.

호감인사의 제스처는 국가 간 관계에서 가장 정교하게 의례화된다. 사실상, 외교의 많은 부분은 서로에게 호감표시를 하는 것 말고 별다른 것을 하지 않는 국가지도자, 대사, 상대국의 고위층을 방문하는 고위공무직으로 이뤄진다. 이들은 국가 간 우애와 상호존중을 재확인하는 연설을 하지만, 정책의 내용에 대해서는 말하지 않으며 무도회와 만찬에 참석한다. 냉소자들은 실제 국가 간 정치가 문 안에서의 파워경합으로 진행되며, 이러한 활동은 단지 미디어와 대중에게 보여주는 장난이라고 말한다. 만약 호감인사의 제스처가 진행 중인 정치적 토론, 논쟁, 의사결정의 과정에서 분리된다면, 이 제스처는 사실상 시선을 다른 곳으로 돌리려는 정치적 눈속임이 된다.

내가 공적 인정이라고도 부르는 호감인사는 그것을 통해 갈등이 있는 사람들이 문제를 해결하려 하고, 타인들을, 특히 의견, 이익 또는 사회적 소재지(social location)가 다른 사람들을 토론에 포함된 것으로 **인정하는** 소통적인 정치적 제스쳐의 이름이다. 이와 같은 말함(Saying)을 통해, 토론참여자들은 그들이 대하는 타인들이 정치과정의 일부분임을 인정하고, 그들을 대하는 우리는, 그들이 우리에게 그렇듯, 그들에게 소명책임이 있음을 인정하는 것이다. 말함을 논의하는 레비나스 기저에 있는 직관은, 이러한 인정은 '모든 합당한 인격체'에 대한 일반적 호소의 형식으로 드러나지 않는다는 점이다. 그것은 보다 각별하지 않을 수 없다. 즉, 나 또는 우리는 이러한 사회적 상황 속에 존재하는 당신을 설득하려 노력해야 한다. 비록 우리가 서로의 이익이 근본적으로 충돌함을 인식할 수 있거나 혹은 당신과 상호이해가 거의 없는 삶의 다른 방식으로 우리가 살아왔음을 인정할 수 있음에도 불구하고, 우리는 우리에게 이러한 요구를 하는 당신에 호응적이어야 하며 당신의 말을 진지하게 경청해야 한다. 실제 대중정치에서 이는 일부 사회집단이 다른 사회집단이나 사회부문에 대한 포용을 공적으로 인정한다는 의미이다.

찰스 테일러(Charles Taylor)는 인정의 정치(politics of recognition)가 정의의 기본적인 요소라고 제안한다. 그는 이를 문화집단이 다른 문화집단과의 상호작용에서 희구하는 정치적 목적이자 궁극적인 목표라고 설명한다.[5] 나는 복합적인 문제와 갈등이 존재하는 다양한 사회에서 적어도 한 가지 수준의 인정은, 문제를 정당하게 해결하고자 하는 정치적 소통의 목표보다 소통의 조건으로 생각하는 것이 최선이라고 생각한다. 민주적 정통성은 결정에 영향 받는 모든 사람들이 결정에 도달하는 토론에 포함되어야 한다고 소통적 민주주의모델은 말한다. 호감인사는 이러한 소통적인 정치적 제스처를 명명하는 것인데, 이를 통해 민주적 토론참여자들은 다른 특정한 집단을 의사결정이 이뤄지는 토론에 포함되어야 하는 것으로 인정한다. 이와 같은 호감인사 제스처를 통해, 토론참여자들은 그들이 호명하는 다른 참여자들과 함께하고 있음을, 그리고 그들의 의견을 경청하고 그 의견을 진지하게 고려해야 할 책무가 있음을 인정한다. 포용이라는 정치적 이슈로서 인정은 정치적 상호작용과 경합을 위한 최종 목적이라기보다 기본 출발점이다.

분명 인정이라는 제스처는 흔히 의례적인 형식과 관련되고 또한 피상적이어서, 정치 토론자들은 자신이 인정해왔던 사람들을 종종 존중하지 못할 수 있다. 따라서 힘이 약한 집단들은 번번이 인정을 향한 경합을 계속해서 되풀이해야 하며, 호감인사 제스처에 담긴 포용의 약속을 다하라고 정치적 공중에 외쳐야 한다. 하지만 호감인사의 모멘트가 없다면, 당사자들은 서로를 대화상대로 보려하지 않기 때문에, 어떤 토론도 생겨날 수 없다. 1993년 아라파트(Yasir Arafat)와 라빈(Yitzak Rabin)이 악수를 했을 때, 누군가는 그 모멘트를 평화의 종착지점으로 잘못 축하했다. 그 모멘트는 이스라엘이 팔레스타인들에게 상호 간의 문제와 갈등을 토론해야 할 책무가 있는 집단의 격에 맞춘 호감인사를 처음으로 했던 모멘트로서, 역사적인 전환점이었고 지금도 그렇게 남아 있다. 토론이 깨진 다른 사례처럼, 이 경우도 호감인사는 재개될 수 있어야 한다.

소통적 민주주의이론은 주로 비판적으로 활용된다. 우리는 대부분의 정치과정이 정의롭기 위해 필수적인 것이 얼마나 부족한지를 소통적 민주주의이론의 규범과 이상으로 평가할 수 있다. 호감인사에 대한 정치적 기능을 이해하는 것은 실제 정치과정을 평가하는 중요한 척도를 제공한다. 실제 정치토론은 토론의 내용이 무엇인지, 토론의 이슈가 제대로 나타났는지, 논리주장이 일관성 있는지 등만 검토되어야 하는 것은 아니다. 이에 더해, 우리는 정치논쟁의 주요 당사자들이 논쟁에 포함되어야 하는 모두를 대상으로 대하고 있다는 담론적 신호(discursive signs)를 보내고 있는지의 여부를 물어봐야 한다. 호감인사가 없음을 알 수 있는 신호는, 대중사회의 공적 논쟁이 인격체나 사회부문을 3인칭으로만 언급하고 이들을 결코 2인칭으로 대하지 않고 있는 것이다. 만약 어떤 사회부문이 심의자들이 호소하는 집단으로 보이지 않는다면, 그리고 만약 공적 논쟁의 참여자들이 그러한 사회부문에게 소명할 의무가 있다고 믿는 신호가 거의 없다면, 그 사회부문은 거의 확실히 토론에서 배제된 것이다.

예를 들어, 미국에서 진행된 1992년~1996년의 복지개혁논쟁은 이 같은 포용의 테스트를 통과하지 못했다. 저소득 국민, 특히 저소득 싱글맘들은 — 논쟁의 여지가 없는 것은 아니나 복지개혁에 가장 직접적으로 영향 받은 사회부문 — 그 전체가 심의에 참여자로서 포함되지 못했다. 이 논쟁에서 저소득 싱글맘들은 공적 지원에 대한 정의롭고 현명한 결정을 하기 위해 감안해야 마땅한 의견과 퍼스펙티브를 지닌 동등한 시민으로서 예우받지 못했다. 오히려, 그들은 거의 전적으로 논쟁의 **대상**으로 전락했다. 예를 들면, 저소득 싱글맘을, 특히 복지혜택을 수령하는 저소득 싱글맘을 **문제**로서 치부하는 수많은 논의가 있었으며, 많은 전문가들은 이 문제의 원인을 분석했으며 어떻게 정책이 이 문제 집단의 행태변화를 이끌어 낼 수 있는지에 대해 추측해댔다. 저소득 국민의 실제 목소리, 평가, 논거는 공적 논쟁에서 거의 들리지 않았다. 따라서 호감인사라는 범주는 포용적인 공적 이성이라는 이상에 중요한 무언가를 추가하는 것이다. 이는 단순히 공적 토론참여자들이 다른 사람들이 받아들일 수 있는 적절한 논거를 갖고 있어야 한다는 것이 아니라, 토론참여자들 또한 그들이 설득하고자하는 다른 사람들을 명시적으로 인정해야 한다는 것이다.

3. 레토릭의 건설적 사용

일부 심의민주주의 이론가들은 합리적 스피치(말하기)와 단순한 레토릭을 플라톤식으로 구분하고 있으며, 그러한 기조 하에서 그들은 흔히 감정, 비유적 언어(figurative language) 혹은 색다르거나 장난스러운 표현 방식을 인정하지 않는다. 이 시각에 따르면, 심의민주주의가 한정되어야 하는 합리적 스피치는 심장을 뛰게 하거나 상상을 자극하기보다, 보편적이고 감정적이지 않으며 하고자 하는 말의 증거와 논리적 연결고리에 집중하는 문화적·스타일적으로도 중립적인 논리주장으로 구성된다. 따라서 예를 들면, 토마스 스프라겐스(Thomas Spragens)는 대중의 합리성에 대한 히틀러의 조롱을, 뜨거운 열정으로 대중을 감동시키려는 레토릭적 스피치에 대한 경고로 이해한다. 그는 합리적 민주주의(rational democracy)는 열정에 불지피기보다 생각에 관여하는 것이라고 주장한다.[6] 제임스 보만(James Bohman)은 하버마스 역시 그의 담론윤리 이론에서 소통적 기능의 합리적 스피치를 전략적 기능의 레토릭과 구분하고 있다고 지적한다. 소통적 행위는 자연계와 인간계에 관해 단정하는 스피치를 포함하며, 또한 주장에 대한 의지와 그 주장을 논거로 방어하겠다는 의향에 대한 신호를 포함한다. 반면, 레토릭적 스피치는 단순히 사람들 간의 이해에 도달하려는 것이 아니라 화자의 목적에 이

바지하는 방향으로 사람들의 생각과 느낌을 이끌고자 한다.[7]

앞 장에서 설명했듯이, 민주주의이론과 실천이 자칭 감정적이지 않고, 위치 지어지지 않으며, 중립적인 이성을 우대하는 만큼, 그것은 배제의 함의를 갖는다. 민주주의이론과 실천이 전제하고 있는, 체화되지 않은(disembodied), 그리고 [육체적 욕구에서] 탈피한(disembedded) 이성이라는 발상은 허구이다. 중립적이고 보편적이며 감정적이지 않은 표현이라 여기는 것은, 실제로는 특정하게 위치 지어진 사회적 지위와 사회적 관계에 대한 레토릭적 뉘앙스를 수반한다. 사회적 관습은 타인들이 그것을 알아차리는 것과 동일하게 레토릭적으로나 특정된 것으로 유표되지 않는다. 많은 학자들과 정책자문가들은 물론 많은 정치인들은 권위를 구가하는, 중립적 사실을 통제하고 측정할 수 있는 표현을 주로 채택해왔다. 왜냐하면 이 입장은 이익과 욕망으로 가득찬 지저분한 세상을 초월해 불편부당(impartial)하고 감정적이지 않을 것을 요구하기 때문이다. 반대입장에서 보면, 보다 가시적으로 위치 지어지고 상상력을 자극하며 목소리와 음정에 변화를 주는 정치적 소통형식은 주목할 필요 없는 격이 떨어지는 것으로 번번이 묵살된다. 일례로, 제시 잭슨(Jesse Jackson) 목사가 1980년 미국의 민주당 대통령 후보로 출마했을 때, 논평자들은 그가 공적 토론으로 끌고 오려 했던 비판적 이슈보다 현란한 목회자 분위기에 대해 촌평해댔다. 지나치게 극적이고 감정적이거나 비유적이라는 점을 빌미로 과소평가되는 일부 정치적 표현에 대한 유일한 구제책은, 담론적인 내용과 논리주장의 방식이 맥락적인 스타일과 레토릭을 통해 구현된다는 점을 알리는 것이다. 그렇게 되면, 레토릭은 진정으로 합리적이기 위해 봉인되어야하는 표현이라기보다, 우리서로가 연관되었기 때문에 우리가 마땅히 주목해야 할 정치적 표현의 일면이 되는 것이다.

일부 소통적 민주주의 이론가들은 심의를 고취시키는 수단으로서 비유적인 언어, 감정적인 표현, 각별한 청중을 소개하는 특정한 양식 등의 역할을 편견 없이 주목한다.[8] 그러나 심의민주주의 이론이 레토릭적 담론방식을 명시적으로 부정하지는 않는다 해도, 레토릭에 재갈을 물리는 경향이 있다. 여기서 나는 레토릭은 일체의 소통적 민주주의 이론에서 존립근거가 있다고 주장한다. 왜냐하면 레토릭은 모든 담론의 일면이기 때문에, 심의민주주의 이론을 무정하게 논리주장만 하는 비(非)레토릭적 스피치에 기반시키려는 유혹에 매몰되어서는 안 된다. 게다가, 정치적 소통에서 레토릭의 역할에 대해 고찰해본다면, 민주주의에 대한 레토릭 고유의 긍정적인 기여를 볼 수 있다.

레토릭 개념은 담론의 실재내용이나 전달하려는 메시지인 즉, 담론이 말하는 **내용**과 그것을 말하는 **방법**을 구분한다. 내가 이해하는 '레토릭'의 일반적인 범주는 무언가가 말해질 수 있는 다양한 방식, 그 무언가의 실질적 내용에 색을 입히고 조건화하는 다양한 방식을 말한다. 따라서 레토릭은 적어도 중첩되고 동시에 일어날 수 있는 다음과 같은 소통의 측면들을 포함한다. (1) 담론의 감성적 어조(tone)이다. 담론의 내용은 두려움, 희망, 분노, 즐거움 및 그 담론을 둘러싼 감정의 여타 표현으로 발현될 수 있다. 어떠한 담론도 감성적 어조가 없지 않다. 즉, '감정적이지 않은' 담론도 차분하고 관조적인 어조를 담는다. (2) 직유, 은유, 말장난, 대유법 등과 같은 비유적 표현의 사용이다. 더불어 이 같은 비유적 표현을 사용함으로써 가능해지는 재기 넘치는, 유머스러운, 역설적인, 뼈있는 농담을 실은, 놀리는 듯 아닌 듯, 숙연한 또는 위엄 있는 태도나 스타일이 포함된다. (3) 단지 스피치뿐만 아니라 시각적 영상, 손 팻말과 현수막, 가두시위, 즉흥적인 거리공연 등과 이러한 모든 맥락에서 사용되는 상징물을 포함하는 말 하려는 요점을 보여주는 양식이다. (4) 소통의 정동적(affective)이고, 체화되고, 개성적 말투와 같은 모든 측면은 결국 소통의 어떤 특정한 청문자에 대해 주목하는 것이며, 또한 본인의 요구와 주장을 그 특정한 청문자의 가정, 역사, 관용구에 맞추는 것이다.

이러한 모든 방식에서 레토릭은 주민회의이든 의회 회의장이든 어떤 정치적 소통이라도 그것의 피와 살을 구성한다. 레토릭은 논리항변적 가치와는 다른 류인 내용의 전달방식을 중시하지만, 이는 그 내용이 다양한 레토릭적 맥락에서 언제나 같은 것을 '의미'하고 있음을 뜻하는 것은 아니다. 정치적 소통에서 레토릭의 역할을 정확하게 이해하는 것은 중요하다. 왜냐하면 담론에서 **의미하는 것**(meaning) 즉, 소통적 상호작용의 상황에서 그 의미가 실제로 작동하는 것은 담론의 논리항변적 측면만큼 레토릭적 측면에 따라 좌우되기 때문이다.

적어도 플라톤 이래로 서구철학의 한 계통은, 레토릭이란 불순물이 정제된 합리적 담론의 방식을 이론화해왔다. 이러한 주장에 따르면, 이와 같이 순수하고 합리적인 담론은 욕구, 이익, 역사적인 특정성 등이 위치 지어졌음을 사상(捨象, abstracts)하거나 초월하며, 그리고 그 담론이 진실을 요구하는 것이어야만 완전해질 수 있고 또한 비판되어질 수 있다. 레토릭으로부터 합리적 논리주장을 정제화하려는 언어이론의 최신버전은, 심의민주주의 이론에 가장 적실한 이론인 하버마스의 의사소통행위론(theory of communicative action)에 나타난다. 하버마스는 발화행위론(speech-act theory)의 조건을 언표*(locution), 언표적 행위**(illocution), 언표효과행위***(perlocution)를 구분한다. 언표는 진리값

* 글이나 말로 표시되는 언어적 표시.
** 약속이나 다짐과 같이 언표가 수반하는 행위.
*** 언표와 같은 효과가 있는 행위.

(truth-value)이 가능한 발화행위(speech act)의 내용을 말한다. 반면, 발화행위의 언표적(illocutionary) 요소는 내뱉은 언표를 행위로 옮기는 실행력(performative force)이다('내가 그 사람을 봤다고, 내가 지금 말하는 거예요!'). 어떤 명제의 언표효과행위적 측면은 청자에 대한 언표의 효과(예를 들면, 경계심 혹은 두려움을 자아내는)이다. 후자 즉, 언표효과행위를 우리는 레토릭과 연결시킬 수 있다. 의사소통행위론에서 하버마스는 발화행위의 언표적 실행력을, 이해에 도달하기 위해 소통하고자하는 실행적 의도(행동으로 옮기겠다는 의도)와 연결시킨다. 반면, 그는 언표효과적 행위를 본인의 목적에 복무하도록 다른 사람들을 조종하는 사람들의 전략적 행위와 연결시킨다. 즉, 이 같은 논지에 따르면, 청자에게 특정한 효과를 유발하려는 목표는 이러한 도구적 요소를 인입(引入)함으로써 소통적 상호작용을 왜곡한다.[9]

하지만 의미하는 것만을 전적으로 소통하고 이해에 도달하려는 발화행위의 기능과, 청자에게 특정한 효과를 끌어내려는 화자의 어떤 전략적 목표에 이바지하는 발화행위를 구분한다는 것은 자의적이다. 토마스 파렐(Thomas Farrell)이 지적한대로, 그러한 분리는 언표와 언표효과행위 모두를 모든 발화행위의 측면으로 이론화하는 오스틴과 설(Austin and Searle)의 발화이론에서 벗어난다. 제 각각의 모든 의사소통 노력은 하고자하는 주장에 유리한 맥락화된 힘을 의도할 뿐만 아니라 이는 소통하는 사람들에게 특정한 효과를 유발하려는 목적을 갖는다. 게다가, 이와 같은 언표효과행위의 효과는 어떤 표현을 성공적으로 이해하고 응답하는 데 흔히 결정적이다. 이해와 협력을 진작시키려는 목적의 소통적 행위와, 다른 사람들을 자신의 목적을 위해 활용하는 수단으로서 전략적으로 작동하는 소통적 행위를 구분하는 것이 적절하다 하더라도, 이러한 구분은 불순물이 없는 순수한 합리성과 단순한 이론

적 스피치를 구분할 수 있는 방편이 될 수 없다.[10]

정치적 논리주장은 불가피하게 레토릭으로 채워진다는 주장이, 이상적으로는 그렇지 않아야 되겠지만 현실 세계의 제약과 불가피성에 순종하는 것처럼 들릴 수 있다. 하지만 다른 각도에서 레토릭이 반드시 있어야 된다는 보다 긍정적인 주장이 있다. 즉, 집합적 문제를 풀거나 갈등을 해결하려는 목표를 지닌 참여자들의 정치적 소통을 진작시킴에 있어, 레토릭은 몇 가지 고유의 없어서는 안 되는 기능을 한다. 나는 정치적 소통에서 논리주장을 수반하는 이와 같은 레토릭 특유의 긍정적인 기능 세 가지를 말하려 한다.

레토릭적 감동은 흔히 심의의제를 이슈화하는 데 도움이 된다 — 에이미 것만과 데니스 톰슨(Amy Gutmann and Dennis Thompson)은 미 상원이 남부연합기(Confederate flag) 휘장사용허가를 토론없이 재개하려 했을 때, 캐롤 모슬리 브라운(Carol Mosley Braun)의 열정적인 레토릭을 검토하면서 이렇게 주장했다. 이들은 그녀의 감정을 적시는 레토릭이 없었다면 상원은 그 이슈를 심각하게 받아들이지 않았을 것이며, 그렇기 때문에 그녀의 극단적이고 심지어 기존 틀에서 볼 때 요란스럽게 귀에 들어오는 스피치는 공직자들로 하여금 이를 중요한 문제로 다루도록 동기를 부여함으로써 심의과정에 없어서는 안 될 기여를 했다고 보았다.[11]

무엇이 정치적 토론의 아젠다가 되는지의 문제, 그리고 참여자들이 토론에서 제기되는 입장을 어떻게 진지하게 대하는지의 문제는 포용적인 민주적 과정에서 중추적인 요소이다. 만약 지배적인 목소리가 극단적이고 자신의 이익에 위험하며 혹은 지나치게 논쟁적이어서 다른 참여자들의 의견, 분석, 퍼스펙티브, 논리주장을 심각하게 받아들이지 않는다면, 조화롭고 신속한 의사결정과정을 갖는 것은 충분히 쉬운 일이다. 시위와 규탄, 감정에 북받친 언어와 상징의 사용, 다른 사람들의 배타적이거나 묵살하는 행태를 공적으로 희화하거나 조롱하는 것 등은, 때에 따라 정통성 있는 공적 관심의 사안을 이슈화하는 적절하고 효과적인 방법들이다. 그렇게 표현되지 않았더라면, 그러한 의견, 분석, 퍼스펙티브는 힘있는 자들의 이익을 위협한다거나 혹은 주변화된 집단이나 소수 집단을 특별히 고려한다는 이유 때문에, 들리지 않았을 것이다. 모든 자유주의적 그리고 많은 비자유주의적 정체는, 공중이 중요한 이슈를 토론하게 하고, 모든 의견과 퍼스펙티브를 진지하게 받아들이게 할 수 있는 최선의 수단으로서 레토릭을 사용하는 무수한 사례를 제공한다. 분명, 개인이나 집단이 감정적으로 전달함으로써 또는 요란하게 질서를 흔드는 시위에 가담함으로써 청문되도록 하는 모든 이슈, 입장, 담론이 정통성 있다는 것은 아니다. 일부 입장의 형식은 그것이 정체의 다른 어떤 구성원들을 존중하지 못한다는 점에서, 심의적 공중(deliberative public)의 순위에 어긋난 것으로 보고 규제될 수 있다. 하지만, 어떤 이슈나 입장이 존중함을 담고 있는지의 여부는 그 자체가 다툼의 여지가 있기 때문에, 공중이 그것이 토론되어야 하는지의 여부를 결정하는 지점까지 이슈화하는데 있어 레토릭적 수단은 저절하다.

레토릭은 특별한 상황에서 각별한 공중에게 맞는 적절한 방식으로 요구와 논리주장을 맞춰낸다 — 심의민주주의 이론가들은 대개 공공성을 공적 소통의 규범으로 규정한다. 물론, 공공성의 규범에 따르면, 구속력 있는 결정을 정통성 있게 이끌어내는 심의는 그 결정으로 영향 받게 될 당사자들이 배제된 닫힌 포럼에서는 성사되지 않는다.[12] 이러한 개방성의 요건은 다시 발언 내용에 대한 제약으로서 공공성을 조건화한다. 요구과 논거는 누군가에 의해 받아들여질 수 있는 모종의 방식으로 발언되어야 한다. 공적 발언은 누구라도 들을 수 있다는, 그리고 누구라도 그런 발언에 문제제기하거나 도전할 수 있다는 가능성에 열려있어야 한다. 이러한 공적 이성의 조건은 각기 모든 사람이 그러한 요구를 수용한다는 뜻은 결코 아니다. 단지, 이는 이러한 공적 이성의 조건은 요구사항 혹은 적절한 논거가 다른 사람들이 자신의 가치 및 존엄과 양립됨을 받아들일 수 없는 방식으로는 발화되지 않는다는 뜻이다. 이런 측면에서 심의민주주의의 규범은 보편적이다.

하지만, 동시에 정치적 토론의 모든 실제 상황은 공론장, 참여자들, 청중, 이슈, 해당 토론을 유발한 역사를 감안하면 개별 특수하다. 레토릭은 요구와 논리주장을, 토론의 특정한 맥락 속에서 공공성이라는 보편적인 척도를 충족시키도록 위치시키는 데 일조한다. 대화적이기 때문에 공중의 토론에 대한 실효적인 기여는 토론의 청중을 [남 일이 아니게] 관여시키는 것이며, 표현방식에서 각별한 청중의 이익, 전제, 가치, 의미와 상황에 대한 유의점을 서로의 시각으로 성찰적으로 포용하는 것이다.[13] 레토릭적 표현이 겸비된 스피치는 화자와 청중의 관계를 구성한다.[14] 화자는 청중에게 가장 중요한 가치나 역사에 호소한다. 화자는 다른 사람들에게는 감흥이 오지 않을 수 있지만, 이렇듯 특별한 청중에게는 마음을 울릴 수 있는 농담, 비유, 그들의 어투와 그들만의 관용구를 활용한다. 레토릭은 또한 ― 오늘을 우리가 함께 기억한다는 혹은 시급한 요청을 받았다거나 혹은 우리가 이 순간까지 계속되는 토론에 함께한다는 ― 발화의 계기를 구성한다. 레토릭은 각별한 의의, 상징, 함께한다는 의지(commitments)를 불러일으키거나 빚어냄으로써, 화자, 청중, 계기를 구성한다. 우리는 레토릭을 통해 우리가 말씀드리고 있는 특정한 청중과 맥락에 적절한 방식으로 우리의 입장과 메시지를 구성한다.[15]

따라서 우리는 현대 대중민주주의에 보이는 많은 각별하고 다양한 공중들을 구성하고 이들에 대응하기 위해 레토릭을 사용한다. 심의민주주의를 설명하는 혹자는 어떤 과정에 대해, 그 과정 속에서 전체 정체는 자신의 문제를 토론하고 의결하는 단일한 공중으로 그 존재를 드러낸다고 보는 잘못된 청사진을 제시한다. 하지만 현대 대중민주주의는 시공간적으로 떨어진 여러 층으로 중첩되며 상호작용하는 공중들로 구성된다는 점에서 필연적으로 탈중심화된다. 일부 공중은 주변화된 사회적 지위를 중심으로 조직되며, 일부는 각별한 가치나 문화를 공유하는 이익집단이나 공중이다. 반향을 일으키는 말하기 방식과 동감과 공감을 끌어내는 호소는 다른 이들에게는 잘 이해가 되지 않을 수 있다. 크고 자유로운 사회의 많은 하위집단들이 때때로 갈등을 해결하거나 문제를 풀기 위해 서로가 소통해야 한다면, 레토릭은 이들 많은 하위집단들을 관류하는 통역에 일조함을 목표로 한다.

레토릭은 이성에서 판단으로의 움직임에 동기를 부여한다 — 앞 장에서 강조했듯이, 정치적 논쟁은 제대로 마련된 제안, 논의, 원칙의 집합으로 단순히 결론을 낼 수 없다. 정치적 논리주장은 대개가 제도, 상황, 사람, 문제에 대한 해법 등을 **판단**함을 궁극적인 목표로 한다. 맥락에 위치 지어지고 비유적이며 정서적인 레토릭의 호소는, 사유함으로부터 그러한 정치적 판단이 수반하는 함께한다는 실천으로의 전이를 가능하게 한다.[16] 좋은 수사학자는 제안과 논리주장을 청중의 집단적이며 복수의 이익과 바람으로 지향하게 하며, 함께하는 판단을 통해 그러한 이익과 바람을 탈바꿈시킬 뿐만 아니라, 청중에게 '알아야'된다고 요구하기보다 판단자로서 이들이 스스로를 호응하도록 함으로써 청중을 설득하려 노력하는 사람이다.[17] 실리적인 결과로 판단하기 위해, 정치적 공중은 요구나 논리주장을 믿고 수용해야 할 뿐만 아니라, 그 결과에 신경을 쓰고 자신의 의지를 함께 할 것이라는 마음을 담아야 한다.[18] 더군다나 때때로 몇몇 제안은 그것의 합리적 수용가능성을 거의 갖추게 되기도 한다. 합리적 근거에 기반한 몇몇 주장을 수용하는 것이 가능할 때, 레토릭은 합리적으로 수용될 수 있는 입장을 대상으로 그 중에서 선택할 수 있는 맥락적이고 동기부여적인 근거를 제공한다.[19]

요약하면, 토론기반의 민주주의 규범이론은 배제를 비판하고 포용을 진작시키기 위해, 레토릭의 소통적 측면에 주목해야 한다. 앞서 지적했듯이, 정치적 의사소통의 실제 상황에서 사람들은 때론 요구사항과 논리주장의 합리적인 장점에 근거해서가 아니라, 그것이 표현되는 방식을 좋아하지 않기 때문에 그러한 요구사항과 논리주장에 반대한다. 사람들은 '적정한' 말씨나 문법구조로 표현하지 않거나 혹은 편집자에게 보내는 글이 아닌 거칠고 웃기는 신호를 보내는 이들을 묵살한다. 레토릭이란 범주를 명시적으로 주목해야 하는 이유는, 정치적 갈등 상황에서 어떻게 일부 사람들이 그들만의 스타일을 이유로 묵살당함으로써 공중에서 배제될 수 있는지를 알려주기 때문이다. 포용적인 소통적 민주주의는 공중에게 외치는 요구사항을, 비록 그것이 표출되었다 할지라도, 저마다의 입장에 경청해야 할 의무가 있음을 전제한다. 타인에 대한 존중이 완벽히 부족하거나 일관성이 없는 것으로 그러한 요구사항이 드러나지 않는다면 말이다.

토론참여자의 이와 같은 경청의무는, 다른 한편으로 청취의 조건을 주목해야 하는 화자의 의무에 상응한다. 정치적 소통은 필연적으로 성찰성을 수반하며, 이러한 성찰성에 근거해 본인의 요구가 정의롭고 지혜롭다고 다른 사람들을 설득하고자 하는 누구라도 자신과 같은 설득의 목적을 지닌 청중, 청중의 이익, 경험, 고유의 관용구 등에 대한 구체화된 사항에 주목해야 한다. 이는 누군가가 본인과 같은 이익, 경험, 고유의 관용구를 공유해야 한다는 뜻이 아니라, 적절한 정치적 소통은 맥락과 청중의 특수성을 인정하고, 그것에 맞게 조정하겠다는 바람을 보여줌으로써 포용을 지향해야 한다는 뜻이다.

4. 내러티브와 위치 지어진 지식

일부 내적 배제는 정치적 공중으로 참여하는 사람들이 공유되는 전제를 가지고 논리주장을 맞춤으로 만들 수 있을 정도로 충분히 공유되는 이해를 갖지 못하거나, 혹은 공유되는 경험과 가치에 대한 호소를 하지 못할 때 생기게 된다. 지나치게 자주 이러한 상황에서 정체의 일부 구성원들의 가정, 경험, 가치는 담론을 지배하며, 다른 구성원들의 담론은 지배적인 패러다임에 맞춰지게 재단되어 오해되고 과소평가되며 재구조화된다. 이러한 상황에서 논리주장만으로 담론에서 배제된 사람들의 공적 목소리를 담아낼 수 없다. 또 다른 표현 방식인 내러티브는, 무엇이 중요한지에 대해 매우 이질적인 경험이나 다른 전제를 갖고 있는 구성원들 간의 이해를 높임으로써 민주적 소통에서 중요한 기능을 한다.

최근 다수의 법이론가들은 법적 토론과 법정에서 무시되는 경험에 목소리를 부여하는 수단으로서, 그리고 법이 모든 특정한 퍼스펙티브를 뛰어 넘어 불편부당하고 중립적인 시점을 표명한다는 아이디어에 대항하는 수단으로서 내러티브를 주목한다. 일부 법이론가들은 헤게모니적 시각에 대항하고, 법이 마땅히 대응해야 하지만 그러지 못한 경험의 각별함(particularity)을 표현하기 위해, 법적 맥락에서 스토리텔링(storytelling)이 기능하는 방식에 대해 논의한다.[20]

여러 라틴아메리카 문학자들은 **테스티모니오**(testimonio)에 대한 자신의 고찰을 통해 이야기하기의 정치적 기능에 대한 또 다른 이론을 제공한다. 중남미의 일부 저항운동지도자들은 본인 삶의 스토리를 자신에 대한 억압과 정부의 탄압에 대해 더 넓은 문학의 세계에 보일 수 있는 수단으로 이야기한다. 이러한 **테스티모니오**는 전세계와 같이 더 넓은 공중을 대상으로, 해당 집단 전체를 대표하거나 대변하는 한 사람의 스토리를 포함한다. **테스티모니오**는 한 사람의 각별한 스토리가 어떻게 다른 사람들을 대변하는지,[21] 그리고 제1세계 공중에 대해 말하는 것이 그 스토리의 구성을 얼마나 변화시키는지에 대한 중요한 문제를 제기한다.[22] 이 문제는 중요하며, 여기서 나는 관련 문헌들 모두에 진 신세를 밝혀두며, 스토리텔링의 정치적 기능에 대한 논의와 함께 이들 문헌의 통찰을 분석할 것이다.

공중의 일원인 우리가 정당하게, 우리의 갈등을 해결하거나 어떻게 우리의 집합적 문제를 풀지 혹은 어떻게 우리의 갈등을 해결할지에 대한 제안을 정당화하기 위한 논리주장을 원한다고 가정해 보자. 논의를 진전시키기 위해, 정치적 토론과 논쟁에 관여하는 우리는 많은 것을 공유하지 않으면 안 된다. 우리는 문제를 파악하는 서술방식을 공유하고, 대안적 제안이 표명되는 고유한 관용구를 공유하며, 증거와 예측의 규칙을 공유하고, 그리고 마땅히 해야 하는 것에 관한 우리의 논리주장의 전제로서 역할할 수 있는 규범적 원칙을 공유해야 한다. 이러한 모든 조건이 있을 때, 우리는 합당한 의견불일치에 함께할 수 있다. 다행스럽게도 대부분의 정치적 논쟁에서 이러한 조건은 일부에서 일정 정도 충족되고 있지만, 많은 정치적 논쟁에서 충족되지 않고 있다. 의미 있는 논리주장을 할 수 있는 이 같은 조건이 성립되지 않을 때, 이는 우리가 단지 힘의 경연장이나 기타 자의적인 의사결정과정을 최종 수단으로 삼아야 한다는 것을 의미하는가? 나는 그렇지 않다고 단언한다. 중요한 측면에서 우리의 공유된 이해가 부족할 때, 때때로 이해를 증진시키기 위해 논리주장이 아닌 의사소통의 방식이 우리의 차이를 교차해 말해질 수 있다. 나는 정치적 소통에서 내러티브의 사용이야 말로 이러한 중요한 의사소통방식이라 간주한다.

정치적 내러티브는 그것의 의도와 청중의 맥락에서 볼 때, 다른 형식의 내러티브와 다르다. 주로 나는 나를 기쁘게 하거나 드러내기 위해서 스토리를 말하는 것이 아니라, 진행 중인 정치토론에서 무엇을 다른 사람들에게 보여주거나 묘사하거나 설명하거나 정당화하기 위해 스토리를 말한다. 정치적 내러티브는 여러 방식에서 차이를 교차하고 토론을 증진한다.

'쟁론'에 응답하기 — 이 책의 1장에서는 부당하게 해를 입거나 억눌린 사람들이 지배적인 규범담론 속에서 부정의를 표현하는 말하는 방식을 갖고 있지 않을 때, 근본적인 부정의가 어떻게 생길 수 있는지에 대해 논의했다. 이러한 부당함에 시달리는 사람들은 적어도 그러한 부정의와 관련되어서 정체에서 배제된다. 리오타르(Lyotard)는 이러한 상황을 **쟁론**(differend)으로 부른다. 특정한 해악이나 억압에 고통받는 집단이 감내하고 있는 그 고통이 전적으로 침묵당하고 배제되는 상황에서 어떻게 그것을 공적 표현과 표명으로 전환시킬 수 있을까? 이 경우 스토리텔링은 흔히 부당함에 시달리는 사람들의 목소리가 소거된 경험과 정의에 대한 정치적 논리주장 사이의 중요한 가교가 된다. 부당함을 겪는 사람들은, 그리고 아마도 부당함을 내심 감지하고 있는 다른 사람들도, 이 같은 고통을 부정의로 표현할 수 있는 언어를 갖지 못할 수 있지만, 그럼에도 불구하고 그들은 불의와 연관된 스토리를 말할 수 있다. 사람들이 그러한 스토리를 집단 안과 밖에서 공론으로 이야기함으로써, 그 스토리에 대한 담론적 성찰은 이들이 겪는 부정의를 명명하고 왜 이러한 종류의 고통이 부정의를 구성하는지에 대한 일반적인 논의를 제공할 수 있는 규범적인 언어로 발전한다.

1970년대와 1980년대 미국 등지에서 이와 같은 과정이 있었다. 그 당시 지금 우리가 성희롱(sexual harassment)이라 부르는 부정의가 점차적으로 공적 토론이 되었다. 여성들은 지금은 법정에서 특정할 수 있는 위해(危害)로 이름 붙여 규정된, 작업장에서의 스트레스, 두려움, 괴롭힘, 모욕감 등을 오래도록 겪고 지내왔다. 하지만, 성희롱 언어와 이론이 고안되기 전까지 여성들은 합당한 불만을 제기할 수 있는 언어나 포럼 없이 일상적으로 침묵 속에서 그 고통을 감내해야 했다. 하지만 직장에서 남성에게 받는 대우와 그러한 대우의 결과에 대해서 여성들이 서로에게 스토리를 이야기하고 또한 더 많은 공중들에 이를 이야기함으로써, 이름조차 없던 문제는 서서히 규명되고 호명되었으며, 이 문제에 대한 하나의 사회적이고 도덕적이며 법리적인 이론이 발전했다.

지역적 공중들 부양하기와 집합적 친연성 표현하기—대중 민주사회에서 정치적 소통은 어떤 이슈를 토론하기 위해 한자리에 모인, 그 이슈에 영향 받는 모든 사람들을 대상으로 존재하지는 않는다. 대신, 정치적 논쟁은 시공간적으로 광범위하게 분산되며, 수많은 작은 공중들의 내부에 그리고 이들 사이에 생긴다. 나는 '지역적 공중(local public)'을, 특정한 이익, 의견 그리고/또는 사회적 입장의 측면에서 더 폭넓은 정체속에서 관련된 사람들로 구성된 어떤 집합체라고 의미한다.[23] 스토리텔링은 흔히 그러한 집합체의 구성원들이 서로를 확인하고, 자신의 친연성의 기반을 규명하는 중요한 수단이다. 내러티브를 주고받는 것은 위치 지어진 경험을 반영하는 목소리를 제공하며, 친연성을 기반으로 한 집단들이 자신의 사회적 위치와 관련된 자신 고유의 정체성 및 다른 집단들과의 친연성을 논의할 수 있게 하는 데 일조한다.[24] 지역적 공중에 속한 사람들은 흔히 유사한 문제를 겪은 정도와 유사한 문제에 대한 어떤 정치적 처방으로 무엇을 제안할 수 있는지를 반영함으로써, 자신의 상황을 정치화하는 수단으로서 내러티브를 활용한다. 서로의 모습이 반영되는 스토리 속에서 생기는 이러한 지역적 공중의 사례는, 여성운동에 속한 일부 사람들이 함께 했던 그리고 이제껏 문제로 인식되지 않았던 곳에 학대나 성희롱의 문제를 제기한 '의식 일깨우기(consciousness-raising)'의 과정을 포함한다.

다른 사람들의 경험을 이해하기 그리고 기존 이해에 대항하기 — 스토리텔링은 흔히 특정한 사회적 위치에 있는 사람들의 각별한 경험을 이해하는 유일한 수단이다.[25] 이 경험은 다르게 위치 지어진 사람들에게는 공유되지는 못하지만, 정의를 실행하기 위해서는 이해해야 하는 경험이다. 휠체어로 이동하는 사람들이 자신의 사회적·정치적·경제적 참여를 막는 잘못된 방해물을 철폐하고, 참여하는 능력을 평등하게 해주는 방식으로 자신을 지원해야 한다고 시당국에 요구한다고 생각해보자. 이들이 자신의 주장을 입증하는 주된 방식은 자신의 신체적이고 일시적이며 사회적이며 감성적인 방해물에 대한 스토리텔링을 통해서가 된다. 이러한 증언은 흔히 필요나 옳음에 대한 요구의 정통성에 의문을 갖는 사람들에게 답이 된다. 하지만 사람들을 스토리와 관련시키는 것만으로 그러한 요구가 정통성을 갖게 되는 것은 아니다. 정치적 의사소통 역시 일반적인 규범적 논리주장을 필요로 한다. 하지만 스토리는 흔히 사회를 구성하는 일부문의 사람들이, 정의롭기 위해 적용되어야 할 일반적인 규범적 원칙이 설명될 때까지, 자신과 차이 나게 위치 지어진 사람들의 경험, 필요, 계획, 문제, 즐거움이 이해될 수 있는 수단으로 기여한다.[26]

사람들은 그들이 같은 정체에 살고 있는 다른 사람들의 삶에 무지하다는 것을 알고 있을 수 있겠지만, 아마도 보다 많게는 공허한 일반 원칙, 잘못된 가정 혹은 그들이 소통하고 있는 다른 사람들의 필요, 열망, 역사에 대한 불완전하고 편향된 청사진을 갖고 사람들은 정치적 토론이라는 상황에 오게 된다. 이와 같은 기존 이해는 흔히 고정관점에 따라 혹은 그들의 눈에 비춰진 사람들 삶의 특별한 단면에 지나치게 좁게 맞춰진 초점에 따라 달라진다. 예를 들어, 장애인은 그들의 삶에 즐거움이 없을 것 같다는, 탁월함에 도달할 수 있는 능력이 절단되었다는 혹은 사회생활을 거의 하지 않거나 성생활 없이 생활한다는 등의 지겹도록 자주 듣는 타인들이 지닌 편향된 전제에 대응하지 않으면 안 된다.[27] 내러티브는 흔히 이와 같은 기존 이해를 겨냥하고 이를 바로 잡는 데 도움이 된다.[28]

가치, 우선시하는 것 혹은 문화적 의미의 원천을 드러내기—논리주장을 본격적으로 진전시키기 위해서는 이를 듣는 청중은 그 논리주장의 전제를 받아들여야 한다. 하지만 다원적 정체들에서 가치의 전제, 문화적 관행, 의미하는 것에서 상당한 간극에 부딪히게 되며, 이러한 분절성은 갈등, 무감각, 모욕, 오해를 일으킨다. 소통적인 민주적 토론은 공유하는 전제가 없기 때문에 이러한 환경 아래에서 이성적인 논리주장만으로는 진척되지 않는다.

이러한 환경에서 내러티브는 관행, 터전, 상징이 그것들을 지켜온 사람들에게 무엇을 의미하는지, 왜 그것들이 가치 있는지를 외부인들에게 설명하는 데 기여할 수 있다. 규범과 달리 가치는 흔히 논리주장을 통해 정당화될 수 없다. 하지만 가치는 자의적이지 않다. 가치의 기반은 흔히 위치 지어진 개인 혹은 집단의 내러티브에서 나온다. 내러티브를 통해 외부인들은 내부인들이 자신이 가치 있어 하는 것에 왜 그러한 가치를 두게 되었는지, 그리고 왜 내부인들이 그 가치에 우선순위를 두게 되었는지를 이해할 수 있다.

예를 들면, 어떤 정체에서 다른 사람들보다 상당히 다른 역사와 전통을 가진 특정구성원들은, 흔히 다른 사람들에게는 아무 의미가 없거나 별거 아닌 것으로 보이는 그러나 그들에게 중요하고 각별한 것들을 발견한다. 예컨대, 앵글로(Anglo) 정착인 사회에 사는 원주민들(indigenous people)은 각별한 터전에 대한 통제권을 회수 또는 유지하는 것을 주요한 정치 이슈화하려거나, 그들의 어업권을 또는 특정한 방식으로 특정 동물의 포획을 계속 주장하거나, 신성하다 생각하는 유적지를 훼손하는 개발계획 반대시위에서 경찰의 진압봉과 대치할 때, 백인들의 불신, 조롱, 적대감에 부딪힌다. 위기에 처한 이러한 의미와 가치는 보편화될 수 있는 논리주장으로 설명될 수 없다. 이 같은 이해부족을 대면하는 사람들은 흔히 자신에게 뜻 깊은 것이 무엇이며 왜 그런지의 이유를 전달하기 위해 다시 말해, '자신들의 유래가 어떻게 되는지'를 설명하기 위해 신화와 역사적인 내러티브에 의지한다.

스테판 화이트(Stephen White)는 심의적 맥락에서 차이 나는 사회집단들이 가질 수 있는 규범적인 출발점을 상세히 설명하는 것으로 내러티브의 이러한 기능을 접목시킨다.

> 만약 누군가가 규범적인 정당성의 척도가 특정 방식으로 이해되어야 마땅한지의 이유를 말하라고 집요한 압박을 받는다면, 그 사람은 자신의 판단이 점진적으로 자신 문화에 대한 내러티브의 가장 일반적이고 포괄적인 수준까지 맥락화하라고 강요당하는 것이다. 그리고 이 같은 일반화 수준에서, 우리가 가진 것은 우리의 문화 언저리를 배회하는 모든 다른 삶과 다른, 살짝 더 큰, 또 하나의 내러티브가 아니다. 오히려, 우리는 우리와 근본적으로 이질적인

> 사람들에게 그들도 정치공동체에서 그들 나름의 입장을 어떤 강압을 받지 않고도 인정받을 수 있다는 점을 이들에게 알려주려는 의도로 재고된 어떤 내러티브를 갖게 되는 것이다.[29]

어떤 집단의 규범적인 시작점을 이해한다는 것은, 흔히 일관성 있는 상세한 설명이라기보다 그들의 중첩되는 내러티브를 통해 우리가 그 가치의 여정에 함께하고 있음을 의미한다.

사고를 확장하는 사회지식을 구성하는 데 일조하기 — 마지막으로, 내러티브는 경험과 가치를 가지는 주체의 시각에서 그것들을 보여주기만 하지 않는다. 내러티브는 또한 특정한 시점에서 보는 전체적인 사회지식을 드러낸다. 스토리는 말하는 자의 모든 경험과 관련될 뿐만 아니라, 그 외 사람들과 자신의 관계에 대한 특정한 해석을 제시한다. 저마다의 개인과 집합체는 그들 만의 삶과 역사에 대한 해석을 가질 뿐만 아니라, 그들의 경험에 영향을 미치는 저마다의 다른 처지와 관련된 해석을 갖는다. 따라서 청중은 이러한 개인과 집합체의 지위, 행위, 가치가 이들이 말하는 이야기의 시각에서 어떻게 다른 사람들에게 보이는지 배울 수 있게 된다. 그렇기 때문에, 내러티브는 다양한 사회적 주소지에서 가용될 수 있는 위치 지어진 지식을 보여주며, 상이한 시점에서 나온 내러티브의 결합은, 어느 한 시점에서는 불가능한, 집합적인 사회적 지혜를 빚어낸다. 다르게 위치 지어진(differently situated)사람들과 함께 공적으로 표현된 내러티브가 있다면, 그 내러티브를 말하는 자나 듣는 자 모두 어떤 이슈를 자기이해적이거나 자기위주적인 좁은 시각에서 고민하는 차원으로부터, 다른 사람들의 시각까지 고려하고 조망하는 차원으로 이슈를 헤아려보는 질적으로 탈바꿈되는 '확장된 사유(enlarged thought)'를 발전시킬 수 있다.[30] 내러티브는 그것이 제공하는,

정책과 조치가 상이한 사회적 위치에 있는 사람들에게 어떤 영향을 미치는지에 대한 사회지식을 통해, 정치적 논리주장에 기여한다. 경찰에 대해 상이한 경이한 경험을 갖고 있는 다른 사람들에게, 경찰의 가학행위 또는 남용에 대한 피츠버그 일부지역에 사는 사람들의 스토리는, 이 책의 서장에서 내가 보여준 사례인 시민심사위원회의 설립을 위한 시민요구를 유발한 과정에 결정적인 역할을 했다. 다음 장에서는 사회지식을 빚어내는 데 있어 정치적 의사소통의 이러한 기능을 보다 자세히 이론화할 것이다.

따라서 정치적 소통에서 내러티브의 일반적인 규범적 기능이란 가르치고 배우는 것이다. 포용적인 민주적 소통은 모든 참여자들이 그 사회의 문제뿐만 아니라, 그들이 같이 사는 사회에 대해 공중을 가르칠 수 있는 무언가를 갖고 있다고 상정한다. 또한 포용적인 민주적 의사소통은 모든 참여자들은 사회나 자연계의 어떤 측면에 대해서는 모른다고 상정하며, 개별 개인은 일정한 편향성, 선입견, 맹점 또는 고정관념을 갖고 정치적 갈등의 장으로 들어온다고 상정한다. 다반사이지만 정치적으로 의견일치가 요원한 상황에서, 일부 사람들은 다른 사람들이 어떻게 생각하는지 알고 있다고 전제하거나, 다른 사람들이 서 있는 곳에서 자신이 생삭할 수 있다고 전제하거나, 자신이 다른 사람들과 진정으로 똑같다고 전제한다. 특히 다른 사람들에 대한 지식이 통계적 일반화로 대략적으로 매개되는 대중사회에서 상이한 집단들을 가로지르는 직면한 필요한 이익에 대해 거의 이해되지 못할 수도 있다. 이러한 조건하에 있는 정치적 소통이라는 규범은, 모든 각인이 다른 사람들이 위치한 상이한 사회적 소재지가 갖는 특정한 경험과 의미를 깨쳐나감으로써, 자신의 사회적 이해의 폭을 넓혀야 한다고 목적한다. 내러티브는 이 목표를 더 수월하게 하며 때로는 이를 진귀한 탐험으로 만든다.

5. 조작과 기만의 위험들

나는 민주주의의 포용적 개념은, 논증적 강변과 근거 있는 주장뿐만 아니라 소통의 양상들이 집합적 문제를 정의롭게 해결하려는 정치적 토론에 얼마나 기여할 수 있는지에 대한 설명이 필요하다고 주장해왔다. 나는 호감인사, 레토릭, 내러티브를 추가해야 할 세 가지 중요한 소통방식으로 간주하지만, 다른 것들이 더 있을 수 있다. 이 세 가지 소통방식은 토론과 토론참여자들의 범위를 확장하며, 문제와 가능한 해법을 찾는 참여자들의 방식을 더 많은 필요와 퍼스펙티브를 고려하는 더 섬세한 방식으로 질적으로 탈바꿈시키는 데 작용할 수 있으며, 또한 때때로 그렇게 작동한다.

하지만 나는 내 주장이 위의 소통방식을 인정함으로써 수반되는 위험을 최소화할 뿐이라는 회의적인 평가를 여전히 듣는다. 이러한 평가에 따르면, 논리주장을 우대한다는 것의 목적은 참과 거짓, 정직과 기만, 합리적 동의와 조작을 구분하기 위한 것이라고 본다. 포용적 민주주의이론과 실천이 호감인사, 레토릭, 내러티브의 정치적 기능에 개방적어야 하고 이들을 주목해야 한다는 요구는, 규범의 핵심 사안을 과소평가하거나 일축한다는 것이다. 내가 언급한 소통의 각 형식은 다른 사람들의 동의를 얻기 위해, 논거에 의해서가 아니라 그저 아첨이나 판타지에 의해 피상적이고 불성실하며 전략적으로 조작될 수 있으며, 또한 대개가 그렇다는 것이다.[31]

이 같은 소통방식의 조작적 사용의 예를 찾기란 실제로 그렇게 어렵지 않다. 일상생활과 공적 담론 모두에서 대화자들은 때때로 특정 개인이나 집단에게 대단한 호감인사를 보이지만, 일단 진지한 문제가 본격화되면 이들에 대한 무시로 일관한다. 실제로, 호감표시를 했다는 사실은 어떤 사람의 시각이 고려대상에서 배제되고 있다는 불만을 무마하는 방법으로 이용되곤 한다. 현 시점에서는, 아무래도 우리의 집합적 역사에 그러한 사람들의 중요한 기여를 인식하기에, 마치 여러분이 그것들에 대한 불만의 근거를 제시하기 어려운 것처럼, 우리는 이미 많은 어려움이 있다.

더욱이, 공적 토론이 빈번히 비합리적 호소나 무지한 욕구와 공포를 조작하고 있다는 점은 의문의 여지가 없다. 청중은 흔히 하나의 공연 같은 발표의 화려함과 흥분에 현혹되어 그것의 실재(substance)에서 벗어나거나 그 내용을 잊곤 한다. 영악한 레토릭 전문가는 흥겹고 싶고 자기과시하고 싶은 사람들의 가장 밑에 있는 욕구를 자극하면서, 그의 청중이 해로운 결정과 정책을 수용하도록 재주를 부린다. 마찬가지로, 내러티브도 때때로 비합리적인 동의를 조작한다. 이야기는 진실이 아니거나 잘못된 방향이거나 자기기만적일 수 있다. 더군다나, 정치에서는 비일비재하게도 사람들은 스토리를 잘못 일반화시킨다. 어떤 국회의원은 맥주마시며 TV를 보며 세월을 보내는 어떤 복지 엄마의 이야기를 마치 그러한 행태가 일반적인 것처럼 이야기 한다. 내러티브는 고정관념에 대항할 수 있을 뿐만 아니라 이를 만들어낼 수 있기도 하다.

정책을 지배하고 결정하는 비합리적이고 조작적인 담론의 이 같은 위험들은, 공적 담론이 보다 철저하게 통제되는 정치적 맥락에서 뿐만 아니라 공적 토론이 사기업이 지배하는 대중미디어에 대부분 영향 받는 뿌리 깊은 구조적 부정의가 존재하는 다문화사회에서도 나타난다. 그러한 사회에서 개방적이고 비판적이며 선한 의지로 토론을 하는 의미 있는 공중을 배출하고 유지해가기는 매우 어렵다. 하지만, 이러한 목적은 자칭 보편적이고 견고한 합리적 논리주장의 알맹이는 금기시 한 채, 체화되고 위치 지어졌으며 정서적인 요소를 토론에서 정화시키려는 노력으로는 이뤄질 수 없다. 그렇다면, 포용적인 소통 개념은 이러한 위험들에 어떻게 대처하는가?

첫째, 나는 호감인사, 레토릭, 내러티브를 논리주장의 대체제로 보지 않는다. 민주적 소통의 규범적 이상은 서로에게 제시하는 참여자들의 논리주장의 논거를 요구하며, 또한 이들을 비판적으로 평가한다. 오히려, 소통의 이 같은 방식은 확장된 민주적 앙가주망*(민주적 인연, democratic engagement)이라는 개념의 측면에서, 논리주장에 증보된 중요한 부분이다. 나는 호감인사는 이해에 도달함을 목적으로 하는 토론에서 논거를 제시하고 평가하는 것에 **선행한다**고 주장한다. 만약 당사자들이 서로를 인식하고 인정하지 않는다면, 그들은 서로의 논리주장을 귀담아 듣지 않게 된다. 레토릭은 논리주장을 특정한 청중의 맥락에 위치시키고, 그것에 체화된 스타일과 어조를 불어넣음으로써 논리주장을 언제나 **동반**한다. 내러티브는 때때로 더 큰 논리주장의 중요한 부분이며, 또한 때때로 논리주장을 시작하는 데 필요한 공유된 전제가 없는 상태에서 차이를 가로지르는 이해를 가능하게 한다.

더욱이 우리는 사람들이 역시 논리주장적 담론에 의해서도 조작되고 기만될 수 있음을 다시 상기하지 않아도 될 것 같다. 어떤 논리주장의 진실은 무릇 그 전제의 진실만큼만 유효하며, 사람들이 하는 강변은 종종 알 수도 모를 수도 있는 오류이다. 세간의 전문가들과 정치인들은 조잡한 결론을 위한 좋아보이는 논거를 만들어내기 위해 겉보기에 견고한 통계나 다른 기술적 담론에 자주 의지한다. 말을 만드는 모든 사

* 정치적 평등을 지향하는 민주주의에서 구성원들은 각자의 삶이 다른 누군가가 겪는 불평등 혹은 구조적 부정의와 연동(engaged)되어 있는 정치적 인연을 깨달아야 한다. 민주적 앙가주망은 그러한 불평등 혹은 부정의를 해소하기 위해 해야 할 구성원들의 민주적 실천의무를 의미한다.

람들은 순진하고 주변에 신경을 끄고 사는 사람들이 어떤 항변의 결론을 생각하도록 흔들어 놓는 것이 얼마나 쉬운지 알고 있다. 오류라는 게 흔한 일이 아니며 종종 발견되지 않는다면, 우리는 논리를 갈고 닦을 필요가 없다.

오류가 있거나 유효하지 않은 논리주장에 대한 유일한 치료제는 비판이다. 마찬가지로, 청자들도 호감인사, 레토릭, 내러티브에 비판적으로 경계해야 하며, 논리주장뿐만 아니라 이것들에 대해서도 평가의 기준을 적용해야 한다. 이 담론이 존중을 담고 있으며 공중에게 항변할 만한가? 이 담론은 공중의 도전에 맞서는가? 오류있고 조작적이며 부적절한 대화의 유일한 치료책은, 그러한 대화를 드러내거나 시정하는 더 많은 대화이다. 그것이 논거에 따른 것이든, 인정의 방식이든, 주장하는 방식이든 혹은 내러티브이든 말이다.

이런 식으로 포용적 민주주의이론을 위해 정치적 소통 개념을 확장하는 것은 정치적 소통을 논리주장으로 제약할 때보다 무질서하고 혼동스럽게 만들 수 있다. 하지만 만약 민주적 소통이 기본적인 이해를 이미 공유하고 있는 젠틀맨 간의 심의가 아니라, 흔히 다른 구성원들에게 자신의 이익, 경험, 의견을 인정받고자 하는 사회구성원들 간의 경합이자, 각자가 갖고 있는 요구사항을 정의로움으로 구성하여 다른 구성원들을 설득하는 경합이라면, 소통적 민주주의이론은 이러한 경합을 불러일으키는 모든 소통적 상호작용의 규범적 의미를 되짚어봐야 한다.

나는 소통적 민주주의의 포용적 이론과 실천은, 요구를 하고 논리주장을 하는 특정한 방식을 우대해서는 안 된다고 주장하였다. 소통적 민주주의의 참여자들은 집합적 문제를 해결하기 위해 협력하고자 하는 모든 표현방식에 귀 기울여야 한다. 혹자는 이 같은 포용이라는 규범이 어떤 정치적 소통이 다른 것보다 **더 좋다고** 보지 않는 것이기 때문에, 이에 대해 반대할 수 있다. 어떻게 소통적 민주주론이론은 이렇듯 넓은 의미에서 포용적이면서도, 동시에 나쁜 논리주장에서 좋은 논리주장을 구분할 수 있으며, 우리를 지향점 없게 만드는 표현에서 토론을 진작시키는 표현을 구분할 수 있고, 설득력 있게 주장하는 방식을 구분할 수 있는가? 물론, 분명치 않은 것보다 확실한 것이, 시간을 허비케 하는 것보다는 바로 문제로 들어가는 것이, 그리고 하나만 신경 쓰는 것보다 복잡하고 미묘함에 주목하는 것이 더 낫다. 좋은 표현과 안 좋은 표현을 평가하는 이와 같은 수단이 없다면, 심의민주주의의 모든 비판적 역량은 증발해버릴 것이다.

정통성 있는 민주적 소통에서 다양한 화자뿐만 아니라 말하는 다양한 방식을 포용하라는 것은, 소통을 평준화하자는 것 즉, 토론에서 어떤 연사나 특정한 기여가 탁월함으로 드러날 수 없도록 하는 것으로 비칠지도 모르겠다. 만약 이러한 평준화가 확장된 정치적 소통 개념의 결과라면, 이는 곤란한 결과일 수도 있다. 나는 평준화가 더 좋고 혹은 더 나쁜 표현이라 분간할 수 없는, 제 각각의 각별한 소통방식으로 모든 사람들이 경청해야 할 의무와 책임에서 비롯된다고 생각하지 않는다. 하지만 정치적 소통의 표준은 공적 심의를 시작할 수 있는 조건이라기보다 **미덕**(virtues)으로 봐야 한다. 논리주장, 호감인사, 스토리, 레토릭은 그들 나름의 미덕이 있다. 비록 대다수 사람들이 이러한 소통의 표현방식에 있어 탁월함을 성취하지 못하지만, 우리 중 많은 수는 탁월함이 실행되는 것을 봤을 때 다른 사람들에게 있는 그 탁월함을 인정하고 동경한다. 사회적 차이와 갈등이라는 상황 속에서 소통할 수 있는 역량은 개발되고 심화될 수 있으며, 공중은 만약 더 많은 구성원들이 소통의 역량을 더 발전시켜 나간다면 언제나 더 나을 것이다. 내가 제안한 확장된 정치적 소통 개념은 포용적인 심의적 실천을 설계하길 바라는 사람들과 이론가들에게, 사람과 사집단이 정치적 토론에 하는 기여를 허용하고 평가하는, 지금까지 대부분의 심의이론가들이 가졌던 것보다 더 주의 깊은 방식을 제공한다.

2장 후주

1 Jürgen Habermas, 'Discourse Ethics: Notes on a Program of Philosophical Justification', in *Moral Consciousness and Communicative Action*(Cambridge, Mass.: MIT Press, 1990).

2 나는 이전 글에서 이들 범주에 대한 토론을 상당히 확장했다. 필자의 'Communication and the Other: Beyond Deliberative Democracy', Seyla Benhabib(ed.), *Democracy and Difference*(Princeton: Princeton University Press, 1996)를 보라.

3 Emmanuel Lévinas, *Otherwise than Being, or Beyond Essence*, trans. Alphonso Lingis(The Hague: Nijhoff, 1981), 117.

4 마오리인의 호감표시 의전(protocol)에 대해서는 Joan Metge, *The Maoris of New Zealand: Tauhai*(London: Routledge & Kegan Paul, 1976), 249-53.

5 Charles Taylor, 'Multiculturalism and the Politics of Recognition', Amy Gutmann (ed.), *Multiculturalism*(Princeton: Princeton University Press, 1992). Axel Honneth, *The Struggle for Recognition*(Cambridge, Mass.: MIT Press, 1995), 특히 8장과 비교하라.

6 Thomas Spragens, *Reason and Democracy*(Durham, NC: Duke University Press, 1990). 레머(Gary Remer)는 감정의 조종은 강압의 종류라고 말하는 챔버스(Simone Chambers)를 인용한다. Chambers, *Reasonable Democracy*(Ithaca, NY: Cornell University Press, 1996), 151를 참조하라.

7 James Bohman, 'Emancipation and Rhetoric: The Perlocutions and Illocutions of the Social Criitic', *Philosophy and Rhetoric*, 21/3(1988), 185-203; Bill Rehg, 'Reason and Rhetoric in Habermas's Theory of Argumentation', Walter Jost and Michael Hyde(eds.), *Rhetoric and Hermeneutics in Our Time*(New Haven: Yale University Press, 1997).

8 바버(Benjamin Barber)는 민주적 의사소통(democratic communication) 즉, '정치적 대화(political talk)'의 광의의 개념을 명백히 활용한다. 바버에 따르면 대화는 단순한 스피치가 아니라, 언어와 언어적 상징을 포함하는 인간 저마다

의 상호작용이다. 대화는 말하기 못지 않게 듣기를 필연적으로 수반하며, 인지적인 것뿐만 아니라 정동적인 것이다. '대화는 이익과 정체성의 조정자일 뿐만 아니라 정동성과 친연성의 조정자로 보인다....대화는 의미와 의미작용과 더불어, 침묵, 의례, 상징, 신화, 표현과 진언 그리고 고요하고 소란스러운 인간 공통의 인간성의 현시(顯示)를 제공한다'(*Strong Democracy*(Berkely: University of California Press, 1984), 177). 것만과 톰슨(Amy Gutmann and Dennis Thompson)은 '열정이 있고 과감한 스피치'와 심의민주주의의 목표는 양립할 수 있으며, 때에 따라서 이것은 이슈와 요구를 진지하게 주목하게 하는 데 중요한 역할을 함을 인정한다. 그럼에도 불구하고, 민주적 토론에서 레토릭과 열정의 역할에 대한 이들의 인정은 합리적인 스피치와 그렇지 않은 스피치, 그리고 감정적이지 않은 스피치와 그렇지 않은 스피치를 구분한다. 것만과 톰슨의 *Democracy and Disagreement*(Cambridge, Mass.: Harvard University Press, 1996), 134-7 및 본서의 이하 각주 11을 참조하라. Susan Bickford, 'Beyond Reason: Political Perception and the Political Economy of Emotion Talk', 미국정치학회발표문, 보스턴, 9월, 1998.

9 Jürgen Habermas, *The Theory of Communicative Action*, i(Boston: Beacon Press, 1984), 3장을 보라. 하버마스 이론의 이러한 측면에 도움되는 설명은 Kenneth Baynes, *The Normative Grounds of Social Criticism*(Albany: State University of New York Press, 1992), 86-104를 참조하라.

10 Thomas B. Farrell, *Norms of Rhetorical Culture*(New Haven: Yale University Press, 1993), 5장을 보라. Jonathan Culler, 'Communicative Competence and Normative Force', *New German Critique*, 35(Spring-Summer 1985), 133-44; Bohman, 'Emancipation and Rhetoric', 185-203를 살펴보라.

11 Gutmann and Thompson, *Democracy and Disagreement*, 135-6. 비록 것만과 톰슨이 심의에서 이러한 방식의 레토릭에 대해 긍정적인 역할을 부여하고 있지만, 그럼에도 불구하고 그들은 자신들의 논의에서 이성과 레토릭을 구분한다. 그들은 무언가를 표현하는 감성과 같은 비(非)심의적 수단은 심의적 목적을 달성하기 위해 필수적일 수 있다고 말한다. 그들은 또한 일부 심의민주주의 비판가들의 입장을 잘못 해석해 감정을 이성의 반대로 위치시킨다. 그들은 공적 포럼에서 불리한 사람들이 실효적인 목소리를 갖기 위해서는, 이들의 대표자가 합리적 호소보다 감정이 있는 호소를 해야 한다고 일부 사람들이 말한다고 주장한다(p. 134). 내가 위에서 언급한 바, 심의민주

주의가 논리주장을 부당하게 우대한다는 나의 주장은 이성을 감정으로 대체하자는 것은 아니며, 오히려 감정이 이성을 수반해야 한다는 것이다. 것만과 톰슨이 인용하고 있는 브라운은 논리주장 대신 감성적인 호소를 하고 있지 않다. 그녀는 상원(Senate)이 연방직인(Confederate seal)을 관례대로 재가해서는 안 된다고 레토릭적이고 감성적인 방식으로 논리주장하고 있는 것이다.

12 Gutmann and Thompson, *Democracy and Disagreement*, 3장.

13 Gary Remer, 'Political Oratory and Conversation: Cicero versus Deliberative Democracy,' *Political Theory*, 27/1(Feb. 1999), 39-64. 레머는 현대 심의민주주의 이론들이 레토릭을 무시하거나 봉인시키고 있다고 비판한다. 그는 정치적 주장이 만들어지는 특정한 환경에 정치적 주장을 위치시키는 레토릭의 중요성에 대한 통찰을 키케로(Cicero)의 저작으로부터 가져온다. Farrell, *Norms of Rhetorical Culture*, 238과 비교하라.

14 바버는 담론적 민주주의 상황에서 말하는 것만큼 듣는 것을 강조하는 토론기반 민주주의의 몇 안 되는 이론가들 중 한 사람이다. 바버의 *Strong Democracy*, 175-7를 보라. 바버 또한 정서적 대화의 힘을 깊이 있게 들여다보고 있다는 점은 우연의 일치가 아니라고 생각한다(p. 190를 보라). 빅포드는 정치적 갈등의 상황에서 청취의 과정과 규범에 대한 지속적인 논의를 발전시켜왔다. 그녀의 *The Dissonance of Democracy*(Ithaca, NY: Cornell University Press, 1996), 1장과 5장을 참조하라.

15 Farrell, *Norms of Rhetorical Culture*, 5장.

16 Douglas Walton, *The Place of Emotion in Argument*(University Park: Pennsylvania State University Press, 1992)를 보라. 월튼(Douglas Walton)은 감성에 대한 호소의 역할을 청자들이 적정한 방책(方策)을 고려하게 견인하는 또는 근거가 있는 의견을 발전시켜나가는 입장으로 사람들을 견인하는 '조향(steering)' 메커니즘으로 이해한다.

17 앨런(Danielle Allen)은 아리스토텔레스의 수사론을 연사가 청중으로부터 신뢰를 구하고 이들과 친구가 될 것을 요구하는 수단으로서 고찰한다. 이는 연사들이 청중보다 우월함을 요구하지 않으며, 오히려 연사와 청중은 평등하고 상호적이라는 것을 의미한다. 즉, 이 같은 상호성에 대한 검증은 자신 주장의 질을 판단하는 주체가 청중인 것처럼, 그리고 정치적 공중이 정치적 판단을 하는 것처럼 말하고 있는 것이다. Allen, 'Good Will and Equitable

Persuasion: Reading Aristotle's Rhetoric for a Theory of Democratic Judgement', 미국정치학회발표문, 보스턴, 9월, 1998.

18 Thomas McCarthy, 'Practical Discourse: On the Relation of Morality to Politics', Craig Calhoun(ed.), *Habermas and the Public Sphere*(Cambridge, Mass.: MIT Press, 1992)를 보라. 합의를 만들거나 증진하기보다 어떻게 행동해야 하는지에 대해 밝히고 있는 Bickford, *The Dissonance of Democracy*, 48-9와 비교하라.

19 Bill Rehg, 'Reason and Rhetoric in Habermas's Theory of Argumentation'. 레그는 이성과 레토릭을 구분하는 하버마스의 시도에 대한 비판을 수용하고, 레토릭의 역할을 포함하는 하버마시안 논의의 재구성을 시도한다.

20 Kathryn Abrams, 'Hearing the Call of Stories', *California Law Review*, 79/4(July 1991), 971-1052; Thomas Ross, 'Despair and Redemption in the Feminist Nomos', *Indiana Law Review*, 69/1(Winter 1993), 101-36.

21 Doris Sommer, 'Not Just a Personal Story: Women's *Testimonios* and the Plural Self', in Bella Brodzski and Celeste Schenk(eds.), *Lifelines: Theorizing Women's Autobiography*(Ithaca, NY: Cornell University Press, 1988).

22 John Beverley, 'The Margin at the Center: On *Testimonio*(Testimonial Narrative)', *Modern Fiction Studies*, 35/1(1989), 11-28; '"Through All Things Modern": Second Thoughts on *Testimonio*', *boundary* 2, 18/2(1989), 1-21.

23 Nancy Fraser, 'Rethinking the Public Sphere: A Contribution to the Critique of Actually Existing Democracy', in Bruce Robbins(ed.), *The Phantom Public Sphere*(Minneapolis: University of Minnesota Press, 1993)와 비교하라. 프레이저(Nancy Fraser)는 많은 공중들이 존재한다는 점을 인정하기 위해 심의민주주의가 필요하다고 논의하며, 주변화되고 불이익 받는 집단들이 자신의 관용구와 지위를 발전시켜나가는 '억눌린 대항적 공중(subaltern counter-publics)'을 형성하는 것이 중요하다고 강조한다. Hilde Nelson, 'Resistance and Insubordination', *Hypatia: A Journal of Feminist Philosophy*, 10/2(Spring 1995) 23-40를 보라. 본인이 선택한 공동체는 함께할 수 있으며, 자신의 삶을 재정의하는 대항적 스토리를 말할 수 있다.

24 Maria Pia Lara, *Moral Textures: Feminist Narratives in the Public Sphere*(Cambridge: Polity Press, 1998), 1장-5장을 참조하라. 또한 Seyla Benhabib, 'Sexual Difference and Collective Identities: The New Global Constellation', *Signs: A*

Journal of Women in Culture and Society, 24/2(Winter 1999), 335-62를 보라.

25 만델바움(Seymour Mandelbaum)은 도시계획 과정의 공청회 맥락에서 스토리가 지식을 만들어내는 힘을 언급한다. Seymour Mandelbaum, 'Telling Stories', *Journal of Planning Reasearch*, 10/3(1991), 109-214.

26 것만과 톰슨은 증언이 사고를 확장한다는 면에서 심의민주주의에서 활용되지만, 공유되는 전제로부터 비롯되며 타인들도 응당 받아들일 수 있는 논거에 호소하는 논증으로 타인들에게까지 전달되는 호소와 결합되지 않는다면 아무런 의미 없는 몸부림이라고 주장한다. 그들의 *Democracy and Disagreement*, 136-7를 보라. 스미스(Kimberly K. Smith)는 타인들의 상상과 동일시를 끌어내는 방식으로 노예제의 경험을 표현하고 용기와 도덕성의 사례를 제공함에 있어, 미국의 노예제 반대운동에서 스토리텔링은 일반적 논증이 할 수 없었던 기여를 했다고 주장한다. Smith, 'Storytelling, Sympathy and Moral Judgement in American Abolitionism', *Journal of Political Philosophy*, 6/4 (1998), 356-77.

27 사회적 편견과 제도적 구조의 기능으로서 장애인의 상황을 개념화해 철저하고도 철학적으로 논의하는 글로는 다음을 참조하라. Anita Silvers, 'Formal Justice', in Anita Silvers, David Wasserman, and Mary B. Mahowald(eds.), *Disability, Difference, Discrimination: Perspectives on Justice in Bioethics and Public Policy*(Lanham, Md.: Rowman & Littlefield, 1998).

28 Marc A. Fajer, 'Can Two Real Men Eat Quiche Together? Storytelling, Gender-Role Stereotypes, and Legal Protection for Lesbians and Gay Men', *University of Miami Law Review*, 46(Jan. 1992), 특히 524-8를 참조하라. 메이어스(Diana Tietzejs Meyers)의 '이견 있는 스피치(dissident speech)' 개념과 비교하라. 이는 배제되거나 고정관념화된 집단들이 공적으로 자신이 어떻게 대표되는지를 재구성하려는 곳에서 활용하는 말하기 방식이다. Meyers, *Subjection and Subjectivity*(New York: Routledge, 1994) 특히 113-35를 보라.

29 Stephen White, *Political Theory and Postmodernism*(Cambridge: Cambridge University Press, 1991).

30 Lisa Disch, 'More Truth that Fact: Storytelling as Critical Understanding in the Writings of Hannah Arendt', *Political Theory*, 21/4(Nov. 1993), 665-94; Seyla Benhabib, 'Sexual Difference and Collective Identities: The New Global

Constellation', *Signs: A Journal of Women in Culture and Society*, 24/2(Winter 1999), 335-62; Margaret Walker, *Moral Understandings: Feminist Studies in Ethics* (New York: Routledge, 1997), 특히 5장; James Tully, *Strange Multiplicity* (Cambridge: Cambridge University Press, 1995): '다른 사람들이 이야기하는 다른 스토리를 경청하고 자신의 스토리를 교환함으로써, 참여자들은 그들 공통의 그리고 함께 엮인 역사들이 다양한 길을 만든다는 것을 보게 된다'(p. 26).

31 벤하비브(Seyla Benhabib)는 두 가지 근거에서 이 범주에 대한 나의 이전의 그리고 더 개괄적인 설명에 대해 반대해왔다. 호감인사, 레토릭, 내러티브가 실제로 일상의 비공식적 소통의 측면을 갖고 있지만, 이들은 민주주의 체제의 제도와 입법이라는 공적 언어에 속하지 않는다고 그녀는 지적한다. 민주주의의 공적 언어는 단지 공유된 공적 이성만을 담아야 한다고 본다. 이 점에서 벤하비브는 정치적 소통의 개념을, 대중이 매개된 공적 영역에서 논쟁 및 토론과 가장 연관된 활동을 배제하는 법률용어(language of statute)로 제한하는 것처럼 보인다. 그녀의 두 번째 반대지점은 호감인사, 레토릭, 내러티브를 정치적 소통의 방식으로 이론화하려는 노력은 이들과 비판적인 논리주장을 대립적인 것으로 보게 한다는 점이다. 그녀는 이런 소통방식이 비합리적이고 자의적이며 변덕스럽다고 지적하면서, 합리적 논리주장만이 심의에 기여한다고 본다. 따라서 벤하비브는 논증의 합리적 순혈성과 다른 소통방식의 비합리성을 대척점에 두는 입장에 서 있다. 하지만 나는 이러한 소통방식의 정치적 기능을 논리주장에 대한 대체제라기보다 논증에 수반되는 것으로 설명하고자 한다. 이들 소통방식은 일반화된 근거에 지향성과 실체를 입힌다. Seyla Benhabib, 'Toward a Deliberative Model of Democratic Legitimacy', in Benhabib(ed.), *Democracy and Difference*(Princeton: Princeton University Press, 1996).

03

정치적 밑거름으로서 사회적 차이

정치적 밑거름으로서 사회적 차이

심의민주주의 모델을 지지하는 많은 이론가들은 선호집합민주주의 모델과 구별되는 공동선(common good)이라는 공화주의적 이상에 호소한다. 이 같은 해석에 따르면, 심의적 공중을 형성하기 위해 시민들은 지역적 충성심 및 특정하고 각별한 친연성 같은 연고주의적(parochial) 관심을 접어두어야 한다. 심의적 시민들은 그들이 공동으로 함께하는 것을 강구하고 그들 간의 유사성을 추구한다는 점에서 협력한다. 정치와 심의를 이 같은 기반에서 구성하게 되면, 선호집합민주주의 모델과 심의민주주의 모델 간의 차이와 관련되어 두 가지 대안만이 존재하게 된다. 즉, 사람들은 정의는 일체 생각하지 않고 재화를 얻고자 경쟁하는 자기위주의 이익집단으로서 움직이거나, 혹은 시민들은 공동이익을 공유하는 비전으로 자신을 하나로 결속시키는 정책을 규정하기 위해 합리적인 토론에 가담한다.

계급뿐만 아니라 젠더, 인종, 섹슈얼리티, 민족적 기원 또는 종교 등에 기초한 사회적 차별화의 억압적이고 불평등한 결과에 대한 분석과 경험을 축으로 동원되는 사회운동은, 공동선에 호소하는 것에 대해 회의적이었다. 노동자나 가난한 사람의 임금인상의 요구 혹은 더 많은 사회적 지원에 대한 요구는 지나치게 자주 공동이익을 기반으로 구성된 비전 속에서 단지 '특수이익(special interests)'으로 비춰졌다. 이러한 사회운동은 이 같은 일체성의 요구가 흔히 지배적인 사회집단을 유리하게 하고, 여성, 원주민, 흑인, 동성애자 또는 무슬림을 일탈된 타자(deviant Other)의 범주에 위치시키는 방식으로 공동선을 편향적으로 해석한다고 항변한다. 이러한 많은 사회운동은 정의를 제고(提高)하려는 의사결정과 정치토론에서 사회적으로 놓여진 처지(position), 구조화된 파워 그리고 문화적 소속에 대한 차이를 망각하지 않는 것이 중요하다고 주장한다. 정의에 대한 이슈는 구조적으로 차이 나는 집단들에게 다양하기 때문에, 이러한 차이의 정치는 다음과 같이 주장한다. 즉, 억압과 부당한 불평등은 여러 모습을 하고 있으며, 따라서 공동선에 대한 호소만으로는 이러한 차이에 충분히 주목하고 대처하지 못하게 된다.

정의를 증진하려는 정치라면 젠더, 인종, 문화적 나이, 능력 등의 사회적 차이를 염두해야 한다고 주장하는 사회운동은 1970년대 이래로 세계 도처에서 상당한 영향력을 발휘해왔다. 하지만, 최근 민주주의의 과정을 토론에 기반한 시각으로 접목하는 정치이론가들은 이러한 차이의 정치를 단지 또 다른 이기적인 이익집단 정치의 일종으로 비판해왔다. 이 장은 공적으로 고무된 민주정치는 공동선에 전념할 것을 요구한다고 강변하면서, 결과적으로 페미니즘, 게이·레즈비언의 권리, 반인종주의, 다문화주의 등의 정치를 비판하는 일부 심의민주주의자들의 주장을 점검한다. 나는 정의를 지향하는 정치는 공동선을 위해 사회적 차이를 초월해야 한다는 주장의 세 가지 변형된 모습 — 신공화주의, 자유주의적 민족주의, 사회주의 — 을 검증할 것이다. 이들 주장은 모두 집단에 주목한 정치운동은 민주주의를 위협하며 의미 있는 소통을 불가능하게 한다고 역설한다. 이들은 젠더, 섹슈얼리티, 인종, 민족적 불이익에 관한 이슈에 집중하는 것은 변혁적 심의나 협력을 지향하지 않고 말 싸움적이고 자기이익만 생각하는 아성(牙城, enclave)을 세운다는 점에서 공적 토론을 분열시키고 파괴시킬 뿐이라고 강변한다. 이들은 민주주의란 의사결정에 영향 받는 모든 사람들이 결과를 이끌어내는 과정에 포함되어야 한다는 데 동의한다. 하지만 각 입장은 공동이익을 강구하기 위해 자신의 각별하고 특정한 사회적 처지와 상황을 앞세우지 않는 즉, [구조적으로] 차별화되지 않은 시민들로 구성된 단일한 담론적 공중(discursive public)에 개별 시민을 포섭시킴으로써, 그 이상을 암암리에 구성한다.

나는 사회집단(social group)의 처지*라는 특정성(specificity)에서 나오는 정치적 요구, 결과적으로 해당 정체가 이러한 사회적 차이를 주목해야 한다고 주장하는 정치적 요구는 민주적 소통의 장애가 아니라 밑거름(resource)으로 이바지한다고 주장한다. 이러한 생각을 비판하는 혹자들은 차이의 정치(politics of difference)를 '정체성의 정치(identity politics)'로 잘못 환원한다. 이러한 이름표는 집단에 기반한 사회운동의 일부 측면이나 그러한 사회운동에 중요한 일부 이슈를 설명하기에 적절할 수는 있어도, '정체성의 정치'라는 이름표는 전체적으로 오산이다. 정치이론은 두 가지 방식으로 정체성의 논리를 사회집단의 차이와

* 영에 따르면, 구조적 부정의가 있는 사회에서 사회집단과 그 구성원들은 우대됨과 불리함을 조건화하고 유사한 경험을 하게 되는 구조상의 공간(좌표)을 차지하게 된다. 영은 이를 position(처지, 처해진 자리), positioning(자리매김), location(소재지), situation(놓여진 위치, 처한 상황) 등의 단어를 활용하여 설명한다. position, location, situation 모두 구조상의 공간적 좌표를 표현한다는 의미에서, 번역어 선택에 있어 이들 간의 개념적 변별성을 두지 않았다.

구분한다. 첫째, 우리는 사회집단을 실체론적*(substanstialist) 논리보다 관계적 논리에 따라 개념화해야 한다. 둘째, 우리는 집단 그 자체가 정체성을 갖는 것이 아니라, 사회집단의 자리매겨짐이라는 기반위에서 개개인이 정체성을 구성한다고 봐야한다.

나는 문화적 사회집단과 구조적 사회집단을 구분하며, 후자가 정의에 대한 대부분의 호소에 있어 더 중요하다고 주장하는 바이다. 이 장은 구조적 사회집단과 구조적 불평등을 짧게 이론화한다. 젠더, 인종 혹은 능력의 차이는 이것들이 파워, 자원의 할당, 담론적 헤게모니의 구조적인 관계와 관련된다는 점에서, 민족성(ethnicity)적인 것이라기보다 계급적인 성격에 훨씬 가깝다고 나는 주장한다. 집단차이의 기반이 구조보다 문화에 더 관련된 곳에서라도, 문화적 인정에 대한 요구는 대개가 지배나 부당한 박탈의 토대를 약화시키는 수단이 된다.

튼튼한 소통적 민주주의는 사회집단의 차별성(differentiation), 특히 구조적 차이에서 연유하는 경험을 밑거름으로 활용해야 한다는 것이 나의 결론이다. 민주적 과정은 모든 잠재적으로 영향 받는 사람들을 단지 동일하게 형식적으로 포함시킴으로써가 아니라, 사람들을 다르게 자리매김하고 그들의 경험, 기회, 사회지식을 다르게 조건화하는 사회적 관계에 주목함으로써 포용적이 되는 것이다. 민주적 공중은 이러한 차이를 봉인함으로써가 아니라, 차이에 의해 조건화된 경험과 퍼스펙티브를 서로 소통시킴으로써 토론에서 객관적인 정치적 판단에 도달하게 된다. 다르게 위치 지어진 사회적 자리매김으로부터 파생된 경험과 지식의 소통은, 문제의 정의내림이나 문제의 가능한 해법에 대한 일부분적인 퍼스펙티브가 지배함으로써 비롯된 편향성을 교정하는 데

* 실체론. 존재하는 것들의 공통적이고 본질적 속성을 상정하고 규명하려는 이론.

일조한다. 이러한 차별화된 소통은 또한 사회적 과정이 작동하는 방식과 그 결과로 제안된 정책이 미칠 수 있는 파장에 대해 보다 포괄적인 논의를 공중이 집합적으로 구성할 수 있게 한다. 민주적 토론과 의사결정에 차이 나는 사회집단을 명시적으로 포용하는 것은, 모두의 이익이 고려되었기 때문에 정의를 증진시킬 가능성을 높인다. 뿐만 아니라 참여자들에게 가용될 수 있는 사회지식의 보고(寶庫)를 배가시킴으로써 정의를 증진시킬 가능성을 끌어올린다.

1. 차이의 정치에 대한 비판

다양한 정치적 스펙트럼의 이론가들은 여성, 게이와 레즈비언, 소수민족 또는 장애인과 같은 특정한 사회집단의 경험에 기반한 정치적 포용과 정의에 대한 요구를 비판해왔다. 그럼에도 이들의 비판 양상은 대동소이하다. 이들 각각은 집단에 특정된(group-specific) 정의의 요구를 집단의 정체성(group identity)에 대한 요구로 간주하며, 이러한 주장은 정체를 이기적인 이익집단(interest groups)으로 나눌 뿐이기 때문에 민주적 소통을 위험하게 한다는 것이다. 나는 공동체주의자 진 엘쉬타인(Jean Elshtain), 자유주의적 민족주의자 데이비드 밀러(David Miller), 그리고 사회주의자 토드 기틀린(Todd Gitlin)과 데이비드 하비(David Harvey)의 논의를 검토해보고자 한다.

공동선을 파괴한다

엘쉬타인에 따르면, 제 기능을 다하는 민주주의는, 공동선을 추구하는 공적 영혼을 지니고 함께하는 왕성한 시민사회의 능동적인 시민을 포함한다. 민주적인 시민은 자신이 처한 차이를 내세우지 않는, 공적으로 함께하겠다는 의지(commitment)와 책임이란 지향을 채택해야 한다. 엘쉬타인에 따르면, 제 기능을 다하는 민주적 소통과 의사결정은 시민 자신의 사사로운 결사, 애착, 소속의 연고주의 등을 초월할 수 있어야 한다.

엘쉬타인의 입장에서 볼 때, 페미니스트, 게이권리활동가, 후기 아프리카계 미국인 인권운동 같은 사회집단 차이를 주목해야 하는 중요성을 항변하는 최근의 운동들에서는 그러한 공적 영혼이 없다. 오히려 차이의 정치는 공동선에 대한 공적 공헌(public commitment)을 파괴한다. 이 운동들은 정치를 자기이익의 인정과 보상을 요구하는 불협화음으로 즉, 자신의 사적 정체성 안에 갇혀 있는 집단들이 소통하고 협력할 의향도 능력도 없는 상태로 전락시킨다.

> 시민들이 민족적 혹은 다른 '고정된 정체성(fixed identity)' 집단으로 재부족화하기(retribalize) 시작하는 만큼, 민주주의는 흔들린다. 껍데기뿐인 평등으로 오염된 바다로 나가는 만큼, 대화와 민주적 소통 그리고 공동성을 위한 일체의 가능성은 사라진다. 차이는 더욱 더 배타적이 된다. 여러분이 흑인이고 내가 백인이면, 말 그대로 원칙상 나는 그렇게 '얻은' 것도 아니고 그렇게 할 수도 없다. 우리에게 주어진 이러한 차이 사이에서 협상할 수 있는 공간은 전혀 존재하지 않는다. 우리는 단지 정치이론가들이 '귀속성(ascriptive character)'이라 불렀던 것들 —우리 자신과 관련해 우리가 변화시킬 수 없는 것들— 간의 차이에 매몰될 뿐이다. 우리 자신의 정체성이라는 시멘트에 갇혀 있기 때문에, 우리는 서로를 대할 필요가 없다. 진짜로 그렇다. 문화전쟁이나 정치싸움에서 우리 중 누구는 이길 것이며 누구는 질 것이다. 결국 모두 파워에 대한 것 즉,

가장 환원적이고 부과적인(impositional) 파워에 대한 것이다.[1]

엘쉬타인의 시각에서 보면, 페미니스트와 게이권리활동가는 재생산(reproduction)과 섹슈얼리티 같은 사적 이슈를 공적으로 끌고 와서, 그들의 신체적인 특정성을 탈피하거나 감추지 않고 포용과 평등한 기회를 부적절하게 요구하고 있는 것이다. 흑인, 라티노 혹은 미국원주민(Native Americans)은 미국역사가 학교, 작업장, 공공정책에서 차별과 재생산된 불이익의 유산을 남겨왔다고 주장하지만, 보상을 해달라는 그들의 요구를 보면 그들은 모든 사람의 공동선을 증진해야 할 자신의 책임을 무시하고 있다고 보았다. 즉, 차이의 정치는 단지 대화를 불가하게 만드는 주변을 안 보는 이익집단에 불과하다는 것이다.

민족정체성을 약화시킨다

밀러는 민족국가라는 맥락에서 집단기반의 사회운동을 소수민족의 인정(recognition)요구로 대체로 환원한다. 밀러의 이해에서 보면, 페미니스트운동이나 게이권리운동은 단지 공적 생활에서 인정을 강구하는 또 다른 정체성 즉, 젠더정체성이나 섹슈얼리티로 보일 뿐이다.

> 성적, 문화적 또는 민족적 같은 집단정체성은 단지 사적 환경에서 표출되어서는 안 되며, 정치의 경연장으로 옮겨져야 한다. 즉, 한 개인은 게이**로서**, 종교적 근본주의자**로서** 혹은 흑인**으로서** 정치적으로 참여해야 한다. 그리고 정치제도는 이러한 집단의 차이를 존중하는 방식으로 작동되어야 한다. 한편으로, 정치제도는 다양한 집단이 정치에 집단**으로서** 대표됨을 보장함으로써 집단정체성을 유효하게 해야 한다. 다른 한편으로, 정치제도는 형성될 정책이 각

집단의 가치와 문화적 요구를 평등하게 존중한다는 것을 보여주어야 한다. 필요하다면, 각 집단이 그 정체성의 핵심으로 간주하는 활동을 지원해야 한다. 더불어, 교육내용은 어떤 문화규범이 다른 것보다 우월하다는 차별적 판단 등을 담아서는 안 된다.[2]

밀러는 소수문화가 공적 인정과 공적 표출(public expression)을 받아야 한다는 아이디어 전부를 거부하지는 않는다. 게다가, 그는 일부 집단이 공적 심의에서 완전한 참여가 배제되는 경향이 있다면, 때에 따라 집단의 특별대표(special representation)가 필요하다는 점을 인정한다. 하지만, 그의 논의에서 차이의 정치는, 응당 정치적 논쟁의 주요한 초점이어야 하는 민족정체성을 위험하게 하는 것으로 지나치게 이해된다. 심의민주주의의 세팅에서, 만약에 집단들 서로에게 정의를 요구한다면, 이들은 단일한 공동의 민족정체성의 기반위에서 이를 유효하게 요구할 수 있다. 이 민족정체성이야 말로 질서있고 인간적인 민주정부에 필수적인 집단 간 신뢰의 기반이다. 개개인은 젠더정체성이나 유대인정체성과 같은 자신의 민족적 혹은 여타 집단의 정체성을 발전시키고 표현할 수 있다. 하지만 이러한 특정성을 초월하는 공동의 정치문화에 대해 함께 뜻을 모으는 것으로서 민족정체성은 보편적이고 중립적이어야 한다.

계급연대성의 기반을 약화시킨다

놀랍게도 신사회운동에 대한 급진적인 사회주의비판은 공동체주의자나 자유주의적 민족주의자의 비판과 그 양상이 비슷하다. 기틀린이나 하비와 같은 좌파들에 따르면, 페미니스트운동, 원주민운동, 반인종주의운동 그리고 정의에 대한 요구들은 진보정치를 분열주의자의 아성으로 조각내고 있다. 성희롱이나 공권력남용과 같은 이슈에 주목하는 것은, 모든 집단을 억압하는 자본주의 파워에 대적하는 평등주의적 사회주의자의 관심을 산만하게 한다. 문화와 정체성을 중시한다는 것은, 대다수 사람들의 삶에 영향을 미치는 기업의 파워에 반대하는 이유를 가진 저마다의 사람들을 하나로 묶기보다, 차이 나는 집단들을 서로 대립적인 상태로 고착화시킨다. 빈부격차가 심해지고 빈곤이나 경제적 불안에 떨고 있는 사람들이 전세계적으로 늘어나면서, 해방정치(emancipatory politics)는 정의에 관심을 가진 사람이라면 젠더, 성, 인종 혹은 민족적 억압이라는 자신만의 각별한 요구를 내세우지 않아야 하며, 모든 사람의 기본적인 필요를 충족하는 사회 공동의 꿈을 중심으로 하나의 대오가 될 것을 요구한다. 차이의 정치는 단지 이런 관심사에서 눈을 돌리는 것에 불과하다. 인간해방이라는 보편적인 기치를 지향하며 집단만의 특정성을 초월하는 노동계급의 투쟁과 달리, 이렇듯 집단에 기반한 요구는 특수주의적이며 자기위주적이다.[3]

이러한 류의 비판은 집단에 기반한 사회운동을 '정체성의 정치'라는 이름표로 환원한다. 이들 비판 모두는 정체성의 정치를 여타 집단의 이익에 대한 고려 없이 자기집단의 이익만을 강변하는 것이고/거나 정체내 다른 사람들이 자신의 집단정체성은 있는 그대로 인정해야 한다고 요구하는 것으로 해석한다. 이러한 해석은 몇 가지 전제를 두고 있다. 즉, 집단정체성을 신봉하는 본질주의자의 해석은 여성, 흑인, 원주민, 장애인, 이주민의 사회운동 그리고 유사한 사회운동을 주창하는 사람들의 행태와 담론에서 엿볼 수 있다는 것이다. 이들 운동의 주된 요구와 가장 진지하게 받아들일 가치가 있는 주장은, 공중이 응당 받아들여야 마땅한 더 폭넓은 공중을 위한 정치적 평등, 포용, 정의에 대한 요구이다. 이들 운동은 불리한 이들의 이익, 필요, 참여적 시각이 의사결정과정과 정책에서 보다 제대로 고려되어야 한다고 지배적인 정치적·사회적·경제적 제도들에 대해 요구한다.

후속해서 나는 이런 운동과 이들의 요구에 '정체성의 정치'라고 이름표를 붙이는 것은 아주 큰 오산이라고 주장하고자 한다. 이러한 운동이 연유한 집단차이라는 특정성은, 실체적 논리(substantive logic)보다 관계적 논리(relational logic)를 통해 가장 잘 개념화된다. 게다가, 이러한 운동이 대응하는 사회적 차이의 주된 양상은 구조적 차이이다. 이는 젠더, 민족 또는 종교라는 문화적 차이의 위에서 만들어질 수 있으나, 그러한 문화적 차이로 환원될 수 없는 차이이다. 사회적 구조는 흔히 파워, 자원의 할당 혹은 담론적 헤게모니의 과정에서 불평등을 감수해야 하는 자리에 어떤 사람들을 매김시킨다. 특정한 사회집단의 처해진 자리로부터 나온 정의에 대한 요구는 파워나 기회의 불평등한 관계의 결과를 폭로한다. 더욱이, 불평등한 사회집단의 차이가 있는 곳에서, 이러한 차이는 흔히 사회문제와 갈등을 빚어낸다. 공동선을 거론하지 않고도 차별화된 관계의 특정성을 고려함으로써, 민주적 소통은 이러한 문제와 갈등에 가장 잘 대응할 수 있다.

2. 사회적 차이는 정체성이 아니다

집단의 차이를 정체성으로 환원해서 보는 시각은, 집단을 개념화하기 위해 실체의 논리(logic of substance)를 묵시적으로 사용한다. 이 논리에서 집단이란 그것의 정체성을 구성하는 본질적인 속성(attributes)의 집합으로 정의된다. 개인은 본인이 해당 집단의 필수적 속성을 지니고 있다면, 그 집단에 속하는 것으로 본다. 이 논의에 따르면, 집단에 기반한 소속과 경험의 관계로 조직화하는 것은 집단을 해당 집단으로 만드는,

그 구성원들은 공유하나 다른 사람들은 명백하게 배제되는, 하나 이상의 개인적 혹은 사회적 속성을 규정해야 한다. 예를 들면, 라티노(Latinos) 집단이라고 규정하는 것은 라티노됨의 본질적인 속성 예컨대, 생물학적 연관성, 언어, 민족적 기원이나 특정한 기념에 대한 경축 등 어떤 본질적인 속성을 찾는 것을 의미한다. 또 다른 예를 들자면, 게이를 하나의 집단이라 말하는 것은 그 집단구성원들이 공유하는 즉, 해당 집단을 바로 그 집단으로 만드는 본질적인 속성을 규정하는 것이다. 집단에 기반한 사회적으로 처한 자리의 특정성을 발견하고, 비슷한 상황에 처한 집단 간의 연대관계를 구축하려는 노력 속에서, 집단에 기반한 사회운동 스스로가 수시로 이렇듯 본질화하는 경향을 보여왔다. 따라서 그러한 정체성 논의가 지닌 문제점을 짚어내기 위해서, 우리는 '정체성의 정치'에 대한 신공화주의적 또는 사회주의적 비판까지 갈 필요가 없다. 이들 논의에 더해, 집단차별화된 정치운동 스스로도 이러한 경향을 정교하게 비판해왔다.[4]

사회집단에 속하는 사람들의 본질적 속성을 정의하려는 노력은, 그 속성이 해당 집단의 외부에서 부과되었건 내부에서 구성되었건, 경험상 집단에 소속되어 있거나 소속된 것으로 규정되는, 그러나 그렇게 요구되는 속성이 없는 사람들은 늘 있어왔다는 지적에 반박하지 못하는 문제를 안고 있다. 사회집단을 이렇게 정의하려는 본질주의적 접근(essentialist approach)은 집단 간의 안과 밖을 경직되게 구분함으로써 경험되는 사회관계의 유동성을 동결시킨다. 만약 차이의 정치가 사회집단 간 명확한 경계선을 갖춘 내적 일체성을 요구한다면, 차이의 정치가 갈등과 연고주의를 부추기면서 사람들을 나누고 파편화한다는 비판가들의 주장은 틀리지 않다.

더군다나, 모든 구성원들이 공유하는 집단정체성에 기반해 사람들을 조직하려 하는 정치는, 많은 사람들이 집단이 처해지는 자리가 그들의 정체성에 유의미하다고 보지 않는다는 사실을 직시해야 한다. 예를 들면, 어떤 여성은 여성다움의 정체성이 자신의 정체성을 구성한다고 보지 않으며, 또한 이들은 다른 여성들과 자신을 동일시하는 일체의 특정한 동일치성(identification)을 부정한다. 많은 프랑스인들은 프랑스인의 정체성이 단 하나라는 생각을 부정하며, 프랑스인이라는 것(being French)은 이들의 개인정체성에서 특별히 중요한 무엇은 아니라고 본다. 실제로 많은 프랑스인들은 개별 프랑스 남성과 여성의 개인정체성을 구성하는 프랑스인 정체성을 찾는다는 것은 위험한 민족주의라고 말하곤 한다. 사람들이 자신의 정체성에서 집단친연성이 중요하다고 인정한 경우에도, 사람들은 집단의 본질주의적 개념정의가 상정하는 행동규범이나 정체성의 규범을 강제하려는 경향에 눈살을 찌푸린다.

셋째, 정치적으로 강변할 수 있는 공동 정체성의 기반으로서 집단의 차이를 인식하려는 경향은, 많은 사람들에게 집단구성원들은 모두가 똑같은 이익을 갖고 있으며, 그 이익을 진흥할 가치, 전략, 정책에 동의하고 있음을 시사한다. 하지만 실제로 특정 사회집단에 속하는 사람들에게도 정치적 이데올로기에 있어 일반적으로 큰 폭의 이견이 있기 마련이다. 젠더적 혹은 인종적 고정관념에 의해 억압받는 집단의 구성원들은 차별 및 인간성을 말살하는 상징을 철폐하는 데 따르는 이익을 공유할 수 있다 해도, 그러한 관심사는 너무 추상적이어서 전략적인 목표를 구성하지 못한다. 구체적인 수준에서, 이러한 집단의 구성원들은 일반적으로 불합치하는 심지어 모순되는 이익을 표출한다.[5]

하지만 구성원들이 공유하는 본질적인 집단정체성이라는 아이디어에 대한 가장 중요한 비판은, 집단 내에 그리고 집단 간 교차하는 차별화를 부정한다는 점이다. 모든 사람들은 저마다 여러 사회집단들과 관련된다. 각각의 사회집단은 해당 집단을 교차하는 다른 사회집단이 존재한다. '남성'이라는 집단은 계급, 인종, 종교, 연령 등으로 차별화된다. '무슬림(Muslim)'이라는 집단은 젠더, 국적(nationality) 등으로 차별화된다. 만약에 집단정체성이 개인정체성을 구성한다면, 그리고 만약 개인이 집단정체성으로 서로를 규정할 수 있다면, 집단이 복수로 위치 지어진다는 사실을 이론적·실천적으로 어떻게 다룰 것인가? 엘리자베스 스펠만(Elizabeth Spelman)의 표현을 빌리자면, 내 개인정체성은 나의 젠더정체성, 인종정체성, 계급정체성을 합친(aggregate) 것인가? 나아가, 이러한 존재론적 문제는 정치적 차원이 된다. 즉, 스펠만, 루곤스(Lugones) 그리고 다른 학자들이 주장하듯, 공동의 집단정체성을 개념정의하려는 시도는, 해당 집단의 어떤 구성원들의 경험과 퍼스펙티브를 침묵시키거나 주변화하는 반면, 다른 구성원들의 경험과 퍼스펙티브는 정상화하려는 경향을 보인다.[6]

차이의 정치를 '정체성 정치'로 환원하고 이를 비판하는 사람들은, 집단을 개념화하기 위해 암묵적으로 실체의 논리 즉, 정체성의 논리를 사용한다. 이 논리에 따르면, 어떤 존재(實體, entity)는 그 안에 내재해 있는 속성 — 그 중 일부는 본질적인 속성 — 에 의해서 비로소 그것이 존재하는 것으로 본다. 앞서 특정 사회집단을 유대인(Jews) 같은 문화집단이든, 노동자나 여성 같은 구조적 집단이든, 개념화하려는 노력은 그 집단을 실체적 내용으로 구분할 수 있는 존재 즉, 그 집단의 구성원 모두가 외부인과 중첩되지 않는 특정한 속성이나 이익을 공유하는 존재로 다룰 때 당혹스러워 진다. 집단의 차별성을 이렇게 경직되게 개념화하면, 어떤 집단구성원들이 다른 집단구성원들과 함께 갖는 유사점을 부정할뿐만 아니라 집단 내에 있는 많은 점이(漸移, shadings)점과 차별점도 부정하게 된다.

실체적이 아니라 관계적인 방식으로 사회집단의 차별성을 이해함으로써, 우리는 집단을 고정시키거나 규정하지 않아도 사회집단의 차별성에 대해 설명할 수 있다. 일체의 집단은, 해당 집단의 구성원들과 집단 밖의 사람들 혹은 집단 주변부에 속한 구성원들 간의 작용 및 상호작용으로 인해, 서로 간 특정한 관계가 성립하는 개인들로 구성된 어떤 집합(collective)이다.[7] 그것을 구성하는 개인들과 무관한 집단적 실체(collective entity) 즉, 집단은 없다. 하지만 사회집단이란 개인들이 하나로 모인 것 즉, 운집(aggregate) 그 이상이다. 운집체(aggregation)는 대체로 하나 혹은 그 이상의 속성에 따라 개인들로 이뤄진 자의적인 집합 모음이다. 부연하면, 운집체는 그것이 생성될 때 외부인의 시각에서 비롯되며, 구성원들의 주관적인 사회경험이 드러나지 않는다. 보험회사는 보험통계를 목적으로 흡연자들을 모을 수 있으며, 암 학회(Cancer Society)는 건강보험을 지지하는 집단에 기여한 사람들을 모집할 수 있다. 운집체로 구성된다면, 개인은 다른 사람들과 어떤 관계에 있지 않다. 그러나 집단의 구성원들은 서로 간의 그리고 집단 밖의 사람들과 특정한 관계에 있다. 그렇기 때문에 집단은 개인들에 그리고 그들의 관계에, 이 둘 모두에 존재한다.

결사체(associations)도 집단의 한 종류이다. 결사체는 특정한 목적을 달성하기 위해 개인들이 목적의식을 갖고 구성한 집단이다. 이는 주민환영위원회처럼 작고 일시적 일 수 있으며, 헌정국가(constitutional state)처럼 원대하고 장기지속적일 수 있다. 결사체가 관계적으로 구성된다는 점은 분명하다. 결사체의 구성원들이나 소속된 사람들은 특정하고 구체적인 목적을 중심으로 서로 특정한 방식으로 그 관계를 성립시키며, 그 관계는 물론 많은 경우 비공식적이고 암묵적이긴 하지만 흔히 명시적인 규칙들과 역할들로 규정된다. 하지만 이 장에서는 결사체와

구별되는 사회집단을 개념화하고자 한다.[8]

관계적으로 고려되는 사회집단은 문화적 양식, 관행, 특정한 필요나 역량, 파워나 우대됨의 구조 등의 측면에서 다른 사람들과 차별화된 사람들의 집합체이다. 결사체와 달리, 사회집단은 명시적으로 구성되지 않는다. 사회집단은 사람들의 상호작용을 통해서 생성된다. 어떤 사람들이 '같은' 사회집단으로 분류되는 속성은, 그러한 속성 측면에서 차이를 보이는 다른 사람들과의 비교를 통해서만이 충분히 유사해 보일 수 있게 된다. 관계적이라는 것은 비슷하다는 것과 상이하다는 것 모두 인식하게 만든다. 예를 들어, 영국인(British)들이 지금은 뉴질랜드(New Zealand)로 불리는 열도를 정복하기 전까지 마오리로 인식되는 집단은 없었다. 이 열도에 살던 사람들은 스스로를 다른 혈통과 자연자원이 관련된 서로 다른 수십 수백 개의 집단에 속한 것으로 스스로를 이해했다. 하지만 이들이 영국인들과 마주치게 됨으로써 차이에 대한 인식이 점차 바뀌게 된다. 영국인들은 자신과 비교했을 때 마오이인들 서로가 유사하다고 보았으며, 마오이인들은 자신들 사이에서의 차이보다 영국인들과 자신들 사이에서의 차이가 더 크다고 보았다.

관계적으로 개념화할 때, 어떤 것을 집단이게 만드는 것은 그 구성원들이 공유하는 속성의 집합보다 그 구성원들이 다른 구성원들과 맺는 관계이다. 이런 시각으로 보자면, 사회적 차이는 상대적 시각에 따라 강할 수도 약할 수도 있으며, 더 혹은 덜 부각될 수도 있다. 집단차이를 관계적으로 개념화하는 것은 그 집단에 관련된 모든 사람들을 똑같은 속성으로 결합시키지 않아도 된다. 특정 집단의 구성원들은 그 집단의 다른 구성원들과 얼마나 강하게 친연성을 갖고 있는지를 포함해, 많은 방식에서 서로 간 차이가 있을 수 있다. 더 나아가 관계적인 접근은 한 집단의 구성원들 모두를 다른 집단의 구성원들과 단호히 구분하는 개념적이고 실천적인 명확한 경계를 지정하지 않는다. 그렇기 때문에, 집단차별화를 관계, 비교, 상호작용의 함수로 인식한다는 것은, 집단들 서로가 그리고 그 구성원들 서로가 중첩되고 상호혼재되며 상호의존적임을 인식하는 것이다.[9]

영토의 역사적 관계와 문화로 차별화된 집단은 최근의 정치이론과 현실 정치에서 예를 들어, 한편으로 민족주의 정치와 다른 한편으로 다문화정책을 제도화하려는 노력에서 단연 주목받고 있다. 문화집단은 언어, 일상의 관행, 영적인 관례, 사회성, 생산, 그리고 음식, 음악, 건축양식, 거주와 공적 공간의 조직화, 상징적 이미지 등과 관련된 미학 및 관련물에서 인식된 유사성과 상이성에 의해 차별화된다. 문화 안에 있거나 문화를 쓰는 사람들에게, 문화는 그 자체로 대개 인식되지 않는 표현과 소통의 환경이자 수단이다. 따라서 문화는 사람들에게 그들이 개인 표현을 할 수 있는 중요한 배경과 그들 행동과 선택의 맥락을 제공한다. 문화는 그것을 공유하는 사람들끼리의 상호작용과 소통을 가능하게 한다. 특정 문화의 의미와 관행에 생소한 사람들에게, 그 문화는 이상하고 이해가 안갈 뿐이다. 문화차이는 내적·외적관계에서 나타난다. 이런저런 면들에서 문화적으로 차이가 있는 사람들과 마주하게 됨에 따라, 사람들은 자신을 집단으로 굳히게 하는 문화적 친연성을 발견하게 된다. 스스로를 구분되는 무엇으로 발견할 때, 문화집단은 대개 상호적 친연성과 집단으로서 자의식을 굳히게 된다.

물론, 문화집단 간의 정치적 갈등은 비일비재하다. 외부자들은 집단의 관행이나 의미를 비난 또는 폄하하고/거나, 폄하된 집단의 관행과 의미를 수시로 억압하려는 의도 및 자신 문화를 그들에게 부과하려는 의도로, 본인 문화의 우월성을 강변한다. 하지만 문화적으로 차별화되는 집단 간 충돌의 대부분 근거는 문화적인 것이 아니라 영토, 자원, 직업을 두고 벌이는 경쟁이라는 점을 기억하는 것은 중요하다. 이 책의 마지막 장은 자유주의적 민족주의 그리고 자기결정성에 대한 이 시대의 찬반론을 검토함으로써 문화적 차이에 관한 몇몇 이슈를 살펴볼 것이다. 이 장의 뒷부분에서 나는 '정체성의 정치'의 한 종류로서 다문화주의 정치를 설명하고자 한다.

하지만, 이 장의 논점에 보다 중요한 것은 문화집단과 다른 종류인 **구조적**(structural) 집단의 개념이다. 비록 사회적 관계는 흔히 문화적 차이에 기반해 만들어지며 문화적 차이와 교차하기도 하지만, 젠더, 인종, 계급, 섹슈얼리티, 능력을 구성하는 모든 사회적 관계는 구조적 관계로 가장 잘 이해된다.[10] 집단에 기반한 경험으로 동기부여 된 사회운동들은 크게는 사회의 어떤 일부분을 불공정하게 우대하고 다른 어떤 일부분을 억압하는 구조적 불평등을 정치화하고 이에 대해 시위하려 한다. 구조적 차이와 구조적 불평등을 분석하는 것은 왜 이러한 운동들이 '정체성의 정치'로 적정하게 해석되지 않는지를 보여준다. 그러면 구조적 차별성(structural differentiation)에 대한 논의를 다뤄보자.

3. 구조적 차이와 구조적 불평등

개인 수준의 경험 및 행위와 다른 차원인 사회적 삶의 구조적 수준에 대한 사회비평은 줄곧 있었다.[11] 구조에 대한 호소는 많은 개인들의 행위와 표현을 조건화하는 제도화된 배경, 그러나 개인들은 그 조건에 대해 통제력을 거의 갖지 못하는 배경을 언급하게 된다. 하지만 구조라는 개념은 정확히 파악하기 어렵기로 악명 높다. 사회구조를 보다 구체적으로 논의하고, 기존의 다양한 논의를 재편해서 구조적 불평등을 개념정의 하도록 하겠다.

메를린 프라이(Marilyn Frye)는 억압을 새장에 비유한다. 새장은 전혀 날 수 없을 만큼 새를 부(不)자유롭게 한다. 하지만 만약 혹자가 이러한 새장화(imprisonment)의 원인을 한 번에 창살 하나 만을 보는 방식으로 연구한다면, 이는 혼동스러워 보일 것이다. 단지 몇 센티미터 폭도 안 되는 창살(wire) 몇 개가 어떻게 새를 날지 못하게 만드는가? 창살 하나씩 보는 방식으로는 무엇이 새를 날지 못하게 막는지 우리는 설명할 수 없을 뿐만 아니라 보여줄 수도 없다. 특정한 방식으로 배열되며 새를 안에 가둘 수 있고 다른 창살의 경직성을 강화할 수 있을 정도로 서로 연결된 많은 수의 창살들이라야, 비로소 새가 자유롭게 날 수 없는 이유를 설명할 수 있다.[12]

직관의 첫 번째 수준에서 이것은 일부 사람들의 역량을 가로막는, 내가 의미하는 사회구조이다. 어떤 사람의 삶의 환경을 거론하는 것은 하나씩 따로 본다면, 결정, 선호 혹은 우연적 사건의 결과로 보일 수 있는, 어려움의 그리고 남과 다른 차이를 보이는 많은 겹의 창살들(strands)을 포함한다. 하지만 이러한 창살들이 모두 같이 고려되었을 때, 그리고 다른 사람들의 삶의 일대기와 비교되었을 때, 이러한 창살들은 관계를 제약하고 강화하는 철망(net)으로서 눈에 들어오게 된다. 자세히 설명해 보겠다.

수잔 오킨(Susan Okin)은 가정 내 젠더화된 노동분업에 근거한 여성의 억압을 논의한다. 그녀는 젠더 역할과 기대가, 다수의 여성들과 이들의 아이들에게 불이익을 주고 취약하게 하는 결과로 귀결되는 빈틈없는 방식으로, 남성과 여성의 삶을 구조화한다고 주장한다. 가족구성원은 공식적인 보상 없이 아이들과 여타 의존인을 돌봐야 한다는 기대를 중심축으로 전체 사회는 제도적으로 조직되어 왔다. 반면 좋은 직업은 노동자가 적어도 주 40시간 일할 수 있는 것으로 상정된다. 다음의 여러 요소들이 결합하여, 여성은 대체로 아이들과 여타 의존인의 주된 돌봄담당자가 된다. 예를 들면, 사회화로 인해 여성은 돌봄담당을 주로 선택하는 경향이 있으며, 그리고/또는 남성 배우자에 비해 여성의 직업 선택지는 주로 낮은 임금을 받는 직업이며, 그리고/또는 남성 배우자의 일은 대개 돌봄노동을 할 수 있는 시간을 이들 남성 배우자에게 허용하지 않는다. 결과적으로, 가정 밖 직장세계에서 많은 여성의 일은 남성에 비해 임시적이고, 사회적 위신이 낮고, 급여가 더 적게 된다. 이런 사실은 흔히 여성 본인과 아이들에 대한 주된 부양원으로서 남성의 소득에 의존하게 만든다. 여성의 경제적 의존성은 가정 내에서 불평등한 파워를 만들어 낸다. 더욱이 부부가 이혼을 하게 되면, 남성소득에 대한 의존성은 사법체계의 기본 전제와 맞물려 여성과 아이들을 빈곤에 취약하게 만든다. 학교, 미디어, 고용주의 전제는 여성이 주로 가사노동을 담당한다는 기대를 그대로 반영하며, 결과적으로 이러한 전제는 불평등한 구조를 다시금 재생산하는데 기여한다.[13]

이것이 구조적 차이로 젠더차이를 설명하는 논거이다. 이 설명은 특정한 가능성을 만들면서 다른 가능성을 차단하는 데 함께 작용하는, 또한 불평등의 순환을 강화하는 데 작동하는, 관계와 상호작용의 집합으로서 구조화된 젠더차이를 보여준다. 혹자는 이 설명의 내용이나 안성도 측면에서 이의를 제기할 수 있기에 추가적인 예를 들어보자. 이성애(heterosexual) 욕구가 사회적 규범을 지배하도록 조직하는 구조와 이러한 이성애적 조합이 양성의 사람들과 다양한 욕구를 지닌 사람들에게 미치는 여파이다. 이 같은 예는 직관적 수준에서 사회집단의 구조적 차이의 의미를 보여줄 수 있다. 인종이나 계급으로 정의된 사회집단 역시 구조 상에 자리한다. 이들 사례에 대해서는 다시 언급하도록 하겠다. 이제부터 나는 몇몇 사회이론가들에서 비롯된 개념정의를 발전시켜 구조의 개념을 체계화할 것이다.

피터 브라우(Peter Blau)는 다음과 같이 정의한다. '사회구조는 그 속에서 전체 구성원들이 분포되는 차별화된 사회적 처지들의 다차원적 공간으로 정의될 수 있다. 사람들이 사회적으로 어울림으로써 사회적 처지들을 구별할 수 있는 척도뿐만 아니라 사람들을 단일한 사회구조의 구성요소로 만드는 연결점'이 만들어진다.[14] 브라우는 구조의 개념을 함의하기 위해 공간적 비유를 활용한다. 개별 사람들은 사회적 공간에서 다양한 **처지**(positions)를 차지하며, 이들의 지위는 다른 지위와의 특정한 관계에 위치하게 된다. 구조는 이러한 처한 자리와 자리 간의 관계로 존재하며, 또한 구조는 처지의 속성이 이러한 관계를 통해 내적으로 처지를 구성하는 방식으로 존재한다.

기본 사회구조는 사람들이 갖는 기회와 삶의 가능성을 결정하는 사회적 처지에 존재한다. 삶의 가능성은 새장의 창살처럼 처지들이 서로 연결되어 체계적인 제약이나 기회를 만들어 내고 서로를 강화하는 방식으로 구성된다. 구조적 사회집단은 노동과 생산의 사회적 조직화, 욕구와 섹슈얼리티의 조직화, 권위와 복종이라는 제도화된 법규칙, 그리고 위신(prestige)의 형성 등을 통해 구성된다. 구조적 사회집단은 구조상의 관계에 있는 어떤 처지도 다른 처지와 차별화된 관계로부터 동떨어져서 존재할 수 없다는 의미에서 관계적으로 구성된다. 예를 들어, 영적 서비스(spiritual service)에서 특화된 사람들이 필요하다고 믿고 이 같은 특화됨을 물적으로 뒷받침할 의향이 있는 사람들과 성직자 간의 구조화되고 상호의존적인 관계에 의해, 성직자는 비로소 어떤 특정 사회에서의 특정한 사회적 기능과 위상을 갖는다. 다른 예로, 카스트제도와 결부된 위신은 오직 더 낮은 신분을 하급(下級)으로 재생산하는 관계를 통해서만 생긴다. 카스트제도는 분배, 물적 종속성, 강제의 위협 등을 통해 강제되는 우월성과 숭배의 의례를 통해 현재화되고 재생되는, 사람 간 상호작용적 관계에 의해서 비로소 존재한다.

더 일반적으로 보면, 계급, 젠더, 연령, 능력, 인종 또는 신분제(caste)로 차별화되는 구조에서 한 개인의 사회적 소재지(social location)는 흔히 예상 가능한 법적 위상, 교육가능성, 직업, 자원접근성, 정치적 파워, 신망 등을 함의한다. 이러한 요소들은 저마다 자기결정과 자아발전을 가능하게 하기도 제약하기도 할뿐만 아니라 다른 요소들을 강화하기도 한다. 이것들을 구조적이라 부르는 이유는 이러한 요소들이 비교적 영속적이기 때문이다. 처지들과의 관계에 대한 내용 및 세부사항은 자주 재해석되고 진화하며 심지어 경합적이지만, 기본적인 사회적 소재지와 이들 간 관계는 재생산되는 경향이 있다.

하지만 구조에 대한 비유를 다음과 같이 구체화한다면 즉, 사회구조란 행위자 주위에 수동적으로 놓여있으면서 단지 행위자의 움직임을 수월하게 하거나 가로막는, 사회행위자와 별개로 존재하는 독립된 실체로 간주한다면, 이는 오산이다. 반대로, 사회구조는 사람 간 작용과 상호작용에 의해서만 존재한다. 즉, 사회구조는 상태가 아니라 과정으로 존재한다. 따라서 앤소니 기든스(Anthony Giddens)는 '사회시스템의 재생산에 재귀적(recursively)으로 연동되는 법규칙과 자원'이라고 사회구조를 정의한다.[15] 구조의 이중성(duality)에 대한 아이디어에서, 기든스는 기존 구조에 대한 사람들의 지식을 기반으로 사람들이 어떻게 행위하며, 이러한 행위가 기존 구조를 어떻게 재생산하는지 이론화한다. 우리가 구조를 재생산하는 이유는 법규칙과 기대에 따라 행동하기 때문이며, 또한 관계적으로 구성된 우리의 처지가 우리에게 특정한 자원을 가용할 수 있게 하거나 그렇지 못하게 하기 때문이다.

이러한 의미에서 경제적 계급은 구조적 관계의 전형이다. 구조적 차별성의 형식으로 이해된다면, 계급분석은 소유권, 재원, 투자, 생산, 서비스제공이라는 시스템의 함수 속에서의 처지에 대한 논의로부터 시작한다. 그들이 연금펀드의 주식을 공유하거나 가입하고 있다고 해도, 자본의 움직임을 통제하고 자본의 움직임과 무관하게 살 수 있는 처지에 있지 않은 사람들은, 생계를 위해 다른 사람들이 행하는 고용에 의존하지 않을 수 없다. 자본가와 노동자의 이러한 처지는 소득과 직장에서 고도로 차별화되지만, 이들의 기본적인 구조적 관계는 일종의 상호의존성이다. 예를 들면, 대부분의 사람들은 본인의 생계를 위해 사기업의 고용에 의존하며, 소유자들과 관리자들은 수익을 위해 피고용인들의 역량과 협력에 의존한다. 최근의 중요한 연구는 현대사회에서 경제적 계급을 두 축으로만 이해하는 것은 지나치게 단순하며, 따라서 우리는 자영업자 그리고 다소간 영구적으로 고용에서 배제된 사람뿐만 아니라 전문직과 비전문직의 구조적인 차이를 분석하지 않으면 안 된다고 주장한다.[16]

사람들은 특정한 계급적 처지에서 태어나며, 태생이라는 이러한 우연적 사건은 본인 인생의 나머지 기간 동안 자신이 갖게 되는 기회 및 우대됨에 미치는 어마어마한 파급력을 갖는다. 물론 누구는 유복한 집안에 태어나도 빈민으로 고인이 되는 사람이 있고, 혹은 가난하게 태어나도 부자로 생을 마감하는 사람이 있다. 그럼에도 불구하고, 방대한 경험적 문헌에 따르면, 성인의 소득수준, 교육적 성취, 직업, 자산의 보유를 가장 일관되게 예측할 수 있는 지표는 그 사람의 부모가 속한 계급적 상황이다. 계급적으로 처한 자리는 무엇보다 생산관계로 개념정의 되지만, 계급적 처지가 빚어내는 우대는 거주지, 사회적 네트워크, 고등교육, 문화적 보완물 등과 같은 자산의 집합을 생산하며 또한 이들에 의해 뒷받침된다. 이 모든 것이 계급이라는 구조적 차별성을 강화하는 데 작용한다.

하지만 작용과 상호작용을 유발하는 법규칙과 자원으로 구조를 정의하는 것은, 구조적 재생산이 개인의 의도적인 행위의 산물이라는 말처럼 들린다. 사회구조의 개념은 행위자가 그 안에서 행위하며, 동태적(physical) 환경 속에서 [개개인에게] 압인된(impressed) 행위의 **집단적**(collective) 결과인 조건을 포함시키지 않으면 안 된다. 장 폴 사르트르(Jean-Paul Sartre)는 사회구조의 이러한 측면을 **실천적 타성태**(practico-inert)라 부른다.[17] 사람들이 그 속에서 행위하는 대부분의 조건은 사회역사적이다. 부연하면, 대부분의 조건은 선행했던 행위의 산물 즉, 대개 조정되거나 조정되지 않은 그렇지만 상호적으로 영향을 미치는 많은 행위의 산물이다. 이러한 집단적 행위는 특정한 방식으로 미래의 행위를 조건화하는, 동태적이고 문화적인 환경에 특정한 영향력을 미친다. 내가 이해하기로, 사회구조는 이 같은 실천적 타성태로 동태적으로 조직된 건물뿐만 아니라 교통 및 통신의 방식, 나무, 강, 바위 및 이것들과 인간행위 간의 관계 등을 포함한다.

거주의 인종적 칸막이화를 생산·재생산하는 과정은, 미래의 작용과 상호작용을 조건화함으로써, 누구도 그러한 결과를 의도하지 않았어도 구조적 관계가 어떻게 환경의 동태성(physicality)에 각인되는지를 보여준다. 기대와 행위 그리고 그 여파가 미국 내 많은 도시거주자들의 선택지를 제한하는 데 작용한다. 인종적으로 차별적인 행태와 정책은 백인이 대부분 떠난 지역으로 유색인이 살도록 국한시킴으로써, 유색인의 거주선택지를 제한한다. 이 지역의 부동산소유주들은 건물을 매각하려 하고 새로운 투자를 유치하는 데 난항을 겪는다. 흑인이나 라티노에게 한층 집중된 가난과 이들에게 불리한 해고 정책 때문에, 소수자 거주지역의 경제침체는 대개 훨씬 심각하게 느껴지며, 더 많은 사업자들이 폐업 혹은 이전한다. 정치인들은 보다 잘사는 백인이 사는 지역에 흔히 더 많이 호응한다. 그래서 게토(ghetto) 지역의 학교, 소방, 순찰, 제설작업, 쓰레기 처리는 형편없다. 그 결과, 유지보수가 안 되는 건물들과 기반시설까지 공간적으로 밀집되는 것은, 왜냐하면 사람들이 그곳에 투자하지 않으려 하기 때문에, 그곳에 사는 사람들의 고립과 불이익을 강화시킨다. 이렇게 인종화되는 과정과 별도로 간주되는 경제적 재구조화로 인해, 괴리된 지역주변의 주요 업주들은 폐업을 하고 시외곽지에 새로 개장하게 된다. 이 행위와 과정 모두가 맞물려진 결과, 많은 흑인 및 라티노 아이들은 열악한 교육을 받고, 황폐하고 위험한 환경에서 꿈을 잃어가는 사람들이 밀집된 지역에 몰려 살며, 희박한 취업 전망으로 살아가게 된다.[18]

사회구조의 동태적 측면을 거론하는 것은, 이 개념의 마지막 일면으로 우리를 견인한다. 법규칙과 자원이 동원되는 사회구조에 다르게 위치 지어진 사람들 사이에서 발생하는 작용과 상호작용은, 단지 행위의 동태적 조건을 유표(有表, mark)하는 집합적 효력이 있는 과거 작용을 기반으로만 발생하지 않는다. 구조화된 사회적 작용과 상호작용은 흔히 누구도 의도하지 않은, 그리고 심지어 모든 행위자들의 최상의 의도에 반대될 수 있는, 집합적인 결과가 나온다.[19] 비록 아무도 그러한 결과를 의도하지 않지만, 그 결과는 미래의 행위를 구조화하는 데 일조하는 주어진 환경이 된다. 예상컨대, 그 누구도 오킨이 주장한 일반적인 젠더화된 노동분업이 빚어내는, 많은 아이들의 빈곤에의 취약성을 의도하지 않는다.

정리하자면, 구조적인 사회집단은 자신의 기회와 삶의 전망을 조건화하는 상호작용적이며 제도적인 관계에서, 유사하게 위치 지어진 사람들의 집합이다. 처지를 조건짓는 작용과 상호작용이, 해당 구조적 처지에 위치 지어진 사람들의 다른 작용과 상호작용에 가용되는 법규칙과 자원을 강화시키는 방식으로 인해, 위와 같은 조건화가 생기게 된다. 많은 행위들이 합류된 의도되지 않게 파급된 결과는 흔히 그러한 기회와 제약를 빚어내고 강화하며, 대개 이러한 파급력은 행위자의 습관과 기대뿐만 아니라 미래 행위의 동태적 조건에 기회와 제약을 유표한다. 상호적으로 강화하는 이러한 과정은 처지 내에서의 관계 및 그러한 관계가 개인의 삶을 조건화하는 방식이 쉽게 변하지 않는다는 점을 의미한다.

인종에 기반한 차별성이나 민족에 기반해 우대처우를 하는 다른 대부분의 구조처럼, 구조적 집단은 때때로 문화집단에 기반하거나 혹은 이와 중첩되게 된다. 따라서 문화집단과 구조적 집단은 서로 상호배타적이거나 대립되는 개념으로 볼 수 없다. 나는 정체성의 정치로 불려야 하는 것과 그렇지 말아야 하는 것을 평가한다는 맥락에서, 문화집단과 구조 간의 상호작용에 대해 차차 설명할 것이다. 하지만 모든 민족집단 혹은 문화집단이 구조적인 집단차이를 생성하는 것은 아니다. 게다가, 어떤 구조적 차이는 문화적 관습이나 인식의 차이를 기반으로 생성되는 것이 아니라, 성이나 육체적 능력과 같은 몸의 차이를 기반으로 생겨니게 된다. 일부 구조는 사람들이 내우받는 방식, 그늘에 대한 가정, 그리고 그들의 계획을 실현시킬 수 있도록 그들이 갖는 기회에 중요한 파급력을 갖는다는 관계 상의 관점에서, 특정 속성으로 몸을 자리매김한다. 예를 들어, 장애인들 간의 커다란 신체적 차이에도 불구하고, 장애인을 일군의 사회집단으로 부르는 것이 타당할 수 있는 것은, 수단적인 특정한 기능, 누적된 환경 그리고 많은 사람들의 기대 등을 정상화하는 사회구조에서 비롯되기 때문이다.[20]

사회구조에 다르게 자리매김된 사람들은 이들의 구조적 위치로 인해, 사회적 관계와 해당 사회의 작동에 대한 차이 나는 경험과 이해를 한다. 흔히 그러한 차이는 특정한 측면에서 어떤 사람들은 우대되고 다른 사람들은 상대적으로 불리한 구조적 불평등에서 나온다. 구조적 **불평등**은, 자신의 사회적 위치로 인해 혜택에 더 쉽게 접근하거나 더 많은 선택지가 있는 사람들과 비교했을 때, 구조상 자신의 사회적 처지가 갖는 가능한 누적된 효과로서, 자유와 물질적 안녕에서 어떤 사람들이 마주치게 되는 상대적인 제약에 존재한다. 개인이 계획을 실행할 수 있거나 이익에 대해 접할 수 있는 능력은, 이러한 제약과 가능성이 결정하는 것이 결코 아니다. 더 제약된 상황에 처해진 사람들 중 일부는 유독 운이 좋거나 남달리 근면하고 똑똑할 수 있는 반면, 장애물이 없는 순탄대로에 있는 사람들 중 일부는 불행이 덮치거나 게으름이나 둔함으로 기회를 날리기도 한다. 하지만 구조적 장애물을 성공적으로 넘은 일부 사람들이, 구조적 장애물을 사실상 본적도 없는 다른 사람들과 같다고, 비록 특정 시점에서 그들이 대략 엇비슷한 수입, 권위, 위신 등을 갖고 있다 하더라도, 판단할 수는 없다.

4. 사회집단과 개인정체성

지금까지 나는 사회집단이 실체적인 하나된 정체성을 갖는 것이 아니고, 대신에 차별화된 관계를 통해 구성된다는 점을 제시하며, 정체성 개념과 집단차이 개념을 구분하고자 하였다. 이렇듯 정체성과 집단차이를 구분하는 또 다른 임무는 개인과 집단 간의 관계에 주목하게끔 만든다. 종족, 민족, 젠더, 인종에 기반한 일부 사회운동활동가들은, 마치 이들 집단의 친연성이 그 구성원 개인의 정체성 즉, 구성원들 모두가 공유하는 정체성을 구성하는 것으로 이야기한다. 하지만 이 담론은 바로 내가 앞에서 지적한 문제에 봉착한다. 즉, 각각의 개인은 필연적으로 많은 사회집단에 대한 친연성을 갖게 되며, 저마다 다른 개인은 사회집단의 위치 지어짐에 따라 다르게 구조화된다. 만약 개별 사회집단이 한 개인의 정체성을 결정한다면, 그 개인이 지닌 다중적인 집단친연성은 어떻게 결합되는가? 더 나아가 많은 사람들은 개인으로서 자신이 누구인지가 사회집단의 성원자격에 의해 특정한 방식으로 결정된다는 제안을 올바르게 거부한다. 집단정체성(group identity)에 의해 구성된 개인정체성(personal identity)이라는 개념은 개인 자유와 개체성(individuality)을 충분히 설명하는 데 실패한다.

이러한 실패는 집단이 단지 허구라거나 개인의 가능성과 어떤 연관성이 없다는 것을 의미하지는 않는다. 하지만 개인이 집단과 맺는 관계는 어떤 정체성이 아니다. 사회집단은 개인을 특정 처지에 위치시키지만, 개인의 정체성은 해당 개인의 구조적 처지에 의해 구성된다기보다 위치한 사회적 처지에서 갖는 개인의 능동적인 관계로 형성된, 본인 자신의 것이다. 개별 주체는 본인의 정체성을 만들지만, 본인이 위치지어진 조건은 자신이 선택할 수 있는 것이 아니다.

사회이론의 중요한 흐름은 개인의 주체성(subjectivity)과 정체성을, 해당 개인이 태어나고 자라난, 그리고 자신의 삶의 길을 본인이 열어온 사회적 관계에 의해 구성되거나 조건화되는 것으로 설명한다. 사회적 관계, 제도, 구조는 시간적으로도 존재론적으로도 개별 주체보다 선행한다. 한 개인은 파워, 자원의 분배, 사회적 위상(status)에 따른 규범, 문화적으로 차별화된 관행 등으로 이미 구조화된 등고선(等高線, configuration)을 마주한다.[21] 특별하고 각별한 개인은 이들 지대(地帶, field)에서 특정된 처지에 처한다. 개인을 자리매김한다는 것은, 사람들이 어떤 사회적 범주에 속하는 것으로서 또한 자신 혹은 다른 사람과의 특수한 관계에서 성립된 것으로서, 서로를 규정하는 그리고 서로의 관계에 대한 규범과 기대를 강제하는 소통적 상호작용의 과정을 통해 생긴다. 어떤 개인도 다른 개인과 정확하게 똑같은 자리에 위치 지어지지 않지만, 이들은 삶의 지대를 구조화하는 관계의 측면에서 볼 때, 본인의 소재지에서 서로 '더 가깝'거나 '더 멀'다. 유사한 처지에 자리매김된 주체들은, 사회적 관계에서 그들만의 표현방식과 친연성으로 유사한 제약과 가능성을 경험한다. 사람들은 그동안 퇴적되고 침전된 의미와 물적 지형이라는 주어진 역사가 관류하는 세상에 던져지며, 해당 사회지대에서 다른 사람들과의 상호작용은 주어진 의미, 기대되는 활동, 제도적인 규칙과 이것의 파장과 파급력에 따라 우리의 소재가 파악된다. 우리는 행위의 가능성이자 제약의 원천인, 계급, 젠더, 인종, 국적, 종교 등의 관계로 자리매김된 자신을 발견한다.

나는 다른 지면에서 사르트르의 '시리얼리티(seriality)' 개념이 사회적 주체들의 정체성을 구성하지 않고도, 그들의 가능성을 조건화하는 구조적 자리매김을 이론화하는 데 유용할 수 있다고 제안했었다. 사르트르의 개념에서 노동계급(혹은 자본가계급)이 된다는 것은 노동소유(labor ownership)의 물질적 조직화로 구성되는, 그리고 노동과의 관계에서 자본의 파워로 구성되는 어떤 시리즈(series)의 일부가 되는 것이다. 나는 여성임(being a woman)이라는 젠더의 자리매김이, 다른 여성과 공유하는 어떤 사회적 속성과 정체성이 있음을 암시하지 않는다고 언급했다. 대신, '여성'이란 개인들이 강제된 이성애적 규범과 성별노동분업에 의해서 처지가 정해진 자신을 발견하는 어떤 시리즈이다.[22] 이성애적 상호작용의 규범과 기대, 그리고 아이를 돌보는 것과 같은 특정한 사회활동에서 발전된 습성은 모두 사람들의 정체성을 구성하지는 않지만, 사람들의 마음가짐과 친연성을 조건화하기 마련이다.

사회적 과정과 상호작용은 개별 주체를 이미 존재하는 관계와 구조상의 처지에 배속시키며, 이러한 자리매김이 그들이 누구인지를 조건화한다. 그러나 이러한 자리매김이 개인의 정체성을 결정하거나 정의하지는 않는다. 개인은 자신 행동의 행위주체이다. 우리는 우리 자신의 정체성을 이루며, 따라서 개별 개인의 정체성은 특정하다. 하지만 우리는 기존의 구조 속에서 본인의 정체성을 형성하게 되는 조건을 선택할 수 없으며, 우리는 다른 사람들과의 정해진 관계로 우리를 자리매김하는 조건 속에서 우리 자신을 만들어 갈 수 밖에 없다. 우리는 주어진 구조적 상황에서 다시 말해, 의미, 관행, 우리가 던져진 구조적 조건과 이들의 상호작용과의 관계에서 행위한다. 문화적 성원자격(cultural membership)의 도덕적 가치에 대한 최근의 많은 문헌 중 일부는 자아를 조건화하는 이 같은 방식에 대해 논한다. 어떤 집단의 언어와 역사적인 내러티브, 문학, 상징, 경축방식 등은 개인에게 자신의 개체성을 표현하고 세상을 해석하는 맥락과 매개체를 제공한다.[23] 계급, 젠더, 인종, 나이라는 사회구조에서 지위매김된다는 것은, 가능한 행위를 제약하거나 가능하게 함으로써 예를 들면, 사람들 간 우월함 및 경외의 관계를 가능하게 하는 것을 포함해, 개인의 삶을 조건 짓는다.

하지만 이들 중 어떤 것도 개인의 정체성을 결정짓지 않는다. 객제는 구조화된 사회적 관계에 위치한 본인의 자리매김에 의해서 조건 지어진다. 그러나 객체 또한 **행위주체**이기도 하다. 행위주체가 된다는 것은 당신은 삶을 조건화하는 제약과 가능성을 담임할 수 있으며, 당신 자신의 방식으로 그 속에서 무언가를 제작할 수 있음을 의미한다. 예를 들어, 어떤 여성들은 여성다움(feminity)이라는 규범을 긍정하고 내면화하지만, 다른 어떤 여성들은 그러한 방식으로 자신의 행위와 마음자세를 평가하는 것에 저항한다. 계급적 자리로 인해 어린 시절이 상대적으로 힘겨웠던 사람들은 상사를 대상으로 한 노동계급의 호전적 태도를 발전시키기도 하지만, 유사한 경험에서 성장한 또 다른 사람들은 더 높은 계급으로 진입하겠다는 투지를 다지기도 한다. 우리가 문화적 의미하기와 구조적 자리매김을 경험하는 것은 다른 사람들과의 독특한 사건과 상호작용 속에서 발생하며, 독특한 사건은 사회적 사실보다 우리 스스로에 대한 자의식에 대체로 더 중요하다. 우리가 우리 자신을 형성해가는 방식은 또한 다층적인 문화적·구조적인 집단의 성원자격에 대한 우리 태도의 함수이기도 하다.[24] 콰메 앤소니 애피아(Kwame Anthony Appiah)의 표현에 따르면, '우리는 우리의 문화와 사회 덕분에 비로소 가용할 수 있는 선택지라는 작업도구로 우리 자신을 만든다. 우리는 선택을 하지만, 우리는 우리가 선택하는 선택지를 결정하지는 않는다'.[25]

개인의 정체성을 구성하지 않는 사회집단과의 관계 속에 개인의 자리가 매김되는, 이른바 조건화된 주체로 개인을 이해하는 것은 정체성이란 '여러 구슬을 꿴 목걸이(pop-bead)' 문제를 해결하는 데 도움이 된다. 즉, 어떤 개인의 정체성은 그 사람의 젠더, 인종, 계급, 민족적 친연성의 어떤 도합이 아니다. 그 사람이란, 무엇보다도 다른 사회집단의 자리매김과 관계해서 본인이 상대하고 행위하는 방식으로 만들어 온 자신의 정체성일 뿐이다.

더 나아가 개인정체성과 사회적으로 처한 자리를 이러한 방식으로 개념정의하는 것은, 정의를 진흥시키려는 민주적 소통에서 사회집단의 차이를 밑거름으로 보는 아래와 같은 나의 주장에 몇 가지 함의를 갖는다. 첫째, 이 같은 개념정의는 개인에게 정의라는 중요한 이슈를 제기하는, 집단 간 지배와 종속의 구조적 관계를 직시할 수 있게 한다. 더 나아가 자리매김(positioning)이라는 은유는, 사람들이 행위하는 사회적 관계와 가능성으로 인해, 사람들이 늘 해오던 엇비슷한 경험을 하거나 사회가 돌아가는 방식에 대한 대동소이한 지식을 갖게 되는 방식에 대한 지적이 가능해진다. 자리매김이란 개인정체성을 결정하는 것이 아니라 조건화하는 것으로 이해하는 것은, 사회집단의 구성원들이 공유하는 어떤 '고정된' 혹은 '진정한' 집단정체성을 갖지 않는다는 직관에 힘을 실어준다. 경험적으로 우리는 누군가가 유대인임(being Jewish) 혹은 여성임에 대해, 흔히 사람들은 매우 다른 태도와 행동방식을 갖는다는 점을 안다. 사회집단의 자리매김과 관련해 개인이 자유롭게 행위한다는 것은 이러한 사회적 관계를 탈바꿈시킬 수 있는 집단행동의 가능성을 만든다. 개인이 다(多)측면으로 자리매김하는 것은 또한 정치적 행위자로서 개인이 사회적이고 문화적인 차이의 관계에 대한 지식을 활용할 수 있게 한다.

5. 정체성의 정치인 것과 아닌 것

차이의 정치에 대한 일부 비판가들이 차이의 정치를 '정체성의 정치'로 환원하는 것은 틀린 것이다. 이들은 사회집단의 차이로 된 특정성으로부터 야기된 정치운동을 집단정체성이나 단순한 자기위주적인 이익강변으로 환원한다. 흔히 집단의식적 사회운동은 사회적 차이를 봉인하기보다, 사회정의를 진작시키기 위한 정치적 포용의 조건으로서 고려해야 함을 주장한다. 하지만 '정체성의 정치'라는 이름표가 이러한 사회운동의 일부 요구 및 자아개념과 전혀 맞지 않는 것은 아니다. 따라서 이제부터 나는 정체성의 정치로 볼 수 있는 공적 활동과 관심사를 그렇지 않은 것들에서 솎아내고자 한다.

역사적으로 배제되거나 지배받은 집단들은 모두, 그들 입장에서 볼 때, 지배적인 사회가 자신들을 호도해온 고정관념과 비하표현을 입장 바꿔서 볼 수 있게끔 담론과 문화적 표현물을 제작해왔다. 예를 들어, 정치의식을 가진 원주민의 사회운동은, '문명화된' 제도와 관행에 대한 식민주의적 개념정의에 대한 대응으로서, 원주민의 통치형태, 기술, 예술에 대한 적극적인 이해를 증진해왔다. 미국 내 많은 아프리카계 미국인은 역사적으로도 그리고 지금도 지배적인 담론에서 그들이 경험한 자신의 삶과 경험에 대한 불가시성(invisibility)과 왜곡에 대한 대응으로서, 그들의 저항적 제도와 문화적 표현의 독창성(ingenuity)에 대한 자부심을 함양해왔다. 여성성(feminity)에 대한 지배적인 이해를 상대적 유약함과 자아 없는 육아로 등치시켜온 곳에서, 일부 페미니스트들은 전형적으로 여성적인 활동과 관계를 총명함과 강인함의 표현으로 재해석해왔다. 이와 같이, 비하적인 고정관념에 대응한 집단구성원들의 전형적인 경험과 활동의 해석과 재해석을 '정체성 정치'로 부르는 것은 맞다고 본다. 이러한 해석과 재해석은 흔히 소설, 대중가요, 연극, 그림과 같은 문화적 산물로 표현된다. 흔히 이러한 해석과 재해석은 집단의미 및 집단 내 다른 구성원들과의 친연성 관계에서, 자신의 개인정체성을 확인하기 위해 개인이 택하는 가시적인 기획이다. 이것의 기능은 부분적으로는 집단친연성(group affinity)을 함께 하는 사람 간의 연대성을, 또한 더 큰 사회에 정의를 요구하는 정치적 주체로서의 감각을 독려한다.

사회의 비하적 판단, 주변화, 불평등에 대한 대응으로서 정치적으로 동원되는 일체의 운동이나 조직은, 이러한 의미에서 '정체성의 정치'와 결부될 필요가 있다고 제안한다. 노동계급과 가난한 사람들의 운동은 젠더, 인종 혹은 식민지화된 집단만큼이나 집단에 대한 긍정적인 개념정의를 주장해왔다. 이처럼 연대성을 만들어가는 문화정치의 특징은, 문화정치운동이 운동의 주체성과 고유한 미덕을 더 많은 공중이 인정하고 존중해주기를 기대한다는 측면에서, 특정성과 차이에 있다. 하지만 이 같은 집단의 공중에 대한 정치적 요구는 다른 집단들과 차이를 갖는 정체성에 대한 항변이나 혹은 자신의 다른 집단과 구별되는 독특성이 인정받아야 한다는 단순한 주장에 그치지 않는다. 대신, 인정에 대한 요구는 대개가 차별, 불평등한 기회, 정치적 주변화 또는 불공정한 부담에 항거하는 요구의 일부이거나 그 수단으로서 기능한다.

하지만 나는 '정체성의 정치'라는 이름의 사회운동과 활동에서 또 다른 더 모호한 점을 보게 된다. 정체성을 재평가하고 요구하는 기획은, 흔히 어떤 문화집단의 역사, 관습, 의미가 무엇을 뜻하는 지에 대한 개인적이고 집단적인 탐험을 반드시 포함한다. 많은 사람들은 그러한 의미를 기록하고, 이를 음악, 시각적 이미지, 서술되고 보여진 내러티브 같은 창의적인 표현에 덧붙이는 데 상당한 에너지를 쓴다. 자리매김된 경험과 문화적 의미의 탐험은 대다수 사람들에게 자아의 중요한 원천이다. 이런 이유에서, 특히 문화적 의미를 외화(外化, expressive)하고 기록물화(documentary)할 수 있는 가능성에 대한 탐구는 그 자체가 가치 있는 인간의 노력이며, 사회집단을 계속해서 만들어내는 데 기여하는 것이다. 하지만, 그 자체로도 그렇지만 갈등, 정치적·경제적 우내됨 또는 시민의 자유와 거리가 있는 것이라는 점에서 이러한 노력은 **정치적**인 것은 아니다. 사회운동 일각에서 이러한 활동을 정치로 잘못 생각하는 만큼, 혹은 사회운동이 구조적 불평등과의 관계에 있는 정치적 경합을 대체하는 만큼, 정체성의 정치에 대한 비판의 근거는 그 만큼 타당하다 할 수 있다.

하지만 문화적 의미를 탐구하는 프로젝트는 어렵지 않게 적어도 다음의 환경 속에서 정치적이 된다. (1) 사람들은 때때로 특수한 문화적 실천들에 관여하는 자신의 자유가 축소되었다는 것을 발견하거나, 혹은 사람들은 자신의 문화정체성을 표현하고 보존하기 위해 결사를 결성하는 데 있어 장애에 부딪히게 된다. (2) 비록 사회적·문화적 관용이 존재하는 곳에서도, 개별 집단은 공립학교에서 자신의 문화적 관례와 의미를 자녀에게 마땅히 학습시킬 수 있다고 믿기 때문에, 때때로 교육적 관행과 교과내용의 맥락을 둘러싸고 정치적 갈등이 분출된다. (3) 비록 집단에 대한 자신의 친연성을 탐구하고, 소수의 관행에 참여하며, 또한 결사체를 결성하는 형식적인 자유가 있다 하더라도, 때때로 집단들은 그들 문화적인 의미를 창의하고 탐구하고 알아내는 기획을 진작하기 위해 필요한 미디어, 제도, 자원에 접근할 수 없음을 알게 된다. 이 모두가 흔히 '다문화'정치라는 표제 아래에서 언급되는 모두에게 익숙하고 많이 논의된 갈등들이다. 나는 이러한 이슈를 연구하는 어려움과 중요성을 축소하려는 것이 아니다. 여기서 지적하고자 하는 것은 집단에 기반한 정치적 요구의 대부분은 문화적 의미의 표현과 보존에 관련된 갈등으로 환원될 수 없다는 것이다.

찰스 테일러(Charles Taylor)의 인정의 정치(politics of recognition)는 차이의 정치에 대한 매우 영향력 있는 해석이다. 테일러는 집단구성원들의 문화존중과 보존뿐만 아니라 문화집단의 친연성이, 그들의 자아의 원천을 제공하기 때문에, 많은 사람들에게 매우 중요하다고 주장한다. 어떤 개인이 속한 집단이 다른 집단들과 동등한 위상을 가질 수 있는 공적 인정을 받지 못한다면, 그 개인은 평등한 존엄을 받지 못하는 것이다. 따라서 어떤 정치운동은 그러한 의미에서 정의의 요구로서 인정을 추구한다.[26] 나는 차이를 보이는 문화집단에 대한 인정과 존중의 요구는 흔히 있으며 또한 이는 정의의 요구라는 데 동의하는 반면, 테일러 및 인정받지 못함은 주로 불평등이나 억압과 무관한 정치적 문제라는 테일러의 논의를 채택해온 학자들에 대해서는 동의하지 않는다. 테일러에 따르면, 집단들은 다른 가치를 목적으로 하거나 그것을 추구하는 과정이 아니라, 해당 집단 자체를 위해 즉, 문화집단으로서의 의미와 자부심을 보존하기 위해 인정을 추구한다는 것이다. 그러나 나는 이러한 설명이 집단이 인정을 요청하는 대부분의 상황에 해당된다고 생각하지 않는다. 민족, 문화, 종교, 언어집단이 인정을 받지 못하는 문제가 존재하는 곳에서는, 자원의 통제, 정치영향력과 경제참여라는 혜택에서의 배제, 전략적 파워 혹은 기회로부터의 분리 등의 문제들이 또한 늘 함께 한다. 다시 말해, 인정의 정치는 정치적이고 사회적인 포용을 요구하는 수단이거나 그들을 불리하게 만드는 구조적 불평등을 종식하려는 수단이나 혹은 그것의 일부이다.

오늘날 아프리카계 미국인의 정치운동은 많은 사람들에 의해 '정체성의 정치'로 해석되어 왔다. 하지만 이들 활동가들이 내세우는 요구의 주축을 살펴보면 그러한 이름표에 의문이 든다. 많은 아프리카계 미국인은 인종으로 유발된 혐오범죄를 막고, 그러한 범죄를 도모하거나 범한 자를 처벌하는 보다 준엄한 조치를 요구한다. 많은 도시들에서 아프리카계 미국인이 다른 집단들 보다 더 많이 당하는 남용과 자의적인 대우를 처벌하고 방지하려는 노력으로, 시민에게 보다 소명책임을 다하는 경찰을 만들려는 독촉과 박차가 이들로부터 줄을 잇는다. 아프리카계 정치인들과 활동가들은 미국의 교육현장, 노동시장, 주거지역에서 제도적인 인종주의가 지속된다고 주장해왔으며, 차별금지를 관철하고 불이익 받는 개인과 지역사회가 발전하도록 자원과 자리들을 재분배할 수 있는 보다 능동적인 조치들이 취해져야 한다고 주장해왔다. 이러한 요구 중 많은 부분들이 한 사회집단으로서 아프리카계 미국인은 미국사회의 다른 사람들과 차이 나게 자리매김된다는 주장을 포함하며, 또한 활동가들 역시 아프리카계 미국인의 문화형식과 연대성에 있어 자긍심을 주장한다. 그럼에도 정의의 주된 요구는 문화적 차이라기보다 구조적 불평등에 대한 경험과 관련된다.

원주민의 사회운동은 어떻게 되는가? 원주민정치는 필연적으로 이들 집단의 문화적 차이를 인정하라는 요구로 이어진다. 원주민은 이들의 특정한 정체성을 지워버리려는 식민주의자들의 시도에 고통받아왔다. 이들은 소멸되었고, 뿔뿔이 흩어져 살게 되었고, 죽임을 당했다. 그리고 이들의 언어, 종교적 관례, 예술적 표현은 탄압받았다. 이들은 자신을 계속해서 지배하는 사회에서 자신의 특정한 문화를 인정하고 지원할 것을, 그리고 그 문화를 표현하고 회복하는 자유를 요구한다. 하지만 원주민에 대한 식민주의자의 억압은 문화제국주의를 포함할 뿐만 아니라, 동시에 원주민의 삶이 파생되는 땅과 자원의 박탈, 그리고 이들의 통치제도에 대한 억압을 포함한다. 정복과 뒤이은 지배와 경제적 주변화의 결과로, 원주민은 오늘날 흔히 자신이 연계된 사회에서 가장 빈곤한 사람들이다. 그렇기 때문에, 원주민의 주된 요구는 그들이 어디에 살든, 통치제도와 행정에 대한 자기결정 및 자신의 경제발전을 위한 땅과 자원에 대한 통제권 회복에 대한 요구이다. 자기결정 역시 문화적 자율성을 포함한다.

문화집단의 '정체성' 주장은 대개 우대됨(privilege)과 불리함(disadvantage)이라는 구조적 관계의 맥락에서 나왔다고 나는 제안한다. 예를 들어, 유럽과 북아메리카의 많은 무슬림은 공공장소에서 전통의상을 입을 수 있는 권리를 항변하고 종교의 자유를 요구한다.[27] 많은 중동, 북아프리카, 남아시아 이주민들은 자신이 지난 수십 년간 살아왔고 지금은 본인 자식들이 태어나 불이익 받는 청년기를 보내고 있는 독일, 네덜란드, 프랑스가 차이가 있는 자신을 사회의 온전한 구성원으로서 그대로 마땅히 받아들여야 한다고 주장한다. 이들 중 대부분은 주거, 교육, 고용의 차별을 경험하며, 외국인 혐오폭력이나 학대행위의 대상이었으며, 정치참여에서 주변화되거나 배제되었다. 이러한 맥락에서, 문화적 인정에 대한 요구는 그 자체를 목적으로 해서 항변되지 않는다. 평등은 자신의 문화적 차이를 탈피해서는 안 되며 또한 그것을 사적인 것으로 보아서도 안 된다는 강변자들이 있는 곳에서, 이러한 문화적 인정에 대한 요구는 정치적 포용과 평등한 경제적 기회에 대한 요구의 일부분이다.

분열적인 정체성의 정치라 조롱당하는 정의에 대한 정치적 요구에 대한 비판을 마지막 사례로, 게이와 레즈비언의 정치적 요구를 검토해 보겠다. 특히, 게이로 '존재(be)'하는 것이 무엇을 의미하는지를 '규명'하려는 노력에 대한 내부의 움직임 이후, 이성애적 규범을 넘어서는 욕구와 행위를 가진, 게이와 레즈비언 제도에 친연성을 발견한 많은 사람들은, 다른 사람들과 공유하는 '게이정체성(gay identity)'을 갖는다거나 표현한다는 점을 부정했다. 이들이 요구하는 것은 자신의 욕구를 숨김없이 표현하는 자유가 있어야 하며, 또한 학대폭력이나 직장이나 주거를 잃는다는 두려움 없이 게이/레즈비언 제도를 육성하는 자유가 있어야 한다는 것이다. 더 나아가 동성애 배우자도 이성애 배우자가 결혼을 통해 가질 수 있는 것처럼, 세법, 소유관계, 배우자의 고용혜택에 대한 접근성 등에서 똑같은 물질적인 유익에 접근할 수 있어야 한다고 요구한다. 이 같은 정의의 요구는 대부분 '정체성'의 요구가 아니다. 그렇다고 이는 '인정'에 대한 단순한 요구도 아니다. 이러한 요구는 차이를 근거로 사회적·경제적 불리함을 겪지 않고도, 다수인들과의 차이를 감추지 않아도 될 정도로 자유로워야 한다는 요구이다.

요약하자면, 나는 이 절에서 집단에 기반한 어떤 정치적 담론과 요구는 '정체성 정치'로 적정하게 이름붙일 수 있다고 주장한다. 때때로 집단들은 비슷한 상황에 놓인 사람들 사이에서 상호 간의 동일치성을 함양하고자 하며, 그렇게 함으로써 본인과 다르게 위치 지어진 사람들과의 갈등 및 대립을 실제로 표출할 수 있을 것이다. 이를 통해 이들은 자신이 부당하게 지배당했거나 억압당했다고 주장할 수 있다. 하지만 이와 같이 연대성을 형성하는 '정체성의 정치'는 주변화된 문화집단만큼이나, 경제적 계급 같이 구조적으로 차별화된 집단의 전형이다. 더욱이, 표현의 자유, 교육과정의 내용, 공식 언어, 미디어 접근 등과 관련된 다문화정치도 '정체성의 정치'로 적정하게 불릴 수 있다. 하지만 대부분의 집단의식적 정치적 요구들은 그 자체가 정체성의 인정에 대한 요구가 아니며 오히려 공정성, 기회의 평등, 정치적 포용에 대한 요구이다.

차이의 정치에 대한 비판은 이러한 요구의 분열성(divisiveness)을 걱정한다. 이러한 요구가 흔히 이의와 갈등을 촉발한다는 점은 의문의 여지가 없다. 하지만 다양한 집단들이 정의를 요구할 때, 우리는 다른 집단들의 이의나 적대성이 갈등을 빚어낸다는 이유만으로 그러한 요구를 기각할 수 없다. 포용적인 소통적 민주주의라는 규범은 부정의가 있음을 구성원들에게 알리고 설득하려는 공중에 대한 요구는 반드시 [공중의 귀에] 청문되어야 하며, 경청을 거부하는 사람들을 비판해야 한다고 주장한다. 공중을 향한 본인이 겪은 차이들을 함구하라 설득하는 공동선에 대한 호소는, 구조적 불평등이나 뿌리 깊은 의견차이가 있을 때에 정의를 증진하지 못한다. 나는 이제부터 이러한 사회집단에 근거한 갈등이나 이의가, 다른 위치에 처한 사람들의 목소리들 즉, 이들의 차이를 가로질러 나오며 이들 서로에게 소명책임이 있는 목소리들을 공중이 포용할 때, 더 잘 피할 수 있거나 더 잘 극복될 수 있으리라 주장한다.

6. 공적 판단에서 차이를 가로지르는 소통

이제 우리는 차이의 정치가 그것이 자기위주적인 연고주의(parochialism)를 조장하고 진정한 공적 삶을 파괴하기 때문에 민주주의를 위험에 빠뜨린다는 엘쉬타인의 주장으로 돌아가고자 한다. 엘쉬타인은 진정한 민주적 과정을, 한편으로 사적이고 일부분적인(partial) 차이를 덮는 시민성원자격(citizenship)이라는 공적 덮개를 참여자들이 전제하는 것으로, 다른 한편으로 불편부당(impartial)하고 단일한(unitary) 영역으로 참여자들이 진입하는 것으로 개념화한다. 이러한 개념정의는 정치란 단지 공적 정신이 존재하지 않는 사적 이익 간 경쟁이나, 혹은 정치란 공동선을 추구하기 위해 사적 소속감(affiliation)과 이해를 앞세우면 안 되는 시민의 공적 토론에서 다른 시민들에 대한 평등한 존중에 매진하는 것으로 보는 것이다. 나는 이 같은 입장을 이분법적 오류라고 주장한다.

차이, 시민성 그리고 정치적 협력

차이와 시민성(civility)을 지나치게 양사택일로 대립시키면, 대부분은 시민성을 선택하지 않을 수 없다. 하지만 일부분적이고 특정한(particular) 차이를 내세우지 않거나 초월해야 한다고 주장하는 심의정치(deliberative politics)의 개념은, 차이의 정치가 알려주는 교훈을 잊거나 부정한다. 만약 집단에 기반해 자리매김된 차이가 일부 사람들에게는 더 센 파워, 더 많은 물적·문화적 자원 그리고 더 권위 있는 목소리를 준다면, 불편부당해 보이는 사회규범과 담론은 대개 편향적이다. 구조적인 사회적·경제적 불평등이라는 환경 속에서, 흔히 특정 집단의 상대적인 파워는 그들의 경험, 퍼스펙티브, 우선순위와 양립되는 방식으로 그들이 공동선의 개념을 지배할 수 있게 한다. 이러한 사회적 우대됨(social privilege)의 전체적인 여파는 특정 이슈에 대한 해당 집단의 퍼스펙티브를, 그것을 다르게 볼 수 있는 적절한 근거를 가진 사람들에게 도전받지 않고도 권위 있는 지식으로 전환시킬 수 있는 능력이다. 이 같은 동학은 형식상 민주적인 과정 속에서 정치적 불평등이 사회적·경제적 불평등을 재생산할 수 있도록 동조하는 주요한 방식이다.

특히, 기틀린과 하비 같은 일부 좌파 비판가들이 차이의 정치를 거부하고, 계급이 젠더나 인종의 일부분성(partiality)에 반대되는 공동성(commonality)이라는 비전을 제공한다고 주장하는 것은 아이러니하다. 왜냐하면 노동계급의 퍼스펙티브를 대변하고 있는 사람들은 자본가계급의 경제적·사회적 파워로 인해 계급적 퍼스펙티브가 정치적·문화적 제도를 지배할 수 있도록 허용되었을 뿐만 아니라, 하나의 보편적인 퍼스펙티브로 통용되었다고 오래도록 주장해왔기 때문이다. 자본가계급은 심의의 양상과 정책결정을 자신의 목적에 맞게 통제할 수 있으며, 그리고 동시에 자신의 이익을 공동의 또는 보편적인 이익으로 표상시킬 수 있다. 이러한 논거에 따르면, 공동선이라 강변하는 이러한 요구가 특정한 특수이익에 복무하거나 혹은 특정한 사회 부문의 경험과 퍼스펙티브를 주로 반영한다고 밝힐 수 있는 유일한 방법은, 그 이익이 자칭 공동의 정책에 복무하지 않음을 공적으로 언급하고, 특수이익이 배제하는 경험과 퍼스펙티브의 특정성을 공적으로 설명하는 것이다. 이슈의 공식화와 우선순위가 남성적인 경험을 규범으로 허다하게 상정하고 있다는 페미니스트들의 주장이나, 정치적 의제가 다수자들의 우대됨과 경험을 전제하고 있다는 인종적 혹은 민족적 소수자들의 주장은 이러한 분석의 연장선에 놓이게 된다. 한 사회가 사실상 우대됨과 불리함의 구조적 관계에 의해 차별화되는 만큼, 해당 사회의 모든 사람들은 어떤 공동이익 혹은 공동선을 갖는다는 주장은 두터운 검증을 받지 않으면 안 되며, 이는 차별화된 사회적 자리(differentiated social positions)에 각별히 주목하는 비판적인 토론에 의해 유효화될 수 있을 뿐이다.

적어도 구조적인 우대됨과 불리함의 환경이 지속되는 동안에는, 공적 토론과 의사결정을 통해 정의를 진흥하려는 정치는 사적 이익의 경쟁이 아닌 또한 공동선에 대한 차이가 봉인된 공적 토론도 아닌, 제3의 대안을 이론화하고 실천해야 한다. 이 같은 제3의 길은 이슈에 적실한 특정 사회집단의 놓여진 처지를 포함하고 인정하는 공적 토론과 의사결정의 과정에 있다. 제3의 길은 상이한 처지에 있는 집단의 사람들의 위치 지어진 지식을 이들의 연고적 이익을 넘어서서 공중의 이해를 확장시키는 밑거름으로 활용할 수 있는, 이 같은 과정에 있다고 할 수 있다.[28]

정치행위자들이 특정한 이익과 경험을 설명하고 공공정책이 사회적 차이를 응당 주목해야 한다고 요구할 때, 그들이 필연적으로 다른 집단들의 이익에 역행하고 자기위주적인 이익만을 항변할 뿐이라고 보는 것은 결코 사실이 아니다. 때때로 집단들이 자신의 이익이나 선호만을 강변한다는 것은 의심할 바가 아니지만, 또한 때때로 집단들은 정의와 부정의에 대해 주장을 한다. 노동자, 여성, 무슬림 또는 원주민을 대신하여 더 큰 공중에게 이야기하는 사람들은 때로는 비판적이며 규범적인 호소를 하며, 그들이 하는 비판과 요구를 정당화할 준비가 되어 있다. 그들이 이 같은 태도로 그렇게 호소할 때, 비록 그들은 자신의 특정한 상황과 처지에 주목하고 있는 것이지만 분열주의적(separatist)으로 그리고 자기만 바라보는 방식으로 행동하는 것이 아니다. 기존의 제도와 정책을 비판함으로써 혹은 다른 집단의 요구와 제안을 비판함으로써, 그들은 포용, 인정, 형평(equity)을 위해 더 큰 공중에게 호소하는 것이다. 이렇게 공중에게 외화된 표현은 그들이 비판하고 경합하는 사람들과의 정치적 인연(political engagement)을 인정하고 두둔한다는 의미이다.

작동하는 민주정치는 차이가 있는 환경 속에서의 갈등에 대한 해법을 강구하기 위해 서로 함께하겠다는 어떤 의식을 시민들에게 요구한다고 보는, 공동선에 대한 호소를 강조하는 비판가들의 주장은 당연히 옳다. 하지만 함께한다는 이러한 의식이 상호 간 동일치성까지 요구한다고 주장하는 것은 지나치다. 함께한다는 명분은, 문제와 갈등을 민주적으로 수용할 수 있는 방식으로 해결하려는 목적을 넘어, 공유된 이익이나 공동선을 찾고자 하는 것으로 인식되어서는 안 된다. 문제를 해결하려 노력하는 것은 특히 이슈가 우대됨의 구조적 관계와 관련될 경우, 일부 사람들의 이익이 만족되지 않을 수 있다는 것을 때로는 정당하게 의미할 수 있다. 일부 이익을 다른 이익보다 증진하는 것이 정치적 문제에 대한 가장 정의로운 해법이 될 경우일지라도, 형평성(fairness)은 하나의 공동선을 성취하는 것이라기보다 다양한 선들과 이익들의 조정을 반드시 포함한다.

정치적 협력(political co-operation)은 내가 1장에서 검토한 공동선이나 공유된 이해보다 덜 실체적인 일체성(unity)을 요구한다. 이는 먼저 제도, 상호작용, 의도하지 않은 결과라는 그물망에서 서로의 삶과 행위가 서로에게 영향을 미치는 사람들은, 그들이 상호영향을 미치는 이 같은 공간에서 함께한다는 점을 인정할 것을 요구한다. 이들의 갈등과 문제는 이와 같은 함께함에 의해 빚어진 것이다. 정치적 협력이 요구하는 일체성 역시, 이러한 방식으로 함께하는 사람들은 평화적이고 규칙에 복속된 의사결정이라는 수단을 통해서, 그들의 갈등을 해소하고 또한 그들의 집합행동으로 야기된 문제를 해결하기 위해 함께 전념해야 한다는 점을 수반한다. 마지막으로, 정치적 협력은 이렇게 함께하는 사람들을 하나의 정체의 구성원으로서 이해해야 한다. 이는 바로 동의에 기반하고 공적으로 인정된 절차 아래에서, 그들이 자신의 문제해결을 위한 토론과 의사결정을 주관해야 함을 의미한다.

민주적 의사결정을 위한 이러한 일체성 조건은 현실 세계에서 매우 드물다는 것 다시 말해, 이를 만들어내기도 유지하기도 어렵다는 것은 확실하다. 공동선을 옹호하는 이론가들은 공적 토론에서 집단의 차이를 주목하는 것은 협력적인 의사결정에 함께함을 위험하게 한다고 두려워한다. 아마도 때에 따라 그렇기도 하기도 하다. 그러나 더 흔하게 일부 집단들이나 분파들은, 적어도 그들 자신의 시각에서, 그들의 경험, 필요, 이익이 정치적 의제에서 배제되고 주변화되었거나 혹은 토론과 의사결정에서 억눌려왔기 때문에, 협력을 거부하는 것이라고 나는 생각한다. 가시적이고 차별화된 포용의 방식만이, 특히 일부 사회집단의 구성원들이 어떤 혹은 많은 측면들에서 더 우대받을 때 생기는 그러한 거부감을 줄일 수 있다.

차이와 공중

어떻게 사회적 차이(social difference)가 민주적 소통을 향한 잠재적인 밑거름(resource)이 되는지를 이해한다는 것은 엘쉬타인 등과 다르게 **공중**의 의미를 해석한다는 것이다. 전술했듯이, 엘쉬타인은 공중을 특정하고 일부분적이며 차별화된 사회 부문들과 대립되는 것으로 이해한다. [이 해석에 따르면] 시민으로서 개인은 다른 시민들과 보편적이고 불편부당한(일부분적이지 않은, impartial) 퍼스펙티브를 공유하는 공동의 공간에 입장하기 위해서 자신 삶의 특정성(particularities)을 봉인해두거나 내세우면 안 된다. 하지만, 내가 보기에 이렇게 시민성원자격을 보편성으로 해석하는 것은 실질적으로 공공성의 가능성을 깎아먹는 것이다. 나는 일체성보다 **복수성**(plurality)을 공중의 특징으로 이해하는 한나 아렌트(Hannah Arendt)와 그녀의 사상에 대한 최근의 해석을 따른다.

아렌트에게 공중(공적인 것, the public)이란 언어, 전제, 이슈를 바라보는 방식을 공유하는 사람들이 대화하는 편한 자리가 아니다. 아렌트는 공중의 것을 행위자들이 다른 행위자들과 상대하고 복수의 퍼스펙티브로 서로가 상호검증과 판단의 대상이 되는 모습이 나타나는 장(場, place)으로 인식한다. 공중은 상대적으로 서로에게 익숙치 않은, 서로에게 거리가 있으며 서로에게 환원될 수 없는 그러나 서로에 연결된, 다층적인 역사와 퍼스펙티브로 구성된다. 공동선을 찾기 위해 구성원들의 차이를 내세우지 말아야 한다고 요구하는 공공성 개념은, 그 개념이 다수의 사람들을 하나로 전환한다는 점에서, 공공성이라는 바로 그 의미를 파괴한다. 리사 디쉬(Lisa Disch)에 따르면,

> 공적 공간의 질을 결정하는 것은 특정성이다. 즉, 그것을 구성하는 퍼스펙티브의 복수성은 단 하나의 공약수로 환원될 수 없다. 결정력 있는 권위를 요구한다는 것은, 실효적으로는 다른 정치행위자들의 요구를 공적으로 인정하지 않고 공적 토론을 차단하면서, 이들의 퍼스펙티브를 단일한 하나의 퍼스펙티브로 환원하는 것이다. 의미한다는 것은 행위 자체에 내재된 것이 아니라 소위, 행위에 복수성을 부여하고 그럼으로써 그것을 실상(實像)으로 만드는 공적 영역에 존재하는 복수의 퍼스펙티브 간의 해석적 경합에 의해 구성되는 공중에 있다.[29]

다르게 위치 지어진 행위자들은 그들은 함께 있으며 또한 집합적 문제를 해결하기 위해 함께 노력을 기울이지 않을 수 없음을 인정함으로써 민주적 공공성(democratic publicity)을 만들어간다. 이러한 의미의 공공성을 만들고 유지하는 것은, 1장에서 설명한 바, 차이 나는 이익, 경험, 위치를 가진 다른 사람들의 이해를 얻고자 하는 방식으로 요구하고 제안하겠다는, 그리고 자신의 정의에 대한 요구로 그들을 설득하겠다는 참여자들의 의향을 포함한다. 이는 다른 사람들의 요구에 대한 개방성을 필요로 하며, 2장에서 설명한 바, 다른 사람들의 특수한 표현방식도 경청하겠다는 의향을 필요로 한다. 동시에, 이는 다른 사람들에게 그들의 소통과 행위를 묻고 비판함으로써 그들에게 소명책임을 묻는 것을 포함한다.

민주적 공중은 응당 모든 사회집단들에게 온전히 포용적이어야 한다. 왜냐하면 사회집단들이 공중에 제공하는 퍼스펙티브의 복수성이 그들이 함께 살고 있는 세계의 실상과 객관성을 가감 없이 드러나도록 하는 데 일조하기 때문이다, 그렇기 때문에, 아렌트는 공적인 것은 '그것이 우리 모두에게 공통된 것이고 그리고 그것 안에서 우리가 사적으로 소유된 자리와 구분되는 한, 세상 그 자체를 표상한다... 세상을 함께 살아간다는 것은, 근본적으로, 마치 테이블이 사람들의 관계를 맺음과 동시에 관계를 해지하기도 하는 것처럼, 그것을 공동으로 함께 구성하고 있는 사람들 사이에서 존립되는 사태들로 이뤄진 세상을 의미한다'.30 그 속에서 사는 모두에게 공유된 세상의 모습은, 그들의 사회적 행위의 제작물인 세상에서 다른 소재지에 처하게 되고 세상에 대한 다른 퍼스펙티브들로 인해, 그들이 복수로된, 차별화된, 그리고 떨어져있는 모습이어야 한다. 모두가 함께 살아가는 사회적 세계에 대한 구성원 모두의 각기 다른 퍼스펙티브을 서로 소통함으로써, 구성원들은 자신들이 사는 세상에 대한 확장된 이해를 집합적으로 구성한다.

차이, 지식, 객관성

소통적 민주주의라는 규범적 이상의 핵심은 그것이 시민들의 욕구와 의견을, 처음의 일부분적, 협량한 혹은 자기위주적으로 이슈와 문제를 이해하는 데서, 다른 시민들의 필요와 이익을 보다 충실하게 감안하는 보다 포괄적인 이해로 탈바꿈을 촉진한다는 것이다. 정치적 소통의 과정은 응당 그리고 번번이 사람들을 단순히 주관적인 것에서 문제와 해법을 바라보는 보다 객관적인 방식으로 변화시킨다. 포용적인 공적 소통과정을 통해 참여자들의 사고가 확장된다. 즉, 나는 나의 일부분적이고 연고적인 경험과 이익뿐인 시각 대신, 나의 이익을 다른 사람들 속에 위치시켜 정의로운 판단을 하려는 시각으로 이동한다.

근대적 사고는 흔히 사회에서 처하게 된 상대적 자리와 경험의 특정성을 초월함으로써 성취되는 객관성을 개념화해왔다. 이러한 초월함은, 특정한 사회적 처지와 경험을 넘어서는 또한 그 밖에서 보는 일반적인 시점(視點, standpoint)을 구축함으로써 가능해진다. 내가 언급한 차이의 정치에 대한 모든 비판들은 규범적으로 객관성 있는 정의를 중시하기 때문에 특정한 사회적 소재지를 봉인하거나 초월해, '어디서 보는지 알 수 없는 시각(view from nowhere)'을 채택할 것을 요구하는 것으로 보인다. 특히, 정의에 대한 탐구는 사회문제의 평가와 그 문제를 정의롭게 해결하겠다는 경합하는 제안을 포함한다고 할 때, 객관성에 대한 위와 같은 해석은 최소한 두 가지 문제가 있다.

첫째, 사회적 처지라는 특정성을 봉인하거나 사상하는 독백적 방법은 신뢰할 수 없기로 악명이 높다. 나 그리고 다른 사람들이 내가 나의 특수한 시점에서 유래한 가정과 결론을 초월해 자칭 객관적이고 일반적인 시점을 담지하지 않고 있음을 어떻게 확신할 수 있을까? 공적 또는 정치적 행위를 판단함에 있어, 정통성 있는 다른 사람들의 이익보다 내 자신의 욕구와 이익에 보다 편중되어 있지 않다는 것을 내가 어떻게 확신할 수 있을까? 나의 요구와 판단을 토론하는 복수의 다른 사람들의 비판적이고 차별화된 퍼스펙티브만이 나의 객관성을 유효화할 수 있다.

둘째, 설령 앞의 문제가 해결되었다고 해도, 어떤 일반원칙 예컨대, 정의의 원칙이나 사회적 상호작용의 일반화에 도달하는 것이 정치적 소통에서 우리의 목표는 분명히 아니다. 오히려 우리는 특정한 사회적 맥락에서 특정한 문제에 대한 정당한 해법을 찾으려 한다. 즉, 정치적 토론과 논리주장에 대한 결론은 마땅히 행해져야 하는 것에 관한 특정한 판단(particular judgements)이다. 이러한 토론에서 원칙에 대한 호소는 가능할 수 있지만, 그러한 호소는 특정한 사회적 관계의 맥락에서 특정한 상황에 적용되어야 한다. 따라서 정치적 토론에의 참여자들은 본인의 특정성을 초월할 수 없다. 만약 참여자들이 자신의 맥락에 맞는 객관적인 판단을 하고자 한다면, 참여자들은 자신의 특정성을 다른 사람들에게 표현해야 하며, 또한 자신과 함께 살고 있는 사회적 세계에서 다르게 위치 지어진 사람들의 특정성을 알아야 한다.

따라서 우리는 단순한 주관적 혹은 자기위주적 시각과 객관적 시각은 서로 다른 종류라는 논거가 필요해진다. 이러한 논거에서 보면, 객관성은 모든 차이 나는 사회적 처지들을 포용하는 민주적 소통의 성취이다. 내가 객관성이라는 용어를 이해하는 바, 정치적 판단에서의 객관성은 사회구성원들의 인식과 행위와 무관하게 정치나 제도에 대한 진리를 발견하는 것에 있지 않다. 그렇다고 객관성이 단지 구성원들의 차별화된 시각들의 단순 합도 아니다. 사회적 관계와 사회문제에 대한 객관적 논거, 그리고 이러한 사회문제에 어떤 정책과 조치가 필요한지에 대한 객관적 판단은, 오히려 다양한 경험과 의견들 간의 비판적이고 상호반영적이며(reflectively) 설득적인 상호작용을 통해 사람들 자신이 구성한 논거과 판단이다.

힐러리 퍼트남(Hilary Putnam)은 이런 류의 객관론(theory of objectivity)을 제공한다. 지성과 민주주의에 대한 존 듀이(John Dewey)의 이해를 사회문제에 대한 해결방법론으로 해석한다는 점에서, 퍼트남은 객관성은 포용적인 민주적 소통의 산물이라고 주장한다. 이 같은 포용적 토론이 없다면, 우대된 사회적 처지는 자신에게 맞춰지고 또한 도전받지 않으면서 자신에게 합리화되는 판단을 내리고 행위를 할 수 있다.[31]

페미니스트 인식론자들은 객관성을 도나 해러웨이(Donna Haraway)가 이름붙인 '위치 지어진 지식(situated knowledges)'의 산물이라고 설명한다.[32] 사회적으로 차별화된 사회에서, 개개인은 이들이 사회적으로 처한 자리에서 나온 경험에 기반한 특정한 지식을 가지며, 이러한 사회적 처지는 또한 이들이 탐구하는 가정과 이익에 영향을 미친다.[33] 모든 사회적으로 처한 자리매김은 그러한 탐구라는 측면에서 일부분적이다. 우대됨과 불리함의 구조적 차이가 존재하는 곳에서, 그리고 이러한 구조적 차이가 대부분의 사람들에게 받아들여진 지식으로 된 담론을 조건화해왔던 곳에서, 처한 자리의 복수성(plurality of positions)에 대한, 그리고 이러한 자리들이 서로를 긍정하거나 비판하는 것에 대한 가감 없는 목소리는 객관성에 필수적이다.[34]

걸림돌에서 밑거름으로

특히 우대됨과 불리함의 구조적 관계가 존재하는 곳에서는, 사회적으로 차별화된 처지들의 명시적인 포용과 인정은 정의를 증진하려는 민주적 소통에 대해 경험적이고 비판적인 밑거름을 제공한다. 차별화된 사회집단에 대한 포용은 평등한 존중을 보여주는 수단으로서 중요할 뿐만 아니라, 해당 정체에 존재하는 모든 정통성 있는 이익들이, 비록 이러한 이익들이 민주적 포용의 근본적인 근거가 되지만, 표출되고 있음을 보장하기 위해 중요하다. 포용은 두 가지 추가적인 역할을 한다. 첫째, 포용은 정치적 논쟁의 참여자들이 자신의 요구를 단순한 자기위주적 이익의 표현에서 정의에 대한 호소로 탈바꿈하도록 동기부여 한다. 둘째, 포용은 민주적 공중에게 가용될 수 있는 사회적 지식을 극대화하며, 그 결과 시민들은 정의롭고 현명한 결정을 더 잘 하게 된다. 하나씩 설명하겠다.

다른 필요, 이익, 경험을 지닌 다양한 사회적 처지에 자리매김된 사람들에게 소명해야 한다는 것은 자기위주에서 정의에 대한 호소로 담론을 탈바꿈시키는 데 일조한다. 왜냐하면 다른 사람들은 '나는 이것을 원합니다' 혹은 '이 정책은 내 이익과 부합합니다' 등을 어떤 제안의 논거로서 받아들이지 않을 것 같기 때문에, 토론참여자들이 자신의 요구를 다른 사람들에게 이해될 수 있고 설득력 있도록 만드는 필요조건은, 참여자들이 정의의 이름으로 자신의 제안을 만들어내야한다는 것이다. 여기서 말하는 정의에 호소한다는 것은 다른 사람들이 정의가 요구하는 어떤 개인 혹은 집단의 원칙이나 판단에 필연적으로 동의한다는 의미는 아니다. 이는 단지 참여자들이, 자신이 주장하기로, 다른 참여자들의 이익을 감안하고 있는 권리의 공정성이란 입장에서, 그래서 다른 사람들이 응당 받아들여야 마땅한 입장에서, 다른 참여자들에 대한 자신의 주장을 프레임한다는 의미이다. 일부 심의민주주의자들이 제안하는 것과 상반되게, 정책제안은 모두가 공유할 수 있는 어떤 이익 즉, 공동의 이익이란 이름으로 표현될 필요가 없다. 실제로, 정의에 호소하는 어떤 요구는 모두가 공유할 수 있는 어떤 이익을 표출할 수 없을 것 같다. 왜냐하면 이러한 요구는 일부 사람들이 갖고 있는 우대됨을 축소하는 조치를 취하라는 요구이기 때문이다. 다른 많은 요구와 대안이 우대됨에 직접 맞서지 않겠지만, 그것들은 정치체제가 불가피하게 상대적으로 도덕적 정통성이 높은 것, 상대적으로 우선성이 높은 것을 골라내야 하는 필요와 선호의 다층적인 표출이 될 것이다. 이러한 요구를 위해서, 사회적 차이는 일반적으로 인정되어야 한다.

민주적 토론에서 사회적으로 차별화된 처지들을 포용하고 주목하는 것은, 논쟁에서 편향성을 교정하고 참여자들의 부분적인 퍼스펙티브를 위치시켜 놓게 하는 경향이 있다. 즉, 차이 있는 퍼스펙티브들, 이익들, 문화적 의미들과 대면한다는 것은 참여자 각자에게 본인의 일부분성을 알려주는 것이며, 이들에게 자신의 경험을 원근법*(遠近, perspectival)으로 드러내는 것이다. 나와 나의 닫힌 세상과 차이 나는 처지에 있는 사람들을 경청한다는 것은, 나에게 그들이 생각하기에 내가 그들과 어떤 관계에 위치해 있는지를, 그리고 나의 상황이 그들에게 어떻게 보이는지를 가르쳐준다. 이렇게 퍼스펙티브를 맥락화하는 것은 파워, 권위, 우대됨을 갖는 집단들에게 특히 중요하다. 구조적으로 우위에 있는 집단들은 자신의 경험, 선호, 의견을 일반적이고 논쟁의 여지가 없으며 평범한 것으로 심지어 고통이나 불이익의 표현도 우리가 모두 경험할 수 있는 것으로 고려할 뿐만 아니라, 그러한 자신의 경험, 선호, 의견을 규범 일반으로 표상시킬 수 있는 파워가 있다. 우대된 사람들과의 사회적 관계에서, 차이 나고 덜 우대된 퍼스펙티브를 대변하는 사람들에게 답해야 한다는 것은, 상대적으로 우대된 사람들의 일부분

---

* 멀고 가까움을 느낄 수 있도록 평면위에 표현하는 방법. 상대와의 관계에서 자신 주장의 상대적인 위치를 시야로 알 수 있음.

성과 상대적인 맹점을 드러내는 것이다.[35] 그리고 복수의 퍼스펙티브들을 — 어떤 이슈에 직접 경합하는 단 두 가지 퍼스펙티브가 아닌 — 포용함으로써, 우리는 사고를 확장시키는 위대한 발걸음을 떼어 놓는다. 상호의존적인 하지만 차이 나게 위치 지어진 두 집단에 속한 구성원들 간의 이익, 가치 혹은 판단의 차이가 맞서는 곳에서, 이러한 관계에서 그 이상으로 박탈된, 차이 나게 위치 지어진 또 다른 나머지 사람들에게 이 두 집단의 구성원들은 소명을 해야 한다는 사실은, 모두에 대한 공정함을 반영하도록 개개인을 동기부여한다.[36] 다양한 상황에 처한 사람들의 공적 판단과 비판에 노출됨으로써, 대화의 문이 닫히지 않게 하는 대신 일부의 선호가 정책에 반영되도록 견인된다면, 이러한 과정은 정의의 요건을 보다 더 잘 이해시킬 수 있다.

더 홀대받는 처지에 위치한 사람들의 시점이 아니었다면 못 보았었을 편향성과 일부분성을 드러내는 방식을 내가 지적하는 것은, 일부 많은 이론가들의 지적처럼, 사회적으로 더 불리한 처지에 위치한 사람들이 '인식론적으로 우위에 있다'는 의미가 아니다. 이들 역시 자신의 사정을 과장해서 말하거나, 자신의 대의명분을 오인하거나 혹은 부당하게 비난하는 등 편향되거나 자기위주가 되기 십상이다. 어떤 일부분성과 오해는 다르게 위치 지어진 사람들과의 토론으로 가장 잘 드러날 수 있다. 수잔 웬델(Susan Wendell)은 어떻게 구조적 사회집단의 경험과 퍼스펙티브가 더 많은 정의를 진흥하는 방향으로 모든 사람들의 사회지식에 기여할 수 있는지 일례를 든다. 장애인이 사회적으로 구성된 환경 안에서 그들이 인식한 편견이나 그들이 무언가를 하기 위해 필요한 기능에 대해 기대하고 그것을 표현할 수 있는 기회가 있을 때, 모든 사람들은 차이가 있는 사회적 환경을 어떻게 이해해야 하는지 눈뜨게 된다.[37]

공적 행위를 통해 사회정의의 증진을 지향하는 것은 정의에 대한 호소라는 명목 하에 논쟁을 프레이밍(framing)하는 것 이상을 필요로 한다. 이는 해당 사회에 대한 객관적인 이해, 그 사회의 관계와 구조화된 과정에 대한 포괄적인 논의, 그 사회의 물적 소재지와 환경적 조건, 상이한 장소와 처지에서 발생하는 사건과 조건에 대한 구체적인 지식, 행위와 정책의 가능한 결과를 예상할 수 있는 능력 등을 필요로 한다. 사회적으로 매김된 모든 처지들에 대한 위치 지어진 지식을 총동원함으로써 그러한 사회지식을 빚어낼 수 있다.

차별화된 사회적 처지에 놓인 사람들이 갖고 있는 위치 지어진 지식의 종류는 아래와 같다. (1) 자신의 사회적 처지에 대한 이해, 그리고 그것이 다른 처지와의 관계에서 어떻게 위치하는지에 대한 이해, (2) 눈에 띄는 다른 처지의 사회적 지도, 이 처지가 어떻게 정의되는지, 그리고 그러한 처지가 다른 처지들과 성립하는 관계, (3) 해당 사회의 역사에 관한 시각, (4) 전체 사회의 관계와 과정이, 특히 이들이 누군가가 처해있는 자리에 영향을 줄 때, 어떻게 작용하는지에 대한 해석, (5) 자연과 동태적 환경에 대한 처지에 위치 지어진 특정한 경험과 시각.

규범으로서 소통적 민주주의는 사회적으로 서 있는 위치가 다른 개인들은 그러한 차이에도 불구하고 자신들이 모두에게 영향을 미치는 상호작용과 [그것이 세상에 미치는] 효과로 구성된 어떤 세상에, 하지만 차이 나게 관련된다는 점을 이해한다고 상정한다. 만약 이들이 자신들의 집합적 문제를 해결하고자 한다면, 제안과 정책이 차이 나는 자리에 위치한 다른 이들에게 어떤 영향을 미칠지 이해하기 위해서 자신들의 차이들을 교차해 경청해야 한다. 이들은 자신들과 다른 사회적 소재지들에서 무슨 일이 벌어지는지 그리고 다른 시점들에서는 사회적 과정이 어떻게 연결되고 충돌하는지를 배우게 된다. 이 같이 중재된(mediated)

이해를 내면화함으로써, 민주적 토론과 의사결정에의 참여자들은 자신만의 부분적 경험을 구조화하는 사회적 과정에 대한 더 큰 그림을 그릴 수 있게 된다. 이렇게 확장된 시각으로 집합적 문제에 대한 현명하고 정의로운 해결책에 더 잘 도달할 수 있다.

그렇기 때문에, 민주적 토론에서 차별화된 사회집단을 특별히 주목하는 것과 그들의 위치 지어진 지식의 공적 표현을 부양하는 것은, 그렇게 하지 않았을 때보다 사람들로 하여금 갈등과 의견불일치를 의견일치로 탈바꿈 시키는 것을 더 가능하게 한다. 공적 소명책임성(public accountability)이라는 맥락에서 차이들을 가로질러 말하는 것은 서로의 처지에 대한 상호 무지 혹은 서로의 가치, 의도, 인식에 대한 오해를 줄이며, 모든 사람들에게 더 합당하고 공정한 해법에 도달하기 위해 필수적인 저마다의 확장된 사고를 제공한다. 물론, 사람들이 협력하려 하는 마음가짐을 갖고 임할 때조차도 예를 들면, 시간이 부족하다거나, 토론을 조직화하는 것이 너무 어렵다거나, 사람들의 집중이 떨어지거나 포기하는 등의 여러 상황적 이유 때문에, 완전한 의견일치(동의)는 희귀하다. 그렇기 때문에, 다수결의 절차 및 타협의 절차는 필수적이며, 이러한 절차는 개인과 집단이 자신들이 결과에 영향을 미칠 수 있는 기회가 있었다고 믿는 어떤 근거가 있다면, 민주적 정통성의 정신에 위배되지 않는다.

하지만 1장에서 살펴보았듯이, 우대됨과 불리함의 상호의존적인 관계에 의해 차별화된 사회적 구조의 맥락에 있는 특정 이슈에 대해서, 어떤 의견불일치는 어쩌면 고질적인 풍토병 같은 것일 수 있다. 많은 현대정치이론가들은 문화적 차이 혹은 기본세계관과 가치관 차이에서 나타나는 뿌리 깊은 불일치의 원천을 개념화한다. 대다수 사회에서 이런 류의 근본적인 불일치는 다른 일부 이슈보다 표면화된다. 그러나 이를 문화적 다원주의로 접근하는 것은 뿌리 깊은 불일치의 공동의 원천인 즉, 이익에 대한 구조적 갈등을 주목하지 못하게 되는 것이다. 예를 들어, 자본주의의 구조적 관계에서의 임금, 거래 혹은 복지정책에 대한 많은 불일치의 기반은 문화적 의미에서의 악의도 무지도 차이도 아닌, 노동자에게 제공되는 임금이나 공공서비스가 적어도 가끔은 기업에게는 사실상 줄어든 이익이라는 구조적인 사실이다. 일각에서는 재생산정책, 아이돌봄, 직장과 가족책임 간의 적정한 관계 등에 대한 불일치는 구조화된 젠더불평등을 반영한다고 주장할 수 있다. 다양한 사회적 처지들을 정치적 토론에 포함시킴으로써, 가장 밑바닥에서 우리가 공통된 이해관계를 갖는다고 주장한 토론이라면 모호해질 수 있는, 구조적으로 상충되는 이해관계를 드러내는 것만큼 합의된 해법을 도출하지 못할 수도 있다. 어떤 사회가 구조적으로 사실상 이러한 방식으로 나눠진다면, 심의적 과정은 다른 누군가가 개념정의하는 공동선을 위해 도덕적으로 정당한 불만을 가진 사람들에게 그 불만을 억누르라 다독이기보다, 마땅히 이러한 괴리를 드러내고 대질시키는 것을 그 목적으로 지향해야 한다.

그렇기 때문에 사회적 차이가 민주적 소통의 밑거름이 된다는 주장은, 포용이 정치적 소통을 더 수월하고, 더 효율적이고 또는 의견일치에 더 잘 도달하게 한다는 것을 필연적으로 시사하지 않는다. 반대로, 어떤 경우에 포용을 더 많이 할수록, 더 복잡해지고 결정이 더 어려워질 수 있다. 위치 지어진 지식에 주목함에 반대하는 이 같은 주장은, 정치적 목표가 가능한 신속하고 가능한 적은 경합으로 공적 결정에 도달하는 것인 경우에만 해당할 수 있다. 물론 공적·사적 정책입안자들은 대개 이 같은 목표를 갖지만, 이 목표에 도달하기 위해서는 흔히 모종의 과정을 철저하고 배타적인 통제에 둬야 할 필요가 있다. 이러한 목표가 보다 폭넓고 보다 경합적일 수 있는 공적 정책결정에 내장되어 있는 경우에만 민주적이라 불릴 수 있겠지만, 많은 일상의 사소한 혹은 행정적 결정에서도 그러한 목표는 적절하지 않다고 볼 수 없다. 하지만 민주적 토론과 의사결정의 주요한 목표는 문제해결 시 정의를 증진해야 하는 것이며, 그래서 나는 이러한 목표는 비록 그것이 복잡하게 만들고 구조적 관계를 변화시켜야만 해결될 수 있는 이익의 갈등을 드러낸다 하더라도, 포용을 필요로 한다고 주장한다.

이 장은 포용적 민주주의(inclusive democracy)의 의미에 대한 내용으로 채웠다. 포용은 단순히 해당 정체의 모든 구성원들의 시민으로서 형식적이고 추상적인 평등만을 의미해서는 안 된다. 포용은 사회적 차별성과 괴리를 명시적으로 인정하고, 또한 다르게 위치 지어진 집단들에게 합당함과 공공성의 조건을 충족시키는 방식으로, 자신의 필요, 이익, 사회적 퍼스펙티브 등에 대한 자신의 목소리가 나올 수 있도록 장려하는 것을 의미한다. 이렇듯 더 두터운(thicker) 포용의 의미는 민주적 토론에서 소통의 다양한 양상에 가치 부여하는 중요성을 강조한다. 호감인사 즉, 공적 인정은 공중의 구성원들이 집단의 복수성과 그 복수성을 구성하는 퍼스펙티브를 인정하는 소통방식이다. 내러티브는 다르게 자리매김된 사람들의 위치 지어진 지식을 선날하는 중요한 수단이다. 필요와 문제에 대한 두터운 설명, 그리고 경험적 사실에 의거한 스토리가 제시할 수 있는 결과가 없다면, 정치적 판단은 지나치게 추상적인 사회적 이해에 기초할 수 있다. 또한 내러티브는 사회적으로 차별화된 집단의 역사와 그것과 관계된 전체 사회의 역사에 대한 해당 집단의 인식을 연결시키는 필수적인 수단이다. 마지막으로, 경청은 관용구, 말투, 상징적 이미지로 사람들이 자신을 표현하는 다양한 방식에 주목함을 포함한다. 따라서 앞 장에서 주장한 바와 같이, 레토릭은 특별한 사회적 처지에 위치하는 사람들이 다른 사회적 상황에 있는 사람들에게 자신들의 요구가 청문될 수 있도록 조정할 수 있는 중요한 수단이다.

3장 후주

1 Jean Bethke Elshtain, *Democracy on Trial*(New York: Basic Books, 1995), 74.

2 David Miller, *On Nationality*(Oxford: Oxford University Press, 1995), 132.

3 Todd Gitlin, *Twilight of Common Dreams*(New York: Metropolitan Books, 1995); David Harvey, *Justice, Nature and the Geography of Difference*(Oxford: Blackwell, 1996), 특히 12장.

4 차이의 정치를 지지하는 이론과 운동에서 본질주의 및 정체성의 정치에 대한 비판의 사례에 대해서는 다음을 참조하라. Elizabeth V. Spelman, *Inessential Woman*(Boston: Beacon Press, 1988); Anna Yeatman, 'Minorities and the Politics of Difference', in *Postmodern Revisions of the Political*(New York: Routledge, 1994); Michael Dyson, 'Essentialism and the Complexities of Racial Identity', in David Theo Goldberg(ed.), *Multiculturalism*(Cambridge, Mass.: Blackwell, 1994); Steven Seidman, 'Identity and Politics in a "Postmodern" Gay Culture', in *Difference Troubles: Queering Social Theory and Sexual Politics* (Cambridge: Cambridge University Press, 1997).

5 Anne Phillips, *The Politics of Presence*(Oxford: Oxford University Press, 1995), 6장과 비교하라.

6 Spelman, *Inessential Woman*; Maria Lugones, 'Purity, Impurity and Separation', *Signs: A Journal of Women in Cultural and Society*, 19/2(Winter 1994), 458-79.

7 집단을 구성된 관계로 논하는 것에 대해서는 Larry May, *The Morality of Groups* (Chicago: University of Chicago Press, 1988)와 *Sharing Responsibility*(Chicago: University of Chicago Press, 1993)를 보라.

8 필자는 이전 글에서 세 가지 용어 — 운집체, 결사체, 사회집단 — 를 구분했으며, 여기서는 이러한 개념화를 활용할 것이다. *Justice and the Politics of Difference*(Princeton: Princeton University Press, 1990), 2장을 보라.

9 미노우(Martha Minow)는 집단차이에 대한 관계적 이해를 제시한다. 그녀의

Making All the Difference(Ithaca, NY: Cornell University Press, 1990), pt. Ⅱ 참조. 필자는 *Justice and the Politics of Difference* 2장에서 집단차이에 대한 관계적 분석을 언급했다. 하지만 이전 글에서 나는 개인정체성으로부터 집단소속성을 이 책의 뒷장에서 언급한 만큼 강하게 구분하지 않았다. 집단차이에 대한 관계적 이해에 대해서는 역시 다음을 참조하라. William Connolly, *Identity/Difference*(Ithaca, NY: Cornell University Press, 1993); Chantal Mouffe, 'Democracy, Power, and the "Political"', in Seyla Benhabib(ed.), *Democracy and Difference*(Princeton: Princeton University Press, 1996).

10 구조적 사회집단이라 명명하고, 차이에 기반한 사회운동의 요구를 '정체성의 정치'로 해석하는 것을 바로잡을 수 있는 개념으로 이를 활용하고자 한 필자의 노력은, 부분적으로 프레이저(Nancy Fraser)와 의견교환한 몇몇 이슈를 심화시켜보고자 하는 마음에서 비롯되었다. Fraser, 'From Redistribution to Recognition? Dilemmas of Justice in a "Post-Socialist" Age', *New Left Review*, 212(July-Aug. 1995), 68-99; Iris Marion Young, 'Unruly Categories: A Critique of Nancy Fraser's Dual Systems Theory', *New Left Review*, 222 (Mar.-Apr. 1997), 147-60. 프레이저 초창기 글은 정의와 다문화주의이론가들에게 구조적 억압과 실현가능한 변혁의 이슈를 상기시켰다. 그러나 프레이저는 차이의 정치의 의미를 정체성의 정치로 지나치게 단순화하였으며, 내가 보기에 부적절하게 문화와 구조를 이분법적 이슈로 보고 있다.

11 예로써 William Julius Wilson, *When Work Disappears*(New York: Knopf, 1997); Jean Hampton, *Political Philosophy*(Boulder, Colo.: Westview Press, 1997), 189-90를 보라.

12 Marilyn Frye, 'Oppression', in *The Politics of Reality*(Trumansburg, NY: Crossing Press, 1983).

13 Susan Okin, *Justice, Gender and the Family*(New York: Basic Books, 1989).

14 Peter Blau, *Inequality and Heterogeneity*(New York: Free Press, 1977), 4.

15 Anthony Giddens, *The Constitution of Society*(Berkeley: University of California Press, 1984).

16 현대 마르크스주의 방식에서 계급에 대한 명확하고 철저한 논의에 대해서는 Eric Olin Wright, *Class Counts*(Cambridge: Cambridge University Press, 1997)를 보라.

17 Jean-Paul Sartre, *Critique of Dialectical Reason*, trans. Alan Sheridan-

Smith(London: New Left Books, 1976), 1권, 3장.

18 Douglas Massey and Nancy Denton, *American Apartheid*(Cambridge, Mass.: Harvard University Press, 1993)를 살펴보라.

19 사르트르 이러한 효과를 반결과성(counter-finalities)이라 부른다. *Critique of Dialectical Reason*, 277-92를 보라.

20 실버스(Anita Silvers)는 왜 장애인에 대한 정의의 이슈가 장애당사자의 필요와 역량이라기보다 그들의 육체와 물리적 및 사회적 환경 간의 관계에 초점을 맞춰야 하는지에 대해 치밀하고 설득력 있는 논의를 발전시킨다. Silvers, 'Formal Justice', in Anita Silvers, David Wasserman, and Mary B. Mahowald(eds.), *Disability, Difference, Discrimination: Perspectives on Justice in Bioethics and Public Policy*(Lanharm, Md.: Rowman & Littlefield, 1998).

21 이전의 사회적 관계에 의해 주체가 위치 지어진다는 아이디어에 대한 다른 이론적 입장도 있다. 라깡리안(Lacanian-inspired) 이론들은 사회적 위치와 이와 연관된 파워와 위상을 구성하는 지배적인 담론으로 사람들의 자리매김을 설명한다. Rosalind Coward and John Ellis, *Language and Materialism* (London: Routlege & Kegan Paul, 1977), 49-60; Diana Fuss, *Essentially Speaking: Feminism, Nature and Difference*(New York: Routledge, 1989); Bill Martin, *Matrix and Line*(Albany: State University of New York Press, 1993)을 참조하라. 본디(Liz bondi)는 개개인과 사회집단과의 관계를 고심함으로써 정체성으로부터 자리매김으로의 전환의 의미에 대해 논한다. 그녀는 이러한 전환이 본질주의의 문제를 전적으로 피하지는 못하지만, 집단을 사람들 간의 관계로 구성되는 것으로 더 잘 생각할 수 있도록 한다고 주장한다. Bondi, 'Locating Identity Politics', in Michael Keith and Steve Pile(eds.), *Place and the Politics of Identity*(London: Routledge, 1993). 다른 이론들은 미드(George Herbert Mead)에서 시작된 자아의 형성을 타자와의 관계를 이름 짓고 규범화하는 내면화를 통해 설명하는 상호작용주의의 전통에 기반한다. Jurgen Habermas, *The Theory of Communicative Action*, I(Boston: Beacon Press, 1984); Axel Honneth, *Struggle for Recognition*(Cambridge, Mass.: MIT Press, 1995)을 보라.

22 Iris Marion Young, 'Gender as Seriality: Thinking about Women as Social Collective', in *Intersecting Voices: Dilemmas of Gender, Political Philosophy and Policy*(Princeton: Princeton University Press, 1997).

23 Charles Taylor, 'Multiculturalism and the Politics of Recognition', in Amy Gutmann(ed.), *Multiculturalism*(Princeton: Princeton University Press, 1992). 테일러(Charles Taylor)는 문화를 자아의 결정요인이 아닌, 개인이 자신의 자유를 행사할 수 있는 의미를 제공하는 방식으로 자아의 원천으로서 이론화한다. Yael Tamir, *Liberal Nationalism*(Princeton: Princeton University Press, 1993)을 보라.

24 안잘두아(Gloria Anzaldua)는 개인 자신의 다중적인 집단정체성에 대한 적극적인 인정을 '여러 얼굴 만들기(making faces)'의 과정으로서 표현한다. 'Haciendo Caras, una entrada/an Introduction', in Gloria Anzaldua(ed.), *Making Face, Making Soul/Haciedo Caras*(San Francisco: Aunt Lute Foundation, 1990).

25 Kwami Anthony Appiah, 'Identity, Authenticity, Survival: Multicultural Societies and Social Reproduction', in Amy Gutmann(ed.), *Multiculturalism*(Princeton: Princeton University Press, 1994), 155.

26 Taylor, 'Multiculturalism and the Politics of Recognition'.

27 Joseph Carens and Melissa Williams, 'Muslim Minorities in Liberal Democracies: Justice and the Limits of Toleration', in Carens(ed.), *Culture, Citizenship, and Community: A Contextual Exploration of Justice as Evenhandedness*(Oxford: Oxford University Press, 2000).

28 나는 보만(Jame Bohman)에 의해 제시된 심의민주주의 개념에서 이 같은 제3의 버전을 보았다. 보만은 공공성과 심의에 대한 공동체주의적 혹은 신공화주의적 해석이 지나치게 많은 합의를 요구한다고 비판한다. 그는 불편부당성과 공동선이라는 이상이 문화적 차이와 구조적 불평등을 지닌 복합적인 민주주의에서 문제의 소지가 있음을 인정하는, 사회적 차이와 불평등에 명시적으로 열려 있는 공공성과 정통성에 대한 약한 버전을 이론화한다. *Public Deliberation*(Cambridge, Mass.: MIT PRess, 1996)을 살펴보라. 최근 저작에서 하버마스는 단일화하는 시각(unifying view)으로부터 사회적 차이에 주목해야 할 필요를 더 강조한 시각으로 이동했다. 그의 'Does Europe Need a Constitution? Response to Dieter Grimm'과 'Struggles for Recognition in the Democratic Constitutional State', in *The Inclusion of the Other: Studies in Political Theory*(Cambridge, Mass.: MIT Press, 1998).

29 Lisa Disch, *Hannah Arendt and the Limits of Philosophy*(Ithaca, NY: Cornell University Press, 1994), 80. Anna Yeatman, 'Justice and the Sovereign Self', in

Anna Yeatman and Margaret Wilson(eds.), *Justice and Identity*: Antipodean Practices(Wellington: Birdget Williams Books, 1995)와 비교하라. 공중의 의미를 복수성으로 해석한 아렌티안 공공성(Arendtian public)은 다음을 참조하라. Susan Bickford, *The Dissonance of Democracy*(Ithaca, NY: Cornell University Press, 1996), 3장.

30 Hannah Arendt, *The Human Condition*(Chicago: University of Chicago Press, 1998), 52.

31 다음을 참조하라. Hilary Putnam, 'A Reconsideration of Deweyan Democracy', *Southern California Law Review*, 63/6(Sept. 1990), 1671–97; 'Pragmatism and Moral Objectivity', in Martha Nussbaum and Jonathan Glover(eds.), *Women, Culture, and Development*(Oxford: Oxford University Press, 1995)와 같은 책에서 퍼트남에 대한 올코프(Linda Alcoff)의 코멘트. 또한 Cheryl Mishak, 'Pragmatism, Truth, and the Worthwhile', University of Toronto 참조. 미삭(Cheryl Mishak)은 특히 도덕문제에 대한 객관성을 민주적 개방성 원칙의 제정 및 타인과 관점과 경험의 이해와 관계시킨다.

32 Donna Haraway, 'Situated Knowledges: The Science Question in Feminism and the Privilege of Partial Perspective', in *Simians, Cyborgs, and Women*(New York: Routledge, 1991).

33 Jennifer Hochschild, 'Where You Stand Depends on What you See: Connections among Values, Perceptions of Fact, and Prescriptions', in James Kuklinski(ed.), *Citizens and Politics: Perspectives from Political Psychology* (Cambridge: Cambridge University Press, 2000)를 보라. 혹실드(Jennifer Hochschild)는 사람들이 계급, 인종, 젠더 등과 같은 사회적 위치에 따라 비슷한 방식으로 사회적 사실을 번번이 잘못 이해하며, 우선적 이슈에 대한 사람들은 의견과 특정 사실에 대한 정확한 인지 역시 자신이 속한 사회집단의 위치와 상관관계가 있다는 설문 결과를 검토한다.

34 Sandra Harding, *Whose Science? Which Knowledge? Thinking from Women's Lives*(Ithaca, NY: Cornell University Press, 1991); Ismay Barwell, 'Towards a Defense of Objectivity', in Kathleen Lennon and Margaret Whitford(eds.), *Knowing the Difference: Feminist Perspectives in Epistemology*(London: Routledge, 1994). 콜린스(Patricia Hill Collins)는 아프리카계 중심의 페미니스트 인식론에 대한 논의에서 사회구조적인 위치에서 나오는 특징한 사회

적 지식이 있다는 아이디어를 발전시킨다. 그녀의 *Black Feminist Thought*(New York: Routledge, 1991), 특히 10장과 11장을 보라. Linda Martin Alcoff, *Real Knowing: New Versions of Coherence Theory*(Ithaca, NY: Cornell University Press, 1996), 특히 3장을 보라. 모한티(Satya Mohanty)는 사회적 위치에 기초한 아이디어의 상호작용의 산물로서 사회적 객관성에 대한 논의를 발전시킨다. Mohanty, 'The Epistemic Status of Cultural Identity', *Cultural Critique*, 24(Spring 1993), 41-80를 보라. 모야(Paula Moya)는 라티나(Latina) 페미니즘이라는 특정한 맥락에 모한티의 접근을 적용한다. Moya, 'Postmodernism, "Realism" and the Politics of Identity: Cherrie Moraga and Chicana Feminism', in Chandra Talpade Mohanty and M. Jacquie Alexander (eds.), *Feminist Genealogies, Colonial Legacies, Democratic Futures*(New York: Routledge, 1997).

35 법적 판단과 판사의 책임성의 맥락에서, 미노우(Martha Minow)는 사회적 관계와 그 결과에 대한 진술되지 않은 가정 혹은 특정한 사회적 위치에 영향 받은 무엇이 정상인지에 대한 가정을 해제하는 수단으로서 다양한 관점의 중요성을 논의한다. 그녀의 *Making All the Difference*(Ithaca, NY: Cornell University Press, 1990), 특히 11장을 참고하라. 이를 Bohman, *Public Deliberation* 102과 비교하라.

36 딘(Jodi Dean)은 참여자들이 서로에게 단순하게 접근하는 것이 아니라 '위치지어진 가상적인 제3자(situated hypothetic third)'의 존재 속에서 서로 이야기 한다는 대화적 연대성(dialogic solidarity) 모델을 주장한다. 이러한 '제3자'에 대한 호소는, 참여자들이 서로 관련되었다고 생각하거나 이들 관계 밖에 있는 사람들의 이익과 퍼스펙티브를 유념하는 것이 갈등적이라고 생각하는 참여자들로 하여금 동기부여하도록 할 때, 보다 먼 제3자의 역할을 소환한다. 위에서 나는 제3자의 실제적인 존재의 중요성을 강조하고자 하였다. 그럼에도 불구하고, 나는 가상적인 제3자를 소환하는 딘의 논의점을 항상 존재하나 침묵당하며 포용되지 않은 쟁론의 위치(position of differend)로서 본다. Jodi Dean, *Solidarity of Strangers*(Berkeley: University of California Press, 1994)를 보라.

37 Susan Wendell, *The Rejected Body*(New York: Routledge, 1996), 66-9.

04

대표성과 사회적 퍼스펙티브

1. 참여와 대표성
2. 관계로서의 대표성
3. 권한위임과 소명책임 기대하기
4. 대표성의 양상들
5. 주변화된 집단의 특별대표성
6. 집단대표성 논의의 적용

대표성과 사회적 퍼스펙티브

심의민주주의 혹은 소통적 민주주의모델은 사람들이 서로를 대면하고 면전에서 직접 이야기할 수 있는 장소에서 서로가 서로의 눈앞에 현재한 상황에 주로 적용된다고 주장하는 옹호론자들은 거의 없다. 그럼에도 불구하고, 이론과 실천 모두에서 소통적인 민주적 과정을 면대면 상호작용과 결합하려는 경향이 존재한다. 민주적 토론의 무대를 입법의회 혹은 행동하는 시민들의 모임으로 간주하든, 옹호자들은 대개 민주적 소통의 과정을 참여자들 서로가 눈앞에 있는 어떤 장소(자리)를 중심으로 제시한다.

튼튼한 민주주의(strong democracy)는 공무담임자들과 시민들이 경험과 이슈를 토론하기 위해 서로 만나는 많은 계기들을 필요로 함은 분명하다. 하지만 결정에 도달하기 위한 소통의 과정으로 민주주의를 이론화한다는 것은, 이를 대규모 대중사회에서 탈중심화된 것으로 개념화해야 할 필요성까지 충분히 고민한 것은 아니었다. 수백만이 넘게 사는 복잡한 정체에서, 민주적 소통은 유동적이고 중첩적이며 시간과 공간이 분산된 토론들과 결정들에 존재한다. 이렇듯 유동적이고 탈중심화된 대중정치에서 포용적인 소통적 관계란 무엇인가?

복잡한 대중정치라는 맥락에서, 빈번히 들리는 배제에 대한 불만은 대표성*(representation)이란 규범에 호소한다. 사람들은 흔히 자신이 속한 사회집단이나 자신과 친연성으로 관계된다고 보는 사회집단이 입법부, 위원회, 이사회, 긴급전담위원회, 이슈의 미디어 노출 등을 포함한 영향력 있는 토론과 의사결정기구에서 적정하게 대표되지 않는다고 토로한다. 이러한 주장은 많은 복잡한 이슈들을 지닌 대규모 정체에서 공식적이고 비공식적인 대표자들이 일반 사람들이 가진 영향력을 매개한다는 점을 인정한다.

이러한 이유로 민주적 과정에서 더 큰 정치적 포용에 대한 요구는 대표되지 않은 집단의 경우에, 특히 이러한 집단이 소수자들이거나 구조적인 불평등에 종속된 경우에, 보다 많은 대표성을 독려할 수 있는 수단을 지지하는 주장으로 이어진다. 예를 들어, 세계 곳곳의 여성운동가들은 대부분 남성으로 채워진 입법부는 적정하게 여성을 대표한다 할 수 없다고 주장한다. 이러한 요구에 부응하여 몇몇 정부들은 정당명부가 여성을 특정비율 이상 포함시키도록 함으로써 보다 많은 여성 입법자들을 장려하도록 설계된 법안을 실행해왔다.[1] 자신의 국가에서 비슷한 조항을 요구하는 여성계의 움직임과 교반(agitation)은 이러한 법조항이 없는 많은 국가들에서 증가하고 있다. 비록 법으로 요구하지 않은 나라에서도, 많은 정당들은 여성의원이 특정한 인원수가 되지 않으면 자신의 정당명부가 적정하게 대표된 것이라 생각하지 않는다.

* representation은 추상적 맥락의 표상·재현, 실천적 의미의 대표(성), 제도적 맥락에서의 대표제·대의제를 모두 의미한다. 따라서 맥락과 문맥에 따라 이들을 혼용하여 사용하였다.

미국에서도 인종적 또는 민족적 소수자들에 대한 특별대표성(specific representation)에 관한 비슷한 토론이 있다. 아프리카계 미국인이나 라티노의 선출을 가능하게 하기 위해, 몇몇 지역을 선거구로 획정하거나 투표절차가 조정되었다. 특별대표성을 증진하려는 아이디어와 실천은 둘 다 논쟁적이지만, 이 이슈는 미국의 공적 아젠다에서 잦아들지 않고 있다. 세계의 다른 많은 국가들은 그것이 협의체, 의석예약제, 정당명부식, 대리위원회 등 어떤 형식이든, 사회집단의 특별대표성을 위한 방안이 있거나 이를 논의하고 있다.

그러나 집단의 특별대표성을 위한 정책, 제안, 주장에 대한 반론도 많은 편인데, 반대논거의 상당부분은 그것이 사회적 차이를 수면 위로 끌어내기보다 덮어버리려 한다고 보기 때문이다. 반대 측에서 보면, 집단대표성은 여성, 아프리카계 미국인, 마오리, 무슬림이나 청각장애인 집단이 대표될 수 있는 공통된 이익을 갖고 있다고 가정한다는 것이다. 그러나 이는 대개가 틀렸다. 인종과 계급이라는 차이는 젠더를 교차하며, 젠더와 민족이라는 차이는 종교를 교차한다. 젠더 또는 인종적 집단구성원들은 차이 있는 이익과 차이 있는 이데올로기적 사명감과 더불어, 그들을 매우 차이 있게 만드는 차이 나는 삶의 역사를 갖고 있다. 집단대표성이 요구하는 하나로 통일하려는 과정은 [관련짓고 결변하는] 유동적인 관계들을 일체된 정체성(unified identity)으로 고착시키려는 노력이다. 이 같은 고착화는 또 다른 억압적 배제를 낳을 수 있다.[2]

그렇지 않았다면 토론과 의사결정에서 배제될 경향이 있는 집단의 특별대표성을 지지하는 정책과 주장에 대한 이 같은 반대논지는, 3장에서 내가 언급한 정체성 논리에 대한 비판과 일맥상통한다. 이 비판 중 하나를 설명하자면, 개인 간에는 너무나 많은 상호교차적 관계들이 있기 때문에, 어떤 집단도 단일한 대표성으로 대표될 수 없다는 것이다. 하지만 실제 사안의 맥락에서 많은 사람들은 그 같은 조치가 부당하게 배제된 이슈, 분석, 지위를 대표하는 목소리가 되는 최선의 방법으로 믿기 때문에, 주변화된 사회집단을 특정해서 대표해야 한다는 요구는 이 같은 비판으로 인해 사그라들 것으로 보이지 않는다.

이 장은 집단의 특별대표성의 의미를 분명히 밝히고, 정치적 포용의 중요한 실행으로서 차별화된 사람들을 대표하는 이와 같은 실천을 지지하는 논의를 제공하려는 목적을 가진다. 이와 같은 실천에 관한 의구심은 보다 일반적으로 대표성의 성격에 대한 오해에 부분적으로 기인한다. 암묵적으로 대표성에 대한 많은 담론은, 대표하는 인격체는 대표되는 많은 사람들을 대리(대신)하거나 이들과 같은 동일성*(identity)을 가지는 관계상에서 성립된다고 간주한다. 즉, 대표하는 인격체는 대표되는 인격체들이 결석할 때 그들을 위해 입회하는 것이라 상정한다. 나는 대리성(substitution) 혹은 동일성으로 대표성을 보는 것에 반대하며, 대표성을 시간과 공간을 확장하는 과정에 연관된 정치적 행위자들 간의 **차별화된 관계성**(differentiated relationship)으로 개념화한다. 대표되는 과정의 시간성과 매개되는 공간성을 고려하는 것은, 정치적 기회와 위험을 드러낸다는 점에서 대표성의 개념을 탈중심화한다.

나는 일반적인 용어로 대표성을 먼저 이론화해본 후, 집단대표성(group representation)의 문제로 돌아가려 한다. 구조적으로 불리한 집단에 대한 특별대표성에 대한 많은 반대는, 집단은 하나의 공통된 이익 혹은 의견으로 된 집합이 아니라는 가정에 유래한다. 3장에서 논의한

---

* identity를 정체성과 동일성으로 혼용해서 번역했다. 3장의 경우, 개인과 집단의 관계에서 개인이 각자가 속한 집단과 동일한 어떤 것을 공유함으로써 자신을 규정(identify)한다는 의미에서 주로 정체성으로 번역했다. 반면 4장에서는 집단 구성원의 의지와 그것을 대표하겠다는 대표자와의 동일치성(identification)이 강조되는 맥락의 경우 동일성으로 번역했다.

구조적 자리매김(structural positioning)과 위치 지어진 지식(situated knowledge)을 기초로 하여, 나는 사회적 지대에서 비슷한 처지에 놓여있다는 것은 공적 토론에서 사회적 **퍼스펙티브**(perspective)를 생성한다고 주장한다. 사회적 퍼스펙티브를 포용함으로써 공적 토론에서 집단이 대표되는 과정을 진작시킬 수 있다. 나는 **이익**(interests), **의견**(opinions), **퍼스펙티브**를 구분하고, 정치참여에서 이들 각각의 역할을 개념화하고자 한다. 대표되지 않았으면 배제되거나 주변화될 수 있는 특정 사회적 퍼스펙티브에 대한 특별대표성을 지지하는 논의를 한 후, 나는 이러한 집단대표성을 실행하는 여러 제도적 수단을 간단하게 평가하고자 한다.

대표성 의미에 대한 일반적인 논의와 집단대표성을 지지하는 필자의 논거를 제시하기에 앞서, 먼저 대표성이 진정한 민주주의와 양립하지 않는다는 일부 민주주의 이론가들이 제시하는 논거를 검토하려 한다. 이 장의 첫 번째 임무는 이러한 논거를 반박하고, 왜 대표성이 포용적 참여의 기반을 약화시키지 않는지를 설명하는 것이다. 실제로, 대규모 대중사회에서 대표성과 참여는 상호적으로 정치를 보다 튼튼하게 민주화하는 데 서로를 필요로 한다.

1. 참여와 대표성

급진적 민주주의자들은 자주 정치적 대의제를 불신한다. 그들은 흔히 대표성을 민주주의 가치를 위배한 것으로 본다. 그들은 대표는 '진정한 자치를 희생하고 정치적 의지를 소외키는 것', '정의에 대한 규제적 수단으로 기능할 수 있는 공동체의 능력을 훼손하는 것', '정의라는 아이디어가 뿌리하고 있을 수 있는 참여하는 공중의 진화(進化)를 차단하는 것'이라고 생각한다.[3]

튼튼한 민주주의란 의문의 여지없이 그것의 절차적 목록의 일부로 국민투표와 같은 직접 민주주의제도를 갖추고 있어야 한다. 더군다나 사회가 뿌리 깊게 민주적 일수록 적어도 권위 있는 결정에 절차적으로 마땅히 영향을 미쳐야 하는, 국가가 후원하는 정책토론 및 정책토론을 위한 시민의 공론장을 더 많이 가져야 한다. 하지만 대표성을 반대하는 입장은 민주적 절차의 복잡한 현실을 마주하지 않으려 하며, 대표와 참여를 옳지 않게 서로 대립시킨다.

대표는 불가피하다. 왜냐하면 현대 사회적 삶의 망은 한 지점에서 일부 사람들의 행위들과 제도들이 다른 지점들과 제도들에서 나타나는 결과와 그 여파에 묶여있기 때문이다. 어떤 개인도 본인의 삶에 영향을 미치는 모든 결정 또는 모든 의사결정기구에 입회할 수 없다. 왜냐하면 너무 많고 너무 분산되어 있기 때문이다. 번번이 열망이 실망이 되더라도, 그 개인은 다른 사람들이 자신이 처한 비슷한 상황에 대해 고심하고 그러한 이슈를 다루는 공론장에 자신을 대표해주기를 희망한다.[4]

일각에서는 이러한 주장이 직접민주주의가 인정하지 않는 대규모 사회와 정체를 전제한다고 반대할 수 있다. 대표성 없는 민주주의는 작은 분권화된 자급자족적 단위들로 구성되어야 한다. 하지만 비록 분권화된(decentralized) 이 같은 직접민주주의의 비전도 대표성을 피할 수 없다는 설득력 있는 논거를 로버트 달(Robert Dahl)은 제시한다. 그는 모든 사람이 정치적 심의에 똑같이 참여하는 것은 단지 조그만 위원회에서나 가능하다고 주장한다. 단지 몇 백명으로 된 회의체에서도 대부분의 사람들은 몇몇의 처지를 대변하는 몇몇 사람들의 이야기를 들은 후 생각하고 투표하는, 보다 수동적인 참여자들이 될 것 같다. 작은 회의체를 넘어서면, 시간과 상호작용의 특성이 사실상(de facto)의 대표성을 만든다. 하지만 이 같은 **사실상**의 대표성은 자의적이다. 즉, 실제로 직접민주주의는 흔히 누구도 대표로 선택하지 않은 오만하고 입담이 거친 사람들에게 정치권력을 넘긴다. 따라서 지역사회 또는 작업현장 같은 정치적 의사결정을 하는 상대적으로 작은 단위일지라도, 누구를 대변할 수 있는 권위를 누구에게 부여하는지에 관한 규칙은 공중의 것이며, 여기에는 소명책임 같은 일종의 규범이 존재하기 때문에 정치적 평등은 공식적인 대표제에 의해 최상으로 복무될 수 있다. 달은 또한 나 역시 상당히 수긍하는 바, 일반적인 사회생활에서 작은 분권화된 정치적 단위들은 장악이나 결탁의 방식으로 더 커지기 일쑤임을 주장한다. 규모가 되돌아오는 순간, 대표성도 되돌아온다.[5]

대의민주주의 비판론자들은 대의제에 대한 시민참여가 증가하는 만큼, 결국 심의과정에 시민참여가 그만큼 줄어드는 것이라는 점을 들어 대의제를 반대할 수 있다. 대표자에게 표를 던진 시민들은 이제 대표자에게 더는 필요치 않은 존재가 된다. 실제로 일부 대의민주주의 제도와 문화는 시민들을 정치적 토론과 의사결정에 참여하지 못하게 한다. 하지만 혹자는 그러한 제도와 문화가 만약 그렇게 한다면, 그 대의제는 제대로 대표하지 못하는 것이며, 이는 그런 환경 아래에서 대표자가 그 유권자들과 단지 매우 허약하게 관계하기 때문이라 단정한다. 소통적 민주주의라는 규범적 이상 아래에서, 대의제는 시민의 참여와 상반되는 개념이 아니며 잘 작동하는 시민의 참여를 요구한다.[6] 이하에서 나는 권한위임(authorization)과 소명책임(accountability)의 활동에 참여하는 유권자들과 대표자 사이를 흐르는 기대와 기억의 과정으로 대표 개념을 발전시키고자 한다.

2. 관계로서의 대표성

진정한 민주주의는 대표성과 양립할 수 없다는 주장은 암묵적으로 내가 3장에서 언급한 정체성의 논리나 데리다(Jacques Derrida)가 칭한 눈앞에 있다는 것(현전, presence)의 형이상학(metaphysics)에 기반한다.[7] 이는 이상적인 민주적 의사결정의 상황이란 시민들이 **동시 현재한**(동시 입회한, co-present) 어떤 것으로 마음에 그린다. 따라서 타운홀 미팅 같은 진정한 민주주의라는 이미지는 시민들이 한 번의 특정한 계기에 한 자리에 모여 의사결정을 하는 것이다.

진정한 민주주의에 대한 이러한 이미지 역시 통치자와 피치자 간 **동일성**을 상정한다. 그러나 비판가들이 대표성에 반대하는 이유는, 대표제(대의제)가 해당 국민으로부터 파워를 분리시킨다고 보기 때문이다. 즉, 법규칙을 만드는 사람들과 법규칙을 준수해야 할 의무가 있는 사람들이 동일하지 않다는 것이다. 재차 언급하지만, 벤자민 바버(Benjamin Barber)의 지적은 특히 강력하다. '공동된 삶을 결정하는 정책을 공동으로 심의하고 공동으로 결정하며 공동으로 행동함으로써 직접적으로 대응을 할 수 없는 사람들은 남성이건 여성이건 진정한 자유를 누리는 것이 아니다'.[8]

이러한 민주주의 이미지에 따르면, 대표자는 그들이 유권자들을 **위해 눈앞에 있어야**(현재해야, present for)하고 유권자들이 행위하듯 행위할 때만이 '국민의 의지(will of the people)'를 적정하게 표상(express)할 수 있다. 이러한 이미지 속 대표자는 동일성이라는 관계상에서 유권자들을 **대리**(substitutes)하고 그들을 나타낸다(대표한다, stand for). 이 점에서 한 명이 다수를 대리(present)해서 나선다는 것은 불가능하며, 또한 다수가 입회한 것처럼 그들을 대변(speak)하고 행위한다는 것은 불가능하다는 비판가들의 지적은 옳다. 즉, 유권자들의 어떤 본질적인 속성 및 이들의 이익들, 경험들, 의견들의 다양성을 초월하는 단 하나의 공동선을 발견하는 것은 불가능하다. 주변화된 젠더집단 혹은 민족집단을 특정해서 대표한다는 생각에 대해, 일각에서 제기되는 반대는 사실상 모든 대표성에서 자유롭지 않은 문제이다. 정치적 대표자는 통상적으로 이익들, 배경들, 경험들, 신념들이 다양한 대규모 유권자들을 갖는다. 대도시 선거권역에 상주하는 사람들이 공유하는 하나의 의지를 상상하는 것은 어떤 민족집단 구성원들의 의지를 상상하는 것보다 훨씬 더 어렵다.

만약 우리가 대표라는 것의 불가피함을 받아들이되, 민주적 의사결정이라는 이미지가 시민들의 동시 입회해야 함을 필요로 한다고 역시 받아들인다면, 그리고 대표는 대표자가 유권자들과 동일시되는 방식이라야 정통성이 있다고 받아들인다면, 대표는 필연적이지만 불가능하다고 보는 모순에 빠지게 된다. 그러나 동일성의 논리에서 나와, 이러한 역설에서 벗어나서 대표의 개념정의를 할 수 있는 길이 있다. 탈중심화된(decentred) 대규모 대중민주주의의 속성을 무겁게 받아들인다면, 시민들이 동시에 입회해야 한다거나 혹은 대표자는 시민들을 대리해 반드시 현전해야 한다는 이미지를 버릴 수 있게 된다. 이는 민주적 토론과 의사결정을 분산된 시간과 공간으로 매개되는 것으로 생각할 수 있게 한다. 동일성이나 대리성(substitution)의 관계라기보다, 정치적 대표성은 구성원들 간의 매개되고 희석된(mediated) 관계와 구성원들과 대표자 간의 매개되고 희석된 관계를 포함하는 과정으로 봐야 한다.

나는 대표성의 또 다른 논의를 발전시키기 위해 데리다의 **차연**(差延, différance) 개념을 사용한다. 눈앞에 있다는 것의 형이상학은 그것이 다수를 하나의 정체성(identity)으로 축소하려는 목적성을 갖고 있기 때문에 극성(極性, polarities)을 생성하게 되며, **차연**을 사용해 실체를 생각하는 것은 실체들의 모음이 하나의 공통된 정체성으로 귀결될 것을 요구하지 않고 실체들을 복수로 두는 것이다. 세상사는 차별화된 관계의 과정상 지점(地點, place)에 존재하며, 기호는 그러한 지점으로부터 의미를 갖는다. 만물은 어떤 과정상의 모멘트(moment)와 준거점에 따라, 동일하지 않지만 비슷하며 대립 없는 차이로 존재한다. 실체적 내용(substance)보다 과정과 관계를 강조함으로써, 차연은 전체 그림에서 시간과 공간의 간격들을 특히 중요시한다. 실체적 내용과 우연성, 원인과 결과, 지점에 있음(presence)과 지점에 없음(absence), 실재와 기호 같은 이항대립은 진정으로 존재하는 것을 어떤 근원 즉, 있음(present)의 과정이 파생된 대응물이 되게 하는 언제나 앞선 시간에서 찾는다. 데리다는 과거와 미래를 담아내는 시간성의 운동인 즉, **흔적***(trace)이라는 아이디어로 이 같은 이항대립을 다시 생각해보라 제안한다. 대화의 모멘트, 산에 있는 모멘트 그리고 살펴보겠지만, 대표되는 관계에서 존재하는 모멘트는 저마다 그것을 빚어냈던 관계의 역사라는 흔적들을 담고 있으며, 그것의 현재적 경향은 미래의 관계성을 기대한다.[9]

차연으로 대표성을 개념화한다는 것은, 대표자와 그 유권자들 간의 분립 즉, 차이가 있음을 인정하고 긍정함을 의미한다. 물론, 어떤 사람도 다른 사람들의 복수성을 나타내거나 대리(대체)해 이야기할 수 없다. **누군가를 대신해 말한다**는(speak for) 대표하는 기능을 구성원들이

---

* 사람이 지나간 산길에 남은 발자국을 흔적이라 부른다. 사람이 지나간 표시긴 하지만 그 사람이 지금 있는 건 아니기 때문에 그 사람의 현재 있음(現前, presence)으로 볼 수 없지만, 이전에 지나간 것은 사실이므로 완전 부재하다(absence)고도 볼 수 없다. 있는 것도 없는 것도 아닌 것이 흔적이다. 흔적은 있다 없다로 단정할 수 없는 비확정성 혹은 애매성이다. 연결된 편린(片鱗)들이 흔적이다.

없을 때 그들을 나타내기 위해 **구성원들의 자격으로**(speak as) 말해야 한다는 요건과 혼동해서는 안 된다. 대표자를 구성원들과 분리시키고 다른 종류로 본다는 이유로 대표성을 비판하는 것은 아니다. 하지만 동시에 **차연**이란 아이디어로 대표성을 구상하는 것은, 과거와 기대되는 미래의 시간차(temporality)가 각각의 행위에 대표자와 구성원들의 흔적들을 남기는 곳에서, 구성원들과 그 대표자 사이의 관계성, 그리고 구성원들 간의 관계성을 기술한다는 의미이다.

대표성을 복수의 행위자들 간의 차별화된 관계성으로 구상하게 되면, 한 인격체가 어떻게 다수의 경험과 의견을 나타낼 수(대표할 수, stand for) 있는 지의 역설이 해소된다. 대표될 수 있는 국민의 단일 의지는 없다. 전체 유권자들은 내부적으로 저마다 차별화되기 때문에, 대표자는 본인이 설명하고 대변해야 하는 모든 성원들에게 공유되는 근본적인 의견이나 이익을 대변하거나 감안하지 못한다.[10]

대표성의 규범적 의미를 유권자들을 적정하게 나타내는 것으로 해석하기보다, 대표자와 유권자 간의 관계의 성격에 따른 대표하는 과정으로 평가해야 한다. 대표자는 어쩔 수 없이 유권자들과 분리되지만, 어떤 특정한 방식으로 유권자들과 **연결**되어야 한다. 유권자들 역시 서로에게 연결되어야 한다. 대의시스템이 번번이 충분히 민주적이지 못한 까닭은, 대표자가 유권자들의 의지를 나타내지 못해서가 아니라 그들과 유권자들과의 모종의 연결성이 없기 때문이다. 현대 대중민주주의에서 사실상 대표자와 유권자들의 관계가 단절되기란 쉽지만, 그 관계가 바람직하게 유지되기란 어렵다.

3. 권한위임과 소명책임 기대하기

대표성에 관한 그녀의 영향력 있는 저서에서, 한나 피트킨(Hanna Pitkin)은 대표성과 관련된 여러 의미를 분석한다. 혹자들은 대표자를 구성하는 것을 그 대표자가, 대표되는 집단을 하나로 묶는 공식적인 제도로 된 집합에 근거해 행위할 수 있도록 **권한이 위임된다**(authorized)는 사실로 해석한다. 다른 혹자들은 정통성 있는 대표자는 본인이 대표하는 사람들에게 소명책임을 가져야 하며, 그렇지 않다면 대표임을 자임하는 행위주체는 단지 대표자 본인 자신만을 위해서 행위하는 것이라고 주장한다.

피트킨은 대표자는 본인이 옹호하는 유권자들의 명령을 전달하는 적절한 **대리인**(delegate)인지, 아니면 정치적 환경에서 옳은 것에 관해 독립적인 판단을 발휘할 수 있는 **신탁자**(trustee)로 행위해야 하는지를 둘러싼 논쟁에 대해 논한다. 피트킨은 이 논쟁은 잘못 해석되고 있다고 주장한다. 양측 모두는 각자의 입장에서 옳다. 즉, 정통성 있는 대표의 특정한 기능은 유권자들이 원하는 지식과 기대를 벗어나지 않는 선에서 독립적인 판단을 발휘하는 것이다.

또한 정치적 대표성을 개념화하는 것은 대의기구가 응당 대표되는 모두를 거울처럼 그대로 반영해야 하는지, 해당 대표기구에서 대표되는 이익이 객관적인 것인지, 아니면 단지 유권자들의 주관적 인식과 선호의 산물로 해석해야 하는지에 관한 문제를 제기한다. 피트킨은 이러한 개념과 이슈 모두는 대표성이라 불리는 복잡한 관계의 면면이며, 이론과 실재 모두에서 대표자의 도덕적 행위능력은 응당 이렇듯 다양한 이슈들에 의해 경계지어지는 여러 한계선을 벗어나지 않아야 한다는 점을 이해해야 한다고 주장한다.[11]

내가 전개할 정치적 대표성에 대한 논의의 상당 부분은 피트킨에 힘입었다. 나는 권한위임과 소명책임 모두를 포함하는 것으로 대표성을 개념화하며, 대리인-신탁자의 이분법이 잘못된 이분화라는 그녀의 입장에 동의한다. 피트킨은 확연히 달라지는 대표성에 대한 모든 개념화는 사실상 제도와 실천의 복잡한 집합의 다양한 측면들이라고 본다. 하지만 그녀는 이것들을 어떻게 묶을지를 충분히 이론화하지 않는다. 대표성을 공간과 시간으로 차별화되고 매개된 과정으로 강조하는 것은 이러한 차이 나는 측면들을 함께 생각할 수 있는 방법을 제공한다고 나는 제안한다.

동일성이 아닌 **차연**으로 대표성을 생각하는 것은 그것의 시간차를 중시한다는 의미이다. 대표성은 시간과 함께 발생하는 과정이며, 관련되지만 서로 다른 시간인 특정한 모멘트들과 측면들을 갖는다. 대표성은 구성원들 간의, 구성원들과 대표자 간의, 의사결정기구 내 대표자들 간의 매개된 관계이다. 유권자들과 이들의 대리인 간의 지연되고 있는(차연되고 있는, deferring) 관계처럼, 대표성은 권한위임과 소명책임 사이에서 움직인다. 대표성은 매 모멘트의 담론과 행위가 응당 그 밖의 사람들의 **흔적들**을 담지해야 하는, 구성원들과 그 대표자 사이의 기대와 기억의 순환이다.

따라서 여기서 제안하는 논거는 주로 규범적이다. 나는 민주적 정통성과 정치적 포용성을 증진하는 제 역할을 하는 이상적인 대표성을 규명하고자 한다. 정도의 문제로 민주주의를 개념화하는 것과 상통하듯, 좋은 대표성은 그 자체로 정도의 문제이다. 다음 절에서 나는 사람들이 대표되는 몇 가지 양상을 통해서 좋은 대표성을 측정하는 하나의 지표를 제안한다. 여기서는 나는 구성원들과 대표자 간의 연결성의 정도를 대표성 정도의 측정지표로 간주한다. 대표성은 차이로 개념화되기 때문에 필연적으로 대표자와 구성원들 간의 구별과 분리를 수반한다. 대표성은 미(未)연결이 항상 가능하며, 동시에 권한위임과 소명책임의 모멘트들 내에 있는 기대와 기억을 통해 연결됨이 시간에 걸쳐 바람직하게 유지되는, 구성원들과 대표자 간의 차별화된 관계이다. 그렇기 때문에, 대표되는 과정은 분리와 단절을 지향하는 만큼 더 악화되며, 분리가 구성원들과 대표자 간의 그리고 구성원들 간의 연결됨을 갱신하고 성립시키는 정도만큼 더 좋아질 것이다.

권한위임은 대표성의 중요한 표시라고 피트킨은 주장한다. 공식적으로 제도화된 의미에서 다른 사람들을 대표하는 사람은 그들을 대변하고 아마도 결속할 수 있는 권한을 위임받지 않으면 안 된다. 선거는 대표자에게 권한을 위임하는 공동의 가장 명백한 수단이지만, 토론과 의사결정기구에 대한 다른 형태의 대리인 선발도 흔히 성립된다. 대표자의 책임성에 대한 대리인 모델은 권한위임에 대한 하나의 해석이다. 이 해석에 따르면, [집합적 단위로서의] 구성원단은 구성원의 명령으로서 대표자에게 전달되는 단일한 의지가 있는 기왕에 형성된 응집성 있는 집단이다. 이러한 이미지는 대표된 많은 사람들은 그들이 적어도 이러한 명령에 동의한다는 측면에서 즉, 대리인은 변형시키지 않고 그 명령을 대표기구에 전달할 것이라는 측면에서 서로 동일시된다는 동일성 해석에 의지한다.[12]

하지만, 사실 대부분의 상황에서 특정한 구성원단은 잘해야 잠정적으로 존재한다. 즉, 대의제도와 권한위임의 과정 그 자체로는 그 성원들에게 실행을 요구하는 정도이다.[13] 정의된 구성원단에 속한 개인들은 대표자가 되려는 사람이 자신들의 주문에 맞게 자신들을 위해 행위하게 될 시점을 기대하면서, 자신들 내부에서 적임자를 찾는다. 이들은 자신들에게 중요한 이슈를 토론하고 조직하며, 대표가 될 만한 후보자에게 자신들의 이익에 호응과 응답할 것을 요구한다. 대체로 구성원단이 대표자에게 권한을 위임하는 시점은 따로 있지만, 위임시점에 구성원단 전체의 공동의지가 확정되는 것은 아니다. 구성원단은 대개 지나치게 크거나 그 구성원들의 다양한 활동이 지나치게 분산되거나, 혹은 그것의 개념정의와 경계가 지나치게 모호해서, 한 시점에서 구성원단이 집합적인 의지에 도달함을 기대하기는 어렵다. 대신에, 제 기능을 다하는 과정에서 공적 토론의 영역이 이슈화된 의제와 논쟁이나 경합의 주요 조건을 설정한다. 의회의 과정이 자신의 대본에 따라 움직이는 엘리트들의 단순한 무대가 아닌 대의제로서 실효적이기 위해서는, 대표자에게 권한을 위임하는 민주적 과정은 참여적이어야 할뿐만 아니라 포용적으로 심의적이어야 한다.

피트킨이 주장하듯, [대표자의 의지가 가미되지 않은] 깨끗하게 명령만 받는 대리인인지, 아니면 전적으로 대표자 자신의 관점에서만 행위하는 신탁자인지, 둘 중 하나만을 가지고 대표자를 개념화하는 것은 대표자 활동의 특정한 의미를 없애는 결과를 가져온다. 제 기능을 다하는 대표성은 이 두 가지 사이에 성립되며 이 두 가지를 통합한다. 대표자의 책임은 단순히 주권자의 명령을 표출하는 것이 아니라, 토론에 참여하고 다른 대표자들과 논쟁을 하며, 다른 대표자들의 질의, 호소, 이야기, 찬반주장을 경청하고, 그들과 함께 현명하고 정의로운 결정에 도달하려 노력하는 것이다. 해당 정체내의 차이 나는 집단들과 부문들은 자신들의 처지가 변할 수 있는 가능성을 열어둔 채 함께 만나고 서로의 얘기를 듣는 대표자들을 통해, 자신들의 차이를 가로질러 최선으로 이야기한다.

하지만 이러한 독립적인 행위와 판단의 지속된 모멘트들 동안, 대표자는 마땅히 자신의 권한위임으로 귀결되는 토론과정을 기억해야 하며, 그가 대표해야 하는 사람들에게 소명책임을 다하는 모멘트를 기대해야 한다. 대표자는 행위할 수 있는 권한을 위임 받지만, 대표자의 판단은 언제나 문제제기에 열려 있다. 대표자가 받은 위임에 맞게 행위했는지의 여부는, 그에게 소명책임을 물을 수 있는 이후 시간에야 결정되는 유예된 문제이다. 대표자는 본인 자신의 뜻에 따라 행위하지만, 그것은 자신이 대표하는 사람들에게 소명해야 한다는 기대 속에 존재한다. 많은 결정들을 할 수 있는 권한이 위임된 명령이 있는 것은 아니지만, 대표성이 권한부여로 귀결되는 토론의 흔적을 담고 있거나 다른 방식으로 설득력 있게 공적인 자리에서 대표성을 정당화할 때, 대표성은 더 튼튼해진다.

대표자에게 그들이 결정해온 것에 대한 소명을 요구하는 과정에서, 시민들은 끊임없이 구성원단으로서 스스로를 형성하며, 정책결정의 함의와 지혜를 둘러싼 논쟁과 경합에 다시 새롭게 관여한다. 이렇게 새로워진 의견형성은 그 과정에서 권한위임의 흔적을 담지할 수 있을 뿐만 아니라, 구성원들은 그들이 몰랐었던 대표(대의)기구에서 이슈가 공식화되는 과정과 어떤 표현, 호소, 논리주장을 주고받는지 등을 알게 되기 때문에, 의견형성은 새로운 요소를 갖추게 된다. 대표자의 책임성(responsibility)은 단지 그가 시민들이 위임한 명령을 어떻게 집행해왔는지 혹은 시민들의 이익에 어떻게 복무해왔는지를 시민들에게 보고하는 것이 아니라, 대표자 본인 판단의 옳음을 시민들에게 최대한 설득하는 것이다.[14]

지금까지 실재했던 민주주의 국가들에서, 소명책임의 모멘트는 권한위임의 모멘트보다 선명치 않다. 많은 대의제시스템에서 소명책임을 묻는 유일한 형식은 재선에 의한 재권한위임[이른바 재신임]이다. 권한위임을 다시 시작하는 이러한 순환성은 사실상 소명책임의 동력

차원에서 중요하다. 하지만 튼튼한 소통적 민주주의는 또한 구성원들이 대표자를 재신임하는 것을 넘어, 대표자에게 소명책임을 요구하는 어떤 과정과 절차를 필요로 한다. 권한위임과 마찬가지로, 소명책임은 공식적인 제도뿐만 아니라 독립적인 시민결사체의 공적인 삶에서도 있어야한다. 모든 기존의 대의민주주의는 시민들 스스로가 지지해온 정책을 서로 간 그리고 자신들의 대표자와 함께 평가하고 토론하는 추가적인 절차와 공론장에 의해서 향상될 수 있다. 선거운동과 다른 류인 소명책임을 물을 수 있는 공식적인 수단은 시민검토위원회, 실행연구모임, 정책결정과정이 수반되는 공식적으로 참여할 수 있는 정례화된 청문회 등을 포함할 수 있다. 시민사회라는 공적 영역은 독립적인 문제제기, 지지, 비판, 판단을 통해 소명책임성을 그 이상으로 진전시킬 수 있다.

대표성의 주요한 규범적 문제점은 대표자 일인과 그가 대표해야 하는 다수 사이의 단선(斷線, disconnection)의 위협이다. 대표자가 지나치게 분리될 때, 구성원들은 자신들이 정책결정에 영향력을 갖고 있다는 생각을 잊고 지내고, 반감을 느끼게 되며, 공론장에서 한두 발을 빼게 된다. 정통성 있고 포용적인 대표성의 과정을 성립시키고 바람직하게 유지한다는 것은 공직자들과 시민들 모두에 대한 책임을 불러일으킨다. 시민들은 권한위임과 소명책임을 묻는 과정에 능동적으로 참여할 수 있도록 서로를 독려하고 동원할 의향이 있어야 하며 또한 그럴 수 있어야 한다. 대표자는 이러한 공적 토론과 다양한 요구들을 경청해야 하며, 구성원들과 연결이 끊기지 않아야 하고, 그리고 시민들의 토론을 기억한다는 조건에서 대표자 자신의 행위와 판단에 대해 적절한 논거를 전달할 수 있어야 한다. 이러한 동원, 경청, 연결 상태는 대의제도의 설계디자인에 따라 진척되거나 차질을 빚을 수 있다.

따라서 이 지점에서 나는 대표성과 참여가 포용적인 소통적 민주주의의 대안은 아니지만, 서로를 필요로 한다는 앞의 주장을 활용하려 한다. 대의제라는 제도는 절차와 합당한 노동분업을 도입시킨다는 점에서 정치적 토론과 의사결정을 조직하는 데 일조한다. 그렇기 때문에, 시민들은 자신들이 서로를 조직할 수 있으며, 전망적이고 회고적인 토론, 비판, 평가에 참여할 수 있는 목표를 갖게 된다. 이러한 시민적 참여가 없다면, 대표자와 구성원들 간의 연결고리는 대부분 끊기고, 대표자는 엘리트 지배자로 전락하기 십상이다. 시민들의 입장에서 보면, 대표자는 그러한 참여적 과정에 호응해야 한다. 5장에서 내가 논의할 시민사회라는 공적 영역은 이러한 연결고리를 유지하는 데 일조하는 시민적 참여에 중요한 각축의 무대로 복무한다.

4. 대표성의 양상들

대표자를 그가 대표하는 사람들의 대리인으로 생각해서는 안 되며, 대표자가 구성원단의 어떤 단일화된 의지를 표현하고 현재화 할 수 있다거나 해야 한다고 전제해서도 안 된다고 나는 주장했다. 대표자는 어떤 인격체의 정체성이나 어떤 구성원단의 집단정체성을 나타낼 수없다. 대표자와 구성원들 사이에는, 정책결과를 빚어내는 과정에 구성원들이 참여하는 정도와 방식이 언제나 문제되는, 불가피한 차이와 분립이 존재한다. 하지만 대표성은 현대정치에서 필연적이며 바람직하다. 참여적이고 급진적인 민주주의자들은 대표성 본연의 가치를 백안시하기보다, 권한위임과 소명책임의 과정이 있으며 그 과정은 서로 독립적이고 그 과정을 통해 구성원들을 포용하는 참여적 공적 의견이 활성화되는 정도를 제대로 평가해줘야 한다.

민주주의의 정도를 알 수 있는 또 다른 측정지표는 사람들이 권한 위임과 소명책임의 관계를 통해 시민들의 차이 있는 삶과 관련된 복수의 대표자들과 연결되는지의 여부라고 나는 생각한다. 대표자가 구성원들과 어떤 방식으로든 동일해야 한다는 가정은, 암묵적으로 어떤 인격체는 그 자신과 관련된 모든 것이 정치적 과정에서 잠재적으로 목소리로 나와야만 그 인격체는 대표된다고 하는 불가능한 요건을 담고 있는 것이다. 대표자와 구성원들 간에는 불가피하게 차이가 존재하기 때문에, 민주주의는 이러한 차별화되는 처지들이 얼마나 잘 연결되는지에 따라 더 좋아지거나 더 나빠진다. 또한 민주주의는 대표성의 양상과 무대를 복수화함으로써 강건해 질 수 있다. 정치적 대표성이라는 시스템은 개체성(individuality)으로 개인을 현전시킬 수는 없지만, 친연적인 관계를 맺고 있는 곳에서 한 인격체가 겪는 삶의 경험, 정체성, 신념 또는 활동의 **측면들**을 대표해야 한다. 잠정적으로 그러한 많은 측면들 혹은 친연성 집단들은 많이 있다. 나는 이 지점에서 한 인격체가 대표될 수 있는 세 가지 양상을 구분하려 한다. 즉, 인격체는 이익, 의견, 퍼스펙티브에 따라 대표될 수 있다. 특별하고 구체적인 정치적인 맥락 안에서 한 인격체는 이러한 방식 안에서 여러 방법으로 대표될 수 있다. 특징한 퍼스펙티브를 대표한다는 것의 의미와 상세한 설명은, 억압받거나 불리한 사회집단의 구성원들 모두에게 공동의 의견이나 이익을 귀속시켜야 하는 문제를 피하면서도, 이 같은 사회집단을 특정해 대표해야 한다는 논거를 제공한다.

내가 정치과정에서 대표되고 있음을 느낀다고 말할 때, 나는 무엇을 의미하는가? 여러 가능한 답이 있겠지만, 내게는 특히 세 가지가 중요하게 두드러진다. 첫째, 누군가가 나의 이익이라 생각하는 것을 그리고 내가 남들과 공유하고 있는 이익을 나의 일처럼 살피고 있을 때

나는 대표된다고 느낀다. 둘째, 내가 생각하는 정치적 결정의 방향타가 되는 원칙, 가치, 우선순위가 토론에서 목소리를 내고 있다는 것은 내게 중요하다. 마지막으로, 적어도 정책을 토론하고 표결하는 사람들이 내가 속한 사회집단의 처지와 사회집단 관계의 역사 때문에, 내가 갖는 사회적 경험을 이해하고 표출할 때 나는 대표된다고 느낀다. 기존 정치이론에서 이익과 의견에 대해서는 많이 다뤄졌기 때문에, 이에 대해서는 아주 간략하게 논할 것이다. 퍼스펙티브를 대표한다는 아이디어가 생소할 수 있기 때문에, 나는 이 점에 보다 주목할 것이다.

이익 — 나는 이익을 개인 삶의 전망이나 조직의 목표에 영향을 미치거나 중요한 것으로 정의한다. 개인이나 집단적인 행위주체는 그 행위주체가 설정해온 목적을 실현하기 위해 필수적이거나 바람직한 것에 어떤 이익을 갖는다. 여기에는 물적 자원과 역량을 발휘할 수 있는 능력 예를 들면, 문화적 의사표명, 정치적 영향력, 의사결정을 할 수 있는 경제적 파워 등을 포함한다. 여기에서는 나는 이익을 자기준거적인 것으로 정의한다. 이는 아이디어, 원칙, 가치와는 다른 것이다. 후자는 개인이 세운 목적을 정의하는 데 도움이 되고, 이익은 이러한 목적을 성취하기 위한 수단을 정의한다.

이익은 행위주체들에서 뿐만 아니라 단일 행위주체의 행위 안에서도 자주 충돌한다. 다양한 목적을 성취하기 위해 자원을 필요하는 곳에서, 행위주체들은 자신이 필요로 하는 일부 자원은 상대적으로 희소하다는 것을 발견하게 되기 쉽다. 때때로 어떤 행위주체가 특정한 목적을 이루기 위해 필요로 하는 수단은 또 다른 행위주체의 다른 목적을 이루기 위해 필요로 하는 것을 얻는 능력에 직접적인 지장을 초래할 수 있다. 하지만 이익들이 반드시 충돌하는 것은 아니라는 점에 주목하는 것은 중요하다. 사회에서 목적을 추구하는 것 그리고 이러한 목적추구를 촉진하는 정치적 프레임을 설정하는 것은 반드시 행위주체들 간의 제로섬 관계로 구조화되는 것은 아니다.

이익을 대표하는 것은 정치적 실천에서 익숙하며, 다른 대표성보다 이익대표이론(theory of interest representation)이 더 많다. 그렇다고 나는 여기서 이익집단에 관련된 방대한 문헌 및 이익집단이 정치적 영향력을 성취할 수 있는 수단에 대해 검토하려는 것은 아니다. 나는 단지 이익을 대표하는 것은 사람들이 자신에게 이익이 되는 정책을 위해 정치적으로 압력을 가할 자유가 있는 그리고 정치적 영향력을 갖기 위해 비슷한 이익을 지닌 다른 사람들과 함께 조직하는 자유가 있는, 소통적 민주주의에서 자유롭게 어울려 결사하는 과정임을 지적하는 것이다.

의견 — 어떤 정책이 추진되어야 하고 어떤 목적을 추구해야 하는지에 대한 각자의 판단에 영향을 미치고 그 판단을 조건화 할 때, 한 인격체가 견지하는 원칙, 가치 그리고 우선순위로 나는 의견을 개념정의한다. 이 부분은 많은 현대 다원주의 논의가 주목하고 있는, 앤 필립스(Anne Phillips)가 '아이디어의 정치(politics of ideas)'로 언급한 영역이다.[15] 예를 들어, 정치적 자유주의의 원칙과 문제에 대한 롤즈의 최근 논의는 현대 사회에서 복수의 아이디어와 신념의 시스템이라는 사실, 이렇게 이러한 아이디어와 신념이 정통성 있게 정치적 삶에 영향을 미치는지, 그리고 어떻게 차이 나는 신념과 의견을 지닌 사람들이 잘 돌아가는 정체를 유지할 수 있는지에 집중한다.[16] 의견이라는 용어를 쓸 때, 나는 세상사가 어떻게 존재하는지 혹은 어떻게 되어야 하는지에 대한 일체 판단이나 신념 및 이러한 판단이나 신념에 따르는 정치적 판단을 의미한다. 의견은 종교적일 수도 혹은 종교적인 근거에서 나올 수도 있으며, 혹은 어떤 세계관이나 사회적 관행이 있는 역사에 문화적으로 근거할 수도 있다. 의견은 정치적 의견이 신자유주의 고전경제학에 뿌리를 둘 수 있는 것처럼 학문이나 지식체계를 기반으로 하거나, 자유지상주의나 급진적 생태주의 같은 규범적 원칙을 기반으로 할 수 있다. 비록 공적 문제에 대한 사람들의 의견이 모두 단일한 '포괄적인 원칙(comprehensive doctrine)'에서 파생된다는 주장에는 의심스럽지만, 대부분의 사람들이 특정한 사회적이고 정치적인 이슈에 대해, 모든 경우는 아니더라도, 해당 사안보다 폭넓게 적용하는 어떤 가치, 우선순위 또는 원칙을 지침삼아 판단한다고 나는 상정한다. 의견은 분명 경합가능하며, 대체로 일부 의견은 다른 의견보다 제대로 정립된 것으로 입증될 수 있다. 하지만 소통적 민주주의는 의견들의 자유로운 표현과 도전을 요구하며, 나아가 정책결정으로 이어지는 토론에서 의견의 폭넓은 대표성을 요구한다.

정당은 의견을 대표하는 가장 흔한 수단이다. 정당은 대개 특정한 구성원단의 이익을 덜 표현하는 정강을 앞세우며, 정당이 일반적으로 대표해야 한다고 요구하는 원칙, 가치, 우선순위에 따라 그 시대의 정치적 이슈를 더 조직한다. 하지만, 더 작은 혹은 더 특정된 결사들도 공적 생활에서의 의견을 내세우고 공공정책에 영향을 미치기 위해 결성할 수 있을 뿐 아니라 흔히 그렇게 한다. 전통적으로 이익집단이론은 이러한 결사를 이익집단의 한 종류로 보았으며, 대부분의 경우 이는 무해한 합성체(conflation)이다. 하지만 나는 수단적인 이익으로 동기부여된 정치적 결사의 종류와, 신념 및 가치에 대한 전념 등으로 동기부여된 결사의 종류를 구분하는 것은 중요하다고 생각한다. 전자의 동기부여는 비록 집단을 위한 것이라 하더라도 자기이익적이지만, 후자의 동기부여는 흔히 일부분만 생각하지 않거나 심지어 이타적이다.

퍼스펙티브 — 나는 3장에서 구조적 사회집단을, 구성원들이 서로 공유하고 그들의 정체성을 구성하는 공동 속성의 집합으로 정의하는 실체론적 논리로 생각해야 한다는 주장에 대해 반박했다. 사회집단의 차별성은 보다 관계적인 논리로 이해되어야 하며, 개인은 자신의 정체성을 공동의 속성으로 결정되는 것이 아니라, 사회집단의 구조에 자리매김된 처지로 이해되어야 한다고 나는 주장했다. 집단차별화된 정치가 분열과 갈등만을 낳는다고 보는 사람들과 대립각을 세우면서, 차이 나는 처지에 있는 사람들은 이러한 처한 자리에서 연유하는 차이 나는 경험, 역사, 사회지식을 갖기 때문에, 집단차별성(group differentiation)은 정의를 실현하려는 소통적인 민주적 공중의 밑거름이라 나는 주장했다. 나는 이를 사회적 **퍼스펙티브**라 부르고자 한다.

사람들 개개인이 사회 속에서 처한 각각의 소재지 때문에, 사람들은 다른 사람들은 덜 익숙하게 맞춰진 특정한 류의 사회적 의미와 관계에 더 익숙하게 맞춰진다. 때때로 사회적 의미와 관계를 전혀 모를 정도로 자리매김된 사람들도 있다. 각자의 사회적 소재지에서 보면, 사람들은 사회적 사건에 대한 지식과 그것의 파장에 대해 차별화된 지식을 갖는다. 자신의 사회적 소재지는 차이 나는 소재지에 있는 다른 사람들이 우리에 대해 갖는 인식적 축조물뿐만 아니라 우리가 다른 사람들에 대해 갖는 자신의 축조물에서 부분적으로 나오기 때문에, 차이 나는 소재지에 있는 사람들은 언행, 사건, 법규칙, 구조 등의 의미에 대해 차이 나게 해석할 수 있다. 따라서 구조적으로 처해진 각자의 사회적 처지는 특정된 상대적 위치에 따른 경험과 사회적 과정 및 그 파장에 대한 특별한 지식을 빚어낸다. 저마다의 차별화된 집단이 처한 자리는, 저마다가 패턴화된 과정의 일부분으로 존재하며 패턴화된 과정을 빚어내는데 일조해왔기 때문에, 사회적 과정에 대한 특정한 경험 또는 시각(point of view)을 갖는다. 특히, 사람들이 구조적 불평등(structural inequality)이라는 관계상 차이 나는 편에 위치하게 되는 한, 사람들은 이러한 관계와 그것의 파장을 달리 이해한다.

사회적 지대(social fields)에 차이 나게 위치한 처지들에서 비롯된 것으로 집단차별성을 보는 비유논리에 따르면, 사회적 퍼스펙티브*라는 아이디어는 사회적 지대에서 '근(近)거리에 있는' 행위주체들은 해당 지대와 지대 안에서 벌어지는 일에 대한 유사한 시각을 갖게 되며, 사회지대에서 원(遠)거리에 위치된 행위주체들은 세상사를 차이 나게 보기 십상이라는 점을 보여준다. 이러한 사회적 퍼스펙티브는 차이가 있어도 서로 양립할 수 있다. 각 사회적 퍼스펙티브는 전체 사회지대의 측면에서 보면 특정되고 일부분적이며, 각자의 퍼스펙티브에서 보면 사회적 과정이 일어나는 현실의 몇몇 측면은 다른 현실보다 더 잘 보일 수 있다.

따라서 하나의 사회적 퍼스펙티브에는 정해진 특정한 내용이 들어 있지 않다. 이러한 측면에서 퍼스펙티브는 이익 혹은 의견과 다르다. 사회적 퍼스펙티브는 문제제기의 집합, 경험의 종류, 도출되는 결론보다, 생각이 시작되는 가정에 존재한다. 본질주의에 대한 비판가들은 동일한 사회집단이라고 말하는 사람들 중에서도 차이 나는 그리고 심지어 상충하는 이익과 의견을 갖고 있음을 옳게 지적한다. 사회적 과정과 이슈에 대한 비슷한 관점 — 예를 들면, 이성애적 상호작용에 대한 규범 — 을 지닌 사람들도 차이 나는 이익 혹은 의견을 갖는다. 왜냐하면 그들이 경험한 것 혹은 그들이 가진 목적과 기획에 대해 차이 나게 추론하기 때문이다.

퍼스펙티브는 무엇을 봐야 하는지를 결정하지 않은 채 사회적 과정을 바라보는 하나의 방식이다. 따라서 두 부류의 사람들이 같은 사회적

* 이러한 의미에서 사회적 퍼스펙티브를 사회적 원근시(遠近視)로 표현할 수 있다. 즉, 원근(遠近)이 서로 교차·포용되는 것이다.

퍼스펙티브를 서로 나눌 수 있으면서도, 해당 사회의 다른 요소에 주목하고 있기 때문에 여전히 각기 다른 각자의 위치성을 경험한다. 그러나 어떤 퍼스펙티브를 함께한다는 것은 다르게 위치 지어진 사람들이 경험하지 못한 어떤 친근감 또는 다른 처지에 있는 사람들의 경험을 설명하는 방식에 친근감을 각자에게 제공하는 것이다. 덜 친근(친연)하다 해서 다른 위치에 처한 사람들이 또 다른 사회적 퍼스펙티브에 있는 사회적 요소에 대한 설명을 이해할 수 없다는 의미는 아니며, 덜 친근함은 단지 다른 사회적 퍼스펙티브의 표현을 이해하기 위해 그것을 공유하는 사람들 보다 더 많은 노력이 필요함을 의미할 뿐이다.[17]

사회적 퍼스펙티브는 집단성원들이 자신의 처지로 인해 사회적 과정에 대해 갖게 되는 시점이다. 퍼스펙티브는 어느 정도 자의식적인 방식으로 살아남아 있을 수 있다. 억울한 역사 또는 구조적 억압에 대응하는 집단뿐만 아니라 차이 나는 사람들의 혹은 종교집단의 문화적 경험은 흔히 자신의 상황과 다른 사람들과의 관계에 대한 단련된 해석을 제공한다. 퍼스펙티브는 보다 단정적이고 분석적인 표현방식뿐만 아니라 이야기와 노래 그리고 몸동작과 풍자어로 나타날 수 있다. 예를 들어 보겠다.

50년 동안 『피츠버그 쿠리에(Pittsburgh Courier)』는 미국의 다른 도시들에서 뿐만 아니라 피츠버그시 아프리카계 미국인에게 중요한 신문이었다. 나는 이 신문이 한편으로 퍼스펙티브와 다른 한편으로 이익과 의견 간의 차이를 잘 보여준다고 생각한다. 이 신문의 모든 지면에서 피츠버그와 그 외 지역의 아프리카계 미국인이 갖고 있는 이익의 복수성을, 그렇다고 모두를 보여주지는 못하지만, 보여주는 많은 사건과 논쟁을 알리는 기사들이 매주 보인다. 게다가, 의견에 대한 지면에서는 우측의 자유지상주의에서 좌측의 사회주의까지, 경제적 분리주의로부터 자유주의적 통합주의까지를 망라한 사설들이 등장한다. 이러한 다양한 이익과 의견에도 불구하고, 『피츠버그 쿠리에』가 아프리카계 미국인의 퍼스펙티브를 대변하는지 확인하는 것은 어렵지 않다. 논의되는 사건들의 대부분이 아프리카계 미국인을 주요한 행위자로 포함시키고 있으며, 다수의 아프리카계 미국인이나 그렇지 않으면 아프리카계 미국인이 특수하게 결합된 제도와 발생지에서 벌어진다. 신문이 아프리카계 미국인과 특별하게 동일시되지 않는 지역적 혹은 전국적 사건에 대해 거론할 경우에, 그 스토리는 대개 아프리카계 미국인에게 보다 더 특정한 이슈와 경험을 통해 특별히 숙지시켜주는 질문을 제기하거나 강조를 더한다.[18]

혹자는 아프리카계 미국인이나 여성의 퍼스펙티브라는 아이디어가 사회집단의 이익이나 의견을 단수로 보는 아이디어만큼 비판을 받을 수 있다는 점에서 반대할 수 있다. 즉, **하나**의 아메리칸 인디안의 퍼스펙티브에 대해 말하는 것은 **하나**의 아메리칸 인디안의 이익을 말하는 것만큼이나 부적절하게 환원적이지 않은가? 분명, 각 인격체는 환원될 수 없는 본인 특유의 사회지식과 퍼스펙티브를 제공하는, 본인만의 유일무이한 역사를 갖고 있음은 의문의 여지가 없다. 하지만 우리는 구조화된 사회적 처지와 집단으로 정의된 사회적 소재지에 관련된 일체 이야기가 잘못이고 정합성이 없으며 무용하다는 사실로부터 결론을 도출하려는 개인주의 류를 피해야 한다. 비전문직 노동계급사람들이 직업적 구조에서 그들이 차지하는 처지 때문에 예견되는 취약성과 기회를 갖는다고 말하는 것은 이치에 맞다. 퍼스펙티브라는 아이디어는 하나로 통일된 속성을 특정하지 않고도, 처해진 자리에서 집단의 경험에 대한 감응력(sensibility)을 포착한다는 의미이다. 다른 구조적 처지와의 관계에서 빚어지는 또한 의도되지 않은 파장으로 이슈가 되는 사회적 과정에서 만들어진 사회적 처지는 특정한 사회적 사건과 이슈가 해석되는 배경과 퍼스펙티브를 제공할 따름이다. 다시 말해, 배경과 퍼스펙티브는 해석을 결정하지 않는다. 따라서 우리는 유사한 사회적 퍼스펙티브를 갖는 다른 사람들이 어떤 이슈에 대해서 다르게 해석하는 것을 쉽게 찾아볼 수 있다. 퍼스펙티브는 사람들이 보는 것을 결정하지는 않지만 그러한 이해를 조건화하는, 사회적 사건을 바라보는 하나의 접근이다.

특정한 사회적 지대에서 유사한 방식으로 자리매김된 개인들이 해당 사회에 대한 비슷한 집단 퍼스펙티브를 갖는다는 주장을 우리가 받아들인다고 생각해보자. 이것이 많은 집단차별화된 관계들로 자리매김된 개인들에게 어떤 함의가 될까? 개인들은 복합적으로 구조화된 사회에서 복수의 처지들에 자리매김되기 때문에, 이들은 복수의 사회집단 퍼스펙티브들에서 해당 사회를 해석한다. 이러한 퍼스텍티브들 중 일부는 교차하여 특정한 혼합된 퍼스펙티브 예를 들면, 백인여성의 퍼스펙티브 혹은 젊은 노동계급의 퍼스펙티브가 구성될 수 있다. 하지만, 개인들은 또한 그들이 상호작용하는 사람들이나 주목하는 사회적 현실의 측면에 따라 자신에게 가용될 수 있는 사회적 퍼스펙티브를 중심으로 움직일 수 있다. 사람들이 사회를 보는 복수의 퍼스펙티브들은 서로를 강화하거나 상승시키며 또는 오리로 보기도 어렵고 그렇다고 토끼로 보기도 어려운 모양과 같이, 서로[의 차이]를 희석시키지 않고서는 어떤 퍼스펙티브를 취하는 것이 불가능하게 될 수 있다. 어떤 개인에게 가용되는 퍼스펙티브들은, 사회적 삶에 대한 그 개인의 경험과 이해로부터 모호함이나 혼란함을 빚어낸다는 점에서, 서로 비교할 수 없는 것이다. 즉, 퍼스펙티브의 복수성은 그 개인이 사회적 과정에서 합성사진을 만들 수 있도록 기여한다. 그러나 퍼스펙티브의 복수성은 사람들이 그 중 하나의 퍼스펙티브로부터 거리를 둘 수 있는 원천을 제공하고 또한 다른 사람들과 퍼스펙티브를 공유하지 못하는 사람들과도 특정 방식으로 소통할 수 있는 원천을 제공한다.

멜리사 윌리암스(Melisa Williams)는 퍼스펙티브와 이익이 깨끗이 분리되지 않는다는 점을 들어, 이익, 의견, 퍼스펙티브를 다른 류로 보는 앞의 논의를 반대한다. '퍼스펙티브와 이익 간의 관계에 대한 나의 이해는, 한 사회집단이 공유하는 퍼스펙티브는 이익에 대한 다른 해석이 가능할 수 있는 경계를 정의하는 데 일조한다는 것이다'.[19] 사회적 퍼스펙티브를 해석의 프레임을 설정하는 데 일조하는 것으로 보는 것은 유익하다. 이렇게 보는 것은 실제로 개인이 자신의 이익에서 발견하는 것을 통해 추론하도록 일조할 수 있다. 그럼에도 이와 같이 이론화는 사회구조에 비슷하게 자리매김된 개인들이 서로 공유하지 못하는 많은 이익이 있다는 점을 때때로 발견한다는 것을 인정해야 한다. 어떤 이익이나 의견을 대표한다는 것은 의례 의사결정과정에서 특정한 어떤 결과를 부추김을 의미한다. 반면, 어떤 퍼스펙티브를 대표한다는 것은 대개 토론의 출발점을 독려함을 의미한다. 특정한 사회적 퍼스펙티브에서 보면, 한 대표자는 특정 종류의 문제를 제기하거나, 특정 경험을 전하거나, 서사적 역사의 특정한 노선(line)을 갖고 오거나 혹은 다른 사람들의 처지를 고려하는 특정 방식을 표출한다. 이러한 것들은 의사결정의 과정에 차이 나는 사람들을 포용하는 데 중요한 기여를 하며 차이 나는 집단들에게 제안된 정책이 미칠 수 있는 파장에 신경쓸 수 있는 안목을 키우는 데 중요한 기여를 한다. 그렇지만, 퍼스펙티브를 표방한다는 것이 파장의 결과에 대한 결론을 도출한다는 의미는 아니다.

퍼스펙티브를 표방한다는 것을 설명하기 위해 또 다른 예를 들어보겠다. 수년 전 로버트 팩우드(Robert Packwood) 상원의원은 그의 몇몇 보좌진들에 대한 성희롱(sexual harassment)으로 고발되었다. 일이 터진 후, 많은 상원들은 해당 사안을 윤리위원회에서 제재를 할 수 있도록 청문회를 개최하자는 데 미온적이었다. 팩우드는 상원에서 명망과 입지가 있는 인사였으며, 많은 그의 동료의원들도 별것도 아닌 고발에 상원의 시간을 써야겠냐는 태도를 보였다. 이에 대응해, 거의 모든 여성 하원·상원의원들은 기자회견을 열어 상원이 팩우드의 책임을 엄중하게 가릴 수 있는 청문회를 개최할 것을 요구했다. 이들 여성의원들이 지향하는 정치적 가치는 같지 않았으며, 이들이 가진 이익들은 달랐다. 다시 말해, 실제로 팩우드가 성희롱 죄가 있는지에 대해 이들 여성위원들의 의견은 일치하지 않았다. 이들의 목적은 상원의 의제에 영향을 미치고자 하는 것이었으며, 이를 통해 이들은 성희롱 고발의 의미와 엄중함에 대해 비슷한 퍼스펙티브 즉, 최소한 처음에는 많은 남성들이 이해하지 못하는 것으로 보였던 퍼스펙티브를 대표했다.

그렇기에, 이익, 의견, 퍼스펙티브는 대표될 수 있는 인격체의 중요한 세 가지 측면이다. 나는 이 세 측면이 사람들이 대표될 수 있는 모든 방식을 다 낱낱이 설명하고 있다고 주장하는 것은 아니다. 당연히 대표될 수 있는 다른 방식들도 있지만, 나는 현대정치에서 우리가 대표성에 대해 이야기하는 방식에서 그리고 집단대표성에 대해 제기된 개념적이고 실천적인 문제에 대해 답함에 있어, 이 세 가지 방식이 특히 눈에 띈다고 본다. 이러한 측면은 어느 하나도 어떤 개인 혹은 사회집단의 정체성으로 환원되지 않지만, 각각은 그 개인의 일면이 된다. 더 나아가 사람들의 이러한 측면 중 어느 하나도 다른 것으로 환원되지 않는다. 이들 세 가지 측면은 누구도 즉시 이익이나 의견의 집합을 추론할 수 없다는 의미에서, 일반적인 사회적 퍼스펙티브에서 볼 때 논리적으로 독립적이다.

더욱이, 이익이나 의견과 달리, 사회적 퍼스텍티브는 쉽게 상충한다고 여겨지지 않는다. 종합하자면, 사회적 퍼스펙티브는 보통의 경우 이들 간 서로를 배제하지 않고, 오히려 추가적인 문제제기와 보다 충실한 사회지식을 제공한다. 하지만, 퍼스펙티브들 간은 서로 비교불가한(incommensurate) 것으로 보일 수 있다. 현재 80대의 퍼스펙티브에서 본 전후 미국에 대한 논의는 현재 20대의 퍼스펙티브에서 만들어진 논의와 동일한 가정과 동일한 언어로 만들어 질 수 없기 때문이다.

5. 주변화된 집단의 특별대표성

대부분의 현대 민주주의에서 덜 우대받는 구조적인 사회집단의 구성원들이 저(底)대표되고 있음은 거의 모두가 인정할 것 같다. 1장에서 논의한 바, 구조적인 사회경제적 불평등은 흔히 정치적 불평등 및 영향력 있는 정치토론에서의 상대적 배제를 빚어낸다. 따라서 가난한 사람들과 노동계급 사람들은 흔히 부유하거나 중간계급만큼 대표되지도 자신의 이익과 퍼스펙티브를 갖지도 못한다. 대부분의 정치시스템에서 여성은 몇 안 되는 선출직 공직을, 그리고 보다 일반적으로는 공적이고 사적인 생활에 대한 파워 있고 영향력 있는 얼마 안 되는 자리를 차지한다. 소수 문화집단들과 인종적으로 폄하된 자리에 처해진 사람들 역시 대개는 효력있는 정치적 목소리가 없다. 많은 사람들은 이러한 종속된 사회집단과 사람들의 정치적 배제나 주변화를, 그것이 민주적으로 함께 노력함(democratic commitments)이 함의하는 평등한 기회와 정치적 평등의 약속의 저변을 약화시키기 때문에, 잘못된 것으로 간주한다. 1장에서 제안했듯이, 정치적 불평등이라는 부정의에 대한 이 같은 판단은 형식적인 정치적 민주주의가 사회적 불평등을 재생산하는 순환고리(악순환)를 끊는 데 사용될 수 있다. 현재 저대표되는 사회집단을 더 포용하고 이들에게 더 많은 영향력을 제공하는 것은 사회가 구조적인 사회적 불평등을 대면하고 이에 대한 치유책을 찾을 수 있도록 일조할 수 있다.[20]

저대표된 사회집단의 구성원들을 더 많이 포용하도록 증진할 수 있는 중요한 방법은 여성, 노동계급, 인종적 혹은 민족적 소수자, 불이익 받는 신분 등의 대표성을 끌어올리도록 특별히 설계된 정치적·결사(結社)적 제도를 통해서이다. 선출할당제, 비례대표제, 의석예약제, 선거구획정 등과 같은 수단은 모두 사회집단의 대표성을 증진하기 위해 제안되며, 이들의 많은 부분이 실행되고 있다. 사회운동은 입법부뿐만 아니라, 다양한 종류의 위원회와 의결위원회, 민간법인의 이사회, 국가제도와 시민결사 등에서 집단대표성이라는 형식을 점점 더 많이 요구하고 있다. 집단대표제에 대한 제안은 거의 줄곧 논쟁적이지만, 그러한 제안을 야기하는 구조적 배제는 사라지지 않을 것 같다. 하지만 앤 필립스(Anne Philips)가 지적하듯, 대표되지 않으면 주변화되는 사회집단을 특정해서 대표하는 것이 정치적 평등에 대한 기여로 곧바로 이어지지는 않는다.[21] 추가적인 규범적 논거가 필요하다.

많은 사람들은 사회집단을 특정해서 대표하려는 노력이 정의롭고 지혜로운 것인지에 대해 의문을 표한다. 일각에서는 개인은 집단을 매개로 하지 않고도 정치제도에 직접적으로 관계되어야 하며, 단일 대표자를 성립시키기 위해 개인들의 투표를 합산하는 선거구는 이러한 정치적 개인주의를 실행하는 유일한 방식이라고 주장한다.[22] 내가 앞서 살펴보았듯이, 다른 일각에서는 집단대표제를 부당하고 문제있는 본질주의로 보기 때문에 이에 반대한다. 몇몇 이론가들은 '산술적(descriptive)' 또는 [그대로 옮긴다는 의미의] '전사적(全寫的, mirror)'이라고 불리는 대표성에 대해 반대를 제기해왔다.

'산술적' 혹은 '전사적' 대표성의 개념은 대의기구는 마땅히 해당 정체 전체를 그대로 복사한 것으로 보여야 한다고 말한다. 따라서 이 개념은 전체 공중에서 구성원들이 보이는 비율에 맞게 사회집단의 구성원들을 포함시켜야 한다는 것이다. 이에 대해 피트킨은 이 같은 전사적 대표성의 이미지는 대표성을 어떤 활동으로 대표성을 묻기보다, 대리 즉, '표상'의 기능으로만 생각한다고 지적한다.[23] 더욱이 만약 보다 적정하게 대표되기 위해 중요한 모든 것은, 입법자가 특정한 속성을 갖고 있어야 하는 것이라면, 무작위 표본추출이 선거보다 대표자를 선택하는 더 효과적인 방법일 수 있다.[24]

여성, 아프리카계 미국인, 계급 또는 원주민을 특정해서 대표해야 한다고 보는 많은 사람들조차도, 사람들의 신체적 또는 성원자격의 특성 그 자체는 비슷한 속성이 있는 사람들을 대표하는 근거가 될 수 없다고 본다. 오히려, 이들은 여성이나 원주민은 해당 집단의 다른 사람들만이 즉시적인 반응으로 하나같이 이해할 수 있는 비슷한 경험을 갖는다고 주장한다. 그러나 혹자들은 집단대표성을 집단의 모든 구성원들이 공유하는 경험, 이익 또는 의견으로 정당화하는 것은 해당 집단 내의 차이를 덮어버리고, 집단 내 모든 구성원들을 어떤 하나의 공통된 본질적 속성으로 환원시켜서, 집단들 서로가 서로를 너무 많이 분리시켜서 차이를 교차하는 이해와 협력이 불가능하게 만들 수 있음을 경계한다.[25]

내가 위에서 제안한 대표이론은 집단대표성에 대한 이 같은 우려에 대응할 수 있다. 대표성이 무엇이라 하더라도, 집단대표성을 사람들이 공유하는 속성에만 주목하는 것으로 이해하거나, 해당 집단의 구성원들 모두가 공유하는 어떤 의견, 이익, 경험 중 어떤 집합을 눈앞에 있어야 하는 것으로 이해하는 것은 적절하지 않다. 전술했듯이, 그러한 해석은 대표성을 대표자와 구성원들을 관련시키는 차별화된 과정으로 개념화한다기보다 동일성(identity)의 논리를 따르는 해석이다.

다른 한편으로, 내가 제안한 대표이론은 집단대표성에 대한 많은 반대론자들이 가지는 묵시적인 가정 즉, 대규모 정치로의 참여는 어느 면에서 개인화될 수 있다는 가정을 거부한다. 모든 대표시스템과 제도는 모종의 원칙에 따라 개인들을 집단화하며, 따라서 어떤 개인도 무연고적이거나 중립적이지 않다.[26] 어떤 형식 또는 시스템의 대표성도 많건 적건 문제들을 노정하고 있으며, 내 시각에서 보면 이들 문제는 구성원들과 대표자 간의 권한위임과 소명책임의 능동적 관계로 접근하는 것이 최선이다. 구성원단의 원칙이 지리, 거주지, 신념, 금전적 이해관계, 조직이나 직장의 이해관계 혹은 사회집단이 처한 자리이던간에, 구성원단의 성원들은 그들 서로 그리고 공무담임자들과 함께 자신의 일치와 차이남을 토론하기 위해 서로를 조직할 때, 더 잘 대표된다. 우선 먼저 모든 구성원단은 내적으로 차별화되며, 대표자와의 관계에 있어 이들은 조직화되어야 한다. 더욱이, 개인들은 대의기구가 복수일 때, 그리고 이들이 정치조직뿐만 아니라 시민조직에서 대표자와 복수의 관계를 갖고 있을 때, 더 잘 대표된다. 의견, 이익, 퍼스펙티브로 대표성 방식의 종류를 구분하는 것은 이러한 복수성을 서술하는 것이다. 특정한 퍼스펙티브를 대표한다는 개념은, 사회집단은 공동의 이익이나 의견으로 개념정의될 수 없다는 집단대표성에 대한 반대에 특히 대응하려는 것이다. 사회집단을 구별하는 것이 구조적 관계, 특히 우대됨과 불리함의 관계인 정도만큼 그리고 사람들이 이러한 구조에 비슷한 자리에 처한만큼 사람들은 해당 사회에서 본인 자신의 위치와 다른 사람들이 놓인 처지 모두에 대한 비슷한 퍼스펙티브를 갖는다.

따라서 그렇지 않으면 저대표되는 구조적인 사회집단을 특정해서 대표하자는 찬성론자의 주장은 그러한 실천적 제도가 차이 나고 갈등이 있을 수 있는 사람들을 포용적인 정치적 토론과 관여에 기여해야 하는 그리고 할 수 있다는 근거로 내세운다.[27] 첫째, 일부 집단이 정치적 영향력에서 배제되거나 주변화된 역사가 있을 때, 이 집단의 구성원들은 그러한 정치적 과정에 대한 반감을 보일 수 있다. 이들은 다른 사람들과 맞물리는 문제를 해결하기 위한 노력에 아무 관심을 보이지 않거나 거부할 수 있다. 이러한 환경에서, 불리한 집단을 특정해 대표하는 것은 그들의 참여와 [정치적] 인연의식(앙가주망, engagement)을 살릴 수 있다.[28] 둘째, 일부 구조적 사회집단이 정치토론과 의사결정의 지배해온 곳에서는, 이들의 사회적 퍼스펙티브가 토론을 조건화하는 그리고 정치적 우선순위와 토론 자체를 프레임하는 사회적 관계에 대한 논의를 일상적으로 한정해왔다. 뿐만 아니라, 이렇듯 지배적인 퍼스펙티브가 이슈를 바라보는 유일무이한 방식이라는 점을 경험적으로 알 수 없는데도, 외려 번번이 중립적이고 보편적인 것으로 간주된다. 그렇기 때문에, 그것이 아니었으면 배제되는 사회적 퍼스펙티브를 특정해서 대표하는 것은 정치적으로 현재한 퍼스펙티브의 일부분성과 특정성을 드러낸다.[29] 마지막으로, 주변화된 사회집단을 특별히 대표한다는 것은 3장에서 내가 설명한 위치 지어진 지식을 정치적 토론과 의사결정으로 불러내는 것이다. 구조화된 사회에서 처해진 자리매김으로 인해, 구조적으로 차별화된 집단의 구성원들은 흔히 공동의 문제와 갈등의 원인 그리고 제안된 해법이 가져올 파장에 대해 다르게 이해한다. 이들은 서로를 다르게 인식하고, 사회의 역사와 현재의 관계에 대해 다르게 이해한다. 이러한 인식과 이해 중 극히 일부만이 토론과 의사결정에 영향을 미친다면, [정치적 평등을 지향하는] 정치적 행위자들은 부정의

를 영속화하거나 정치적으로 사려 깊지 못한 행동을 하는 것이다.[30]

윌 킴리카(Will Kymlicka)는 그러한 수단 없이는 주변화되기 쉬운 사회집단에 대한 특별대표성에 대한 두 가지 주장을 지지한다. 첫째, 그는 그러한 집단대표성은 정치체계에서 또한 보다 넓게는 사회에서 나타나는 체계적인 차별을 방지하기 위해 정당화된다고 주장한다. 이러한 논거는 내 주장과 부합한다. 하지만 킴리카의 두 번째 논거는 나와 다소 다르다. 그의 주장에 따르면, 집단대표성은 자치(self-government)라는 근거에서 정당화된다. 킴리카가 민족이라고 부르는 집단은 자치를 할 수 있는 권한이 있다. 즉, 원주민은 그가 생각하는 그러한 집단의 전형이다. 다문화주의 사회에서 자치를 해야 당연한 많은 집단들은, 복잡한 연방제의 관계 속에 있는 더 큰 정체의 부분이며 또한 그래야 한다. 자치권을 갖고 있는 그러나 더 큰 정체의 일부분인 집단들은, 정부 간 협의체, 위원회, 협상에서 뿐만 아니라 더 큰 정치의 의사결정체에서 집단으로 대표되어야 한다.[31]

킴리카가 집단대표제를 정당화하는 논거를 이렇게 두 가지로 구분한 점은 옳았다. 그리고 더 큰 정치적 관계라는 맥락에서 자치가 앞선 나의 주장에 추가된 정당성을 제공한다는 점에서 그의 논의에 동의한다. 하지만 3장에서 살펴보았듯이, 자치를 요구하는 사람들도 다른 집단과의 관계에서 구조적인 불평등이나 잠재적인 지배에 흔히 위치할 수 있다. 관민(distinct peoples), 자치, 연방정치에서의 집단대표성 등의 문제에 대해 6장에서는 조금, 7장에서는 보다 직접적으로 다룰 것이다.

더 나아가, 킴리카의 논거나 앞서 언급한 나의 논거 중 어느 것도 다양성, 인정 혹은 집단정체성이라는 단순한 근거로 집단대표성을 정당화하지 않는다는 점은 강조되어야 한다.[32] 내가 3장에서 주장했듯이, 특정 집단의 구성원들을 대의제에 참여시키기 위해, 또한 이슈가 되는 사회 의제에 그들을 참가시키기 위해 그들을 동원하는 과정에서, 집단의 유별성과 자부심으로 구성된 자화상을 흔히 불러들이는 것은 옳을 수 있다. 하지만 집단이 공적 토론에서 자신의 문화를 표현할 수 있고 그 유별성(distinctiveness)을 인정받기 위해서, 이들이 포용적인 의사결정기구에서 특별한 대표성을 가져야 할 필요는 없다.[33]

대표되지 않는다면 침묵되었을 사회적 퍼스펙티브를 대표해야 한다는 이러한 논거는 소수이거나 불리한 사람들의 이익이나 의견이 특별히 대표되어야 함을 역시 의미하는가? 동일한 종류의 논거가 이익과 의견에 적용되는지를 결정하기 전에, 우리는 퍼스펙티브가 이익 및 의견과 다른 차이점을 상기해야 한다. 사회적 퍼스펙티브는 사람들이 그 처지를 좋아하든 그렇지 않든, 많은 사람들을 비슷한 방식으로 자리매김하는 광범위한 사회적 구조에서 나온다. 이러한 특징이, 많은 이익과 의견과 달리, 사회적 퍼스펙티브를 기본으로 만든다. 이익과 의견은 많은 수의 다른 사람들과 공유될 수 있거나 혹은 개인에만 해당되는 공유되지 않은 특유의 성질일 수 있다. 많은 이익들과 의견들은 자발적으로 형성되고 조직되며, 사회의 잠재적인 이익과 의견의 수는 방대하다.

하지만 한편으로 이익과 의견, 다른 한편으로 사회적 퍼스펙티브 간의 주요한 차이는 일부 강변된 이익 혹은 의견은 나쁘거나 정통성이 없을 수 있지만, 사회적 퍼스펙티브는 그 자체로 정통성이 없지 않다. 예를 들어, 백인이 우대되는 사회에서 백인의 사회적 퍼스펙티브는 대개 많은 공적 토론을 만드는 데 옳지 않게 지배하며, 그래서 그들의 퍼스펙티브는 인종화된 사회적 구조에서 차이 있는 처지에 자리한 사람들의 사회적 퍼스펙티브에 의해 상대화·중화되어야 하고 조정·순화되어야 한다. 그렇다고 해서 백인의 사회적 퍼스펙티브가 그 자체로 잘못이거나 정통성이 없다는 것은 아니다. 반면 모든 유색인을 강제로 칸막이화해야 한다고 주장하는 백인 지상주의자들의 의견은, 사회의 일부 구성원들을 자신들과 동등한 참여자로 인정하지 않겠다는 단정이기 때문에, 이는 정통성이 없다. 소수가 이러한 의견을 갖는 자유주의 사회라면 그러한 의견이 외화(express)되도록 해야 할 의무가 있을 수 있지만, 그렇다고 이 의견이 청문되는데 불리하다는 이유로 이들에 대한 어떤 특별한 지원을 제공해야 할 의무가 있는 것은 아니다.

일반적으로 표현의 자유와 결사의 자유라는 자유주의적 원칙이 이익과 의견의 대표성을 규율하는 것은 마땅하다. 각인은 의견을 표현하고, 의견을 공론화하기 위해 집단을 조직하는 자유가 있어야 한다. 각인은 특정한 이익을 증진하기 위해 집단을 조직하는 자유가 있어야 한다. 이러한 두 축의 자유는 같은 자유가 다른 사람들에게도 가능하도록 하는 법규칙 및 부당하게 다른 사람들에게 위해(危害)를 주는 행위를 금하는 법규칙에 의해 제어되어야 한다. 물론, 이러한 위해금지원칙(harm principle)의 내용은 악명 높을 만큼 찬반론이 분분하지만, 이 지면에서 나는 이 논쟁에 가세하지 않을 것이다. 요점은 전반적으로 표현과 결사의 자유를 극대화한다는 것은 이익과 의견의 대표성을 견인하는 일반원칙이어야 한다는 점이다.

하지만 이익집단 자유주의에 대한 비판의 일부는, 고삐 풀린 표현과 결사의 자유는 경제시스템에서 일부 이익과 의견이 다른 이익과 의견보다 훨씬 더 많이 자원에 접근할 수 있는 전체적인 불공정으로 이어지고 있음을 발견한다. 이 같은 우려에서 퍼스펙티브의 대표성을 확보하기 위한 특수한 수단이 공적 토론에서 이익 또는 의견의 대표성을 확보하기 위한 특수한 수단을 지지하는 일부 논거로 활용되기도 한다. 정치적 평등은 자원이 거의 없는 이익집단에게 미디어 접근성을 보장해주어야 하거나, 자원이 훨씬 더 많은 집단이 공적 영향력을 지배하는 능력을 제한할 것을 요구할 수 있다. 더욱이, 조슈아 코헨(Joshua Cohen)과 조엘 로저스(Joel Rogers)가 제안하듯, 이익집단이 대표되는 공정한 시스템은 자원이 거의 없지만 정통성 있는 이익을 갖춘 사람들이 만든 자치조직을 재정적으로 보조해야 한다.[34]

차별화된 사회집단의 퍼스펙티브가 정치적 의사결정에서 대표되어야 한다는 주장은 **누가** 대표하는가를 특정하지 않는다. 여기에 적실한 질문 두 개가 있을 수 있다. 첫째, 특정한 정치적 맥락에서 어떤 사회집단의 퍼스펙티브를 대표하는 사람은 반드시 해당 집단의 구성원이어야 하는가? 둘째, 집단의 이익이라기보다 집단의 퍼스펙티브를 대표한다는 제안은 일인과 다수의 문제를 대처하기에 너무 많이 나간 것이 아닌가? 이 절을 마무리하기 위해 하나씩 간단히 짚어보려 한다.

특정한 귀속성(ascriptive attributes)이 있는 사람들이어야 구조적인 사회집단의 퍼스펙티브를 대표할 수 있는가? 만약 구성원단과 대표자 간의 관계 ― 구성원단을 대표해야 하는 이슈가 무엇인지 내부적으로 경합하고 대표자에게 소명을 요구하는 관계 ― 에 대표성이 존재한다면, 사회집단의 구성원단은 특정한 속성을 지녔다고 생각했던 그 사람이 실제로 사회적 퍼스펙티브를 얼마나 잘 대표할 수 있는지 틀림없이 물을 수 있으며 또한 물어야 한다. 게다가, 흔한 경우는 아니지만 나는 특정한 귀속성이 없는 사람들도 어떤 퍼스펙티브를 나타내는 것이 가능할 수 있다고 본다. 하지만, 그러기 위해서 해당 사람은 산술적 귀속성을 지닌 사람들에 대한 사회지식 및 이들과 비슷한 경험을 제공하는 사회적 관계가 성립해야 한다. 예를 들어, 아프리카계 미국인이 대부분인 이웃과 함께 성장했으며, 많은 아프리카계 미국인 친구들을 두고 있고, 현재 아프리카계 미국인이 있는 지역사회의 커뮤니티 서비스에 종사하는 아시아계 미국인 남성은, 많은 토론들에서 아프리카계 미국인의 퍼스펙티브를 대표할 수 있을지 모르지만, 대다수 아시아계 미국인 남성은 그럴 수 없다. 왜냐하면 대다수 아시아계 미국인과 대다수 아프리카계 미국인은 서로 차이 나는 사회적 처지에 위치해 있기 때문이다.

두 번째 질문은 우리가 일인이 다수를 대표한다는 문제를 집단이익의 대표에서 집단 퍼스펙티브의 대표로 이동함으로써 진정으로 넘어설 수 있는지에 대한 것이다. 앞서 나는 퍼스펙티브라는 아이디어는, 퍼스펙티브가 무엇을 볼지를 결정하거나 특정한 결론을 좌우하지 않은 채 정치적 이슈에 대한 일반적 방향성만을 나타내기 때문에, 이익이라는 아이디어보다 유동적이고 개방적이라고 주장했다. 그럼에도 불구하고, 비슷한 방식으로 구조화된 자리에 처한 모든 사람들이 그렇게 위치 지어진 퍼스펙티브로 조건화된 이슈를 동일한 방식으로 표출하는 만큼, 사회적 퍼스펙티브가 하나로 통일된다는 가정에 의문을 제기하는 좋은 근거가 있다. 이러한 이유에서 집단대표성이라는 고안책은 이를 **복수화함으로써** 최선이 될 수 있다. 예를 들어, 위원단 또는 입법기구에서 여성의 퍼스펙티브는 단 한 명의 여성보다 여성들로 이루어진 소규모 위원회를 통해 더 잘 대표될 것이다. 이때 위원회는 해당 위원회가 사회적 상황과 청편을 젠더화된 퍼스펙티브에서 분석하고 이러한 퍼스펙티브가 더 폭넓은 공중에게 덜 잘 표현될 수 있게 하는 개인의 경험, 기량, 판단의 차이점뿐만 아니라 여성들이 속해있는 집단들을 교차한 퍼스펙티브 상의 모종의 차이점을 담아낼 수 있다.[35]

6. 집단대표성 논의의 적용

나는 정치적 평등을 향해 함께나간다는(commitment) 것은, 민주적 제도와 실천은 어떤 조치가 없으면 토론에서 배제될 공산이 큰 퍼스펙티브가 있는 사회집단의 대표성을 포용하기 위해, 명시적으로 어떤 조치를 취해야 한다는 것임을 주장해왔다. 이들 집단은 상대적 소수이거나 사회적 또는 경제적으로 불리한 집단이다. 즉, 시대를 풍미하는 정치적 담론은 다른 집단의 퍼스펙티브에 의해 지배된다. 사회집단들은 소통적인 민주적 과정에서 인정받아야 하며 그들의 특정성은 포용되어야 한다.

이제, 특정한 집단대표성을 어떻게 성취할 수 있는지의 문제가 대두된다. 윌리암스는, 집단대표성의 일반적 원칙에 반대하는 많은 사람들은 집단대표성이 구현되는 특정한 방식들 — 예를 들면, 의석예약제 같은 — 에 실제로 반대한다고 지적한다.[36] 어떤 조치가 없다면 토론과 의사결정에서 배제되기 쉬운 사회집단의 퍼스펙티브를 포용하는 특수한 조치를 취해야 한다는 원칙이 민주주의에 적용되는 방식은 많다. 무엇이 가장 좋을지는 정치적 상황, 해당 정체의 구조적 균열의 성격, 상쇄될 수 있는 다른 정치적 가치, 대표성이 시행되는 제도적 맥락 등에 따라 달라진다. 집단대표성에 대한 많은 비판은 전국단위 입법기관에만 해당하는 것처럼 보이지만, 사회적 퍼스펙티브를 대표하는 것은 지역단위 입법기관, 공식적인 정치위원회와 위원단, 정당의 조직 그리고 더 폭넓은 세계의 각종 법인격 결사와 시민결사에서도 생길 수 있다. 더욱이, 주변화된 사회집단의 더 많은 구성원들을 이런 기구로 불러들이는 목표는 지역안배, 선거제, 추첨제, 직능대표의 지정 등과 같은 많은 수단들로 실현될 수 있다.

포용적인 대표성(inclusive representation)이라는 원칙을 적용하는 일반화된 공식이 없다는 점을 주지하면서, 그럼에도 나는 몇 가지 중요한 실행수단과 관련해 잘 알려진 이슈를 간단히 검토할 수 있을 것 같다. 나는 적어도 입법기관 이외의 많은 맥락들에서 포용적 대표성 원칙이 실행되는 것이 중요하다고 생각하지만, 입법기관에서 집단대표성을 높일 수 있는 제안을 중심으로 검토해 볼 것이다. 이는 바로 공적 생활뿐만 아니라 학술문헌 모두에서, 집단대표성과 관련된 이슈가 가장 첨예한 공방을 펼치는 맥락이기도 하다.

집단대표성을 구현하는 한 가지 방식은 대의기관에서 특정 사회집단의 대표자들을 위해 특정된 수의 의석이나 자리을 예약하는 것이다. 전술했듯 나는 이 의견을 지지해왔지만, 일각에서는 의석예약제(reserved positions)라는 방식에 대해 일리 있는 그리고 간과할 수 없는 의문을 제기한다. 특정 집단들을 위해 의석을 예정하는 것은 해당 집단의 정체성과 해당 집단과 다른 집단들과의 관계를 모두 굳어지게 만드는 경향이 있을 수 있다. 사회관계의 변화에 적응할 수 있는 보다 유동적인 과정이 바람직하다. 동시에, 의석예약제는 특정하게 대표되는 집단구성원들이 다른 경합 가능한 의석에서 추가적으로 대표되는 기회를 동결(凍結)시키는 경향이 있을 수 있다. 따라서 특징되어 대표되는 사회집단은 대표자 수준에서 주변화되고 고립될 수 있다. 마지막으로 만약 집단들이 예정된 의석수가 있음을 안다면, 그들은 권한위임이나 소명책임의 과정에서 아주 능동적이지 않을 수 있으며, 해당집단의 대표자는 그 집단구성원들과의 연결성이 끊길 수 있으며, 또한 의석이 정당이나 이익집단에게 쉽게 포획될 수 있다. 더욱이, 만약 해당 집단의 구성원들만이 예약의석(reserved seats)을 선택하는 권리를 갖는다면, 이러한 방법으로 말미암아 이들 대표자를 선택하는 권리를 누가 가질 것인가를 결정해야 하는 난제가 생기게 된다. 혹자는 이 같은 문제는 뉴질랜드의 마오리인을 위한 의석을 예약했던 대의시스템 — 이후 이는 총선에서 마오리당이 마오리인을 좀 더 쉽게 선출할 수 있게 된 비례대표제(proportional representation) 시스템으로 바뀌었다 — 을 곤혹스럽게 했다고 주장할 수 있다고 나는 생각한다.

내가 보기에, 이 문제는 결국 의사결정기구의 의석예약제는 그것이 아니면 배제되는 퍼스펙티브를 대표하는 최종 수단이거나 임시적이어야 한다는 결론에 다다른다. 위원회 같은 선출제가 아닌 집단지정의석제(group-designated seats)는 이러한 기구가 으레 한시적이며 제한된 임무를 담당하기 때문에, 그 정도라면 문제가 되지 않을 것 같다. 물론, 이 위원회가 구성원들에게 소명책임을 다해야 한다고 요구하는 어떤 조직화된 구성원들이 존재하기만 한다면, 이 같은 의석예약제는 정치적인 의미에서 대표성 있는 기구이다.

정당명부 여성할당제(quota for women in party lists) 즉, 정당에서 인종적 혹은 민족적 소수자 집단구성원들의 일정한 비율을 할당하자는 규칙은 흔히 다양한 퍼스펙티브와 이익의 포용을 증진하는 수용하고 당위성 있는 방식이다. 이러한 방법은 집단구성원들을 게토화하지 않고서 정당의 더 큰 심의로 이들을 포용한다. 정당의 수와 투표절차에 따라, 모든 집단 출신의 투표자들은 여러 후보에 대한 선택지를 갖는다.

데이비드 라이덴(David Ryden)은 정치정당을 형성하고 이들의 능동적인 심의를 강화하는 것이, 차이가 있는 퍼스펙티브를 갖는 정치적으로 관심 있는 사회집단의 대표성을 증진할 수 있는 최선의 길이라 주장한다. 그의 주장에 따르면, 공식적인 국가의 대의제하에서 사회집단의 대표성을 끌어올리는 특별한 조치들은 집단정체성과 단절된 정치를 굳어지게 하는 경향이 있기 때문에, 집단대표성을 경합시키고 구성할 수 있는 매개로 정당정치를 활용하는 것이 더 낫다고 주장한다.[37] 나도 정당이 사회적 퍼스펙티브의 포용적 대표성이라는 원칙을 적용하는 중요한 도구일 수 있다는 생각에 동의한다. 하지만, 의사결정기구, 후보자명부, 정당대회대표에서 집단의 대표성에 주목하는 정당활동의 건설적 조치가 없다면, 모종의 정치적 파워를 지닌 기성 거대정당들은 특히 국가제도가 그렇듯 보다 유리한 사회부문의 퍼스펙티브와 이익을 대변(대표)하는 편향성에서 벗어나기가 쉽지 않다. 그렇기 때문에, 정치적 의사소통과 의사결정에 모든 사회적 퍼스펙티브들이 포용되도록 증진하기 위해서는, 정당들은 집단과 저대표된 부문이 보완될 수 있는 조치에 대해 특별히 주목해야 한다.

최근 미국에서 아프리카계 미국인 또는 라티노가 다수를 차지하는 입법구역(legislative districts)을 신설할 것을 주 당국과 법원에 요구하는 움직임은, 그렇지 않으면 공론장에서 없어졌을 퍼스펙티브를 갖는 집단의 대표성을 증진하려는 유일한 방법 중 하나였다. 집단대표성을 확보하기 위한 특별한 목적에서 구역을 활용하는 방안의 정당성은 뜨거운 공방거리이며, 나는 여기서 이 논쟁을 약술하지 않을 것이다. 나의 입장은 지리적 구획을 통해 집단대표성을 높이려는 노력은 선호되는 선택지는 아니지만, 이러한 방안을 활용하는 것이 부당하거나 부정의하지는 않다는 결론에 이른다. 단순다수(single-member) 승자독식(winner-take-all)의 정치시스템에서, 구조적 혹은 문화적으로 차별화되고 사회적으로 불리한 소수집단들이 다수가 되도록 해당 구역을 설계하는 것은, 해당 집단구성원들이 대표자가 될 수 있게 하는 그리고 대부분의 상황에서 해당 집단의 사회적 퍼스펙티브가 목소리를 갖게 되는 유일한 방식일 수 있다. 이러한 의미에서 정치적 평등이 포용을 수반하기에 이 같이 구역을 설계하는 해결책은 틀린 것이 아니다.[38]

그럼에도 불구하고, 사회집단대표제(social group representation)보다 선호되는 이러한 다수소수구역제(majority-minority districts)에 대한 라니 귀니어(Lani Guinier)의 비판에 나는 동의한다.[39] 이러한 구역화는 상대적으로 동질적인 구역으로 만들기 위해 주변화된 집단들은 공간적으로 충분히 칸막이화 된다는 전제를 하고 있다. 그러나 인종화된 집단의 대표성에 대한 이러한 해법이 우세한 미국이라 할지라도, 동질적인 구역을 건설한다는 것은 사실상 불가능하다. 특정한 집단의 퍼스펙티브의 대표성을 증진하고자 가시적인 구분선을 획정한다면, 해당 집단에 소속감을 갖지 못하는 구역 내에서의 소수자들이 본인이 대표되지 않는다고 느끼는 것은 당연하다. 이러한 감정은 자신의 투표가 무엇을 의미하는지 그리고 표를 던질 때 자신이 누구와 연대하는지에 대한, 보다 많은 선택지를 저마다에게 부여하는 투표제도를 통해서는 생기지 않는다.

설득력 있는 귀니어의 주장에 따르면, 최고득표(cumulative voting)와 비례대표를 혼합한 다원(multi-member) 입법적 구역제(legislative jurisdictions)가 그러한 선택을 가장 잘 최대화하고 집단을 교차하는 공조를 장려하며, 주변화되고 불리한 집단들이 대표될 수 있는 조직화된 기회를 제공한다. 더욱이, 다수소수구역제에서도 그들이 '안전'해진다는 점에서, 의석예약제와 비슷한 결과가 나올 수 있다. 그렇기에 다수소수구역제에서는 해당 구역의 대표자는 해당 주민들과 괴리가 생기기 십상이며, 시민들 역시 대표자들과의 관계에서 상대적으로 수동적이게 될 우려가 있다. 비례대표제와 다원구역제를 혼합한 시스템에는, 시민들이 자신에게 가장 중요한 이익과 퍼스펙티브의 대표됨을 증진하기 위해 능동적이게 된다. 분명, 비례대표제가 가미된 다원제의 정치적 단위가 공간적으로 분산된 집단들의 퍼스펙티브를 대표하기 위해 더 나은 해결책을 제시한다고 본다.

정치적 평등에 대한 최근의 논의를 보면, 다원구역제를 기반으로 한 가지 방법 혹은 그 이상의 비례대표제를 활용하는 투표제를 지지하는 엇비슷한 그리고 많이 발전된 논거들을 볼 수 있다. 비례대표제는 정당 간 경쟁을 유도하는 경향이 있으며, 승자독식제(소선거제하의 단순다수제)보다 많은 정당들이 의석을 차지하도록 한다. 일각에서는 비례대표제 역시 구조적 사회집단 같은 '이익공동체(communities of interest)'에서 유권자들이 다른 유권자들과 함께 할 수 있는 기회를 더 많이 제공한다고 주장한다. 나는 이러한 주장 또한, 단순다수 승자독식의 지역구(구역제) 선거에 기반한 시스템보다, 비례대표제가 차별화된 대표성을 위한 보다 많은 기회를 제공한다는 주장을 받쳐줄 논거로 설득력 있다고 생각한다.[40]

하지만 집단대표성의 논거가 적용될 수 있고 또한 적용되어야 하는 정부기관은 입법기관에 국한되지 않는다. 이 밖에도 법원, 공청회, 지명위원회와 지명위원단, 협의과정 등도 비록 유권자들이 그 구성을 직접투표로 승인한 것은 아니지만, 포용적인 대의기구(inclusive representation)의 후보가 되는 심의적인 의사결정기구에 속해야 한다. 최근 수십 년 동안 이와 같은 기구와 절차를 통해 다양한 집단들이 대표됨에 많은 관심이 있어왔다. 보다 민주적인 대의정부라면, 정책선택지를 논의하거나 정책결정을 하거나 정책의 효과를 검토하는 선출로 구성된, 임명으로 구성된, 또한 자발적으로 구성된 기구들의 여러 겹의 층들과 무대들로 이루어져 있다. 이러한 기구에서 그렇지 않았었으면 현재화되지 못했을 특정한 사회집단의 퍼스펙티브에 특정한 대표성를 제공하는 것은 가능하며 또한 바람직하다. 예를 들어, 만약 1990년대 오리건(Oregon) 주의 헬스케어수립안(health care rationing plan)을 만들어낸 시민토론을 주관하는 과정에서 억압받거나 불리한 집단들을 위한 특수대표성에 보다 주목했더라면, 이들 토론집단은 아마도 백인 중산층과 대학교육을 받은 사람들의 퍼스펙티브에 의해 지배되지 않았었을 지도 모른다.[41]

마지막으로, 대표의 직능을 구성하는 권한위임과 소명책임의 과정는 공식적인 정부기구로 국한되어서는 안 된다. 나는 시민사회의 자유롭게 어울리고 결사하는 삶이 이익과 의견의 형성과 표출에 얼마나 기여하는지에 대해 앞서 논의했다. 시민사회 역시 사회적 퍼스펙티브가 공고화되고 표출되는 중요한 무대이다. 더욱이, 시민사회라는 공적 영역에서의 조직화와 [상호 간의 경합적 자극과 교반] 운동(agitation)은 대표자와 구성원들 간의 연결을 유지하고 또한 대표자에게 소명책임을 물을 수 있는 최선의 방법들 중 하나이다. 사람들이 중요하게 생각하는 이익, 의견, 퍼스펙티브 무엇이든, 그것에 따라 사람들이 결성하는 결사가 번성할 수 있도록 우리가 부양할 때, 우리는 민주주의를 두텁게 하는 것이다. 시민결사의 튼튼하고 자율적이며 다양한 활동들은 개인과 사회집단에게 자신들의 다양성으로 대표될 수 있는 공적 생활에서의 기회의 최대치를 제공한다. 따라서 다음 장에서는 시민사회가 포용적인 소통적 민주주의에 어떻게 기여하는지에 대한 이론의 개요를 잡고자 한다.

4장 후주

1 인도의 젠더할당제 정치에 대한 좋은 논의는 다음을 살펴보라. Meena Dhanda, 'Justifications for Gender Quotas in Legislative Bodies: A Consideration of Identity and Representation', *Women's Philosophy Review*, 20(Winter 1998-9), 44-62.

2 이러한 반대를 주장하는 연구에 대해서는 다음을 참조하라. Anne Phillips, 'Democracy and Difference', in *Democracy and Difference*(University Park: Pennsylvania State University Press, 1993); Chantal Mouffe, 'Feminism, Citizenship and Politics', in *The Return of the Political*(London: Verso, 1993); Cathy J. Cohen, 'Straight Gay Politics: The Limits of an Ethnic Model of Inclusion', in Ian Shapiro and Will Kymlicka(eds.), *Ethnicity and Group Rights*, Nomos 29(New York: New York University Press, 1997).

3 Benjamin Barber, *Strong Democracy*(Berkeley: University of California Press, 1984), 145-6. Paul Hirst, *Representative Democracy and its Limits*(Oxford: Polity Press, 1990); John Dryzek, *Discursive Democracy*(Cambridge: Cambridge University Press, 1990), 42-3와 비교하여 참조하라.

4 엘코프(Linda Alcoff)는 한 인격체가 오직 자신을 대변할 수 있고 대변해야 하는 지위는 책임성의 폐기라고 주장한다. 이는 사람들의 삶이 많은 동떨어진 행위작용들의 합세에 영향을 받는다는 사실을, 그리고 이러한 세도에 사람들의 참여가 결과적으로 다른 사람들에게 영향을 미친다는 사실을 간과한다. 그녀의 'The Problem of Speaking for Others', *Cultural Critique*, 20(Winter 1991), 5-32를 보라.

5 Robert Dahl, *Democracy and its Critics*(New Haven: Yale University Press, 1989), 16장.

6 David Plotke, 'Representation is Democracy', *Constellations*, 4/1(Apr. 1997), 19-34를 보라. 또한 Philip Green, *Retrieving Democracy*(Totowa, NJ: Rowman & Allenheld, 1985), 9장을 살펴보라.

7 Jacques Derrida, *On Grammatology*(Baltimore: Johns Hopkins University Press, 1973).

8 Barber, *Strong Democracy*, 146.

9 나의 차연*(différance)*에 대한 논의는 데리다 저서 *Speech and Phenomena and Other Essays: Husserl's Theory of Signs*의 같은 제목(différance)의 장에서 이끌어 냈다(Evanston, Ⅲ.: Northwestern University Press, 1973).

10 데리다 역시 차연 아이디어에서 정치적 대표성을 이론화함을 지적한다. 그의 'Sending: On Representation', trans. Peter Dews and Mary Dews, *Social Research*, 49(Summer 1982), 294-326을 살펴보라.

11 Hanna Pitkin, *The Concept of Representation*(Berkeley: University of California Press, 1971).

12 슈월츠(Nancy Schwartz)는 이 같은 형식을 지닌, 그녀가 '대표의 동력전달벨트(transmission belt)'라고 부른 것을 비판한다. 이러한 이미지에 따르면, 대표되는 개인은 자신의 의지를 표현하는 것 외의 다른 것을 할 필요가 없으며, 대표자는 매개체로서의 역할을 할 뿐이다. 구성원들이나 대표자나 능동적이지 않으며, 그들의 정치적 판단은 대표되는 과정에서 변형되지 않는다. Schwartz, *The Blue Guitar: Political Representation and Community*(Chicago: University of Chicago Press, 1988)를 보라.

13 윌리암스(Melissa Williams)는 구성원단과 대표자 간의 상호구성이라는 이러한 사실에 대해 논한다. 그녀의 *Voice, Trust and Memory: Marginalized Groups and the Failure of Liberal Representation*(Princeton: Princeton University Press, 1998), 203-5를 살펴보라.

14 Amy Gutmann and Dennis Thompson, *Democracy and Disagreement*(Cambridge, Mass.: Harvard University Press, 1996), 4장을 참조하라. 것만과 톰슨에게 대표자가 구성원들에 대한 소명책임을 포함하는 소명책임은 심의민주주의의 세 가지 절차적 원칙 중 하나이다. 것만과 톰슨은 대표자가 자신의 행적(흔적)에 대해 제시해야 하는 나름의 근거를, 내가 보기에 그들은 그들이 동의하지 않고 있는 근거를 정확히 설명하지는 않고 있지만, 강조하기는 한다.

15 Anne Phillips, *The Politics of Presence*(Oxford: Oxford University Press, 1995).

16 John Rawls, *Political Liberalism*(New York: Columbia University Press, 1993). 내가 쓰는 '의견'이라는 단어의 용례는 롤즈가 '포괄적인 강령(comprehensive doctrine)'이라 부른 것과 같은 모두를 포괄하는(all-encompassing) 근본적인

어떤 것을 반드시 의미하는 것은 아니다. 부분적으로 왜냐하면 나는 현대사회 대부분의 사람들이 하나의 강령으로 견인되는 자신의 도덕적이고 정치적인 판단의 대부분 혹은 모두를 갖거나 유지한다는 점에 의문을 갖기 때문이다. 필자의 'Rawls's *Political Liberalism*', *Journal of Political Philosophy*, 3/2(June 1995), 181-90를 보라.

17 다수의 정치이론가들은 이슈와 타인을 바라보는 사회적으로 위치 지어진 방식을 설명하기 위해 사회적 퍼스펙티브와 유사한 아이디어를 사용해왔다. Martha Minow, *Making All the Difference*(Ithaca, NY; Cornell University Press, 1990), 60-70를 보라. 윌리암스는 집단대표성을 지지하는 자신의 논거로 사회적 퍼스펙티브라는 아이디어에 호소한다. 그녀의 대표성에 대한 '목소리(발언, voice)' 모델의 개념은 대부분 사회적 퍼스펙티브란 아이디어와 궤를 같이한다. 그녀의 *Voice, Trust and Memory*, 4장을 보라. 크리스티아노(Thomas Christiano) 또한 차이 나는 사회집단은 흔히 목소리를 들음으로써 모두가 유익해지는, 사회정치적 이슈에 대한 차이가 있는 시점을 갖는다고 주장한다. Christiano, *The Rule of the Many*(Boulder, Colo.: Westview Press, 1996), 189-90을 보라. 몬로(Kristin Renwick Monroe)와 크레이디(Lina Hadda Kreidi)는 서구의 비종교적 사회에서 이슬람 근본주의자 집단의 사회심리를 이론화하기 위해, 다소 다르지만 유사한 역할을 하는 사회적 퍼스펙티브란 아이디어 전개한다. Monroe and Kreidi, 'The Perspective of Islamic Fundamentalists and the Limits of Rational Choice Theory', *Political Psychology*, 18/1(1997), 19-43을 참조하라.

18 샌더스(Lynn Sanders)는 특히 미국에서 흑인과 백인이 나타내는 차이 나는 관점을 민주적 소통의 맥락에서의 사회적 퍼스펙티브라는 아이디어에 호소한다. 샌더스의 'Against Deliberation', *Political Theory*, 25/3(June 1997), 347-76. 킨더(Donald Kinder)와 함께 샌더스는 미국정치에 대한 그들의 이해에 있어 구조적으로 차별화되는 집단에 대한 차이 나는 관점에 대해 기록한다. Sanders and Kinder, *Divided by Color: Racial Politics and Democratic ideals*(Chicago: University of Chicago Press, 1996)를 보라. 혹쉴드(Jennifer Hochschild) 또한 아프리카계 미국인과 백인이 미국사회의 많은 측면과 미국사회가 제공하는 기회에 있어 그들 서로 간에 차이 나는 이해를 갖고 있음을 경험적 연구의 종합적인 분석을 통해 보여준다. Hochschild, *Facing up to the American Dream: Race, Class, and the Soul of the Nation*(Princeton:

Princeton University Press, 1995)을 참조하라. 또한 혹쉴드는 기회와 사회문제에 대한 분석을 통해 각 인종 집단 내에서의 계급적 관점의 차이를 증명한다.

19 Williams, *Voice, Trust and Memory*, 171. 윌리암스는 앞선 나의 글에 대해 논평한다. 그녀의 'Deferring Group Representation', in Ian Shapiro and Will Kymlicka(eds.), *Ethnicity and Group Rights*, Nomos 29(New York: New York University Press, 1997)를 보라.

20 윌리암스는 대표성의 규범성과 구조적 불평등 간의 잠정적 연관성에 대해 비슷한 논거를 제시한다. *Voice, Trust and Memory*, 194.

21 Phillips, *The Politics of Presence*, 33-6.

22 Schwartz, *The Blue Guitar*를 보라.

23 Pitkin, *The Concept of Representation*, 90.

24 Pitkin, *The Concept of Representation*, 73; Will Kymlicka, *Multicultural Citizenship*(New York: Oxford University Press, 1996), 139. 이는 다양한 집단을 형성하기 위한 목적에 부합하는 표본화 수단을 사용하지 않으려는 귀류법적(*reductio ad absurdum*) 논변으로 들린다. 하지만 이런 방법론이 완전히 말도 안 되는 것은 아니다. 예를 들어, 피쉬킨은 자신의 심의 여론조사를 위해 무작위 표본을 사용한다. Fishkin, *The Voice of the People*(New Haven: Yale University Press, 1995)을 보라. 그는 이를, 내가 숙지된 심의에 필수적이라고 보는, 사회적 관점의 복수성을 빚어내는 효율적이고 상당히 신뢰할만한 방법이라고 주장하며, 이 점에서 그가 맞을 수 있다. 하지만 여전히 그가 조합한 집단은, 이들이 구성원단과 제도적 혹은 능동적 연관성을 갖고 있지 않기 때문에, 정확한 의미의 적정한 정치적 대표자는 아니다.

25 Kimlicka, *Multicultural Citizenship*, 139; Phillips, *The Politics of Presence*, 2장과 비교하라.

26 Williams, *Voice, Trust and Memory*, 26.

27 이하의 내용은 내가 이전 저작에서 주장해온 바를 확충하고 수정하고 있다. 필자의 *Justice and the Politics of Difference*(Princeton: Princeton University Press, 1990), 6장 참조. 비록 이전 저작은 집단대표성을 입법부로 제한하거나 그러한 대표성이 취해야 마땅한 형식을 특정화하려는 의도가 아니었지만, 많은 독자들이 나의 주장이 그렇게 함의한다고 해석한다. 따라서 여기에서의 논의는 집단대표성의 무대와 수단과 관련된 이슈들에 대해 보다 분명

하게 지적하려 한다. 이러한 맥락에서 나는 이전 논의에서 특별히 논쟁적으로 보이는 지점 즉, 불리한 집단들이 자신에게 특별히 영향을 미치는 이슈에 대한 결정에 있어 거부권을 가져야 한다는 세부논의를 생략한다. 나의 이전 주장에 대해 동감하면서도 비판적인 해석에 대해서는 Kymlicka, *Multicultural Citizenship*, 141; Phillips, *The Politics of Presence*, 54; David Ryden, *Representation in Crisis: The Constitution, Interest Groups, and Political Parties*(Albany: State University of New York Press, 1996), 88-91를 살펴보라.

28 윌리암스는 이를 주변화된 집단의 특별대표성을 지지하는 '신뢰' 논거로 간주한다. 그녀의 *Voice, Trust and Memory*, 5장. 맨스브리지(Jane Mansbridge) 역시 그녀가 산술적 대표성(descriptive representation)이라 부른 것을 지지하는 논거로 신뢰의 발전에 호소한다. 그녀의 'Should Blacks Represent Blacks and Women Represent Women? A Contingent "Yes"', *The Journal of Politics*, 61/3(Aug. 1997), 628-57.

29 Pablo De Greiff, 'Deliberative Democracy and Group Representation', Jorge Gracia and Pablo De Greiff(eds.), *Hispanics/Latinos in the US*(New York: Routledge, 2000)와 비교하여 살펴보라.

30 이전 논의와 현재 논의 모두는 집단대표성이 정치적 '목소리(voice)'를 증진시킨다는 윌리암스 논거의 측면들이다. Susan Bickford, 'Reconfiguring Pluralism: Identity and Institutions in the Inequalitarian Polity', *American Journal of Political Science*, 43/1(Jan.1999), 86-108도 역시 살펴보라. 구조적 불평등이라는 환경 속에서 주변화된 집단을 특정해서 대표하자는 주장을 지지하는 특별히 미묘한 주장을 빅포드는 발전시킨다. 대표성의 맥락과 형식의 복수성을 강조함으로써, 그리고 대표성의 과정 자체가 집단들이 스스로를 이해하고 서로에게 관련되는 방식에 영향을 준다는 점을 이해함으로써, 빅포드는 집단대표성의 이론과 실천이 본질적인 집단정체성을 상정할 필요가 없음을 제안한다. 그녀는 구조적 집단을 특정해서 대표하려는 목적은 어떤 정체성을 표현하려는 것이 아니라, 내가 3장에서 언급한 사회적 시리즈(social series)로서 사회적으로 위치 지어진 사람들의 경험과 관점을 목소리를 내게 하기 위함이라고 제안한다.

31 Kymlicka, *Multicultural Citizenship*, 7장.

32 본서 3장에서 언급했듯이, 밀러(David Miller)는 그의 저서 *On Nationality* (Oxford: Oxford University Press, 1995) 5장에서 이러한 논거가 집단대표성

의 주요 논거임을 주장한다.

33 De Greiff, 'Deliberative Democracy and Group Representation'을 보라.

34 Joshua Cohen and Joel Rogers, 'Secondary Association and Democratic Governance', in Eric Olin Wright(ed.), *Associations and Democracy*(London: Verso, 1996). Christiano, 248-57과 비교하라.

35 S. L. Weldon, 'The Political Representation of Women: The Impact of a Critical Mass', 미국정치학회발표문, 샌프란시스코, 9월, 1996.

36 Williams, *Voice, Trust and Memory*, 7장.

37 Ryden, *Representation in Crisis*, 110-38.

38 Amy Gutmann, 'Responding to Racial Injustice', in Kwami Anthony Appiah and Amy Gutmann, *Color Conscious*(Princeton: Princeton University Press, 1996)를 보라.

39 Lani Guinier, 'Groups, Representation, and Race Conscious Districting', in *The Tyranny of the Majority*(New York: Free Press, 1995).

40 Guinier,'No Two Seats', and 'Groups, Representation, and Race Conscious Districting', in the *Tyranny of the Majority*; Christiano, *The Rule of the Many*, 224-42; Charles Beitz, *Political Equality*(Princeton: Princeton University Press, 1990), 6장.

41 Michael J. Garland and Romana Hasraen, 'Community Responsibility and the Development of Oregon's Health Care Priorities', *Business and Professional Ethics Journal*, 9/3 and 4(Fall 1990), 183-200.

05

시민사회와 그 한계들

1. 시민사회라는 아이디어
2. 자기조직하는 시민사회
3. 공적 영역
4. 시민사회의 한계들
5. 결사체 민주주의

시민사회와 그 한계들

시민사회의 개념과 실천에 대한 정치이론가들의 최근 관심은, 겉보기에 잘 자리잡은 것 같은 권위주의 정권이 암묵적 지지를 철회한, 자발적 결사를 이룬 평범한 시민들의 저항운동으로 무너진 동유럽, 남아프리카 그리고 여러 라틴아메리카 국가들에서 벌어진 혁명적인 사건으로 가세되었다.

여러 동유럽 국가들에서 지하에 있던 간행물, 예술단체, 노동자조직, 지역사회 및 마을연대 집단으로 이뤄진 네트워크들은 이슈를 토론하고 수배자들을 보호하는 것뿐만 아니라 조직적인 파업, 보이콧, 시위를 할 수 있는 비전과 물적 기반을 발전시키기 위해 국가 밖에서 기회와 제도를 만들었다.[1] 아프리카국민회의(African National Congress)가 인종차별적인 정부에 협력하지 말 것을 남아프리카 내부의 지지자들에게 요구할 때, 시민조직들은 도시와 마을 할 것 없이 임대료 보이콧을 가능하게 하기 위해, 공동체 법정을 조직하기 위해, 교육 및 사회서비스를 제공하기 위해, 또한 파업지지, 가두시위, 장례식 합류 등을 조직하기 위해 일어났다.[2] 동유럽과 남아프리카 모두, 대항적인 시민사회를 수립하고 유지하는 이러한 활동들은 시민들으로 하여금 민주적이고 적법한 과정을 활성화시키도록 하는 민주주의의 학교로서 작용했다. 라틴아메리카 권위주의 정부를 뿌리 뽑고 민주적으로 합법적인 과정을 세우려는 아르헨티나나 칠레 같은 국가에서의 시민사회의 성공은 덜 확정적일 수 있겠지만, 그럼에도 정부 밖의 시민운동은 역시 매우 중요했다.[3]

하지만 시민사회라는 개념의 재발견은 권위주의적 통치에 대한 이 같은 대항의 모멘트를 넘어선다. 많은 사람들은 자유주의적으로 구성된 헌정주의 정권에서도 시민사회가 역시 민주주의와 사회복지를 진흥하는 중요한 역할을 한다고 주장한다. 시민사회는 신뢰, 선택, 민주주의의 미덕 등을 진흥한다. 심지어, 일부 이론가들과 정치평론가들은 필요를 충족하고, 서비스를 전달하며, 사회적 연대성을 심화시키는데 국가보다 더 잘 갖춰져 있다고 제안하기도 한다. 이런 시각에서 보면, 이러한 장점들을 야기하는 결사적 삶을 풍성하게 하기 위해서라면 국가제도는 제약되어야 한다.

이 장은 기본적 자유를 인정하며 민주적인 정치적 실천을 갖지만 구조적인 부정의가 존재하는 법치로 견인되는 사회라는 맥락에서, 시민적 결사의 한계와 기능이 무엇인지에 대한 물음으로 위의 주장을 평가한다. 결사적 활동은 형식적 민주주의가 사회경제적인 불평등을 강화하는 경향이 있는 즉, 내가 1장에서 설명한 순환고리에서 중요한 시발점을 제공한다. 주변화된 사람들이 친연적인 집단화(affinity grouping)로 스스로 조직화함으로써, 그들은 현재의 지배적인 정치담론에서 전달될 수 없는 경험과 인식에 목소리를 낼 수 있는 언어를 발전시키게 된다. 동시에, 국가로부터 자율성을 지닌 시민적 활동은 사회적 혁신을 위한 기반을 제공하며, 또한 기존 사기업들보다 이익이란 지상 과제에 덜 지배된 재화와 서비스를 제공한다. 시민사회는 차별화된 사회부문들이 자신의 경험을 표현하고 자신의 의견을 공식화하는 공적 영역의 출현(出現)을 가능하게 한다. 보다 중요하게 이러한 공적 영역은 시민들이 국가권력과 경제권력의 부정의를 들춰내고 국가권력의 행사를 보다 소명책임성 있게 만들 수 있다. 더욱이, 공적 토론과 공적 촉구운동을 통해, 시민들은 국가의 정치나 법인에 영향을 미치거나 혹은 시민사회 자체 내에서의 실천적 변화를 촉매할 수 있으며 또한 그래야 한다. 시민사회의 많은 활동과 토론은 서열없고 생산적인 열의와 작용으로 채워지며, 그리고 내가 6장에서 설명할 차별화된 연대성(differentiated solidarity)과 결합하고 있는 가치를 실현시킬 수 있는 공간을 가능하게 만든다. 복수의 결사적 활동을 부양함으로써, 대의민주주의는 참여적일 수 있으며 정치적 대표성의 다양한 방식과 주축을 개방할 수 있다.

이 장은 시민사회의 개념을 국가나 경제와 다른 종류로 볼 수 있는 이유를 검토함으로써, 시민사회에 대한 기존의 이론 논의에 개념적인 명료성을 더하고자 하는 목적을 갖는다. 그 다음 이 장은 결사적 활동의 세 가지 측면을 구분한다. 즉, 사적, 시민적(civic), 공적 결사적 활동이다. 나는 결사적 삶의 기능과 때로 결사적 삶으로부터 시작되는 공적 영역을 개념정의하며, 그러한 공적 영역에서의 활동이 단수와 복수 중 어느 것으로 더 잘 생각되는지의 문제를 논의하고자 한다.

튼튼한 민주주의를 위해 포용, 의사표명(expression), 비판을 증진하는 시민사회의 필수불가결한 역할에도 불구하고, 나는 시민사회가 민주주의와 사회정의를 진흥하기 위해 오늘날 국가를 대체하는 선호되는 대안으로서 복무할 것이라 주장하는 사람들에 반대한다. 국가제도는 그 자체가 없다면 제대로 민주주의가 작동될 수 없는 대규모의 조정, 규제, 행정을 수행하는 유일무이한 역량을 지닌다. 비록 시민사회가 국가제도와 긴장관계에 있음에도, 양자를 강화하는 것은 민주주의를 심화시키고, 특히 사적 영역의 경제적 파워에서 파생된 부정의의 저변을 약화시키는데 필수적이다. 국가, 경제, 시민사회라는 개별 사회적 측면은 나머지 영역을 제한할 수도 또한 뒷받침할 수도 있다. 따라서 더 많은 정의와 안녕을 강구하는 사회운동은 이러한 전선 모두에서 작동되어야 하며, 시민사회와 국가 간의 연결고리를 많이 만드는 것을 목표로 해야 한다.

시민사회의 장점을 넘어서며 또한 그 우위에 있는 국가역량의 고유한 장점을 지지하는 나의 주장은 1장에서 언급된, 두 부분으로 된 사회정의의 개념정의를 전제한다. 부정의의 개념은 지배와 억압을 모두 아우른다. 지배는 자신의 행위와 그 조건을 결정하는 의사결정과 과정에 사람들이 참여하는 것을 가로막거나 참여하지 못하게 하는 제도적인 조건에 존재한다. 지배를 부정하는 사회정의의 측면은 자기결정이다. 부정의의 두 번째 측면인 억압은 사회적으로 인정된 환경에서 사람들로 하여금 충족할만하거나 발전성 있는 기량을 배우고 사용하지 못하게 하는 또는 다른 사람들과 어울리고 소통할 수 있는 능력이나 다른 사람들이 경청할 수 있는 맥락에서 사회적 삶에 대해 본인이 느끼는 바와 퍼스펙티브를 표출할 수 있는 능력을 가로막는 체계적인 제도적 과정에 존재한다. 억압을 부정하는 사회정의의 측면은 자아발전이다.

이 장에서 나는 시민사회의 결사적 삶은 자기결정을 증진하는 많은 것을 할 수 있다고 주장한다. 하지만 다름 아닌 시민사회의 복수성과 상대적으로 부족한 조정력 때문에, 시민사회는 자아발전이란 가치를 최소적으로 진전시킬 뿐이다. 왜냐하면 억압을 빚어내는 많은 구조적 부정의가 경제적 과정에 그 근원을 두기 때문에, 이 같은 억압의 기반을 약화시키고 자아발전을 증진하기 위해서 국가제도는 필수적이다.

그렇기 때문에, 국가제도와 시민사회는 각각 조직화의 원칙에서 일정한 긴장관계에 서로가 위치한다. 이러한 긴장은 민주적인 정치과정에서 자연스레 소멸되는 경향이 있다. 정의를 진흥하고자 하는 민주정치는 두 형태 모두의 사회활동을 필요로 하며, 이는 서로 간의 연결됨을 필요로 한다. 마지막 절에서 나는 국가제도와 시민사회를 연결시키는 시도로서, 서로 갈등하지 않고 서로 본분을 강화하는 방식으로 결사체 민주주의이론을 살펴보고자 한다. 결사체 민주주의 개념에 대한 일부 유용한 아이디어가 있지만, 나는 그러한 아이디어가 국가제도와 시민적 결사 간에 긴장을 포함하고 있다고 주장한다. 따라서 민주적 실천은 이러한 긴장을 생산적으로 함께 가지 않으면 안 된다.

1. 시민사회라는 아이디어

마이클 왈쩌(Michael Walzer)에 따르면 '시민사회(civil society)'라는 말은, '인간의 강제되지 않은 결합의 공간과 이러한 공간을 채우고 있는 — 가족, 신념, 이익, 이데올로기를 위해 형성된 — 관계적 네트워크의 집합을 이름한다'.[4] 이는 개념정의를 시작하는 충분히 좋은 출발점이지만, 시민사회에 대한 대부분의 다른 정의처럼, 우리가 알고 있는 거의 모든 것을 사회라고 포함하는 것 같다. 실제로 시민사회에 대한 이러한 아이디어는, 단 한 문장으로 정의하려는 노력을 어쩔 수 없이 모호하게 하면서도 상당히 많은 부분을 포함하고 있다. 시민사회라는 아이디어를 이론적으로 정교화하는 작업은 한 문장으로 된 개념정의보다, 사회적 삶을 설명하는 용어를 구분하고 묘사해야 한다. 따라서 이 절에서는 '시민사회'라는 용어로 거론되는 사회적 현상을 두 단계로 정의한다.

나는 자발적인 결사적 삶에 해당하는 활동을 국가와 시장경제의 활동과 구분하는 것이 유용하다고 주장한다. 국가와 경제는, 이것들이 행위를 다르게 조정하기 때문에, 그리고 국가제도와 경제제도는 체계적인 파워를 갖고 있기 때문에, 결사적 삶과 차원을 달리한다. 그 다음에 나는 국가와 경제로부터 상대적으로 자율적인 결사적 삶을 세 가지 수준 — 사적 결사, 시민적 결사, 정치적 결사 — 으로 구분한다.

전형적인 근대적 용례에서 보면 '시민사회'는 국가제도 밖의 사회생활 전체를 일컫는 말이었다.[5] 시민사회는 국가의 법과 강압적 기구에 의해 규제되고 통일되는 다양하고 특별한 활동들, 제도들, 결사들을 지칭했다. 이 같은 용례에서 보면, 사기업과 시장의 거래 같은 활동이 시민사회의 중심을 차지했다. 하지만 시민사회라는 개념은 지난 한 세기 반 동안, 국가와 국가 밖 제도와 결사 모두의 변화에 상응해 진화해왔다. 일부 이론가들은 시민사회 개념에 경제활동을 계속해서 포함시키지만, 작금의 많은 정치이론가들은 자발적인 결사적 활동을 국가와 경제로부터 구분한다.[6] 국가와 경제로부터 자발적인 결사적 삶을 구분하게 되면, 이 장을 이끄는 문제 중 하나인 즉, 사회정의를 진흥함에 있어 시민사회의 역할이 무엇인지를 세련해서 정의하는 데 도움이 될 것이다.

국가는 법의 규제, 강제로 뒷받침되는 집행, 법으로 정한 조정 및 공공서비스의 활동과 제도 그리고 이러한 기능을 실효적으로 실현함에 있어 필요한 운영적이고 기술적인 집행기구를 의미한다. **경제**를 국가와 구분할 때, 나는 자본주의 경제 즉, 적어도 사회적 재화와 서비스의 많은 부분이 시장을 매개해 작동되는 사기업에 의해 공급되는 경제를 상정한다. 경제활동은 이익을 지향하며 시장을 지향한다. **시민사회**는 국가와 경제로부터 상대적 자율성을 지닌 사적 결사로 이뤄진 세 번째 영역이다. 사적 결사는 국가제도의 명령으로 지시되고 운영되지 않으면서, 공동체 이익을 위한 일상의 삶과 활동으로부터 싹튼다는 의미에서 자발적이다. 게다가, 이 세 번째 영역(제3섹터)은 이윤을 지향해 운용되지 않는다. 경제활동의 대부분 참여자들은 소비자, 투자유치자, 때로는 고용주 정도이다. 하지만 요금을 받는 재화와 서비스의 제공을 포함하는 제3섹터 활동이라 하더라도, 이는 이윤을 내거나 시장의 점유율을 넓히기 위한 목적을 위해 조직되지 않는다.

시민사회를 국가와 경제 모두로부터 구별하는 것은 두 가지 측면에서 유용하다. 첫째, 나는 체계(system)와 생활세계(lifeworld)를 구분한 하버마스의 구분에 의지한다는 측면에서 진 코헨(Jean Cohen)과 앤드류 아라토(Andrew Arato)를 따른다.[7] 국가는 권한위임된 파워를 매개로, 경제는 돈을 매개로, 시민사회는 소통적 상호작용을 통해서, 각자 나름의 방식으로 해당하는 저마다의 행위를 조정한다. 국가와 경제는 수천 혹은 심지어 수백만 사람들의 행위들이 관료적 규정이나 수익창출이라는 체계의 명제에 의해 조건화된다는 점을 고려하면 각각은 **체계적**이다. 이때 사람들의 행위들을 조정하는 것은 서로 간 직접적인 소통이 필요 없다. 국가와 경제는 이들이 분절적인 사람들, 장소들, 특정한 목표들을 위임받은 파워나 돈으로 매개되는 행위의 네트워드 — 특정 행위자들은 각 체계 내에서 특정한 목표를 이루고자 각각의 명령에 의해 구속되는 곳 — 안으로 묶일 수 있는 만큼 체계적이다. 또한 국가와 경제는 각각이 인간필요와 인간관계를 훨씬 더 깊숙이 관료제화하거나 상품화하면서, 각자의 영향력이나 효력을 확대하려는 경향을 보이는 만큼 체계적이다.

하버마스는 행위자가 수단적이고 전략적으로 생각하는 것과 관련해서, 체계의 명제보다 소통적인 상호작용을 통해 주로 구조화되는 이러한 활동과 제도를 '생활세계'로 지정한다. 시민사회는 생활세계의 결사적 활동(associative activities)에 해당한다. 사람들은 시민사회의 결사적 활동에서 가격을 확인하거나 법규칙을 찾아보는 식이 아니라, 세상일을 토론하고 해결하려 함으로써 자신의 행위를 조정한다. 시민사회는 비공식적 모임부터 종교조직, 비영리 서비스제공자, 문화제작자, 정치행위집단에 이르기까지 국가와 경제 밖의 활동들, 제도들 그리고 사회적 네트워크들의 방대한 진용이다.

시민사회를 국가와 경제로부터 구별하는 첫 번째 이유는 사회적 행위를 조정하는 다른 형식에 주목하기 위함이다. 두 번째 이유는 첫 번째 이유와 관련되지만, 이러한 사회섹터에서의 활동이 민주주의와 사회정의를 증진시킬 수 있을지 그리고 어떻게 가능할지에 대한 이슈에 보다 직결된다. 최근의 시민사회 정치이론은 국가로부터 상대적으로 자율적인 조직과 활동이 국가권력을 어떻게 제한할 수 있는지, 그리고 국가가 행사하는 파워를 보다 소명책임성 있고 민주적으로 어떻게 만들 수 있는지를 분석한다. 하지만, 만약 시민사회의 기능을 이론화하려는 목적이 자유로운 자치조직의 가능성을 분석하고 또한 파워를 제한하며 그 활동을 민주화할 수 있는 잠재력을 분석하는 것이라면, 국가뿐만 아니라 경제로부터 시민사회를 구별하는 것은 중요하다. 사기업들은, 이들 중 몇몇은 다른 많은 국가들보다 더 크고 더 영향력 있는, 현대 자본주의사회에서의 경제생활을 지배한다. 이들의 내부 조직화는 전형적으로 대다수의 정부보다 훨씬 덜 민주적이며, 이러한 경제제도의 정책과 작용에 영향 받는 생활을 하는 사람들은 흔히 이것들에 맞설 수 있는 수단이 없다. 더욱이, 사기업이라는 힘센 시장행위자들이 추종하는 시장명제와 수익지향의 구조적 파급력은 개인들, 집단들 그리고 간혹 국가들의 선택지를 심각하게 제한한다.

시민사회이론가들은 흔히 시민사회를 경제영역 및 국가영역과 구분되는 범위(realm), 영역(sphere), 공간(space)으로 특성화하면서, 공간적 또는 실체적 언어를 사용하며 그 개념을 정의한다. 이 같은 공간적 언어는 사회가 중첩되지 않는 세 부분을 갖고 있음을 제시한다. 또한 공간적 언어는 우리로 하여금 개별 사회제도를 한 곳에 그리고 이들 영역 중 하나에 위치시키도록 한다. 하지만 이처럼 특정한 경계를 획정하는 실체적인 용어로 생각하게 되면, 공간화된 개념은 민주화와 사회변화의 가능성을 이론화하는 데 있어 그리 유용하지 않다. 나는 시민사회라 이름하는 것을 보다 과정지향적으로 이해하는 것이 시민사회이론을 명확히 하는 데 도움이 된다고 생각한다. 국가, 경제, 결사적 생활세계를 구분되는 영역이나 제도의 클러스터로 생각하기보다, 우리는 그것들을 **활동의 종류**로 생각해야 한다. 국가는 정통성 있는 강제적 집행기관에 의해 뒷받침되는 공식적·법적 규제의 활동으로 지정된다. 경제는 이익과 손해, 비용최소화 등의 고려로 제약되는 자원, 생산품, 수입, 부의 생산과 분배에 관심을 갖는 시장지향의 활동으로 지정된다. 시민사회는 내생적인 사회적 가치를 향상시키는 특정한 목적을 지향하는 자기조직화된 활동의 이름이다.

국가, 경제, 시민사회를 활동의 종류로 이해할 때, 우리는 얼마나 많은 제도들이 이 모든 세 가지 활동을 포함하는지 알 수 있다. 국가활동 및 경제활동이 지배하는 제도 역시 자발적인 결사의 상당한 활동을 포함하거나 증진시킬 수 있다. 국가기관이나 거대기업에서 일하는 사람들은 때때로 거버넌스나 정책을 제기하고 이들 내에서 변화를 추구하는 결사를 만든다. 예를 들어, 전문직 일자리가 여성과 유색인을 보다 수용하도록 요구하는 많은 사회운동은 민간기업 내에서 그러한 결사적 활동과 관련된다.

그렇기 때문에 지금까지 나는 시민사회를 강제적이지 않은 결사와 관계적 네트워크를 국가체계와 경제체계로부터 구분하는 정도에서 왈쩌의 시민사회 개념정의를 가다듬었다. 왈쩌의 정의에 따르면, 사회생활의 구분되지 않는 상당한 많은 범위를 그대로 두게 된다. 이러한 결사적 생활세계의 활동이 어떻게 민주주의를 뒷받침하며 사회정의를 진흥(振興)시키는지에 답하기 위해, 결사적 활동의 수준을 사적 결사, 시민적 결사, 정치적 결사로 구분하는 것은 유용하다.

사적 결사는 해당 결사 참여자들 혹은 구성원들을 위한 활동이라는 의미에서 자기본위적이다. 가족, 사교모임, 사적 파티나 어울림, 종교단체의 활동 등은 사적 결사의 모든 예가 된다. 대개 사적 결사는 가벼운 교제, 대인돌봄담당, 소비, 예능, 슬픔, 영적 재생 등의 고락(苦樂)과 애환(哀歡)에 주로 관련된다. 이 같은 활동은 극단적으로는 공유될 수 없는 생, 사, 필요, 즐거움의 기초적인 문제에 관계된다는 아렌트적인(Arentian) 의미에서, 그리고 이러한 활동을 수행하는 사회적 관계가 어느 정도 배타적이라는 의미에서 사적이다. 사적 결사는 내부로 시선을 돌리고 특수화되는 경향이 있다. 내가 이 클럽에 가는 이유는, 내가 다른 모든 회원들을 알고 그들이 나를 아는, 나의 클럽이기 때문이다. 즉, 우리 모임과 행사는 우리와 우리가 초대한 사람들만 포함하며, 우리의 목적은 좋은 시간을 갖거나 서로에게만 마음을 쓰는 것이다. 사적 사회는 해당 조직의 구성원들이 특정 정체성이나 친연성을 요구할 수 있는 외부인만 환영하는, 아미쉬(Amish)나 특정 인종적 혹은 종교적 조직 등과 같은 내적 지향을 갖은 공동체들을 포함할 수 있다.

시민적 결사는 반면 해당 결사체에 몸담은 사람들에서 그렇지 않은 사람들로 향하는 외적 지향을 주로 갖는다. 시민적 목적을 지닌 활동은 내부 구성원들뿐만 아니라 더 큰 공동체에 기여하고자 한다. 시민적 결사들은 마을, 시(市), 국가 또는 세계에서의 집합생활에 모종의 기여를 하고자 한다. 시민적 결사들이 어떤 공동체적 선에 기여하고자 할 때, 결사체 참여자들은 적어도 수혜자 중 일부는 모르는 사람들이거나 공동체에 사는 혹은 잠시 살다가는 이름 모를 남이거나 혹은 타향 멀리의 외지의 외부인들이라고 가정한다. 공원에서 나뭇가지를 자르는 봉사자를 조직하는 시민적 결사는 그들 자신과 공원을 돌아다닐 다른 사람들을 위해 공원의 풍성함을 지키기를 바란다. 마을방범대, 마을공동체 예술관, 피해여성쉼터, 마을소식지 등은 모두 서로 잘 아는 사람들과 친구들뿐만 아니라 모르는 사람들의 관계를 한 땀 한 땀 뜨개질하듯 엮어냄으로써 형성되고 정당화된다. 사적 결사와 달리, 시민적 결사는 원칙상 누구에게나 열려 있다는 의미에서 **포용적인** 경향이 있다.

건강한 시민사회라면, 자치순찰조직이나 마을자치미화원 같은 소규모의 **일회적이고** 단기적인 것뿐만 아니라, 공동모금회 같은 대규모의 재원이 탄탄하고 세대를 넘어 제도화된 결사까지 거대한 시민적 활동과 결사들이 있다. 대부분의 시민결사들은 유급직원을 고용하고 있는 경우에도 자원(volunteer)인력에 의존하며, 또한 재산이나 다른 자원 등에 대해 기부에 의존한다. 몇몇 시민적 활동들은 자신이 앞세운 '대의명분(cause)'을 내세우며, 이러한 의미에서 사형세폐지연대, 재활용장려운동본부 또는 반점올빼미 보호단체 등의 결사 같은 맹아적인 정치일 수 있다.

결사적 생활이 풍성하면 민주적 제도와 문화를 튼튼하게 한다는 로버트 퍼트남(Robert Putnam)의 명제는 유명하다.[8] 하지만, 그의 결사체주의는 교회집단에서부터 신문구독자조합에 이르기까지 매우 다양한 집단들을 포함하는 듯 보인다. 그는 결사의 종류를 구분하지 않으며, 또한 이들 결사들 중 일부 혹은 전부가 한결같이 입에 담는 민주주의를

어떻게 고양시키는지를 설명하려 하지 않는다. 사적 결사와 시민적 결사를 즉, 보다 내적 지향의 결사와 외적 지향의 결사를 다른 종류로 보는 것은 중요하다. 왜냐하면 그러한 구분을 통해 어떤 종류의 결사들은 민주주의를 그리 많이 향상시키지 않거나 역량을 가로막는 구조를 변화시키는데 도움이 되지 않음을 알 수 있기 때문이다.[9] 예를 들어, 축구클럽이나 볼링리그가 민주주의를 향상시킨다거나 외부인들과의 연대에 기여하는 데 많은 도움이 된다고 생각할 근거는 없다. 물론 이러한 집단들도 일정을 맞추고 빠지는 사람들이 없도록 모임을 이끌어가는 기량을 발전시키며, 그리고 이러한 기량은 시민이 되는 어떤 이의 능력에 기여할 수 있다. 하지만 이러한 사적 클럽은 즐거움을 위해 즐거운 무언가를 친구나 이웃과 함께 어울려 하는 결사적 삶의 방대한 층위에 속한다. 이러한 사적 어울림과 결사는 멋지긴 해도, 더 넓은 사회의 선에 기여하는 바가 거의 없다.

더군다나 사적 결사는 때로는 비정치화되거나 낯뜨겁게 자기본위적이다. 사적 결사의 생활을 많이 하는 일부 사람들과 집단들은 공적인 삶에 무관심하며, 가족, 친구, 직장관계로 선을 그은 집단으로 스스로를 제한한다. 전체 공동체나 전체 집단들은 결사적 사생활주의로 침잠(沈潛)하며, 심지어 더 큰 사회의 정치적·사회적 관심을 궁지에 빠트리고자 방어적인 담장을 만든다. 시민들과 결사들이 서로를 존중하고 더 큰 사회에 함께 보탬이 되고자 하는 한, 방대한 자유사회에서 사적 결사 **그 자체**는 잘못이 아니다. 그러나 시민적·정치적 결사들에 비해 사적 결사들이 많아지면, 사람들과 집단들은 자신의 외부인들에게 거의 신경을 안 쓰게 되며 사실상 외부인들에게 적대적일 수 있기 때문에, 민주주의와 사회정의에 대한 관심과 걱정을 허약하게 한다.[10]

정치적 결사는 그것이 자의식적으로 사회적 집합체가 응당 해야 하는 것에 초점을 맞춘다는 점에서, 사적·시민적 결사들과 다르다. 정치적 활동은 응당 무엇이 되어야 하는지, 어떤 원칙과 우선순위가 사회생활을 견인해야 하는지, 어떤 정책이 채택되어야 하는지, 어떻게 힘있는 자들에게 소명책임을 물을 수 있는지, 그리고 시민성원자격이 어떤 책임을 담아내야 하는지에 대해 공적 토론에서 이슈를 쟁점화하는 목소리에 존재한다. 정치적 활동은 갈등이 표면위에 드러나도록 두며, 갈등을 판결하는 수단을 제안한다.

예를 들어, 정당, 로비조직, 국가정책을 규탄하거나 영향을 미치기 위해 조직된 특수이익결사체 같은 많은 정치적 결사들은, 국가정책의 형성이나 집행에 영향을 미치고자 한다. 또한 정치적 결사는 국가정책을 활용하지 않고 주요한 경제제도를 직접 겨냥한 공적 도전의 조직적 형식을 지칭한다. 따라서 중미(Central America) 십대의 착취를 중단하라는 다국적 의류회사 갭(Gap)을 향한 직접적인 요구는, 그것이 국가에 대한 요구가 아니더라도, 정치적 요구이다. 정치적 활동은 사회적 혹은 경제적 생활을 **정치화**(politicize)하고자 하고, 또한 어떻게 사회가 조직화되어야 하는지, 문제에 대처하거나 정의를 위해서 어떤 조치와 행위가 취해져야 하는지에 대해 문제를 제기하는 일체의 활동이다. 관련해서 나는 다음 절에서 정치활동이 공적 영역에 의존한다는 점을 논할 것이다.

나는 결사 서로 간 움직임의 용이성을 지목하기 위해, 사적, 시민적, 정치적 결사를 결사적 활동을 **층위**로서 간주한다. 어떤 자발적인 결사는 세 가지 모든 층위에서 볼 수 있다. 다른 자발적인 결사는 그것의 임무가 기본적으로 이들 층위 중 하나에 국한되어 있음에도 불구하고, 층위 사이에서 쉽게 전환한다. 예를 들어, 게이 바(gay bar)는 보통 사적 친교의 자리이다. 하지만 게이와 레즈비언에 대한 차별금지 시조

례(city ordinance)를 지지하는 행진을 기획하는 만남의 장소나 유권자단이 될 때, 게이 바는 정치적 결사로 진입하는 것이다. 시민적 결사는 흔히 시민적 목표를 성취할 수 있는 자신의 능력이 국가 혹은 경제에서의 정책이나 힘있는 행위주체의 실천에 의해 가로막혔음을 알게 될 때, 혹은 자신의 행동이 공적 비판의 대상이 되거나 갈등을 빚어낼 때, 정치적 층위로 변환한다. 다른 한편으로, 시민적 혹은 정치적 결사의 구성원들 역시 때론 사적으로 즐기는 활동이나 서로를 지원하는 활동에 관여한다.

민주화와 사회정의를 위한 결사적 활동의 유익과 한계를 검토하기 위해, 우리는 시민사회에 대한 이 같은 존재론으로부터 시민사회활동이 국가, 경제, 시민사회 그 자체의 변화에 얼마나 효력을 미치는지에 대한 분석으로 이동해야 한다. 코헨과 아라토는 '방어적' 측면과 '공세적' 측면을 지닌, 그들이 명명한 시민사회 이원론을 제안한다. 첫 번째 측면은 결사와 사회운동이, 정체성(동일성)을 뒷받침하고, 참여적인 가능성을 확충하며, 연대의 네트워크를 만드는 소통적 상호작용의 형식을 발전시키는 방식을 일컫는다. 나는 이러한 측면을 **자기조직**(self- organization)이라 부른다. 결사적 활동의 두 번째 기능은 국가나 각종 법인의 정책과 실천에 영향을 미치고 이들을 개선시키고자 목표한다. 범(凡)하버마스 류(Habermasian)에 속하는 코헨과 아라토 같은 학자들과 더불어, 나는 시민사회의 이러한 측면을 **공적 영역**(public sphere)이라 부른다.[11]

자기조직화의 기능을 공적 노출 및 토론의 기능과 구별하는 것은, 어떻게 결사적 생활세계의 활동이 소통적 민주주의와 사회변화를 뒷받침하는데 기여할 수 있는지 명확히 하는 데 도움이 된다. 그 중 시민사회에서 자기조직화하는 활동은 자신의 경험, 이익, 필요가 사회정치적으로 주변화되었다고 생각하는 사람들이, 서로를 확인하고 자신의 사회적 목소리를 전개할 수 있게 한다. 다른 한편으로, 공적 영역을 만들어 내는 시민적 활동의 측면은, 사람들이 공적 토론에서 대표되는 토론장과 측면들을 복수화함으로써, 그리고 공무담임자들과 힘있는 사적 행위자들이 소명책임성을 완수하게 하는 활동을 통해서, 민주주의를 두텁게 할 수 있으며 때때로 그래왔다.

시민사회를 두 개의 층위로 해석하는 것은, 내가 앞 절에서 짧게 설명한 세 층위로 된 결사의 구분과 관련된다. 여기서 언급하는 **자기조직화**(self-organizing) 층위는 **사적 결사**의 일부 활동을, 모두는 아니더라도 포함한다. **시민적 결사**의 많은 활동은 자기조직화의 측면에 속하지만, 일부는 공적 영역의 조건에 속하거나 복무한다. 두 번째 기능의 집합인 **공적 영역**은 대체로 **정치적 결사**에 해당하지만, 일부는 시민적 결사의 활동을 포함한다.

2. 자기조직하는 시민사회

자유로운 사회에서 사람들은 다양한 정체성과 목표를 지닌 각종 결사들을 형성하기 마련이다. 시민사회에 대한 최근의 예찬론은 이러한 결사 중 얼마나 많은 결사들이, 비록 처음에는 자발적으로 시작되었더라도, 그 통치에서 위계적이거나 권위주의적이라는 사실을 종종 인정하지 않으려 한다. 시민적 결사를 강제와 관료제 같은 규율적 조치 없는 자기(자생)조직화로 떠올리는 것은 잘해야 국가제도에 대한 싸늘한 시선을 부추기는 과장이다.[12] 하지만 상당한 수의 자발적 결사들은 직접적으로 민주적이다. 사람들은 본인이 집합적으로 채택한 규칙에 따라 결사를 형성하고 운영한다. 그러한 정도만큼, 사적 결사들도 자치의 학교일 수 있다.

이러한 참여의 일반적인 장점을 넘어, 시민사회의 자기조직화하는 활동들은 자기결정에 기여하며, 이보다는 덜 하지만, 정체성과 목소리를 부양(浮揚)하고, 혁신적이거나 소수의 실천을 촉진하고, 재화와 서비스를 제공함으로써 자아발전에 기여한다.

배제된 자들을 위한 목소리 — 나는 1장에서 구조적인 사회경제적 부정의가 존재하는 형식상 민주적인 사회에서, 이러한 부정의를 겪는 사람들 역시 형식적인 민주적 정치과정에서 배제, 침묵 또는 주변화되기 쉽다는 점을 지적했다. 이러한 정치적 불평등은 사회경제적 부정의나 주변화가 입법자들과 다른 공무담당자들이 문제에 접근하지 않기 십상인 조건을 조성하는 경향이 있다.

시민사회는 이러한 순환고리를 끊을 수 있는 유일한 방식 중 하나를 제공한다. 아무리 멸시받거나 주권자로서의 참정권이 박탈되었다 해도, 자유주의사회(그리고 심지어 간혹 비자유주의 사회)에서 불이익받거나 주변화된 사람들은 서로서로를 발견할 수 있으며, 상호협조와 집단의식의 표현을 통해 자신의 생활과 삶을 개선하기 위해 결사를 할 수 있다. 비록 그들은 다른 사람들에게 있는 자금, 전문성, 사회적 연줄이 부족하지만, 더 가난하거나 더 주변화된 사람들은 모든 사람들이 보다 평등하게 갖고 있는 자원 즉, 시간을 최대한 잘 활용할 수 있다.[13]

시민사회의 자기조직화 활동은 기본적으로, 내가 1장에서 언급했듯이, 리오타르(Lyotard)가 칭한 **쟁론**(differend)을 침묵하게 함을 타개(打開)하기 위한 실천적 수단이다. 어떤 집단이 감수하는 고통이나 억울함이 헤게모니적 담론 속에서 표출될 수 없거나 충분히 표출되지 못할 때, 결사적 활동은 침묵당하고 있는 사람들이 사회적 관계를 바라보거나 이러한 상황을 잘못이라 이름 붙이는 새로운 방식을 발전시키는 데 있어 뒷받침할 수 있다. 자기조직적 활동에서 불리하거나 주변화된 영역과 집단들은 때론 더 큰 사회가 자신의 처지를 부정하거나 가치를 절하하는데 대응하는 긍정적인 자아개념을 표현한다. 나는 3장에서 '정체성의 정치'가 자신의 사회적으로 차별화된 처지를 반영하는 사회운동을 설명하는 하나의 유용한 의미가 될 수 있다고 제안했다. 문학작품, 극(劇), 노래, 시각작품, 사회적 네트워킹, 시민적 기획의 교류, 비평적 분석 등을 통해, 상대적으로 침묵 당해온 사회영역들은 새로운 경험과 사회적 퍼스펙티브을 구상하고 묘사한다. 그렇기 때문에, 결사적 삶과 생활은 지배와 억압에 대한 사회적 연대의 기반, 문화적 지지, 혹은 지배와 억압에 대한 저항으로 복무한다.

사회적 혁신 — 토론에 의해 사람들이 자신 행위를 조정하는 자발적인 결사체에서, 사람들은 때때로 새로운 아이디어와 실천에 다다른다. 아마도 어떤 사람들은 웅장한 집회가 불만족스러울 수 있으며, 어떤 사람들은 다른 뭔가를 말하고 해보는데 끌릴 수도 있다. 그것이 유기농사, 한방치료, 전도적 신앙 또는 승차공유이든, 사람들은 흔히 대안적인 실천을 발전시키기 위해 결사를 이룬다. 이들 중 일부는 괴짜 같은 기행 또는 특이함으로 드러나기도 하겠지만, 공적 영역에서의 확산을 통해 어떤 일부는 폭넓게 채택되며, 그 결과 입법이나 법령의 외부에서 사회변화를 촉진하게 된다.

재화와 서비스 — 시민사회의 결사들은 국가나 수익지향의 경제 틀 밖에서 많은 재화와 서비스를 제공한다. 세입자보호단체, 보건서비스, 노숙자나 가정폭력 피해여성쉼터, 읽고 쓰기를 가르치는 센터, 이민자나 추방자 정착지원서비스, 방과후아동돌봄센터 등은 흔히 민주적으로 운영되며, 해당 지역공동체와 연계되고, 국가직영 서비스 보다 대상자들의 역량을 보다 강화한다. 생산자 및 소비자 협동조합이 시장의 힘과 압력에서 벗어난다고 할 수는 없지만, 이들은 민주적 의사결정의 요소나 다른 실질적인 비시장적 가치를 사업 과정에 도입한다. 덜 발전된 국가들의 많은 전문가들과 활동가들은 시민조직을 발전의 중요한 견인차로 간주한다. 즉, 시민조직은 소규모 생산자조합, 신용결사체, 주택자조조합과 같은 참여적 프로젝트에 불이익 받는 사람들을 직접 포용함으로써 이들의 삶을 향상시킨다. 더 잘사는 사회에서 악화되는 도심을 재생하려 걱정하는 시민적 결사들은 또한 비영리·비정부 결사적 활동을 통해 필요를 충족하고자 한다. 미국에서는 지역토지신용조합(Community Land Trusts)이나 해비타트(Habitat for Humanity) 같은 비영리결사들은 정부와 개발업체들이 포기한 사업을 그럴싸한 주택단지로 공급했다. 만약 시민적 결사들이 더 많은 재화와 서비스를 공급한다면, 대부분의 사회들에서 민주주의와 사회정의는 제고될 것이다.

시민사회에서 꽃을 피우는 모든 정체성, 실천 또는 재화와 서비스는 반드시 좋기만 한 것은 아니다. 이들은 갈등 없이 존재할 수 없다. 하지만 사람들은 자발적 결사들에 의해서 그들이 살고 행동하고, 친연성을 뒷받침하고, 관례와 실천을 발전시키며, 국가와 경제활동보다 자신의 직접 통제하에 두는 방식으로 더 많은 재화와 서비스를 공급하는 등의 조건에 대한 통제력을 가질 수 있다. 시민사회는 이러한 방식으로 직접적으로 자기결정의 가치를, 그리고 이보다 덜 하지만 자아발전의 가치를 실현한다.

3. 공적 영역

많은 심의민주주의 이론가들은 암묵적으로 혹은 명시적으로 입법부와 사법부 같은 국가제도를 심의의 주된 무대로 상정한다. 에이미 것만(Amy

Gutmann)과 톰슨(Dennis Thompson)은 튼튼한 민주주의에서 심의는 많은 토론장에서 생겨야 한다고 생각하지만, 그들이 보여주는 심의가 작동한다는 사례의 대부분은 국가제도 안에 있는 공무담임자들을 포함한다.[14] 다른 한편으로, 담론윤리의 전통에서는 심의정치의 무대로 시민사회를 강조한다.[15] 완전한 소통적 민주주의이론은 쟁점들이 열려 있고 비판적인 분위기에서 토론되는 곳에서는, 시민들 서로 또한 시민들과 공무담임자들 서로가 민주적으로 소통할 수 있는 잠재적인 무대로서 국가제도와 시민제도 모두를 규정한다.

시민사회라는 공적 영역의 활동에서 담론적 민주주의를 이론화하는 것은, 심의민주주의에 대한 전형적인 이해에서 다음의 두 가지를 변화시킨다. 첫째, 코헨(Joshua Cohen)의 심의민주주의 모델에 대해 하버마스가 논평한 것처럼, 심의적 민주과정을 사회 전체에 대한 의사결정을 하는 하나된 사람들이 관여하는 어떤 것으로 보는 것은 오산이다.[16] 대신, 복잡한 대중사회에서 심의의 과정은 특정되지 않는 주체들과 탈중심화로 이해되어야 한다. 무엇보다도 이것은 면대면 상호작용을 공적 토론의 모델로 보는 흔적을 폐기하고, 시간적·공간적으로 분산된 사람들 사이에서 매개되는 것으로 공적 토론을 재해석함을 의미한다.

그러나 이렇듯 탈중심화되고 매개된 방식으로 소통적 민주주의의 과정을 이해하는 사람들조차도, 표준적인 심의민주주의 모델에서 벗어나 시민사회에서 정치적 토론을 위치시키는 두 번째 방식을 무시한다. 1장에서 언급했듯이, 심의민주주의에 대한 표준적인 모델에는 암묵적으로 질서있고 감정적이지 않은 논거제공이라는 규범이 있다. 소통적 민주주의라는 아이디어를 의회, 법정, 청문회장과 같은 형식적인 심의무대에서 길거리, 광장, 교회지하방, 시민사회의 공연까지 확대하는 것은, 논리주장을 펼치고 논거를 비판하는 것 이외에 추가로 말하기와 상호작용 류를 민주적 소통에 포함시켜야 한다고 우리에게 요구한다.

시민사회에서의 공적 소통은 흔히 단일화되고 질서적이지 않으며, 정돈되지 않고 다층위적이며, 재기넘치고 감정적이기도 하다. 공적 소통은 논리주장을 펼치고 논거를 제공하는 것만을, 비록 이것들이 중요한 측면이며 그래야만 하지만, 포함하지 않는다. 공적 소통은 더 넓은 공중에게 해당 사회를 이해하도록 또한 그 구성원들 중 일부를 특정한 그리고 흔히 다른 방식으로 이해하도록 영향을 미치고자 하는 영화, 연극, 노래, 스토리 같은 정치화된 예술과 문화를 포함한다. 더욱이, 공적 소통이 포용, 논쟁, 정의의 진흥을 그 목적으로 한다면, 그것은 반드시 집회, 시위, 파업, 보이콧, 기념식, 의식, 비폭력적인 점거 등과 같은 여러 형태의 항의행위를 포함해야 한다.[17] 이하에서 나는 시민사회의 공공성과 공적 영역의 의미를 우선 개념정의하고, 정의를 진흥하려는 민주적 과정에 공적 영역이 복무하는 특정한 기능에 대해 논의하고자 한다.

공적 영역이란 무엇인가?

1장은 민주주의이론과 실천에서 공공성(publicity)의 역할을 논의했다. 여기서는 공공성의 세 가지 측면에 집중해 논의를 보다 정교화하려 한다. 첫째, 공공성은 소통적 관여(communicative engagement)와 경합할 수 있는 무대의 구성을 말한다. 둘째, 공공성은 이 무대에서 시민 간의 관계성을 말한다. 마지막으로, 공공성은 말하기와 다른 표현 형식이 취하는 형식을 말한다.

사건, 건물, 실외 공간 혹은 토론은 단지 그것이 누구에게라도 열려 있기만 하다면 공적이다. 예컨대, 인쇄와 전자매체는 그것의 언어를 이해하는 누구라도 그것에 쉽게 접근할 수 있기만 하다면 공적이다. 이것들은 개인과 집단이 스스로를 표현하기 위해 쉽게 접근할 수 있는 곳에서 훨씬 더 공적이다. 공원은 이웃이나 지역주민이건 아니건, 누구도 그곳에 들어가서 그 주변과 시설을 누릴수 있는 한 공적이다. 따라서 첫 번째 의미의 공공성은 누구나 접근할 수 있는 공간 또는 토론장을 결정함을 뜻한다. 소통적 민주주의(communicative democracy)라면 공적 무대가 두 가지 방식 모두에서 이용될 수 있어야 한다는 것이 중요하다. 민주주의에서 시민들은 이슈에 주목하고 의견을 표출하며 행동을 촉구하고자 하는 공적 이벤트를 선보일 수 있는 실내와 실외 모든 공간에서 공식적으로 접근할 수 있어야 한다. 시민들은 공중 일반을 이러한 이벤트에 초청할 수 있어야 하며, 또한 시민들은 그러한 초청을 이슈화하는 공적 매체에 접근할 수 있어야 한다. 공간적인 근접성(proximity)과 동시성(simultaneity)을 넘어 공적 상호작용을 확장하기 위해서 뿐만 아니라 후자의 조건을 충족하기 위해서, 시민들은 인쇄와 전자 형식을 포함한 공적 매체에 쉽게 접근할 수 있어야 한다.

또한 공공성은 이와 같이 누구나 보편적으로 접근할 수 있는 무대와 토론장에 의해 상호반영적으로 만들어진 사람들 간의 특정한 종류의 관계성을 말한다. 3장에서 논의했듯이, 다양한 이익, 우선순위, 가치, 경험을 가진 행위자들의 복수성(plurality)에 의해서 공적 무대나 토론장에 사람들의 이목과 귀추가 모인다. 이러한 현장과 토론장 안에서 생기는 사건과 표현은 이와 같은 시점(視點)들의 복수성에 **노출**(exposed)된다. 사건과 표현은 공중을 구성하는 차이 나는 사람들로 된 대중이 목격하게 된다. 공중의 토론장(공론장, public forum)은 원칙적으로 누구나 접근 가능할 수 있기 때문에, 공적으로 나타나는 모습은 당혹스러울 수 있는 초월성(transcendence)이나 미결정성(indeterminacy) 같은 종류를 포함한다. 공중은 복수적이며, 우리 중 누구도 그 안에 있는 사람이 누구인지 다시 말해, 공적 표현과 행위로 표출되기 전까지 정확히 모른다. 자신이 무엇 때문에 공적인 무대 위에 오르게 되었는지 모른다는 의미에서, 그리고 자신의 역사와 현재 계획에 대해 자신이 공적으로 목격하는 것에 스스로 기여할 것이라는 의미를 충분히 알 수 없다는 의미에서, 적어도 공중의 많은 구성원들은 서로를 모르는 이방인들이다. 원칙적으로는 증인의 수가 상당히 많기 때문에 그리고 증인 중 많은 수가 이러한 의미에서 이방인들이기 때문에, 언행과 행동거지가 공적인 사람은 자신이 보고 들은 것과의 관계에서, 공중이 어떻게 받아들이고 해석하고 행위하는지를 거의 통제하지 못한다.

공공성의 세 번째 측면은 보다 특정된 공적 표현 또는 공적 행위의 형식을 말한다. 이것은 심의민주주의 이론가들이 가장 강조해온 공공성의 측면이다. 이들 이론가들은 소통적 민주주의의 규범적으로 합당하고 포용적인 조건은, 공적 이슈를 토론하는 사람들이 자신의 요구, 주장, 호소, 스토리, 시위 등을 누구에게나 접근될 수 있으며 소명책임이 될 수 있는 방식으로 제시한다면, 충족된다고 주장한다. 그렇기 때문에, 친구와 가까운 사람들 또는 공유된 이익이나 집단의 친연성을 긍정하는 사람들에게 표출할 수 있는 방식과, 정치적으로 책임있는 사람들이 보다 일반적이고 정해지지 않은 공중에게 자신을 표현해야 하는 방식 사이에서 흔히 차이가 있을 수 있다. 공공성을 이론화하는 일각의 논의와 달리, 나는 이러한 차이를 특정한 콘텐츠에서 보다 일반적인 콘텐츠로의 전환을 뜻한다고 보지 않는다. 공적으로 적정하게 이슈를 제기하고 요구하는 사람들은 자신의 관심사와 퍼스펙티브에서 때로는 일부분적일 수 있고 각별할 수 있으며 마땅히 때로는 그래야 한다. 하지만 자신의 표현이 공공성을 이루는 조건을 충족시키기 위해서는, 그들은 특정한 이익이나 집단이 공유하는 역사, 언어, 공유된 퍼스펙티브를 가정할 수 없으며, 대신 일반적으로 접근할 수 있는 이미지, 개념, 쟁점에서 그들 관심의 각별함을 다시 직조하지 않으면 안 된다.

이러한 맥락에서, 우리는 공적 영역을 단 하나의 영역으로 인식해야 하는지 아니면 다수의 영역들로 봐야 하는지에 관한 논쟁에 유용한 구분점을 생각해 볼 수 있다. 예를 들어, 비록 하버마스는 공적 영역(공론장, public sphere)을 공식화한 초기 아이디어에 대해 비판적인 거리두기를 하고 있지만, 그는 전체 사회의 문제들이 토론되고 과정을 밟아가며 최종적으로 권위를 갖는 법과 공공정책의 형성에 영향을 미치는 어떤 과정으로서, 일반화된 공적 영역이라는 아이디어에 여전히 의존한다. 『사실과 규범사이(Between Facts and Norms)』에서 하버마스는 공적 영역을 다음과 같이 정의한다. '공적 영역은 정보와 시점(즉, 긍정이나 부정적 태도를 표현하는 의견)을 소통하기 위한 네트워크로 가장 잘 설명될 수 있다; 소통의 지류(支流)들은 그 과정에서 주제가 특정된 **공적** 의견(public opinions)의 큰 묶음에 융합되는 방식에서 여과(濾過)되고 합성된다'.[18] 내가 앞서 설명해온 입장과 동일선상에서, 하버마스는 공공성을 기능 혹은 의견이나 표현의 내용을 일컫는 것이 아니라, 소통적 행위로 생성되는 **사회적 공간**(social space)을 일컫는다고 구체화한다. 결사적 삶은 공적 영역들이 나타나는 원료(material)다. 그가 말하길, '복합적인 사회들에서',

> 공적 영역은 한편으로 정치체계와, 다른 한편으로 생활세계와 기능적 시스템이라는 사적 영역 간의 상호매개적 구조로 구성된다. 공적 영역은 중첩적인 국가 간, 국가적, 광역적, 지역적 그리고 하

위문화적 분야의 다수로 확산되는 고도로 복합적인 네트워크로 나타난다... 하지만 이 같은 다층적인 차별화에도 불구하고, 일상의 언어로 구성된 모든 부분적인 문제들은 서로에게 투과되도록 열려 있다.[19]

이 개념으로 보면, 특정된 공적 토론의 과정을 담론과 표현의 단일한 연속의 장에서 생기는 것으로 설명하는 것은 중요하고 필수적이다. 시민사회를 단일한 영역으로 간주하는 것에 대한 나의 앞선 유보에도 불구하고, 공적 영역을 공간적 비유로 일컫는 것은 적절하다. 공간적 비유는 공적 담론과 표현을 내용이나 의미가 아니라 차이 나게 위치 지어진 것으로 구분하는 데 도움이 된다. 공간적 비유는 또한 공적 토론을 사람들이 들어가고 나오는, 그러나 일부가 떠나더라도 유지되는 과정으로 설명하는 데 도움이 된다. 마지막으로, 공간적 비유는 그 '안'에 있는 사람들을 공통된 속성이나 이익으로 환원시키지 않고도, 사회가 하나의 연속되는 공적 영역을 갖는다고 이론적으로 말할 수 있게 할 수 있다. 만약 공적 영역이라는 아이디어가 어떻게 다양하고 복합적인 대중사회가 공적 행위를 통해 사회문제를 다룰지를 설명하는 데 유익해야 한다면, 공적 영역을 단일한 연속의 과정이나 '공간' 자체로 이론화하는 것은 필수적이다. 활동, 상호작용, 모순, 충돌 등의 범위는 지역사회, 광역 그리고 결사적 네트워크를 교차하는 소통의 막힘없는 통행을 필요로 한다.

반면 낸시 프레이저(Nancy Fraser)는 민주주의에서 공적 담론이 단일한 공적 영역으로 개념화되어야 한다는 주장에 대해 의문을 제기해왔다. 그녀가 민주적 소통에서 공적 영역의 역할에 대한 초창기 하버마스의 이론화를 비판하고 있지만, 내가 볼 때 그녀의 비판지점은 공적 영역에 대한 하버마스의 보다 최근의 논의에도 적용된다고 보인다. 프레이저에 따르면, 사회경제적 불평등이 있는 사회에서 공적 영역이 있다면, 그것은 행위와 아이디어 모두에서 보다 우대된 집단에 의해 지배되는 경향이 있다. 비록 공식적 접근은 모두에게 똑같을 수 있지만, 부, 파워, 영향력, 정보 등의 더 많은 원천은 일부가 다른 일부보다 더 쉽게 접근할 수 있게 만든다. 그렇기 때문에, 우대된 사회행위자들과 더 많이 연계된 이익, 의견, 퍼스펙티브는 공적 영역에서의 담론을 독점하는 경향이 있다. 더욱이, 2장에서 내 논의의 연장선상에서, 프레이저는 관용구, 레토릭, 담론적 스타일(discourse style), 단정된 확신(assertive confidence) 등으로 이뤄진 집단특정성(group specificity)으로부터 야기된 공적 영역에서의 내적 배제를 지적한다.

구조적인 사회경제적 불평등이 있는 사회에서, '하나의 원칙을 정점으로 하는 포괄적인 공적 영역보다, 복수의 경쟁적인 공중들 간의 경합성(contestation)을 수용하는 구성은 동등한 참여(participatory parity)라는 이상을 더 잘 진흥한다'고 프레이저는 결론 내린다.[20] 지배하는 공중과의 동렬에서, 노동자, 가난한 사람, 민족적 소수자, 인종화된 집단, 여성과 같은 종속적인 사회집단들은 **억눌린**(서발턴, subaltern) **대항적 공중**(counter- publics)을 창출한 형식으로 본인의 결사적 삶을 조직해왔다. 이러한 공중은 이중적 기능을 가지며 가질 수 있다. 대항적 공중은 종속된 집단의 구성원들이 지배적인 담론에서 자율적인 자신들의 사회적 퍼스펙티브를 표출하는 미학적이고 담론적인 양상을 전개하고 발전시킬뿐만 아니라, 자신들 안에서 이슈를 제기하고 토론하여 분석과 처한 자리를 공식화하는 무대와 토론장을 제공할 수 있다. 3장은 이와 같은 집단 특정된 대항적 공중의 발전과 보존이 '정체성의 정치' 개념의 적절하고 긍정적인 의미라고 언급했다. 또한 종속된 집단의 구성원들이 흔히 법이나 제도적 변화를 끌어내려는 목표로 더 넓은 공적 논쟁에 영향을 미치려는 아이디어, 논리주장, 캠페인, 규탄행위 등을 배양시키는 근거지로서 억눌린 대항적 공중은 중요한 역할을 한다.[21]

포용적이고 소통적인 민주주의에서 단일한 공적 영역이 존재하는가 아니면 존재해야 하는가? 아니면 문화적 방식 그리고/또는 구조적인 사회적 퍼스펙티브에 의해 구분되는 상대적으로 자율적인 많은 공적 영역들이 존재하는가 아니면 존재해야 하는가? 내가 보기에, 민주주의이론과 실천은 폭넓은 대중사회에서의 민주적 실천이 단일한 공적 영역을 북돋아야 하는지에 대한 하버마스의 논거뿐만 아니라, 왜 억눌린 대항적 공중을 육성해야 하는지에 대한 프레이저의 주장을 모두 받아들일 필요가 있다. 민주적 과정에 함께하겠다는 사람들은, 규범적인 공-사 간의 구분을 일반적인 이슈 및 담론, 그리고 특정한 이슈 및 담론 사이의 구분에 대입하는 정치이론과 실천을 거부해야 한다. 이러한 이론은 이슈나 담론을, 한편으로 단일한 공공선을 지향한다는 의미에서 공적이라, 다른 한편으로 특정적이거나 분열적이라는 이유로 사적이라 구분한다. 이러한 이론과 실천은 일부의 목소리나 퍼스펙티브를 배제하거나 불리하게 하는 일치성을 공적 영역에 부과한다. 민주적 과정은 복수의 경합적인 담론들, 표현방식들, 논쟁들을 조직하도록 독려하고 가능토록 해야 마땅하다.

하지만 복수의 영역들이 서로 소통하고 영향을 주고받을 수 없다면, 이들은 단지 다양한 집단들을 교차하는 문제나 집단 간의 관계에 관여하는 문제를 푸는 과정에서 할 수 있는 역할이 거의 없는, 연고적이고 분리적인 고립된 아성에 불과하다. 따라서 민주적 과정에서 포용은 다양한 억눌린 공중들이 주장을 펼치고, 서로에게 영향을 미치며, 국가 및 경제제도의 정책과 작용에 영향을 미치는 상호작용과 교환의 과정으로서 하나의 공적 영역이어야 한다고 제안한다. 공적인 것은, 그것이 누구의 시각에서도 볼 수 있는 무대라는 의미에서 뿐만 아니라, 그것의 다양한 구성요소가 서로에게 투과된다는 의미에서 열려 있다.

공적 영역의 기능

이 책에서 내가 전개하는 민주주의 개념은 민주주의에 대한 두 개의 분절적이지만 공통의 개념정의에 의문을 제기한다. 한편으로, 나는 민주주의를 엘리트 의사결정자들이 선출되고 법치에 복종해야 하는 정치체제로 정의하는 얇은 개념정의에 문제를 제기한다. 입법자들의 선출과 법의 지배는 민주주의의 필수적인 조건이라는 점은 분명하다. 하지만 이러한 개념정의는, 그것이 평범한 시민들과 파워엘리트의 생각과 이익 간의 연결성을 빼놓고 있기 때문에, 이는 불완전하다. 다른 한편으로, 분명한 점은 민주주의를 '인민에 의한 통치(rule by the people)'로 보는 전통적인 개념정의는 시민의 생각과 이익을 강조한다. 하지만, 앞 장에서 내가 논의한 바와 같이, 이는 힘있는 공무담임자들이나 사기업가들과 이들에 의해 행위가 조건화되는 사람들 간의 간극을 순진함으로 없애버림으로써 강조되는 것이다.

만약 우리가 국가, 경제, 시민사회의 구분을 인정한다면, 우리는 권력의 구분을 인정하는 것이다. 다음 절은 국가제도의 파워가 단지 필요악이 아니며, 오히려 국가제도는 때에 따라 잠정적으로 유해한 경제적 파워의 여파를 제거는 아니더라도, 제한할 수 있는 유일무이한 건설적인 역량을 갖고 있다고 주장할 것이다. 제도적으로 복잡한 이 같은 환경 아래에서, 민주주의는 '인민(people)'과 힘있는 자를 **연결**하는 과정으로, 그리고 그러한 과정을 통해 사람들이 힘있는 자들의 행위에 유의미하게 영향을 미칠 수 있는 과정으로 이해하는 것이 더 낫다고 나는 제안한다. 민주주의는 이러한 연결성이 얼마나 튼튼한가 또한 그 영향력이 얼마나 예측가능한지에 따라, 어느 정도는 튼튼하고 깊이가 있다.

공적 영역은 인민과 파워의 주된 연결자이다.[22] 우리는 공적 영역이 한편으로 반대와 소명책임의 공간으로서, 다른 한편으로 정책영향력의 공간으로서, 얼마나 제대로 기능하는지를 보고 그것이 건강한지 판단해야 한다. 공적 영역에서 정치행위자들은 쟁점을 제기하고, 정보, 의견, 미학적 표현을 유포하고, 조치와 정책을 비판하며, 새로운 정책과 실천을 제안한다. 더 넓게 토론되고 널리 퍼질 때, 이러한 이슈, 비판, 이미지, 제안은 때론 서로를 자극하고 교반하여 정치와 사회의 변화를 불러온다. 우선 나는 반대(opposition)와 정책영향력에 대한 기능과 사례를 논하겠지만, 시민사회 그 자체에서 일어난 공적 비판과 토론을 매개로 사람들이 행위하기 때문에 사회변화는 발생한다. 따라서 나는 공적 영역의 기능에 대한 설명을 사회에 작용하고 있는 사회의 사례로 마무리하고자 한다.

반대와 소명책임 — 이안 사피로(Ian Shapiro)는 집단적인 자기통치(self-government)라는 민주주의의 한 측면에만 초점을 두는 작업으로 최근의 정치이론을 이해한다. 우리가 민주정치를 인민과 권력 간의 어떤 분립을 포함하는 것을 주제로 한다면, 우리는 민주주의의 또 다른 기능에 즉, 파워의 자의적인 행사에 반대함에 유의해야 한다.[23] 민주주의의 이러한 반대적 측면은 흔히 힘있는 행위자들을 부끄럽게 하는 도덕적 압력을 가하기 위해 이들의 행위를 노출시킨다. 공적 노출, 규탄, 부끄럽게 하기는 때때로 힘있는 자들이 공적 형식의 의지를 따르게 하는 것이 아니라, 이들이 사적 의지를 행사하지 못하도록 하는 데 효과적으로 작동한다. 따라서 공적 영역은 그것을 통해서 조직된 시민들이 파워를 제한할 수 있으며, 힘있는 행위자들에게 소명책임을 물을 수 있는 중요한 수단이다.

비록 미디어가 힘있는 자들, 특히 그들의 레토릭적인 입장표명, 그들이 악수하는 모습, 그들의 학교선택, 그들이 조깅하고 쇼핑하는 모습 등의 일거수일투족을 예의주시한다 해도, 여전히 현대국가와 기업에서 파워는 숨는 것을 사랑한다. 파워는 회람되고 서류철이 되는 분기 보고서, 행정명령 및 쪽지를 채우는 행간에 숨는다. 파워는 전문인의 일상 속의 굳어진 관행을 먹고 큰다. 파워의 실효력은 명확하다. 제3세계 정부는 채무약정을 재협상할 수 없으며, 그렇기 때문에 자국 대중의 생활수준이 떨어지는 것을 무릅쓰더라도 자국화폐를 평가절하하지 않을 수 없게 된다. 예를 들면, 대기업이 구조조정을 하면 3,000명 이상의 노동자들이 해고된다. 하지만 파워 세력들 즉, 책임있는 당사자들은 어디 있는지 그 소재를 파악할 수는 없다. 사람들은 시장과 규제적 명제에 의해 속수무책이 되고 손발이 묶이게 된다. 제도나 정부를 대표하는 대변인은 담담한 논조로 현행 법규는 무엇이며 자신들이 취한 조치는 어떻게 구속받는지를 설명하는 준비된 논평을 대독한다. 이러한 체계는 조금씩 조금씩 느리게 작동된다. 때때로 이러한 작동이 다른 사람들보다 일부 사람들의 이익에 복무한다는 점은 명확해진다. 이들은 일부에게는 파워를 안겨주거나 재생산하게 하며, 다른 일부에게는 파워를 빠지게 한다. 하지만 그 파워는 찾을 수 없다.

공적 소통과 조직화는 자의적인 파워를 여러 시각에 노출시켜서, 공적·사적 파워가 있는 사람들이 자신들에 대해 소명하도록 요구함으로써 자의적인 파워를 제한하는 데 공조한다. 따라서 다양한 공적 네트워크 안에서의 토론과 논쟁은 대표되는 과정을 실현하는 데 기여한다. 연구자들, 언론인들 그리고 활동가들은 정부 각 부처의 복도에서, 이

보다 덜 하지만 위원회실에서 무슨 일이 벌어지고 있는지 공론화하며, 결정과 결과 사이의 연결성을 노출시킨다.[24] 주거안정시민단체는 시의회가 알맞은 주택개발을 권장할 수 있는 시의 금융신용과 파워를 활용하지 않는 대신, 도심 상업지구의 개발업체에게 보조금이 지원되는 대출을 승인한 이유를 답하라고 요구한다. 국민들이 어쩔 수 없는 일이라 치부하고 지나갈 수 있던 사건이 힘있는 자들의 이익에 기여하는 결정의 부산물로서 드러나기 시작한다.

때로는 파워 그 자체를 노출시킴은 힘있는 자들이 할 수 있는 잠재적인 유해함을 줄인다. 공적으로 힘있는 행위자들과 제도를 상세히 살필 수 있는 자유로운 공적 공간이 있는 사회에서, 이러한 행위자들이 다른 사람들의 희생을 대가로 자기에게만 소용있는 방식으로 행위하는 것은 쉽지 않다. 시민적 공적 영역이 동력원이 되어 나오는 소명책임은 힘있는 자들의 행위가 법과 최소한의 정직함을 벗어나지 않도록 하는데 일조할 수 있다. 국가나 기업행위자들의 정책을 여러 시각에서 들춰내고 비판함으로써, 공적 소통은 그들의 힘이 자의적인 것이라 드러낸다. 공적 영역에서 들춰지면, 힘있는 자는 흔히 정통성이 없는 상태로 자기만 생각하거나 겁박하거나 별 볼 일 없어 보인다. 시민불복종(civil disobedience)이라는 창의적인 조치는 종종 권력의 외피를 벗기고 적나라하게 보여준다. 핵미사일에 반대해 뉴욕 필드(New York field)에서 농성중인 여성들을 여러 대의 헬기가 저공비행하며 위협했다. 마닐라(Manila) 시가지에서 수녀들의 가두행진은 군인들로 하여금 발포 아니면 퇴각 중 택일하도록 한다.

시민운동이 공적 토론에서 파워를 들춰내고 힘있는 자들에게 본인 행위를 소명하도록 요구할 때, 시민운동은 때에 따라서 다른 사람들에 반대되는 특정한 이익을 강변하기도 한다. 하지만 그들은 대개 순전히 자기에만 이익되는 언어로 비판하는 것이 아니라, 정의, 올바름 또는 집단적 선에 관한 도덕적 호소를 한다. 논쟁이 없는 것은 아니지만 관료적 명제 혹은 수익지향적 명제라는 구속 아래서, 시민적 활동의 자유는 정치적 행위보다 이러한 도덕적 호소를 더 가능하게 한다.[25] 때때로 그것이 아니었으면 무력했을 사람들에 의해 제기되는 공적인 도덕적 호소(moral appeals)의 압박은, 힘있는 행위자들에게 성공적으로 **수치심**(shamed)을 갖도록 하기 때문에, 정책변화를 야기하는 효력을 보인다.

1992년 6월 세계 각지에서 모인 수만 명의 환경운동가들이 리우데자네이루(Rio de Janeiro)의 공원과 거리, 골목에서 비판적인 시민적 공중을 만들었다. 이들의 목적은 그들 사이에 환경 쟁점을 논의하는 것과 더불어, 유엔(United Nations)회의에 참석중인 각국의 관료들이 종(species), 산림, 인간을 오염 및 과소비의 피해로부터 보호할 수 있는 보다 전방위적인 국제해결책을 채택하도록 압력을 가하는 것이었다. 무엇보다 이들은 당시 미국의 대통령이었던 조지 부시(George Bush)에게 회의에 참석하라 요구했으며, 세계 각지의 TV로 보여진 격렬한 시위대들은 세계기구를 무시했으며 미래 세대는 안중에도 없다고 부시를 맹비난했다. 물론, 시위대들은 그들의 모든 목적을 이루지는 못했지만, 자신들의 도덕적 호소로 부시를 리우로 오게 하는 데 성공했고, 많은 분석가들은 리우에서의 이러한 비정부 공적 영역이 유엔회의에서 채택된 협정과 결의안의 일부 문구에 영향을 미치는데 공을 세웠다고 분석했다.

공적 수치심은 때때로 약자들이 사적 경제행위자들에 반대하는 유일한 무기이지만, 그 무기는 때때로 힘이 세다. 미국회사의 자회사에서 근무하는 멕시코 근로자들이 자신들의 끔찍한 근로조건을 항의하기 위해, 이사회가 열리는 북반부까지 날아왔으며 언론 역시 몰려들었다. 오래지 않아, 이사진들은 근로조건을 개선하려는 조치를 취했다.

대형 의류회사의 하청을 받는 아시아나 라틴아메리카 회사들의 저임금과 형편없는 근로조건을 폭로하는 최근의 캠페인은, 표적이 된 다국적회사들 중 몇몇에서 정책변화를 이끈 넓은 공적 토론과 대중적 지지를 얻는데 상당히 성공했다.

상대적으로 힘없는 사람들의 입장에서 보자면, 정의라는 대의명분은 그것의 효과적인 공적 소통과 합쳐져서, 그들이 갖고 있는 유일한 지렛대이다. 하지만 때때로 수치심의 정치에서 그러한 정의의 대의명분은 작동한다. 리차드 멀건(Richard Mulgan)은 1970년대와 1980년대 뉴질랜드의 정책을 바꾸려는 마오리족의 공격적인 운동에서 수치심은 그들의 유력한 무기였다고 주장한다.[26] 마찬가지로 프랭크 윌머(Franke Wilmer)도 국가도 없고 파워도 없는 세계 각지의 원주민들은 자결(self-determination), 가난, 문화적 권리(culture rights)라는 자신들의 쟁점을 국제적 의제로 올리는데 성공했을 뿐만 아니라, 도덕적 올바름과 유효한 조직과 소통을 합친 수단으로 많은 국가들의 정책을 전환하는데 성공했다고 주장한다.[27]

그렇기 때문에, 공적 검토와 공적 비판에 힘있는 행위자들과 제도를 노출시키는 것은, 사회경제적 불평등이 정치적 불평등을 강화시키는 순환 고리를 끊을 수 있는 중요한 수단이다. 공적 노출과 반대를 통해, 상대적으로 힘없는 사람들은 때때로 사회적 혹은 경제적 변화에 기여하는 일정 정도의 정치적 소명책임을 물을 수 있게 된다.

정책에 대한 영향력 — 시민사회라는 공적 영역의 비판적이고 반대적인 기능은 민주주의에 있어 대체될 수 없는 역할을 한다. 거의 모든 사회가 이러한 비판적 공적 활동의 확장을 통해 혜택받을 수 있다. 하지만, 국가나 기업의 활동을 공적으로 비판하는 것은 건설적인 조치를 추천하는 것보다 쉽다. 그러나 더 나아가 국가와 경제행위자, 그리고 시민사회의 집단과 개인들 모두가 마땅히 해야 하는 것이 무엇인지에 대한 토론과 논쟁을 공적 영역이 촉진하는 만큼, 공적 영역은 민주주의와 정의를 진흥하는 역할을 한다. 공적 영역에서 조직된 시민들은 흔히 집합적 문제와 그 문제와 관련해 무엇이 바람직한지 논쟁하며, 정책결정자들에게 영향을 미치기 위해 무엇을 조직해야 하는지에 대해 논쟁한다.

다음 절에서는 법과 공공정책은 정의를 진흥하려는 목적으로 경제와 사회활동을 규제하기 위해 사용되어서는 안 된다는 주장을 비판할 것이다. 지금부터 나는 국가제도가 많은 정통성 있는, 규제적(regulatory)이며 프로그램에 입각한 기능을 수행해야 한다고 상정할 것이다. 만약 시민들이 건설적인 영향을 미치는 수단을 갖고 있지 않다면, 이러한 정책은 규범적인 민주적 정통성을 내세울 수 없다. 물론, 시민들은 입법부의 대표자들에 투표함으로써 어느 정도 영향력을 미칠 수 있는 일정한 수단을 행사한다. 그러나 투표 그 자체는 매우 얇은 양상의 영향력을 갖는다. 이슈를 제기하고 정책목표를 증진하는 시민의 조직화는 선거과정에 대한 중요한 보완재이다.

하버마스는 공적 영역(공론장)을 정치적 항온(恒溫)장치의 일종으로 이론화한다. 공적 공간에서의 토론과 소통은 사회문제 혹은 부당한 해악의 출현을 감지하는 역할을 한다. 이 토론과 소통은 사회문제와 해악에 관한 정보를, 그것들이 경험되는 일상생활로부터 그러한 문제들에 대처할 수 있게 사회적 환경을 조정해간다는 의미의 규제적 변화를 이끌어가기 때문에, 제도의 배경적 조건들을 규제하는 입법과 행정시스템으로 전이시킨다.

물론 이러한 이미지는 시민사회 즉, 공적 영역, 그리고 규제의 결과가 민주적 정통성을 갖는 국가규제 간의 이상적인 관계이다. 법과 정책은 그것이 폭넓은 공적 토론을 통해 밝혀진 문제를 합당하게 상호반영적(reflective)이며 비지배적인(undominated) 공적 의견에 부응하는 교정책으로 다루는 만큼, 민주적으로 정통성을 갖는다. 시민사회의 결사적 활동은 해당 사회의 문제, 이익, 필요가 무엇인지 밝히는 역할을 한다. 공적 영역은 이러한 문제들을 나서서 제기하며, 이것들에 대해 다른 사람들과 소통하고 긴급성을 부여해서, 이러한 문제들을 처리할 수 있는 방안을 제도화하도록 국가제도에 압력을 가한다. 이러한 민주적 정통성의 과정에서 중추는 이 책의 앞선 장에서 주장했듯이, 소통의 포용적 과정이다. 만약 억눌리지 않았다면 특정한 문제나 해법의 중요성을 다른 사람들에게 설득할 수 있을 정도로 공식화되었을 수 있는 이익, 의견, 퍼스펙티브 중 일부가 억눌려있거나 혹은 어떤 집단들이 사회적 편견, 문화적 오해 또는 구조적 불평등을 겪고 있는 이유가 청문되는데 어려움이 있다면, 공공정책의 아젠다나 결과는 편향되거나 불공정해지기 쉽다.

이러한 이유에서, 공적 영역은 겨루기(struggle)의 무대(site) 즉, 흔히 논쟁적으로 치열한 싸움이 된다. 정확히 왜냐하면 민주적 정통성이라는 규범은 다방면의 공적 토론을 통해 부각되는 정책의제에 대한 응답을 요구하기 때문에, 보다 힘있는 또는 유리한 행위자들이 자신의 정치적 이익을 증진하는 효과적인 방식은 공적 토론의 아젠다를 통제하는 것이다. 그러한 의제에서 자신의 중요사안이 배제된 사람들이 현상을 타개하는 돌파구를 찾기 위해 — 궁극적으로는 국가제도가 그 문제를 다루도록 자신의 이슈의 요체를 공정하게 그리고 다방면으로 폭넓게 전달해 줄 — 공적 미디어에 접근한다는 것은, 흔히 상당한 조직화, 극적인 운동(dramatic action), 레토릭적 기발함을 필요로 한다.

하지만 우리가 살고 있는 엄청나게 완전하지 않은 위계적인 민주주의에서도, 이러한 입법전환이나 정책전환은 때때로 일어난다. 1990년 미국에서 장애인법(Americans with Disabilities Act)의 통과를 이끈 과정은, 공적 의제에서 입지를 마련한 주요한 입법적 개혁을 이뤄낸, 사회적이고 정책적인 중요 관심을 가진 진지한 시민들의 성공 예이다.[28] 1990년대 초 미국의 에이즈(AIDS) 활동가들은 식약청(Food and Drug Administration)의 규제정책에 대한 소란스러운 시위에 참여하여 다양한 무대에서 폭넓은 공적 토론을 촉구하였고 결국 정책변화를 끌어냈다.

사회를 통한 사회변화 — 공적 영역은 때때로 국가나 경제에 대립각을 직접 세우지 않더라도 사회변화(social change)라는 프로젝트에 일조한다. 결사적 삶은 사람들로 하여금 살아가고 행동하는 방식과 재화를 교환하고 생산하며 분배하는 방식에 대해, 상징적 표현이라는 새로운 규범을 가지고 또한 결사를 조직하는 다양한 방법을 가지고 실험할 수 있도록 한다. 사람들은 때때로 이 같은 대안적 규범과 실천이 폭넓게 채택된다면, 해당 사회에게 또한 특별하게 불리한 일부 집단에게 전체적으로 더 좋다고 생각한다. 그렇기 때문에, 공적 영역은 이러한 대안의 아이디어와 실천을 확산하는 데 기여한다.

일례로 이 시대 페미니스트운동이 이끌어낸 많은 사회변화는 이 같은 특징을 보인다. 페미니스트들은 남성을 공적 생계부양자로 여성을 사적 가사담당자로 만드는 가족 내의 강력한 성별노동분업을 비판했다. 아직 가족 내 성평등이 이뤄졌다 말할 수 없지만, 전통적인 역할분담의 구성방식이 공정한지에 대한 수십 년 간의 공적 토론은 여성과 남성 대중의 태도와 실천에 변화를 이끌었다. 유사한 맥락에서 혹자는 포르노그라피(pornography) 같은 이슈는 입법적 수단보다는 사회 내부적인 변화를 통해 가장 잘 다뤄진다고 주장할 수 있다. 여성을 비하하는 간행물과 영화의 출판을 규제하거나 금지하려는 시도는, 정통성 있는 자유를 위협한다는 점에서 그것의 범위와 적용상의 문제 역시 산적하다. 그렇지만, 페미니스트들은 그러한 문화적 산물을 향해 '나는 나, 나는 너(live and let live)'라는 식의 태도를 취할 수 없다. 공적 토론, 시위, 보이콧 등은 사람들이 본인의 행태와 욕망을 다시 돌아보도록 공중에게 직접적으로 요구하는 유용한 방식이다.

환경운동은 국가제도 밖에 있는 사회 내부변화의 또 다른 예를 보여준다. 시당국, 사기업 그리고 국가가 재활용사업을 시작하기 훨씬 전부터, 환경운동가들은 소비자가 다 쓴 제품을 재사용하고 재활용하도록 장려했으며, 비공식적이고 자발적인 시민의 재활용체계를 발전시켰다. 이 경우, 공적 토론을 통해 생각과 실천이 확산된 곳의 시민사회 생활세계에서, 습관과 태도가 먼저 상당히 변했다. 상당한 사회변화의 상당시간이 흐른 후에야, 정부부처와 사기업이 영향력을 확대해 법, 정부, 기업조직을 통해 그러한 변화를 이끌었다. 시민적 활동에서 시작된 사회변화와 결합된 국가나 경제의 활동은, 논쟁의 여지가 없지 않지만 사회변화를 신장시키는 최상의 방법 중 하나이다.

그렇기 때문에, 공적 조직화(public organizing)와 공적 관여(public engagement)는 해당 사회가 그 사회의 필요, 문제, 문제해결을 위한 혁신적인 아이디어 등에 대해 사회 자신과 소통하는 과정으로 이해될 수 있다. 더욱이, 공공정책의 민주적 정통성은 이 같은 소통과정에 촉각을 세우고 있는 국가제도에 부분적으로 좌우된다. 그렇기 때문에, 공적 소통의 과정 및 그 과정과 정책 간의 관계가 만들어내는 도덕적 힘은, 부분적으로 그러한 소통이 포용적이어야 하며 또한 비판적인 자의식이어야 한다는 요건에 달려있다.

정리하건대, 사람들은 시민사회를 통해 다양한 방식으로 건설적인 파워를 집합적으로 행사한다. 새로운 아이디어를 발전시키고, 대안적 실천을 전파하고 또는 국가와 경제의 파워에 대한 비판을 공적으로 조직하기 위해, 시민사회에서 활동하는 사람들은 우대된 사람들과 불리한 사람들 모두에 대해 연대를 형성한다. 그들은 국가나 기업의 정책을 바꾸기 위해 또는 사회변화를 직접 진척시키기 위해 문제를 토론할 수 있도록, 해당 사회의 구성원들을 불러내고 규합한다. 이러한 모든 활동은, 국가와 경제 밖에서 결사적 활동이 증진하는 사회정의의 주요한 측면인 즉, 자기결정이라는 가치를 말하고 있는 것이다. 결사적 활동이 특정한 생활방식의 공적 표출을 가능하게 하거나 혹은 재화와 서비스를 공급하는 만큼, 결사적 활동은 자아발전이라는 가치를 증진하는데 기여한다. 따라서 다양하고 폭넓은 시민적 결사의 삶이 민주주의에서 중추적 근간이라 주장하는 사람들은, 그 주장의 좋은 근거를 갖고 있는 것이다.

4. 시민사회의 한계들

내가 지금까지 보여준 시민사회의 재발견은 현대정치의 이론과 실천 모두에서 중요한 발전이다. 특히 우리가 시민사회를 국가와 경제 밖의 영역이지만 동시에 그것에 고정된 제3의 영역으로 이해할 때, 시민사회이론은 민주주의와 사회적 연대를 끌어올리는 강력한 수단임을 보여준다. 시민사회의 이 같은 역할은 국가와 경제에 집중해온 정치이론가들에 의해 상대적으로 소홀히 다뤄져왔다. 하지만 시민사회에 대한 새로운 관심은 국가제도에 대한 회의론과 동시에 일어난다. 세계의 많은 부분에서 나타나는 반(反)국가적인 정서는 국가의 기획, 규제적이고 계획적인 기능, 복지서비스 등을 무용지물화 하는 조건을 만든다. 동시에, 몇몇 정치분석가들은 사회정의와 안녕을 추구하려는 시민들의 수단으로서 국가보다 시민사회를 더 높이 본다.

이 절에서 나는 오랫동안 정부와 연관되었던, 공적으로 고취되고 돌보며 평등을 추구하는 기능수행을 위한 대안적 무대로 시민사회를 보려는 경향에 이의를 제기한다. 앞서 설명했듯이, 시민사회는 민주주의, 사회정의, 안녕을 증진할 수 있지만, 시민사회제도만을 통해 시민들이 성취할 수 있는 것에는 한계가 있다. 일각에서는 시민사회의 파편화(fragmentation)와 복수성은 자기결정적인 민주주의에 필수적인 신뢰와 연대성을 잠식할 수 있다는 주장을 펼치며,[29] 나 역시 이러한 주장에 나름의 일리가 있다고 생각한다. 여기에서 내가 보다 주목하는 지점은, 자아발전으로서의 정의라는 이슈를 다루는 시민사회 능력의 한계와 관련된다. 특히 왜냐하면 수익지향과 시장지향의 경제활동은 많은 사람들의 자아발전을 제한하기 때문에, 억압의 기반을 약화시키고 정의를 증진하기 위한 건설적인 행동을 하기 위해, 시민들은 국가제도에 의지해야 한다. 국가의 파워는 부패와 지배의 위험에 촉각을 세우고 있는 시민들의 깨어있는 검문(scrutiny)을 언제나 받아야 하지만, 그럼에도 불구하고 민주적 국가제도는 사회정의를 증진할 수 있는 국가만의 유일무이한 중요한 장점을 갖고 있다.

나는 오늘날 국가제도에 대한 어떠한 비판도 치안유지, 분쟁의 심판, 기본적 자유의 관철 등에 있어서 국가의 중요성을 부인할 수 없다고 생각한다. 그럼에도 많은 사람들은 국가제도를 최소화해야 마땅하며 신뢰해서는 안 되는 필요악으로 간주한다. 이러한 시각에 따르면, 우리는 국가제도가 사람과 집단의 안녕을 진작시키는 보다 발전성 있고 실질적인 조치를 강구할 수 있다고 보아서는 안 된다. 고통이나 부정의를 줄이고 사회문제를 해결하며 안녕을 증진하는 것은 언제나 좋은 일이지만, 그러기 위해 국가에 기대서는 안 된다는 것이다. 국가에 대한 비판 즉, 시민들은 사회문제를 해결하고 저마다의 역량을 개발하고 발휘하는 평등한 기회로서 정의를 증진시키기 위해 국가제도에 기대서는 안 된다는 주장에 대한 적어도 세 가지 논거가 있다. 즉, 자유지상주의(libertarian), 공동체주의(communitarian), 포스트 마르크스주의(post-Marxist) 주장이다. 나는 이들 개별 논거를 재구성해 볼 것이며, 이에 대한 내 생각도 함께 정리할 것이다.

자유지상주의자의 논거는 익숙하다. 각인의 목적을 추구하기 위해 개인과 조직의 자유를 최대화하는 것은 정의의 주요한 원칙이다. 강압적인 국가제도는 자유를 강제하기 위해서만 즉, 다른 사람들의 정통성 있는 자유의 행사를 간섭하지 못하게 하기 위해서만 정당화된다. 비록 사회가 많은 사회경제적 문제, 많은 갈등과 부정의 그리고 해로운 불평등을 안고있다 해도, 이것은 국가규제라는 수단보다 민간기업과 시민사회가 구성한 자발적인 협력에 의해서 더 적정하게 다뤄진다. 자원의 사용, 소득분배 또는 사회적 지위의 할당(allocation) 등의 실질적인 사회적 결과를 만들기 위해 국가제도를 사용하는 것은 잘못된 것이다. 더욱이 그러함을 목적으로 한다는 것은, 비합리적이거나 비효율적인 결과를 낳기 십상이다. 그렇기 때문에, 국가제도의 범위를 최소화하는 것은 자유지상주의자의 이상이다.[30]

공동체주의의 논거는 돌봄(caring), 연대성, 시민적 덕성(civic virtue)과 같은 실질적인 가치를 건설적으로 고려한다는 점에서 자유지상주의와 다르다. 공동체주의자들은 자유의 가치를 지지하지만, 자유의 보호는 단지 도덕적·정치적 삶을 견인할 수 있는 여러 원칙들 중 하나이며, 공동체의 가치를 증진시키기 위해서라면 자유의 보호는 무시될 수 있다. 더욱이, 공동체주의의 도덕률(morality)은 상호협력(mutual aid)과 공유된 문화적 상징과 실천이라는 실질적인 목적을 신장시키고 육성함을 목표로 한다. 상호협력, 돌봄 그리고 사회정의라는 목적을 실현하기 위해 국가제도보다 시민사회제도를 선호하는 근거로, 일부 공동체주의자들은 다음을 제시한다. 사회서비스를 공급하고 소득을 재분배하며 경제활동을 규제하는 등의 국가 관료주의적 제도는, 이러한 활동이 보편되고 공식화되어 지역사회의 자율성을 축소하기 때문에, 공동체를 무너뜨리고 왜곡시킨다. 더 나아가, 정부의 규제적, 재분배적, 복지 및 사회서비스 관료제도는 시민을 명령에 수동적인 추종자로 그리고 각종 서비스의 고객으로 전락시킨다. 더욱이, 시민의 안녕을 증진하려는 국가의 노력은 개개인과 공동체가 공동체 구성원들의 안녕에 기여해야 하는 자신의 개인적이고 특정한 책임을 회피할 수 있게 한다. 국가의 조치는 상호협력과 연대라는 시민적 원동력을 파괴한다. 평등이나 자아발전이라는 실질적인 목적을 이루려는 정부의 프로그램은, 사회기여의 측면은 안중에 없이 자신의 이익에 득이 되는 특정한 혜택을 시민들이 연호하고 환호하게 하는, 그리하여 종국에는 과부하가 걸려 국가를 약화시키는 '수급자격(entitlement)'이라는 도덕적 해이를 야기한다. 좋은 시민은 타인에게 의존하기보다 독립적이고 자율적임과 동시에, 타인의 안녕 및 공동체 제도와 가치의 안녕을 증진하는데 함께하겠다는 의지를 천명한다. 따라서 시민들의 좋은 삶을 증진하기 위해 관료주의적인 국가제도를 새로 만들고 유지하기보다, 공공정책은 타인에 대한 의무감과 연대와 상호협력으로 시민적 제도를 조직하는 기량을 시민들에게 함양할 수 있는 시민교육을 뒷받침하는데 매진해야 한다.[31]

자본주의 경제과정에 변함없이 비판적이고 급진적 민주주의를 강변하는, 그러나 역사적 마르크스주의(historic Marxism)의 어떤 측면을 비판하는 사회주의 전통에 있는 이론가들과 활동가들을 '포스트 마르르크스주의자(Post-Marxist)'로 부른다. 포스트 마르크스주의자들은 민주주의와 사회정의를 추구하고 또한 국가와 거리를 두는 경기장으로서 시민사회를 신뢰하는 몇 가지 이유를 밝힌다.

대부분의 사회주의자들은 생산수단을 통제하기 위해, 또한 필요를 충족하고 역량을 발전시키고자 생산수단을 지휘감독하기 위해, 국가 제도를 사용하는 것으로 그들의 정치프로젝트를 전통적으로 이해했다. 일부 포스트 마르크스주의자들은 이러한 국가사회주의(state socialism) 프로젝트에 문제를 제기하는데, 왜냐하면 이 프로젝트는 국가가 사회의 일부분으로 이해되어야 한다면, 국가가 전체 사회의 작동을 지휘감독하는 사회 밖의 유일 행위자일 수 있다고 상정하기 때문이다. 더욱이 이 프로젝트가 민주적 이상을 담지한다 해도, 국가사회주의는 시민사회라는 생활세계가 강압적인 규제로부터 그것의 자유와 자율을 유지하도록 도와주는, 국가와 시장경제 간의 구분을 허물어버린다.[32] 급진적인 반자본주의적(anti-capitalist) 정의를 추구한다는 것은, 재화의 모든 생산과 분배를 민주국가의 지휘아래 두는 것으로 보는 것보다 국가, 기업경제, 시민사회를 민주화하는 프로젝트의 일종으로 보는 것이 더 적절하다.

대부분의 포스트 마르크스주의자들은 기존의 사회보험과 복지프로그램을 지지하지만, 그들은 자본주의적 복지국가에도 비판적 문제제기를 한다. 자본주의라는 맥락에서 간섭주의적이고 재분배적인 정책은 해외경쟁에서 비교적 차단되며 고도성장을 한다는 조건 하에서 유지될 수 있을 뿐이다. 이러한 조건이 아니라면, 비대한 복지국가를 지탱하는 재정적·운영적 긴장이 확연히 드러나게 되고, 국가는 경제적 규제와 복지부조에서 후퇴하게 된다.[33] 더욱이, 국가의 관료주의적 합리성 아래 필요를 충족하고 사회서비스를 제공하는 활동은, 부조없이 지낼 수 없거나 결정에 따를 수밖에 없는 탄원인들을 정상화하고 지배하고 때론 진정시키는 규제적 레짐으로 이러한 활동을 대체하기 때문에, 가족과 공동체의 민주적 소통의 잠재력을 와해한다.[34]

마지막으로, 전통적인 마르크스주의자들과 마찬가지로, 일부 포스트 마르크스주의자들은 자본주의 사회에서 국가는 대부분 자본축적의 명제에 부응할 뿐, 모든 사회영역을 중립적으로 대표하지 못한다고 주장한다. 거대 경제행위자들의 이익에 상충되는 방식으로 투자와 서비스공급을 통제하려드는 국가는 자본유출과 투자철수를 감당해야 한다. 따라서 국가가 경제적 파워에 의해 지배된다면, 환경주의자들이나 경제적 평등주의자들의 사회변화운동은, 국가의 테두리 안에서 뭔가를 하려한다면 경제의 파워에 동조하게 된다. 그렇기 때문에, 사회정의를 향한 운동은 자신의 활동을 시민사회 밖에 있는 국가와 경제에 압력을 가하며 또한 독립된 영역에서의 민주적 결사와 경제적 협동조합의 활동을 확충하는 것으로 자신의 활동을 제한해야 한다.[35]

이런 주장은 저마다 자기결정에 주요한 가치를 둔다. 자유지상주의자의 입장은 인격체(persons)와 기업(enterpries)의 부재적* 자유(negative liberty)로 정의되는 개인의 자기결정에 무엇보다 중요한 가치를 부여한다. 공동체주의자들과 네오마르크스주의자들(neo-Marxists)은 얼마나 거대 조직의 파워가 개인의 자기결정을 자주 심각하게 가로막는지, 그리고 어떻게 현대 사회생활의 상호의존성이 자기결정의 의미를 어떻게 탈바꿈시키는지에 대해 자유지상주의자들은 인식하지 못한다고 지적한다. 왜냐하면 개인의 안녕은 다른 사람들과의 소통적이고 결사적인 관계에 따라 달라지기 때문에, 또한 사회경제적 과정이 집합적 문제

* 간섭이 없어야 한다는 의미.

를 발생시키기 때문에, 개인은 공동체 사안을 다루는 민주적 결정에 있어 주된 참여자로서 자신 행위의 조건을 결정할 수 있다. 내 시각에서 보면, 세 주장 모두 사회정의가 자기결정뿐만 아니라 자아발전도 필연적으로 포함한다는 점을 잊어버리는 경향이 있다.

1장에서 내가 그 아이디어를 논의한 바, 자아발전은 능동적으로 세상에 관여하고 성장하는 상태를 의미한다. 정의로운 사회제도는 모든 사람들이 사회적으로 인정받은 무대에서 만족스럽고 발전성 있는 기량을 익히고 활용할 수 있는 조건을 제공하며, 또한 모든 사람들이 다른 사람들과 즐기고 소통하거나, 다른 사람들이 청문할 수 있는 맥락에서 사회생활에 대해 자신의 느낌과 퍼스펙티브를 표출할 수 있게 한다. 이러한 의미에서의 자아발전은 식(食), 주(住), 의료 등 사람들의 기본적인 필요를 충족시키는 것을 수반한다. 또한 자아발전은 교육과 훈련을 위한 자원의 사용을 수반한다. 자아발전은 단순히 물질적인 재화의 분배에 따라 좌우되지 않는다. 만족스러운 기량(skills)을 사용하고 특정한 문화적 표현양식(modes of expression)과 인정받는(recognized) 삶의 방식을 가짐은 노동분업의 조직화 및 소통과 협력의 구조에 또한 달려있다. 그렇기 때문에, 자아발전은 자원의 분배로 환원될 수 없는 반면, 시장시향적이고 이익지향적인 경제과정은 역량을 발전시키고 발휘할 수 있는 많은 사람들의 능력을 특히 침범한다. 따라서 자아발전으로서 정의의 추구는 시민사회만의 소통적이고 조직화된 활동에만 맡겨질 수 있는 것이 아니라, 경제활동을 규제하고 지휘감독하기 위해서 건설적인 국가의 개입을 필요로 한다.

이러한 주장을 펼치기에 앞서, 나는 국가사회주의의 전체주의적(totalizing) 경향을 꼬집어온 포스트 마르크스주의적 비판에 동의하는 나의 입장을 명확히 하고자 한다. 국가의 파워는 자유와 자기결정을 위협하며, 한편으로 시장과 독립적인 경제기업에 의해, 다른 한편으로 시민적 결사와 정치적 결사체 간의 탄탄한 독립된 네트워크에 의해 제한되어야 한다. 하지만 합의를 집행하고 다툼을 중재하며 사적 자유를 보호하는 것으로 국가제도를 국한하는 것은 너무나 많은 범위를 경제적인 억압에 방치하는 것이다. 사회정의는 국가, 경제, 시민사회 간의 상호적인 한도설정을 필요로 한다.

이익지향 및 시장지향의 경제과정은 대부분의 사회에서, 적어도 다음의 이유로 역량을 개발하고 발휘할 수 있는 많은 사람들의 능력을 저해한다. 노동비용을 줄이고자 하는 기술적·조직적 변화와 더불어 경기순환은 주기적으로 사람들을 일자리에서 밀려나게 한다. 상품시장은 소규모 농부나 수공인보다 대단위 제조사를 점점 더 선호한다. 그렇기 때문에, 상당수의 사람들이 의미를 찾을 수 있는 일자리와 생계수단 없이 경제적으로 주변화 된다. 많은 실업자들은 생존을 걱정해야 하기에 본인의 공동체에 자발적으로 기여할 시간과 에너지가 거의 없으며, 일자리가 있는 사람들이라도 대개는 그럴 시간이 역부족이다. 현재 일을 하고 있는 사람들 중 많은 이들은 경제적 불안감이란 칼날 위에 살고 있다. 만약 해당 사회가 회복할 수 있는 원동력이 없다면, 이러한 상황은 치유할 수 있는 부정의로 간주되지 않을 것이다. 하지만 국가적으로 그리고 지구적으로, 구조적 변화가 보다 많은 사람들에게 역량을 개발하고 발휘하도록 가능하게 하는 부, 편함(comfort), 우대됨에 대한 엄청난 불평등이 존재한다. 상품의 단위당 비용을 최소화하기 위해 생산이나 서비스 전달을 합리화하게 되면서, 상당한 집중력을 필요로 할 때조차도 그 작업의 실력을 충족하는 기술을 배우거나 사용하지 않아도 될 정도로, 작업과정은 철저하게 초미세분화되고 있다. 시장주도의 투자와 가격결정은 모두에게 안정적인 주거, 보건의료, 양질의 교육과 훈련의 공급실패를 초래함과 동시에, 새로운 첨단기기와 저렴한 흥행거리의 확산을 부추긴다. 시장은 오염, 교통체증, 엄청난 장거리통행, 도시와 근교의 파괴 그리고 집합적인 삶의 질에 대한 기타 피해와 같은 구체적으로 책임있는 당사자들에게 책임지우기 힘든 '외부효과(externalities)'라 불리는 많은 유해하거나 사회적으로 비용이 많이 드는 결과와 파장을 낳는다.

사회정의의 진흥이란 각 사회가 가능한 만큼 각인의 자아발전을 위해 저마다 모두에게 이용가능한 조건을 만들어야 함을 의미한다면, 이익지향 및 시장지향의 경제과정의 고질병적인 파장은 마땅히 교정되어야 한다. 가장 직접적이고 합리적인 대응책은, 한편으로 필요를 충족하는, 교육과 훈련을 공급하는, 그리고 공원, 깨끗하고 밝은 시가지, 기타 다른 공적 공간 같은 양질의 사회기반시설을 만들고 유지하는 사회적으로 지휘감독되는 투자를 수반한다. 다른 한편으로, 이는 사회의 필수적이고 유익하며 창조적인 성과를 조직화함을 수반하는데, 그 결과 사회적 기여를 할 수 있는 각자는 그렇게 할 수 있는 기회를 갖게 된다.

시민사회의 결사들은 역량이 개발되고 발휘되지 못하게 하는 기업과 시장의 실패에 확실히 대처할 수 있다. 하지만 시민사회만으로는 필요를 충족하고 기량을 발전시키고 유익하게 그 구성원들을 고용하도록, 투자의 제작방향을 지휘감독 할 수는 없다. 잠재력 있는 모든 사람들이 의미 있는 일을 하도록 자아발전과 사회의 조직화를 뒷받침할 수 있는 필요, 사회기반시설, 교육과 훈련에 대한 투자를 확실히 보장한다는 것은, 사회전반의 의사결정과 조정적인 조치를 요구하는 것이다. 그러나 정확히 보면, 자발적 결사, 탈중앙집중화, 새롭고 이례적인 것을 시작할 수 있는 자유 같은 시민사회의 이러한 장점은 그러한 조정력을 반감시킨다. 실제로, 시민사회의 활동은 불평등, 주변화, 역량의 개발을 가로막는 문제를 악화시키기도 한다. 왜냐하면 훨씬 더 큰 물적· 조직적 자원을 구비한 사람들과 집단들의 입장에서 보면, 자신들의 결사적 활동을 통해 스스로의 사회적 우대됨을 지키거나 확대하기 쉽기 때문이다. 특히 이들의 결사적 생활이 시민적인 지향과 달리 사적인 만큼, 그들의 결사적 활동은 역량을 개발시킬 수 있는 기회의 불평등을 두둔하고 강화시킨다. 더욱이 시민사회의 결사는 모두의 자아발전을 위한 조건을 뒷받침해 줄 수 있는 필수 수준의 자원을 동원할 수 없다.

국가제도는 원칙상 모두의 자아발전을 위해 경제생활을 규제하고 그 제작방향을 지휘감독하는 가장 중요한 수단이다. 오직 국가제도만이 대기업의 파워를 제한하고, 집합적인 안녕을 위해 그러한 사적 파워의 사용을 신장시킬 수 있는 파워를 갖는다. 제대로 조직된 국가는 개인과 집단 간의 사회적 조정을 촉진함으로써 범사회적 규모의 집합적인 목표에 도달한다. 이러한 조정을 조율하기 위해, 국가는 중앙집중화되고 규제적이어야 한다. 즉, 국가는 유용한 정보를 모으고, 이행과 준수를 모니터하며, 준수하지 않을 경우 강제력을 사용한다. 모든 사람들을 위한 필요, 기량개발, 사회기반시설, 깨끗한 환경 등에 필요한 투자를 보장하기 위해, 그리고 자영업자가 아니거나 사기업에서 일하는 사람들이 의미 있는 일을 할 수 있는 많은 선택지를 가지도록 많은 유익한 직무를 조직하기 위해, 국가제도만이 한 사회에서 필요한 조정을 촉진시킬 수 있다. 민주적 정통성이 있는 국가는 필요악이 아니다. 잠재적으로 그리고 때론 실제로, 국가는 여타 사회과정이 하지 못하는 방식으로 사회정의를 뒷받침하는 유일무이하고 중요한 장점을 갖는다.[36]

시민들은 마땅히 자기결정뿐만 아니라 자아발전으로서의 정의를 북돋워야하며 국가제도는 그렇게할 수 있는 가장 중요한 수단이라는 주장은, 어느정도까지 그래야 하는지에 대한 많은 문제를 제기한다.

합당한 사람들은 어떤 가치와 우선순위가 사회정의라는 우산아래 놓여야 하는지에 있어 이견을 갖는다. 또한 그들은 시민들의 안녕을 증진하기 위해 어떤 정책이 가장 효율적이고 실효성 있는지, 그리고 어떤 정책이 다른 가치와 가장 적은 절충점을 요구하는지에 대해 생각이 일치하지 않는다. 이 같은 모든 논쟁을 다루는 것은 여기서 내가 할 수 있는 것 이상을 훨씬 넘는다. 내 주장의 요점은 빈곤, 칸막이화 또는 경제지배의 문제에 대한 특정한 정책해법을 지지하는 것이 아니다. 오히려, 부패와 파워의 남용에 저항하기 위해서 뿐만 아니라 더 큰 정의를 진흥할 수 있는 사회변화를 촉진할 수 있는 조치를 강구하기 위해서, 민주시민들은 이 같은 문제에 대처할 수 있도록 법과 공공정책의 개선방안을 생각해야 하며, 민주적 경합의 무대로 국가행위와 국가제도를 고려해야 한다는 것이 내 주장의 요체이다.

물론, 자유지상주의자들은 특정한 사회적 결과와 파급력을 증진하기 위해 국가를 활용하는 것은 개인, 조직 그리고 기업의 자유를 부당하게 간섭하는 것이라고 이에 반대한다. 나는 사회정의는 모든 사람들이 저마다의 역량을 개발하고 그 나래를 펼칠 수 있는 평등한 기회를 갖는 것이어야 한다고 지금껏 생각하고 있다. 나는 이러한 기회는 사기업과 시민사회의 작동으로는 결고 담보될 수 없으며, 니이가 이익지향 및 시장지향의 경제활동은 많은 사람들의 역량을 가로막는데 일익을 담당한다고 주장해왔다. 로버트 구딘(Robert Goodin)이 주장한 바와 같이, 각인이 본인의 일에 간섭받지 않고 매진할 수 있도록 해야 한다는 자유지상주의자의 주장은 어떤 도덕적 의무(moral obligation)를 담임하는 것이 특정한 누구의 소임이 아닌 곳에서는 적용되지 않는다.[37] 이 같은 환경에서, 국가는 해당 집합체가 그 의무를 다 하도록 할 수 있는 수단이며, 또한 민주국가에서는 이러한 도덕적 우선사항에 모두가 이

바지하도록 강제하는 것이 허용된다.

공동체주의자와 포스트 마르크스주의자 두 진영 모두에서 종속-지배에 대한 반대가 나올 수 있다. 만약 국가가 모두가 역량을 발전시키고 펼칠 수 있게 보장하는 방식으로 투자와 노동분업을 조정한다면, 국가는 시민들을 국가행위에 종속하게 하는 대가로, 그리고 시민들을 관료주의적 법규범에 복종하게 하는 대가로 그렇게 하는 것이다. 국가행위를 통한 사회전반에 대한 조정은 과열을 진정케하고 지배하는 효과를 내는 형식적인 규제와 관료주의를 유발한다. 이러한 위험에 적정하게 대응하는 것은, 통치에 의해 가장 잘 성취될 수 있는 목표를 달성하기 위한 국가행위를 거부하는 것이 아니라, 국가행위를 시민사회의 유연성 및 비판적 소명책임과 결합시키는 것이다. 다음 절에서 나는 이 같은 결합에 대한 몇 가지 제안을 하고자 한다.

사회정의의 추구를 시민사회의 활동으로 제한해야 한다는 취지의 포스트 마르크스주의 일각에서 내가 제안하는 나라다운 나라(virtuous state)라는 국가 이미지를 가장 직접적으로 반대할 것 같다. 국가는 시민들이 특정한 목적을 지향하기 위해 자신의 집합적인 삶을 조정하여 이용할 수 있는 중립적인 도구라고 내가 전제하지 않다는 말인가? 자아발전과 안녕을 보장하기 위해 마땅히 규제되어야 한다고 내가 주장하는 바로 그 경제적 파워가 그들만의 이익을 위해 국가를 조종하는 것이 오히려 더 사실이 아닌가? 이러한 주장에도 상당한 일리는 있다. 특히 국가보다 더 거대하고 더 파워풀한 경제적 파워가 자국 시민들의 자아발전을 증진하는 정책을 만드는 대다수 국가의 능력을 훼손하는 글로벌 시대에는 특히 더 그렇다. 다국적기업, 무역협회, IMF와 같은 국제금융제도는 흔히 평범하게 일하는 사람들과 가난한 사람들을 더 열악하게 만드는 식으로 많은 국가의 정책에 영향을 주는 간과할 수 없는 파워를 발휘한다. 이것이 인정되어야 하는 전지구적 현실에 준하는 정도로, 이는 필연적인 것이거나 좋은 것으로 간주되어서는 안 된다.

하지만 이 지점에서 우리는 사회적·체계적 문제를 실감하는 생활세계로서의, 그리고 생활세계를 소통적으로 조직하는 — 저항과 설득에 의해 공적 의견과 국가정책에 영향을 미치는 힘들이 변환되는 — 세계로서의 시민사회의 역할을 되짚어보자. 사파티스타(Zapatistas) 같은 사회운동가들이나 국가관계를 연구하는 학자들 모두 시민들이 국경을 초월하는 경제적 파워에 대응할 수 있는 수단으로서 국제적인 시민사회의 확장된 활동에 호소한다. 국경을 가로질러 조직되는 사람들은 초국적인 경제행위자들의 파워를 폭로할 수 있으며, 민주적인 국제규제와 협력을 발전시키고 강화시킬 수 있다. 사회 내에서 그리고 사회 간 교차하는 모두에서, 각인의 자기결정과 자아발전을 증진하기 위해 시민사회의 결사적 삶을 강화시킨다는 것은 여전히 중추적인 작업으로 남는다. 이 장은 시민사회가 사회적 연대, 사회정체성의 강화, 국가와 경제행위자에 대한 비판 등의 특유의 기능을 어떻게 실행하는지에 대해 논의했다. 이러한 기능을 실행하기 위해서, 공적 행위를 위한 대안적 공간을 공급하기 위해 또한 국가행위를 비판하기 위해, 결사는 국가제도로부터 충분히 독립적이지 않으면 안 된다. 7장은 초국가적인 파워와 상호작용의 맥락에서 민주주의에 관한 이슈에 초점을 맞출 것이다.

5. 결사체 민주주의

이 장에서는 자유롭고 능동적이고 다양한 시민사회는 민주주의의 중심축이라는 주장을 펼쳐왔다. 결사적 활동은 소규모 사회집단과 다수를 가로지르는 공중 모두에서 소통적 상호작용을 촉진한다. 결사적 활동은 배제되거나 주변화된 집단들이 서로를 확인하고, 대항적 공중을 발전시키고, 더 넓은 공중을 향해 본인의 의견과 퍼스펙티브를 표출하도록 함으로써, 민주적 포용을 진작시킨다. 시민적 조직화와 시민적 소통 모두에서 자라난 공적 영역은, 중추적 역할인 반대적 기능에 기여할 뿐만 아니라 정치적 행위를 할 수 있는 지식과 아이디어를 발전시킨다. 시민적 조직화와 공적 토론은 개인들이 집합적으로 자신 삶의 면면이 정치적 토론에서 대표(대변)되는 방식과 무대에 권한을 위임할 수 있게 한다. 동시에, 이러한 조직화와 토론은 대표자에게 소명책임을 물을 수 있는 가장 유효한 방식 중 하나를 제공한다. 시민사회는 국가와 경제가 생활세계를 식민화할 수 있는 능력을 제한하고, 개인별 그리고 집합적인 자기결정을 신장시킨다.

시민사회에 속하는 특정한 성질이 시민사회의 자기결정적, 반대적, 소통적, 창조적 측면을 가능하게 한다. 시민사회의 가치는 그 활동이 자발적이고, 다양하며, 복수적이고, 흔히 삶의 터전을 기반으로 하고, 비교적 서로 조정하지 않는다는 사실에 정확히 놓여있다. 시민적 결사는 민주주의를 두텁게 하며 자아발전을 증진하는데, 왜냐하면 이들은 국가와 경제로부터 또한 이들 서로 간에 상대적으로 자율적이며, 잠재적으로 그리고 흔히 실제적으로 그 구성원들의 참여적 민주거버넌스(democratic governance)에 종속되기 때문이다.

하지만, 또한 나는 시민적 활동이 20세기 민주주의에서도 국가제도가 적어도 어느 정도 시행했던 중추기능을 대체할 수 없다고 주장했다. 국가제도는 권리의 프레임을 제공하고 시민적이고 경제적인 활동을 뒷받침하기 위해 권리를 강행해온 것에 지나지 않는다. 반면 사회정의를 증진한다는 것은 자기결정뿐만 아니라 자아발전에 유념할 것을 요구하는 것이다. 많은 사람들을 그대로 방치하면서, 자본주의 시장활동의 조직과 결과 모두는 이들의 자아발달에 지장을 초래한다. 권한을 위임받은 국가규제는 경제적 파워의 유해한 효력을 제한할 수 있다. 국가에 의한 경제와 사회기반의 시설확충, 재분배정책 그리고 재화와 서비스의 직접지원은 물적 부족을 최소화하고 사회 모든 구성원들의 안녕을 부양할 수 있다.

국가제도는 경제적 파워를 제한하고 일반적인 안녕을 진흥하는 수단일 수 있지만, 그것은 국가제도가 폭넓고 복잡한 사회지대(social field)를 가로지르는 행위를 강제력으로 뒷받침되는 권한위임받은 법규칙에 의해 조정될 수 있기 때문이자 조정될 수 있는 정도에 한해서이다. 즉, 국가제도의 장점은 시민적 활동의 장점과 대략 정반대이다. 이는 중앙집중화(centralized), 공식적인 법규칙과 절차, 관료적 층위 그리고 검사체계(systems of review)를 갖추고 있다. 국가제도가 강력한 경우, 위협이나 아니면 공여(供與)에 의해 그 행위의 동력되는 상당한 파워를 가지며, 그 결과 국제제도의 집합적인 효력은 구성원들이 위임한 권위로 결정된 결과를 성취하게 된다.

정의를 증진하는 민주사회와 민주정치라면 생산, 분배, 서비스제공, 자원개발, 재원조달 등의 경제적 활동이 필요하다. 경제목표는 정의를 증진하기 위해, 시민사회와 국가제도의 활동과의 균형을 필요로 한다. 이론적으로, 시민사회와 국가제도는 모두 제한받지 않고 자기본위적인 경제적 활동의 잠재적으로 유해한 파장을 제한하고, 또한 각각의 잠재적으로 과도한 부분을 서로 교정한다는 점에서 보완적인 기능을 수행한다. 하지만 실천적으로, 사회적이고 정치적인 삶이란 이러한 두 가지 측면들이 서로를 밀어내는 길항적 경향이 있다고 주장할 수 있다. 국가제도가 갖는 권한위임받은 파워는 공적 영역에서 표출되는 시민적 활동과 아이디어의 창의성을 억누를 수 있으며 실제로 때때로 그렇기도 하다. 중앙집중화된 그리고 공식적으로 규제되는 국가에 의해 조정되는 프로그램의 규제적 성격은 때론 서비스나 분배적 편향성을 집행하거나, 시민들을 수동적이고 의존적으로 만들거나, 혁신적 시도를 좌절시키거나, 자원을 낭비하거나, 개인적·집단적·지역적 차이들을 감안하지 못하기도 한다. 반면, 무정부적이고 특수적인 시민사회의 충동은 때론 복수의 조직들이 타인에 대해 무지하거나 아니면 타인과의 직접적인 경쟁 속에서 자신의 목적을 추구함을 의미한다. 폭넓은 사회적 신뢰의 증진과는 별개로, 복수의 다양한 시민적 활동은 불평등, 배제 그리고 전체적으로 조정되지 않은 활동을 양산할 수 있다. 지나치게 많은 시민적 자발주의와 대항적인 조직화는 조정되는 건설적인 국가행위의 가능성을 잠식할 수 있다. 국가가 독재적일 때, 지나친 조직화는 아마도 민주주의가 요구하는 바로 그것일 수 있다. 하지만 국가가 형식상 민주적이며 자유주의적이라면, 이러한 파편화(fragmentation)와 불능화(incapacity)는 더 불리한 시민들이 삶을 개선하기 위해 자신과 그들의 우군(友軍)이 사용할 수 있는 수단을 박탈하는 것이다.

따라서 민주제도는 딜레마에 직면한다. 한편으로, 국가와 시민사회는 둘 다 정의를 시행하고자 하는 민주적 과정의 필수요소이다. 다른 한편으로, 국가와 시민사회의 속성과 행위는 서로를 잠식하는 것처럼 보인다. 일부 이론가들과 활동가들은 국가제도와 시민적 제도를 보다 긴밀히 관련시킴으로써 이러한 딜레마에서 벗어나는 방법을 제안한다. 나는 일각에서 소위 **결사체 민주주의**(associative democracy)로 부르는 제안을 간략하게 검토하려 한다. 결사체 민주주의의 일반적인 아이디어는 많은 잠재적인 장점을 가지며, 민주적 과정은 결사체 민주주의에 부합하는 제도를 갖춤으로써 많은 혜택을 얻을 수 있다. 하지만 결사체 민주주의의 이러한 전망에도 불구하고, 나는 결사체 민주주의가 국가제도와 시민적 제도 간의 긴장을 해소할 수 없다고 결론내리고자 한다.

나는 결사체 민주주의의 두 이론, 폴 허스트(Paul Hirst)가 제안한 이론과 조슈아 코헨(Joshua Cohen)과 조엘 로저스(Joel Rogers)가 제안한 또 다른 이론을 중심으로 분석하고자 한다. 이 두 이론은 많은 측면에서 비슷하지만, 독립적으로 볼 수 있을 정도로 차이가 있다. 두 이론 모두 국가제도와 시민사회 간의 밝혀진 긴장을 해소하는 것 이상으로 그것을 노정시킨다. 각 이론은 그 안에 암시된 긴장을 포함하고 있지만, 이러한 긴장은 이 둘을 함께 이해할 때 보다 확연히 보인다. 각 이론은 두 형식의 제도에서 균형을 찾고 연결시킴으로써, 개별 제도가 서로를 잠식할 수 있는 방식을 극복하고자 한다. 하지만, 사실상 각 이론은 한 쪽이 상대를 지배할 수 있도록 빗장을 열어줌으로써 긴장을 해소하려는 경향이 있다. 허스트의 이론은 시민적 결사의 분권적(decentralized), 자발적, 현장적(local) 장점에 훨씬 더 많은 무게를 두고 있지만, 코헨과 로저스는 국가제도의 중앙집중적(centralizing), 조정적(co-ordinating), 강행적(enforcing) 기능에 비중을 더 두고 있다.

허스트는 결사체 민주주의를 경제적 생산, 분배, 서비스공급을 조직하는 제도적으로 다른 방식으로 간주한다. 따라서 국가와 시장경제는 이러한 대안적 제도와 함께 남아 있지만, 국가제도나 영리추구 사기업이 현재 담당하고 있는 기능과 활동 중 많은 부분은 자발적인 결사체들이 복무하고 대표하는 사람들에 의해 통치되며 또한 소명책임되는 자발적인 결사들에 의해 점점 더 대체될 것이라 허스트는 구상한다. 허스트의 비전을 내가 이해하는 바에 따르면, 보건의료, 쓰레기수거 또는 우편서비스 같은 서비스는 자발적인 민주적 결사들을 통해 관리될 것이라는 것이다. 또한 그는 상대적으로 작고 민주적으로 운영되는 결사적 사업단이 재화를 생산하고 분배하는 데 있어 지금보다 큰 역할을 할 것으로 보고 있다.

허스트의 이론에 따르면, 결사체 민주주의가 복무하는 주요한 가치는 자기거버넌스(self-governance)이다. 이 이상은 영향을 받는 사람들이 집합적인 통제를 하는 사회활동의 범위를, 민주적 결사의 성원자격을 매개로 확충하는 것이다. 대부분 이러한 결사는 지역적이며 기능적으로 차별화된다. 시민들은 민주적 결사에 자발적으로 관계된다. 시민들 스스로는 필요하거나 원하는 서비스를 제공하기 원하는 결사가 어떤 결사인지, 어떤 결사로부터 재화를 구매하게 될지, 어떤 결사가 광역적, 전국적 혹은 전지구적 정치적 토론에서 자신들을 대표할지 결정한다.

허스트에게 국가규제적이고 복지관료적인 권한위임된 기능은, 최대한 많이 소명책임을 물을 수 있는 지역민들에게 복무할뿐 만 아니라 정책집행 단계에서 유연해 질 수 있는 관계에 있는 결사로 이양되어야 한다. 허스트는 하나의 큰 영토에서 복수의 기능을 통제하는 포괄적이고 집중화된 권한위임 형식의 국가주권이라는 제도에 의문을 제기한다. 그는 권한위임은 그 목적을 달성함에 있어 기능적으로 차별화되어야 하며, 실현가능한 정도에서 실행현장으로 이양되어야 한다고 주장한다. 허스트는 세부적인 설명없이, 연방주의의 원칙은 결사와 그 기능 그리고 지역이 서로 조정되는 관계에 두어야 한다고 제안한다. 6장과 7장은 지역거버넌스(local governance)와 연방주의(federalism)의 쟁점에 대해 보다 자세히 살펴볼 것이다.

권한위임받은 많은 기능이 이양되었음에도 불구하고, 허스트의 논의에 따르면, 국가제도가 담당해야 할 많은 중요한 기능은 여전하다. 중앙집중적, 조정적 그리고 권한위임받은 강제적인 국가는 결사에게 재원을 지원하는 가장 중요한 기제이다. 허스트는 결사는 세금으로 지불되는 바우처시스템을 통해 재원지원을 받아야 한다는 필립 슈미터(Philippe Schmitter)의 제안을 따른다. 이 같은 체계에서 시민들은 일정 부분의 세금을 각자가 선택한 결사를 지원토록 지정할 수 있는 권리를 갖는다. 아마도 국가는 시민 각자가 이름을 올릴 수 있는 결사의 수를 제한하려 할 것이며, 해당 리스트에 올라가기 위해 결사가 맞춰야 하는 기준을 구체적으로 특정할 것이다. 슈미터와 허스트는 모두 상대적으로 불리하거나 혹은 소수자 집단에게 재원이 마련되는 방안을 확실히 보장할 수 있을 뿐만 아니라 결사적 삶에 대한 시민의 영향력을 키울 수 있는 방법으로서 자발적인 재원조달 체계를 제안하고 있다.

허스트의 모델에서 국가제도의 다른 중요한 기능은, 생산품과 서비스의 설정, 결사 간의 평화보장, 권리의 강제집행, 결사적 활동을 위한 공동 규제의 기본틀 제정과 시행, 결사의 예산집행의 검토, 법규준수의 단속 등을 포함한다. 따라서 허스트는 국가제도는 결사적 활동을 가능케하는 것이자 개인과 결사 간의 관계 그리고 결사 간의 관계를 위한 규제적이고 법적인 기본틀을 설정하는 것으로 구상하고 있다. 하지만, 이상적으로 대부분의 서비스와 많은 재화는 민주적으로 운영되는 구성원들만의 결사에 의해 제공된다. 그렇기에, 허스트는 지역주의(localism)와 자발적인 성원자격이라는 시민적 원칙을 강조한다. 이러한 논지에서 보면, 국가는 결사들을 수발하는 하수인 같은 것이다.[38]

반면, 코헨과 로저스에게 결사체 민주주의의 주요한 목적은 평등과 효율을 증진하는 것으로 보인다. 내가 이해한 이들의 제안에 따르면, 결사체 민주주의의 제도는 그것에 의해 국가제도가 부유한 사람들이 갖게 되는 불공정한 정치적 우대됨을 보상하고 복지 및 규제정책을 가장 효율적으로 집행할 수 있게 하는 수단이다.

코헨과 로저스는 결사체 민주주의를 억눌리고 불리한 집단들을 위한, 내가 4장에서 주장한 원칙인, 특별대표제를 집행할 수 있는 수단으로 구상한다. 결사체 민주제도를 위한 법규칙과 규제안은 다양한 저대표된 집단들 — 가난한 사람들, 소수자들 또는 이익과 사회적 퍼스펙티브가 공적 토론에서 정통성 있는 기여를 하지만 집단 간의 자유로운 경쟁이라는 상호작용에서는 영향력을 잃고 자원이 없게 된 집단들 — 의 소재를 파악하거나 이들이 조직화될 수 있도록 일조할 수 있다. 코헨과 로저스의 모델에서, 결사에 대한 재원마련은 허스트의 모델과 아주 다르다. 코헨과 로저스에게 공공정책에 대한 불평등한 영향력을 보상하는 목적으로 국가가 직접 결사의 결성이나 유지를 지원하는 것으로 보인다.

코헨과 로저스는 국가제도에 연결된 결사의 역할을 허스트가 주장한 것 보다 협소하게 구상하고 있는 것 같다. 이들의 주요한 목적은 기본적인 경제·규제·복지정책을 수립하며, 특히 이들의 정책집행을 완수하는 것이다. 코헨과 로저스는 파편적이고 분열적인 시장과 시민사회의 성질을 우려한다. 이들은 결사가 대변하는 집단을 포괄하는, 중압집중된 제도 통해서 행위를 조정하는, 그리고 그 구성원을 효력있게 규율할 수 있는, 결사를 부양함으로써 이 같은 아무 쓸모없는 무정부를 치료하자고 제안한다. 경제계획과 규제를 고심하고 집행하기 위해 국가와 다른 결사들과 함께 작용하는 코헨과 로저스가 구상하는 결사는 다시 말하면, 결사의 중요한 활동 중 상당수에서 국가와 같은 기능을 담당하는 것이다.[39]

이 같은 결사체 민주주의모델은 많은 문제를 제기한다. 정확히 어떤 종류의 기능과 결정이 자발적인 결사에게 적합하고, 어떤 것은 그렇지 않은가? 우리는 결사체 민주주의를 사회의 모든 조직 중 하나의 형식으로 생각해야 하는가? 아니면 많은 정책수단 중 하나로 생각해야 하는가? 만약 국가가 결사를 조직하고 재정보조하기로 결정한다면, 어떤 절차와 기준이 착수되어야 하는가? 결사체 민주주의는 이 같은 각각의 문제에 있어 어김없이 제기되는 많은 갈등과 견해 차이를 어떻게 다루는가?

비록 결사체 민주주의에 대한 이 같은 논리 간에 편차가 있겠지만, 그럼에도 이들 논의를 간과한다면 오산일 것이다. 내가 주장한 바와 같이, 국가제도를 정의와 안녕을 증진하는 수단으로 보지 않으려는 최근의 반감은 잘못된 것이다. 왕성한 국가제도는 권리를 정의하고 강제 집행할뿐만 아니라 범사회적 규모의 계획을 집행하고, 사적 제도의 지배적인 파워를 제한하며, 보편적으로 가용되는 서비스를 제공함에 있어 필수적인, 국가만이 가능한 규제적이고 조정적인 역량을 갖는다. 하지만 이러한 것들을 달성하는 데 국가제도가 필요로 하는 파워, 그리고 관료주의적 복잡성이 비대해지려는 국가의 경향성은, 국가제도가 그 파워를 남용하고 제도가 복무하기로 한 시민들의 관심에 무응답적이기 쉽다는 것을 의미한다. 정치적 신중함은 심지어 우리가 국가제도의 중요성을 인정한다 해도, 이에 대한 불신을 예상한다.

따라서 의사결정, 대표성, 검토라는 형식적인 과정에서 시민적 제도를 국가제도에 보다 직결시키는 선제적인 아이디어가, 어떻게 튼튼한 국가가 민주주의, 정의, 안녕이라는 목적을 증진함에 있어 더 잘 사용될 수 있는지를 개념화하는데 도움이 된다. 세계 곳곳에서 이와 관련된 다양한 실험들이 진행되었다. 예를 들어, 정부공직자들은 위험시설 부지와 관련된 결정을 지역사회에 부과하는 것이 점점 더 어렵다는 점을 확인하고 있으며, 따라서 이러한 이유로 형식적으로 시민조직을 반드시 포함하는 심의와 협의과정을 점점 더 많이 제도화하고 있다.[40] 그 외 지역에서는 권한을 위임받은 시민패널이 경찰과 같은 국가제도의 정책과 조치를 검토하는 움직임이 미국과 그 외 다른 곳에서도 늘고 있다. 일각에선 일부 유럽 국가들에서 전형적으로 볼 수 있는 조합주의(corporatism) 형식이 민주적이고 대의적이라기 어려울 정도로 지나치게 엘리트주의적이고 배타적이라고 지적되고 있지만, 일부 정체들은 국가수준의 의사결정 기구에서 사회의 여러 부문을 다양하게 대표하는 새로운 형식을 실험해오고 있다. 예를 들어, 남아프리카에서 전국 규모의 사업계, 노동계 그리고 시민적 비영리 공동체 조직은 입법의제를 설정하고, 의제를 뒷받침할 수 있는 연구를 준비하며, 공개적으로 정책이슈를 토론하는 공식적인 역할을 한다. 또 다른 예는, 국회와 병행해 정책토론에 영향을 미치기 위해 다양한 시민조직의 대표자들로 구성된 시민포럼(Civic Forum)의 창설을 요구했던, 1998년 4월 있었던 북아일랜드 평화협정(peace agreement for Northern Ireland)이다. 사회적 차이를 가로지르는 민주적 소통을 두텁게 하고 사회정의를 증진하고자 하는 시민들은, 공식적인 국가권위체를 시민사회의 창의성, 다양성, 유연성에 결합하는데 가용할 수 있는 많은 모델을 가지고 있다.

하지만 이러한 제도를 창설한다 해서 사회조직의 두 측면 간의 긴장이 쉽게 줄어들 것 같아 보이지는 않는다. 시민적 결사들이 권한을 위임받은 국가절차에 보다 단단히 묶여있을 때, 국가의 명령으로부터 이들의 독립은 위협받으며, 따라서 국가제도에게 시민에 대한 소명책임을 물을 수 있는 이들의 능력도 위협받는다. 정책수립, 집행 또는 평가의 목적을 위해 국가와 시민사회를 연결시킬 절차를 만들 때마다, 이러한 절차는 시민들을 규율하거나 시민들을 그러한 과정에서 유리시키는 또 다른 관료적 층위가 될 수 있는 위험성이 있다. 반면 심의와 의사결정의 권위가 다양한 현장들, 결사체적 이익들 그리고 퍼스펙티브들 속에서 흩어져 있으면, 결사는 조정된 조치라는 사회전체를 위한 일반화된 비전을 잃어가기 십상이다. 두터운 민주주의의 시민들은 영원히 현재적인 이 같은 긴장과 책무(liabilities)를 잊지 말아야 하며, 국가, 경제, 시민사회의 행위와 여파를 감시함에 경계를 늦추지 말아야 하고, 각각의 한계와 균형을 다른 영역의 것들로 능동적으로 증진해야 한다.

5장 후주

1 H. Gordon Skilling, *Samizdat and an Independent Society in Central and Eastern Europe*(Oxford: Macmillan, 1989)을 보라. 역시 Andra Bozoki and Milos Sukosd, 'Civil Society and Populism in the Eastern European Democratic Transition', *Praxis International*, 13/3(Oct, 1993), 224-41를 보라. 이삭(Jeffrey Issac)은 그의 글 'The Meanings of 1989', in *Democracy in Dark Times*(Ithaca, NY: Cornell University Press, 1998)에서 시민사회의 이러한 '반정치적 정치(antipolitical politics)'에 대해 논한다.

2 아파르트헤이트 종식을 위한 투쟁에서 시민적 결사의 역할에 대한 논의는 다음을 참조하라. Mzwanele Mayekiso, *Township Politics: Civic Struggles for a New South Africa*(New York: Monthly Review Press, 1996); Steven Friedman, 'An Unlikely Utopia: State and Civil Society in South Africa', *Politikon*, 19/1(Dec. 1991), 5-19.

3 칠레에 대해서는 다음을 살펴보라. Joel M. Jutkowitz, 'Civil Society and Democratic Development in Chile', 미국정치학회발표문, 시카고, 9월, 1995.

4 Michael Walzer, 'The Idea of Civil Society', in Walzer(ed.), *Toward a Global Civil Soceity*(Providence, RI: Berhahan Books, 1995), 7.

5 Nerra Chandhoke, *State and Civil Society*(Berkeley: Sage, 1992); Keith Tester, *Civil Society*(London: Routledge, 1992)를 보라.

6 Jean Cohen and Andrew Arato, *Civil Society and political Theory*(Cambridge, Mass.: MIT Press, 1992); Jurgen Habermas, *Between Facts and Norms* (Cambridge, Mass.: MIT Press, 1996), 7장; Walzer, 'The Idea of Civil Society'; Kai Nielsen, 'Reconceptualizing Civil Society for Now: Some Somewhat Gramscian Turnings', in Michael Walzer(ed.), *Toward a Global Civil Society*(Providence, RI: Berhahan Books, 1995).

7 Jürgen Habermas, *The Theory of Communicative Action*, ii(Boston: Beacon Press, 1984); Cohen and Arato, *Civil Society and Political Theory*.

8 Robert Putnam, *Making Democracy Work: Civic Traditions in Modern Italy* (Princeton: Princeton University Press, 1993).

9 Nancy Rosenblum, Membership and Morals: The Personal Uses of Pluralism in America(Princeton: Princeton University Press, 1998). 로젠블룸(Nancy Rosenblum)은 시민사회는 민주주의로의 기회뿐만 아니라 위험을 노정한다고 주장하며, 이러한 위험을 내가 사적 사회로 지칭하는 아이디어로 미국에서의 다수의 조직과 활동을 분석해서 이러한 위험을 보여준다.

10 Margaret Levi, 'Social and Unsocial Capital: A Review Essay of Robert Putnam's *Making Democracy Work*', *Politics and Society*, 24/1(Mar.1996), 45-55를 보라.

11 Cohen and Arato, *Civil Society and Political Theory*, 523-32. 최근 글에서 코헨(Jean Cohen)은 오늘날 시민사회에 관한 미국의 주류 공적 담론은 공적 영역의 중요한 개념과 실천을 누락하고 있으며, 그렇게 함으로써 공적 영역의 비판적인 힘을 제거하고 있다고 주장한다. Cohen, *American Civil Society Talk*, Working paper No.6(College Park: National Commission on Civic Renewal, University of Maryland, 1997)를 참조하라. 또한 John J. Rodger, 'On the Degeneration of the Public Sphere', *Political Studies*, 32(1985), 203-17를 보라.

12 여기에서 유용한 푸코리안(Foucaultian)의 시각에서 보면, '통치성(governmentality)'의 실천은 국가제도에서 만큼이나 혹은 그 이상으로 일부 시민적 제도에서 작용한다. 국가 내부뿐만 아니라 국가 밖의 통치성에 대한 의미있는 분석으로는 다음을 참조하라. Barbara Cruikshank, *The Will to Empower: Technologies of Citizenship, Social Reform, and Democratic Government*(Ithaca, NY: Cornell University Press, 1999).

13 시민적 참여와 계급, 젠더, 인종과 같은 우대됨와 불리함이라는 사회적 요소 간의 관계에 대한 방대한 연구에서, 베라(Sidney Vera), 졸만(Kay Lehman Scholzman), 브래디(Henry E. Brady)는 사회경제적 불평등은 시민적·정치적 목소리의 상대적 부족함과 상관관계에 있음을 보여준다. 이들은 구조적으로 불평등하게 자리한 집단들이 시민적·정치적 활동에 돈보다 시간으로 기여하는 정도에서 차이가 덜 난다는 것을 보여준다. Vera, Scholzman, Brady, *Voice and Equality: Civic Voluntarism in American Politics* (Cambridge, Mass.: Harvard University Press, 1995), 특히 10장을 참조하라.

14 Amy Gutmann and Dennis Thompson, *Democracy and Disagreement*

(Cambridge, Mass.: Harvard University Press, 1996).

15 예를 들면, 다음을 보라. Simone Chambers, *Reasonable Democracy: Jürgen Habermas and the Politics of Discourse*(Ithaca, NY: Cornell University Press, 1997), 특히 12장과 13장.

16 Habermas, *Between Facts and Norms*, 304-7.

17 새로운 사회운동에 의해 고무되는 시민사회이론은 이러한 공적 소통을 강조한다. 다음을 보라. Cohen and Arato, *Civil Society and Political Theory; Democracy in Capitalist Times*(Oxford: Oxford University Press, 1996). 추가로 Andrew Szaz, 'Progress throught Mischief: The Social Movement Alternative to Secondary Association', in E. O. Wright(ed.), *Associations and Democracy*(London: Verso, 1995)를 참조하라.

18 Habermas, *Between Facts and Norms*, 360.

19 위의 책, 373-4.

20 Nancy Fraser, 'Rethinking the Public Sphere: A Contribution to the Critique of Actually Existing Democracy', in Bruce Robbins(ed.), *The Phantom Public Sphere*(Minneapolis: University of Minnesota Press, 1993), 14.

21 아프리카계 미국인과 여성 각각의 억눌린 공중(subaltern publics)의 작용에 대한 논의는 다음을 참조하라. Michael C. Dawson, 'A Black Counterpublic? Economic Earthquakes, Racial Agenda(s), and Black Politics', *Public Culture*, 7(1994), 195-223; Maria Pia Lara, *Moral Textures: Feminist Narratives in the Public Sphere*(Cambridge: Polity Press, 1998).

22 코헨(Jean Cohen)은 미국에서 정치와 학계의 토론에서 전형적인 시민사회이론은 공적 영역의 기능을 주제화하지 못했다고 비판한다. 공적 영역을 주제화하지 않은 시민사회 개념은 스스로 조직화된 시민에만 의미를 부여할 뿐, 이들과 힘있는 사람 및 제도 간의 비판적 관계에는 가치부여를 하지 않는다. Cohen, *American Civil Society Talk*, Working Paper No. 6(College Park: National Commission on Civic Renewal, University of Maryland, 1997)를 보라.

23 Ian Shapiro, *Democratic Justice*(New Haven: Yale University Press, 1999), 1장; 'Elements in Democratic Justice', *Political Theory*, 24/4(Nov. 1996), 579-619.

24 Alberto Melucci, *Nomads of the Present: Social Movements and Individual Need in Contemporary Society*(London: Radius, 1989).

25 Claus Offe, 'Bindings, Shackles, Brakes: On Self-Limitation Strategies', in *Modernity and the State*(Cambridge, Mass.: MIT Press, 1996)를 보라.

26 Richard Mulgan, *Maori, Pakeha, and Democracy*(Auckland: Oxford University Press, 1989).

27 Franke Wilmer, *The Indigenous Voice in World Politics*(London: Sage, 1993).

28 Joseph P. Shapiro, *No Pity: People with Disabilities Forging a New Civil Rights Movement*(New York: New York Times Books, 1993).

29 Levi, 'Social and Unsocial Capital'과 Rosenblum, *Membership and Morals*를 보라.

30 나는 이 논거를 프리드만(Milton Friedman)의 『자본주의와 자유(Capitalism and Freedom)』(Chicago: University of Chicago Press, 1962)에서 주요하게 가져왔다. 하지만 국가제도가 분배적 패턴을 만들려고 하는 것은 잘못이라는 아이디어에 대해서는, 『아나키에서 유토피아로(Anarchy, State and Utopia)』(Cambridge, Mass.: Harvard University Press, 1974)에서의 노직(Robert Nozick)의 주장을 생각했다.

31 이 주장은 미국현재의 공공정책의 레토릭과 에티지오니(Amitai Etzioni)와 갤스턴(William Galston)의 저작으로부터 끌어내어 내가 재구성한 것이다. Etzioni, *The Spirit of Community*(New York: Crown, 1993)과 William Glaston, *Liberal Purposes*(Cambridge: Cambridge University Press, 1991)을 보라. 하지만 에티지오니와 갤스턴은 내가 여기서 공동체주의적 입장의 속성으로 꼽는 완전한 반국가적 공식화(anti-state formulation)를 지지할 것 같지는 않다. 아프리카계 미국인의 공동체 기반한 자조(self-help) 담론의 특정부류가 이러한 일반적인 공동체주의적 입장에 속한다고 할 수 있을 것 같다.

32 Cohen and Arato, *Civil Society and Political Theory*, 418, 466, 481를 보라.

33 위의 책, 462-8; Claus Offe, *Contradictions of the Welfare State*(Cambridge, Mass.: MIT Press, 1984); Iris Marion Young, *Justice and the Politics of Difference*(Princeton: Princeton University Press, 1990), 2장.

34 이 과정은 하버마스가 '생활세계의 식민화(colonization of the lifeworld)'로 부른 것의 일부이다. 하버마스의 *The Theory of Communicative Action*, ii; 또한 Nancy Fraser, 'Struggle over Needs', in *Unruly Practices*(Minneapolis: University of Minnesota Press, 1989)를 보라.

35 John Dryzek, 'Political Inclusion and the Dynamics of Democratization', *American Political Science Review*, 90/1(Summer 1996), 475–87; *Democracy in Capitalist Times*.

36 Robert Goodin, 'The State as a Moral Agent', in *Utilitarianism as a Public Philosophy*(Cambridge: Cambridge University Press, 1995).

37 Goodin, 'The State as a Moral Agent'.

38 Paul Hirst, *Associative Democracy*(Amherst: University of Massachusetts Press, 1993).

39 Joshua Cohen and Joel Rogers, 'Secondary Associations and Democratic Governance', in Eric Olin Wright(ed.), *Associations and Democracy*(London: Verso, 1995).

40 Christian Hunold and Iris Marion Young, 'Justice, Democracy and Hazardous Siting', *Political Studies*, 46/1(1998), 82–95.

06

거주의 칸막이화와 광역민주주의

1. 거주의 인종적 칸막이화
2. 칸막이화의 부당함
3. 거주의 계급적 칸막이화
4. 통합이라는 이상에 대한 비판
5. 대안적 이상: 차별화된 연대성
6. 지역참여와 광역거버넌스

거주의 칸막이화와 광역민주주의

이 책의 앞 장에서는 사람과 사람 간의 관계적 측면을 기술하기 위해, 그리고 구조상의 위치가 차이 나는 사회적 퍼스펙티브를 발생시킨다는 주장을 뒷받침하기 위해, 사회적 소재지(social location)라는 은유를 사용했다. 구조, 처지(position), 소재지, 지대(field) 그리고 퍼스펙티브라는 공간적 은유는, 이러한 관계들의 다면성(multidimensionality)과 차별화된 우대됨(differentiated privileges)을 환기시킴을 목표로 하였다. 하지만 민주주의와 정의에 대한 파급력을 지닌 소재지로 개념정의되는 사회적 관계들은 단지 은유적이기만 한 것이 아니다. 실제로 공간 그 자체가 중요하다. 그러나 공간화된 사회적 관계들의 규범적 함의를 주제로 삼는 민주주의이론은 거의 없다. 이 장과 다음 장은 이 과제를 다루고자 한다. 이 장은 메트로폴리탄이라는 지역적(local)이고 광역적인(regional) 공간을 다루고, 다음 장은 글로벌한 사회적이고 공간적인 관계를 다룬다.

거주의 칸막이화(residential segregation)를 유발하고 재생산하는 과정은 분명 사회적·경제적·정치적 배제의 모습이다. 이 장은 칸막이화를 배제의 과정으로 정의하고, 칸막이화가 초래하고 악화시키는 해악을 검토할 것이다. 거주의 칸막이화는 경제적 기회, 삶의 질, 행위와 사건에 영향을 미치는 파워 그리고 공공생활시설에 대한 많은 물적 우대됨을 실행하거나 확대한다. 동시에 거주의 칸막이화는 이것이 우대됨이라는 사실을 우대받는 사람들이 보지 못하게 가린다. 민주주의의 이슈에서 가장 문제가 되는 것은, 칸막이화는 칸막이된 집단들 간의 소통을 막는다는 점이다.

칸막이화에 대한 나의 논의는 미국에서 거주의 인종적 칸막이화에 우선 초점을 맞춘다. 하지만 칸막이화의 유해성은 인종적 칸막이화에 국한되지 않으며 또한 미국만이 겪고 있는 것도 아니다. 따라서 나는 인종에 기반한 칸막이화뿐만 아니라 계급에 기반한 칸막이화의 이슈에 대해 논의할 것이다. 나아가, 나는 미국 밖 특히 유럽에서의 인종적 칸막이화와 계급적 칸막이화의 과정을 거론할 것이다.

나는 칸막이화의 경제적·정치적 유해성을 세분화하고, 이러한 유해성에 대응하는 실천과 정책을 견인하는 규범적인 이상을 탐구한다. 기존의 거주 패턴에 대한 대부분의 비판적 반응은 칸막이된 집단들을 섞는 것, 특히 인종적 소수자나 저소득층 사람들이 유리한 무대와 거주지로 진입함을 독려하는 통합의 이상(ideals of integration)에 의해 견인된다. 내 시각에서 보면, 평등한 기회와 이동의 자유는 기본적인 가치이며 현재 도시화된 민주주의에서 여전히 남아있는 차별적인 장벽을 제거해야 할 필요성을 강조하지만, 이 장에서 나는 포용적인 민주적 실천을 견인하는 최고의 이상으로 간주되는 이 같은 통합모델(model of integration)을 반대하는 주장을 펼치고자 한다. 집단차별화되어 거주지에 따라 모여살고 어울리는 밀집화(clustering)는, 그것이 친연적인 집단을 형성하고 유지하려는 정당한 바람에서 나온 것인 만큼, 그 자체가 반드시 나쁜 것은 아니다. 하지만, 집단의 공간적 차별화(spatial group differentiation)는 명확한 경계선 없이 자발적이고 유동적이어야 하며, 이는 많이 중첩되고 유별나게 눈에 띠지 않는 혼종(hybrid)의 장소이어야 한다. 통합을 혼합(mixing)과 분산성(dispersal)으로 보는 모델은 혜택의 공간적 분배(spatial distribution)라는 기본 이슈를 간과하는 만큼, 이러한 이상은 잘못된 이슈에 집중하고 있다고 나는 주장한다.

나는 **차별화된 연대성**(differentiated solidarity)으로 내가 이름 붙인 사회적·정치적 포용을 제안한다. 이 이상은 배제와 맞서 싸우고 개인의 자유를 진작시키는 의지를 통합이라는 이상과 공유한다. 그러나 적어도 통합이란 이상의 일부 공식과 달리, 차별화된 연대성은 거주의 밀집화(residential clustering)와 시민적 차별화(civic differentiation)가 수반하는 결사의 자유를 긍정한다. 동시에, 차별화된 연대성의 이상은 지역적·문화적으로 차별화된 집단들은, 구조적이고 환경적인 조건이 그들 모두에게 영향을 미치며 작용과 상호작용이 흔히 다른 사람들보다 일부에게 혜택을 주는 경향이 있는 분배적 파급력을 갖는, 더 넓은 광역에서 더불어 살아야 한다는 점을 밝히고 확인한다. 따라서 차별화된 연대성이라는 이상은, 집단들이 좋든 싫든 정의에 대한 그들의 의무를 불러내는 구조적인 상호의존적 관계들과 문제들 속에서 그럼에도 함께 지내야함을 천명한다.

1장은 포용적인 민주정체의 도덕적으로 적절한 범위가 어떻게 되는지의 문제를 제기했지만, 해당 이슈에 대한 그 이상의 논의는 미뤘었다. 이 장에서는 지역적이고 광역적인 상호작용의 수준에서 1장에서 언급한 포용적인 민주정체의 적정한 범위에 대한 문제를 주제로 다루고, 다음 장은 글로벌 상호작용이라는 맥락에서 범위의 문제를 다루고자 한다. 나는 정체의 범위는 모두에게 불가피한 행위의 조건을 만드는 상호작용, 교환, 운동의 과정을 통해 생성된 구조적인 관계들 속에 더불어 사는 모든 사람들을 포용해야 한다고 주장한다. 조밀한 상호작용이 일어나는 메트로폴리탄(metropolitan) 내에서 작은 정치적 관할구역을 만들어 내고 유지함으로써, 거주의 칸막이화의 유해성은 분명 미국을 포함한 많은 곳에서 실제로 현재화된다. 이러한 메트로폴리탄 파편화(fragmentation)에 반대하는 입장에서, 나는 다음의 정치적 관할구역(political jurisdictions)을 지지한다. 이 정치적 관할구역은 폭넓은 메트로폴리탄 광역을 포함한다. 또한 이는 많은 작은 지방행정단위들(municipalities)이 인접 마을의 차이 나는 다른 사람들에 대해 정의의 의무를 현행적으로 잊고 살게 하는, 관할구역의 분립을 막는다. 도시화된 상호의존성, 자본투자, 시장적 교환, 의사소통, 환경적 경험 등 이러한 동시대적 조건하에서, 이 같은 광역은 정치공동체의 필수적인 토양이다.

더 두텁고 더 참여적인 민주주의의 신봉자들은 지역공동체나 마을의 정치과정을 더 큰 광역의 정치제도에 배속시키는 제도적 변화에 으레 회의적이다. 그들은 광역화(regionalization)를 통해 얻게 되는 일체의 효율과 형평상의 이득을 민주주의의 대가로 보는 것 같다. 이 같은 두려움은 때론 근거가 있기도 하지만, 나는 광역거버넌스(regional governance)는 이웃주민, 마을의 목소리 그리고 참여를 지키거나 만들기 위해 설계될 수 있으며, 그렇게 되어야 한다고 주장한다. 차별화된 연대성의 규범은 지역자율성(local autonomy)에 제일의 가치를 두지만, 지방·주정부 간의 협상, 중재, 공동기획과 규제를 필요로 하는 광역연방주의(regional federalism)로 적용될 수 있다.

1. 거주의 인종적 칸막이화

인종적·계급적 칸막이화가 나타나는 무대들은 많지만, 나는 두 가지 이유로 거주의 칸막이화에 주목한다. 첫째, 특히 칸막이화가 적법하게 명령되고 강제되지 않은 곳에서 **사실상**의 거주의 칸막이화는 — 학교에 따른 혹은 부모의 직업에 따른 아이들의 분리 같은 — 여타 칸막이화를 유발하는 주된 원인이다. 둘째, 칸막이화의 공간적이고 행정관할구역적 측면 때문에, 거주의 칸막이화는 민주적 실천에 있어 광범위한 영향을 미치는 파급력이 있다.

미국에서의 칸막이화

『미국의 인종차별정책(American Apartheid)』이라는 책에서 더글라스 마시(Douglas Massey)와 낸시 덴튼(Nancy Denton)은 20세기 대부분 동안 미국 도시들에서 어마어마한 정도의 거주의 인종적 칸막이화가 있었음을 보여준다. 1968년 공정주택법(Fair Housing Act)이 통과되었음에도 불구하고, 또한 여론조사에 따르면 30년 전에 비해 지금 더 많은 백인이 흑인은 자신이 원하는 지역에 살 수 있어야 한다고 답하고 있음에도 불구하고, 거주의 인종적 편중화(concentration) 정도는 거의 수그러들지 않고 있다. 시카고(Chicago)는 전국에서 가장 인종적으로 칸막이화된 도시이다. 칸막이화의 정도를 나누는 기준에 따르면, 시카고에 거주하는 흑인과 백인의 인구비율에 상응하게 인종이 함께 섞이려면, 흑인의 91%가 거주지를 옮겨야 한다. 클리블랜드(Cleveland), 뉴악(Newark), 세인트루이스(St Louis), 필라델피아(Philadelphia), 로스앤젤레스(Los Angeles) 그리고 뉴욕(New York)에서는 최소한 80%의 흑인이 이사를 해야 칸막이화가 없는 거주패턴이 된다. 또한 2개 도시를 제외한 북아메리카에서 가장 큰 18개 도시들이 70%를 초과하는 지수로 나타났다.[1] 교외지역에서 흑인-백인의 칸막이화 수준은 조금 낮았지만 그래도 여전히 높다. 마시와 덴튼에 따르면, 라티노 역시 공간적으로 미국의 일부에 집중되는 경향을 보이지만, 흑인보다는 덜 하다.[2] 일각에서는 이러한 칸막이화가 남부의 강제된 칸막이화의 유산이라 생각할 수 있을지 모른다. 하지만 마시와 덴튼이 확인한 인종적 집중화의 패턴은 강제집행이 있었던 남부보다 없었던 오늘날 북부도시들에서 전체적으로 더 뚜렷하다.

마시와 덴튼은 인종적으로 편중된 지역의 지속성에 대한 두 가지 통념적인 설명을 뒤집었다. 혹자는 거주의 패턴이 흑인은 평균보다 낮은 소득을 올린다는 사실로 충분히 설명된다고 말할지 모르겠다. 하지만 마시와 덴튼은 많은 고소득 흑인 역시 인종적으로 편중된 공동체에 거주하고 있음을 보여준다. 후술하겠지만, 계급 구조는 거주의 인종적 칸막이화를 교차하지만, 소득만으로 인종적 편중을 전부 설명할 수 없다는 점은 분명해 보인다.

다른 혹자는 이러한 거주패턴은 기본적으로 아프리카계 미국인은 다른 아프리카계 미국인과 주로 가깝게 살려고 하는 이들의 선호 때문으로 설명된다고 말할지도 모르겠다. 만약 그렇다면, 이 같은 패턴은 전혀 문제가 되지 않는다. 사회와 이웃생활에서 친연적 집단화는 잘못이 아니며, 일부에게는 긍정적인 가치일 수 있다고 나는 주장하고자 한다. 하지만 마시와 덴튼이 인용한 데이터는 섞여 사는 지역을 대다수 흑인이 선호하고 있음을 보여준다. 흑인만 사는 지역에서 살기를 원치 않는다고 답하는 흑인이 거의 대부분이었으며, 대개는 흑인이 반쯤 사는 지역을 선호한다고 답한다. 그렇기 때문에, 흑인지역의 높은 편중성은 아프리카계 미국인의 선호로 설명될 수 없다.[3]

실제로 미국에서는 임대인, 주택소유주, 부동산중개인, 은행, 그리고 여타 개인과 제도에 의한 합법적 그리고 위법적인 차별에 의해, 거주의 칸막이화가 빚어져왔고 유지되고 있다는 상당한 증거가 있다. 미국에서 부동산 소유주가 차별적으로 주택의 매매나 임대를 하는 것은 1968년까지 불법이 아니었으며, 많은 다른 나라들에서는 지금도 그렇다. 엄밀한 의미의 합법이건 그렇지 않건, 굉장히 많은 대다수의 부동산 소유주들은 그들이 선택한 잣대에 따라, 자신의 부동산에서 누가 살지 말지 결정할 수 있는 자신의 권리를 가지고 있다고 생각한다. 부동산 중개인들은 백인 고객에게는 특정지역을 반면 유색인 고객에게는 다른 지역을 찾아보도록 종종 거짓말을 하고, 거짓된 혹은 선택적인 광고를 하며 '조종(steer)'한다.[4] 유색인은 비슷한 소득수준의 백인에 비해 주택담보대출의 승인받기가 훨씬 더 어렵다. 은행, 개발사, 보험회사 등은 흔히 유색인이 상당히 편중된 지역에는 투자를 흔히 기피하며, 따라서 이는 지역침체의 한 원인이 된다.[5]

따라서 미국에서 거주의 인종적 칸막이화의 큰 부분은, 의식적으로 인종을 차별하거나 이익을 위해 인종차별적인 시장을 조작하는 사적 시장행위자들의 차별적인 행위의 산물이다. 하지만 정부정책 역시 미국에서 나타나는 거주의 인종차별적 패턴에 대한 책임에서 결코 자유롭지 않다. 마시와 덴튼이 자세히 보여주는 바, 20세기 초부터 현재까지 칸막이화를 만들고 재생산하는데 직접적으로 기여한 일련의 연방정부, 주정부, 지방정부의 정책과 프로그램이 존재한다. 이는 1930년대부터 현재까지의 구역화정책(zoning practices), 공공주택정책, 2차대전 후 주택담보보조금프로그램, 도시재개발, 도시재건지원금 등을 포함한다.[6]

유럽 도시의 거주의 인종적 칸막이화

많은 사람들은 사실상의 인종적 칸막이화는 미국 특유의 문제라고 주장하고 싶겠지만, 내가 살펴본 문헌들에 따르면 그렇지 않다. 백인 중심의 다수의 자유주의적 민주주의 중 미국은 아마도 흑인 거주지역의 크기와 동질성 측면에서 제일 심하기는 하지만, 다른 나라들도 거주의 인종적 편중됨의 패턴을 보인다. 예를 들어, 미국처럼 확연한 방식으로는 아니지만, 오클랜드(Auckland)와 웰링턴(Wellington)과 같은 뉴질랜드(New Zealand) 도시들은 가난한 노동계급 마오리인과 태평양 섬 출신인(Pacific Islanders)을 몇 안 되는 지역에 모여 살게 하는 경향이 있다.[7] 세계 도처의 다른 많은 사례들도 거론할 수 있지만, 나는 여기서 주로 우대됨과 불리함의 인종차별주의적 사회구조가 북미지역에만 해당하지 않음을, 그리고 그러한 구조가 비민주적인 혹은 후발 사회에서뿐만 아니라 선발 사회복지민주주의에서도 등장할 수 있음을 분명하게 보여주기 위해, 유럽 도시의 거주의 인종적 편중에 초점을 맞춘다.[8]

영국의 여러 도시도 덜 바람직한 공공주택과 임대지역에 남아시아인(South Asians)과 사하라주변국 아프리카계(Afro-Caribbeans)가 편중해 있음을 보여준다.[9] 함부르크(Hamburg), 프랑크푸르트(Frankfurt), 베를린(Berlin) 같이 아프리카, 아시아 그리고 중동출신의 이주인구가 상대적으로 많은 독일의 여러 도시에서도 이들 이주인구의 인종적 거주편중을 보여준다.[10] 암스테르담(Amsterdam)과 브뤼셀(Brussel)은 유럽에서 가장 높은 인종적 칸막이화지수(segregation index)를 보이며,[11] 파리(Paris)[12]와 스톡홀름(Stockholm)[13] 같은 도시의 외곽에는 비유럽 이주민의 편중이 눈에 띈다. 학자들은 이러한 거주편중화를 보이는 유럽사회가, 유럽인은 떠나고 기피하며 경제적 불리함과 사회문제가 증가하는 인종차별

된 게토화가 되는 것으로 볼 수 있는지에 대해서 논쟁 중이다.[14]

인종이나 민족이 두드러지게 유표된(marked) 지역에 집중된 사람들 대부분은 문화적 친연성(affinities)을 지닌 이주민이라는 점에서, 이러한 거주패턴이 적어도 부분적으로 본인이 친연성을 느끼는 구성원들과 가까운 곳에 살려는 집단구성원들의 선호의 결과인 것은 합당할 수 있다. 피터 마르쿠제(Peter Marcuse)가 표현하듯, 이러한 이웃사회는 주류 백인에 의한 배제의 결과로 게토화된 것이라기보다 단순한 민족적인 아성(牙城)에 불과한 것일 수 있다.[15] 거주편중화가 단지 특정 사람들이 서로 가까운 곳에서 살고자하는 선호가 단순히 반영된 것이라면, 거주편중화의 존재는 그 자체로 문제되지 않을 것이다. 그렇지만 이러한 다문화(multicultural)도시에서 거주의 칸막이화와 거주의 밀집화 간의 차이를 어떻게 구분할 수 있을까? 칸막이화와 칸막이화가 아닌 것을 분석하는 지면은 아니지만, 나는 그 차이를 관측할 수 있는 다음의 잣대를, 비록 이 잣대가 완벽하지는 않지만, 제안한다. 만약 여러 연구들이 이주민이나 인종적·민족적 차이로 유표된 사람들이 다수 이웃사회에서 주거차별(housing discrimination)을 경험한다고 보여준다면, 이는 이러한 집단의 구성원들 중 다수의 주거선택이 인종적으로 집중된 지역으로 제한된다는 의미이다. 만약 도시거주자들이 인종적·민족적 소수자들이 어디에 살고 있는지 '알고 있다'면, 그리고 그러한 지역사회가 도시거주자들에게 위험이나 경계라는 인상을 전달한다면, 이 같은 지역사회에서 살고 있는 사람들은 여타 기회에 영향 미치는 낙인을 겪기 쉽다. 만약 다수인 주류 문화집단 구성원들이 인종화된 집단과 결부된 이웃사회의 밖으로 빠져나가고 있다면, 이는 아마도 칸막이화 과정 중이라고 볼 수 있다. 게다가, 공적·사적 자원과 자산소유주들이 인종적으로 편중된 지역에 투자하지 않는다면, 그리고 그 지역의 가치가 떨어진다면, 우리는 아마도 칸막이화 과정 중이라고 할 수 있다. 열악한 교통여건, 가격대비 좋지 못한 주택상태, 주변의 불쾌한 산업시설 등과 같이 다른 지역사회와 비교해 인종화된 집단 밀집지역에서 나타나는 익히 알만한 불리함이 보이는 지역이라면, 그 밀집지역은 부분적으로 불리함과 우대됨의 관건이다. 차별적인 태도와 행태가 인종적 또는 민족적 소수자들에게, 그렇지 않았으면 다른 거주 지역을 찾았을 것 같은 특정 지역에 살지 않으면 안 되게 하거나 그렇게 유도하는 만큼, 그들은 칸막이된 조건에서 지내고 있는 것이다. 무엇보다 중요하게, 만약 이들의 주거조건, 지역위치, 생활의 전체적인 질이 더 열악하다면, 이들의 칸막이화는 구조적 불평등의 조건에 기여한다. 위에서 내가 언급한 문헌은 유럽 도시 중 인종적이고 민족적으로 편중된 많은 지역들이 이러한 척도에 부합한다는 점을 강하게 보여준다.

이러한 환경을 부르는 원인은 다양하다. 수잔 스미스(Susan Smith)에 따르면 예를 들어, 영국에서 유색인에 대한 주거차별은, 사적 시장이 보완적인 역할을 함께 하지만, 공공정책과 정책집행자의 결정에 의해 작동되었다. 제2차 세계대전 이후, 대도시 지역에서 가장 바람직한 임대주택은 공공주택이었다. 정부관료제는 공공주택단지의 조성에 있어 시장보다 더 큰 역할을 했다. 상당기간 동안 공공주택법규는 공공주택 거주자격자가 되려면 5년 이상 영국에 거주해야 함을 단서로 달았다. 이 조항이 없어진 이후에도, 혼인법, 가족크기, 소득 또는 신용과 같은 다른 법규가 이민자나 유색인의 기회를 제한해왔다. 더욱이, 지난 40여년 중 일부 기간 동안 일정 지역에서, 공공주택을 배정하는 행정당국자들은 특정 단지에는 특정 사람들이 속한다는 그들의 아이디어에 따라 조치를 취했으며, 때때로 당국자들은 흑인을 더 열악한 단지에 배정하면서 이는 원거주자들이 흑인 근처에 사는 것을 좋아하지 않기 때문이라고 역설했다.

공공임대주택에서 선택이 제한된 남아시아인과 사하라주변국 아프리카인은 공동화된 도심의 민영임대주택시장으로 옮겨지도록 강제되었다. 민영임대주택시장은 전체적으로 가장 오래되고 낙후된, 편의시설이 거의 전무한 지역에 위치해있다.[16] 대처(Thatcher) 정부 아래서 시작된 상당 비율의 공공주택 민영화가 이러한 칸막이화의 동학을 어느 정도 바꿨었을 수 있지만, 인종을 유표로 하는 거주패턴은 대처 정부 기간 동안 굳어졌다.

2. 칸막이화의 부당함

'칸막이화'라는 용어는 규범적으로 부정적인 암시를 담고 있다. 그렇다면, 무엇이 부당하다는 것인가? 혹자는 인종적 칸막이화가 잘못인 원인으로 집단밀집화 그 자체를 지적하는 듯하다. 이러한 시각은 집단차별화 그 자체가 잠재적으로 경멸, 갈등, 소통부족을 낳는다는 점에서 문제가 된다고 본다. 하지만 나는 칸막이화의 도덕적 문제로 집단밀집화라는 패턴 자체에 초점을 맞추는 것은 오산이라 생각한다. 다시 말해, 패턴화된 집단차별화에 초점을 맞추는 것은, 우대됨과 혜택으로부터의 배제의 과정을 다루는 보다 중요한 문제를 회피하는 것이다. 실제로 이러한 배제의 과정은 민주적 평화와 협력의 가능성에 심각한 파장을 야기하며, 이는 배제의 과정이 증폭시키는 집단정체성이라기보다 그 과정이 야기하는 구조적 불평등에서 원인을 찾을 수 있다.

여기서 나는 거주의 인종적 칸막이화의 네 가지 부당함을 구체적으로 논의하려고 한다. 첫째, 칸막이화는 평등한 기회라는 원칙을 침해하며, 따라서 부당하게 주거선택의 자유를 제한한다. 둘째, 가장 중요하게, 칸막이화의 과정은 우대됨과 불리함의 심각한 사회구조를 양산하고 강화한다. 셋째, 칸막이화를 양산하는 바로 이 과정이 우대된 사람들로부터 그들이 가진 우대됨이라는 사실을 또한 가린다. 마지막으로 넷째, 결과적으로 칸막이화가 빚어내는 사회적·공간적 차별화는 정치적 소통에 심각한 지장을 초래하며, 이로 인해 칸막이화라는 부당함을 민주적 정치행위를 통해 대처하기 힘들게 만든다.

부당하게 선택을 제한한다—칸막이화의 과정은 사람들이 원하는 곳에서 살 수 있는, 아니 적어도 그들이 선택한 공동체에서 거주하기 위해 경쟁하는 기회를 가질 자유를 가로막기 때문에, 이는 부당하다. 물론, 주거선택에 대한 일부 제약은, 일부 지역의 거주비가 다른 지역보다 높기 때문에도 생긴다. 하지만 인종적 차별은 다른 제약을 포함한다. 이웃, 물권자, 부동산중개인, 은행, 정부가 인종적이거나 민족적으로 다른 집단에 속한다고 유표된 사람들을 차별적으로 대하는 만큼, 이들은 유표된 사람들의 기회의 평등을 침해하고 주거선택을 부당하게 제약하는 것이다. 의도적이건 아니건, 이들은 배제가 없었다면 유표된 집단의 사람들이 희망했었을 공동체로부터 그들을 배제시키며, 유색인에게 덜 좋은 지역 즉, 흔히 인종적으로 유표된 집단의 구성원들이 압도하여 인구가 조밀화된 지역에서 거주하는 것을 제외하고는 사실상의 대안이 없도록 방조한다.

우대됨과 불리함의 구조를 재생산한다—유색인으로 상당히 편중된 지역사회나 공동체에서 사는 사람들은 흔히 모두가 백인인 또는 거의 백인이 사는 지역사회에서 살고 있는 사람들이 갖는 수준보다 열악한 삶의 질을 갖는다. 칸막이된 지역사회에 사는 사람들은 흔히 백인 지역사회에서 사는 사람들보다 더 형편없는 주거에 비해 더 많은 비용을 지불하지 않으면 안 된다.[17] 계급은 흑인이 압도적으로 많은 지역에서 인종을 교차한다. 왜냐하면 인종으로 유표된 집단의 소득수준은 평균이하이며, 그들의 공간적 편중화는 저소득이라는 시장적 결과를 증폭시키기 때문이다.[18] 경제적으로 경기 하강이 온다면, 중소업체들은 유지하기 더 힘들어지며 자산소유주들도 수시로 자신의 자산을 유지하기 더 힘들어진다. 해당 지역이 쇠퇴중이라고 인식되고 자산의 가치가 떨어지기 시작하기 때문에, 사업체들은 지역 시장을 빠져나가고 신규 사업자들은 진입을 꺼린다. 남아있는 상업자산과 주거자산소유주들도 해당 지역의 자산을 개선하거나 심지어 유지하는 데에 투자할 유인이 거의 없어지게 되며, 이러한 나선적(spiral) 악순환은 지속된다. 결과적으로, 이 지역에 살고 있는 사람들은 흔히 백인이 적당한 수로 사는 지역에서 사는 사람들보다 훨씬 적은 수의 상가, 음식점, 사무실, 서비스업체, 극장 등을 갖는다.

시장, 교통, 편견, 선호 등 많은 요인의 여파로서, 미국의 대기업과 중소기업 모두는 소수자들로 규정되는 지역사회와 마을에서 점점 더 멀리 있는 곳을 찾는다. 이 같은 지역사회에 사는 사람들은 일자리 정보와 사회적 관계망에 대한 즉, 일자리 정보를 배포하고 지인을 사업자에게 알려주는 것에 대한 접근성으로부터 차단되게 된다. 비록 그들이 어찌어찌해서 직장의 빈자리를 알아내 다닐 생각을 한다 해도, 칸막이된 거주자들에게 대중교통의 불비함은 그 일을 시작하거나 계속하는 데 최대 장애물이 될 수 있다. 따라서 칸막이화는 칸막이된 집단의 많은 구성원들이 노동시장과의 더 허술한 관계를 재생산하는 데 동조한다.[19] 마지막으로, 칸막이된 지역사회에 사는 사람들은 통합된 지역 혹은 백인지역에 있는 사람들보다 더 적고 더 열악한 공공서비스와 민영서비스에 접근하게 된다. 교통시스템의 서비스는 아주 빈약하고, 그 지역의 거리는 가장 마지막까지 눈이 치워지지 않을 것 같은 거리이다.

이들의 거주밀집화는 흔히 도시의 다른 지역에 비해 영향력이 떨어진다. 이러한 이유로 이들은 소방과 치안에 있어서 상대적으로 미비한 서비스를 제공 받는다.[20] 이 지역의 학교들도 보통 물적 인프라나 학업성취 면에서 질이 떨어지며, 이 지역에 사는 사람들은 흔히 의료서비스에 대한 접근성도 열악하다.

칸막이화의 과정은 우대됨과 기회에 있어 인종적으로 구조화된 차이를 만드는 소득, 교육, 기량 등의 계급차이를 더 벌어지게 한다. 결과적으로, 이러한 구조는 종속된 집단과 결부되는 덜 바람직한 장소를 만들어냄으로써 인종차별을 강화한다. 이러한 장소는 그 자체로 주류사회에 의해 무가치(unworthy)한 것으로 인종적으로 유표되며, 그 곳에 거주하는 사람들이 그런 환경을 물리적으로 방치한 것에 대한 책임을 지게 된다. 그렇기 때문에, 칸막이된 지역사회에 대한 인종적 유표는 그들이 사는 거주지를 이유로 하는 차별을 더욱 합리화하면서 그곳의 주민들에게 부메랑으로 돌아온다.

예를 들어, 미국에서 아프리카계 미국인이나 라티노가 우세하게 거주하는 지역사회에, 혹은 영국에서 남아시안이나 캐리비안 후손이 우세하게 거주하는 지역사회에 살거나 살아왔던 많은 사람들은, 이러한 칸막이화가 으레 초래하는 불리함에 주목하는 담론이 불편할 수 있다. 이들은 문화적으로 구별되는 제도와 강한 시민적 관계망으로 이뤄진 이런 지역에서 자신 삶에 대한 인격적인 지지, 활기, 친절함을 자주 경험한다. 나도 역시 거주의 인종적 집중에 대한 논의가 지나치게 한쪽면으로 치우쳐있다는데 동의한다. 나는 칸막이화와 구분되는 집단의 친연적 밀집화(affinity group clustering)는 그 자체가 잘못은 아님을 후술할 예정이다. 또한 나는 통합이라는 이상을 해석하고 이를 실행하려는 특정 시도는 이러한 밀집화가 일정 사람들의 생활에 대한 건설적인 기여를 인정하는 데 실패했다고 주장할 것이다.

거주의 인종적 칸막이화를 연구하는 많은 학자들 역시 상대적 불리함(relative disadvantage)과 절대적 박탈(absolute deprivation)을 주목한다. 하지만, 이 연구들은 백인지역사회 그리고 공동체에서의 상대적 불리함과 절대적 박탈이 백인의 우대됨과 상관관계에 있음을 보여주지 못한다. 백인 지역사회의 주택이 모든 입찰자들에게 개방되기만 해도 백인지역의 주택수요는 높아질 수 있겠지만, 칸막이화 — 이 지역의 백인화 — 는 지역입지와 건축물의 상태에 덧붙여 [백인에게만] 바람직한 편의시설로 지역을 구성함으로써, 고가의 집값을 지속적으로 부양하는데 일조한다. 이 지역에서 고가에 형성되는 자산가치는 부동산 가치를 유지하고 높일 뿐만 아니라 지역의 투자를 권장한다. 이들 지역에는 더 빈번히 더 좋은 쇼핑시설과 쉬고 놀거리, 교통편의, 공공서비스와 민영서비스, 공원과 녹지를 더 잘 갖추고 있다. 더 나아가, 적어도 어느 정도는 칸막이된 지역은 편의시설을 갖지 못하기 때문에, 백인이 압도적인 지역과 공동체가 흔히 이 같은 편의시설을 갖는다고 보는 것이 공정할 수 있다. 만약 도시나 지역경제가 흔히 제한된 수의 식료품점, 극장, 커피숍 등만을 지원할 수 있다면, 이들에 대한 입점위치 선택은 가장 핵심적인 분배적 영향을 미친다. 짐작컨대, 시 당국은 쓰레기수거서비스나 화재예방서비스에 대한 제한된 재원을 보유하고 있을 것이다. 따라서 일부 지역들이 월등한 서비스라는 우대됨을 누린다면, 그것은 서비스가 형편없는 다른 지역들을 대가로 하는 것일 수 있다.

칸막이화가 만든 우대됨을 가린다 — 칸막이화는 일부 백인에게 확실한 우대됨이 예정되며, 그러한 우대됨과 혜택에서 많은 유색인을 배제시킨다고 나는 주장했다. 더욱이, 이러한 우대됨의 관계를 양산하는 바로 그 과정이 우대되는 사람들에게 우대되고 있다는 그 사실을 가린다. 보다 쾌적한 지역사회에 사는 백인이 자신이 우대되고 있음을 이해하려면, 자신의 지역환경과 다른 지역을 비교할 수 있어야 한다. 하지만 이들이 받고 있는 자원과 혜택에 접근이 배제된 사람들은 공간적으로 떨어져있고 보이지도 않기 때문에, 이들에게 그러한 비교는 거의 불가능하다. 다른 사람들이 살고 있는 또 다른 지역이 그들의 삶을 한정한다. 백인은 흔히 다른 지역의 경험을 겪어보지 않으려 하지만, 사실 우리는 그러한 기피에 대해 그렇게 많은 고심을 할 필요도 없다. 왜냐하면 우리의 일상과 사회적 공간이 다른 사람들이 사는 지역에 가지 않아도 되게 구성되어서 다른 지역에 가야 할 이유가 없기 때문이다.

결과적으로, 칸막이화가 야기한 불리한 삶과 비교했을 때 상대적으로 우대된 삶을 사는 사람들은 자신의 생활이 정상이고 평균이라 생각할 수 있다. 주택담보대출 상환부담, 답답하게 막히는 간선도로, 육아전쟁 그리고 과중한 업무를 끼고 사는 맞벌이 백인가족의 삶은 우대된다고 느껴지지 않는다. 퇴근길에 식품점에 들릴 수 있고, 경찰의 보호와 제설작업을 기대할 수 있으며, 개봉작을 산책하듯 걸어서 또는 조금만 운전해도 볼 수 있다는 것은, 열심히 일한 일주일에 대한 최소한의 보상으로 보인다. 따라서 칸막이화는 우대된 사람들에게 우대됨을 한 층 더 보이지 않게 한다. 상대적으로 불리한 사람들의 상황과 형편을 신경 쓰지 않을 수 있을 정도로 시야 밖에 둠으로써, 우대된 사람들의 상황을 평균수준으로 만든다.

우대된 사람들에게 우대됨을 보이지 않게 하는 것은 그들이 가지는 부정의에 대한 감각에 내성(耐性)을 키우는 효과를 낳는다. 칸막이된 사회에서 상대적으로 우대된 삶을 사는 사람들은 자신의 상황에서 일체의 부정의를 보지 못한다. 실제로, 그들은 그들만의 — 평균적이고 정상적이며 또한 충분히 많은 문제를 갖고 있는 — 생활을 경험하고 살기 때문에, 그들이 부정의에서 혜택을 받는다는 지적에 종종 분개하게 된다. 본인 스스로 평범하고 선량하고 분수에 맞는 생활을 한다고 생각하는 많은 사람들은, 이러한 혜택에서 배제된 사람들을 자신의 일상생활에서 매일같이 자주 조우한다는 것에 대해 불편해할 수 있다. 그들의 정의감이 꼬집히듯 따끔할 수 있다. 더 나아가, 이들 중 일부는 이러한 상황을 바꾸기 위해 뭔가를 해야 한다고 생각할 수 있다. 그러나 거주의 인종적 칸막이화 과정의 일부분으로서 우대된 사람들의 일상화된 분리는, 우대된 사람들이 사회부정의를 지극히 추상적으로가 아니라면 곱씹어보는 것을 불필요한 것으로 만든다.

정치적 소통에 지장을 초래한다—1장에서 나는 구조적인 사회적 불평등에서 정치적 불평등에 이르는 순환고리를, 그 결과 형식상 민주적 과정이 수시로 구조적 불평등을 강화시키는데 작용하는 것을 추적했다. 형식상 민주적 과정은 흔히 그 과정이 칸막이된 집단을 정치적 영향력에서 배제하고 주변화 하는 이유 때문에, 칸막이화의 해악을 약화시키기보다 강화시킨다.[21] 우대된 집단이 흔히 공공정책의 과정을 지배하는 만큼, 이들 정책은 흔히 칸막이화의 해악을 보지 못하고 다루지도 못한다. 앞서 설명했듯이, 종종 공공정책은 때에 따라 심지어 칸막이화의 유해힘을 증폭시키기까지 한나.

앞 장에서 나는 형식상 민주정치가 구조적인 사회적 불평등을 강화하는 순환고리를 끊을 수 있는 유일한 방법 중 하나는 포용적인 소통적 민주주의라고 주장했다. 소통적 민주주의이론에 따르면, 구조적 불평등을 약화시키는 정책변화는 종속된 집단이 이슈와 문제를 토론하고 결론에 도달하는 과정에서 정치적으로 대등한 존재로서 동원되고 포함된다면, 보다 더 잘 일어날 것으로 본다. 만약 일부 사람들이 부정의를 겪고 있다면, 부정의를 교정하는 첫 걸음은 그러한 문제를 다룰 수 있도록 다 함께 뭔가의 조치를 해야 한다는 촉구를 공유되는 공적 포럼에서 다른 사람들에게 요구할 수 있어야 한다. 만약 이러한 촉구를 하는 사람들이 정치적 토론과 의사결정에서 지배적인 집단의 구성원들과 동등하게 참여할 수 있다면, 그들은 다른 사람들과 함께 서로를 성립시키는 사회적 관계, 그들이 발생시키는 문제, 그리고 조치를 위해 그들이 정해야 할 우선순위를 바라보는 방식을 변화시킬 수 있다.

하지만 많은 백인의 구조적인 우대됨을 배양하는 칸막이화의 바로 그 과정이 또한 이러한 포용적인 정치적 토론장의 성립에 지장을 초래한다. 칸막이화의 조건은, 부정의가 존재하는지, 그렇다면 무엇을 해야 하는지에 대해 논쟁하기 위해 차별화된 집단들이 함께하는 시민적 그리고 국가가 지원하는 모든 무대가 열리는데 지장을 준다. 미국에 사는 많은 아프리카계 미국인과 라티노에 비해 많은 백인이 누리는 경제적·사회적 우대됨은, 백인의 퍼스펙티브가 시의회 또는 주의회 같은 정치기구를 지배하는 정치적 우대됨으로 전이되는 경향이 있다. 물론, 일부 지방행정단위에서 흑인이 비록 지배적인 목소리는 아닐지언정 강한 목소리를 내고 있지만, 이는 정확히 말하자면 이들을 도심에 또는 경제적으로 침체된 외곽지역에 고립시켜온 칸막이화의 과정 때문이다. 아프리카계 미국인이나 혹은 다른 칸막이된 집단이 지역사회의 정치를 지배할 수 있는 곳에서 예를 들면 미국에서, 그들은 주로 방대한 문제와 이를 처리하기 위한 협소한 세원기반을 주관한다. 더 우대된 지역민들은 그들과 정치적 관계가 거의 없는 다른 지역에 산다. 다시 말해, 이 같은 지방행정단위의 정치적 칸막이화는 집단 간 정치적 소통을 위한 무대와 토론장이 거의 없음을 의미한다. 나는 관할구역별 분립화(jurisdictional separation)의 문제로 다시 돌아가고자 한다.

포용적인 민주적 소통의 장(fora)이 칸막이화 과정에 의해 구조적으로 차별화된 집단들을 함께 모은다고 가정해보자. 칸막이화의 효력은 다른 방식으로 집단 간의 소통을 막는다. 왜냐하면 칸막이화의 구조는 집단들에게 상당히 차이 나는 일상의 경험을 겪게 하기 때문에, 이는 또한 문화적으로 다를 수 있으며 또한 칸막이화가 이러한 문화적 차이에 대한 유의미한 자각을 가로막기 때문에, 이는 무엇이 중요한지에 대한 차이 나는 가정을 종종 갖기 때문에, 칸막이화의 구조는 집단 서로를 제대로 이해하지 못하고 제대로 대변하지 못하기 쉽다. 즉, 칸막이화는 집단구성원들이 다른 집단구성원들에게 가질 수 있는 편견이 들어간 태도를 악화시켜서, 생산적인 논쟁과 토론에 함께하는 것을 어렵게 만든다. 특히, 더 우대된 사람들은 자신 외의 다른 사람들에게는 유효하지 않은 사회현실과 경험에 대한 관한 가정을 하기 쉽다. 우대된 사람들은 스스로의 삶을 평균수준으로 건설할 수 있기 때문에, 이들이 자신들의 삶과 덜 우대된 사람들 간의 차이에 대해 알게 될 때, 이 같은 조우(遭遇, encounter)는 그것이 동감적인(sympathetic) 이해를 유발하는 것만큼 고정관념과 그들을 업신여기는 판단을 키울 수 있다. 이러한 환경에서 타인에 대한 호감인사와 인정을 할 수 있는, 그리고 경험과 퍼스펙티브의 내러티브를 경청할 수 있는 담론의 필요성은 훨씬 더욱 커진다.

3. 거주의 계급적 칸막이화

차별적인 조치와 정책은 거주의 인종적 칸막이화의 주요한 원인이다. 인종적 칸막이화에 결부된 많은 우대됨(특혜) 및 불리함(불이익)은 계급적 우대됨 및 불리함의 구조 — 거주의 계급적 칸막이화의 과정을 포함하는 구조 — 와도 역시 밀접하게 결부된다. 이 같은 논의에서, 계급적으로 거주가 칸막이화된다는 것은 소득과 부의 수준, 직업적 지위 그리고 공동체에 대한 소비적 취향의 생활방식이 동질화되는 실천과 과정을 의미한다. 거주의 계급적 칸막이화는 결코 계급차이가 만드는 어쩔 수 없는 결과가 아니다. 실제로, 역사적으로 많은 사회에서 상위계급과 하위계급 구성원들 간의 지리적 인접성과 상호작용을 통해 우대됨, 부, 여가 등의 위계구조가 현재화되었고 강화되었다. 산업도시의 특징이 본격적으로 대두된 19세기에 이르러서야 잘사는 사람들은 자신과 다른 사람들을 분리시켰으며, 도시계획상의 관례는 가난한 사람들의 칸막이화를 권장했다.[22] 20세기 도심의 많은 부분은 잘사는 집과 보다 허름한 아파트형 집이 섞여 있는, 그리고 다양한 계층의 사람들이 시가지와 공원에서 어우러지고 섞여 사는 많은 공간을 여전히 갖고 있었다.

미국에서 2차 대전 후 20여 년 동안은 중간계급이 늘어나고 소득수준에 차이 없이 사람들이 교외주택을 찾았기 때문에, 거주의 계급적 칸막이화가 하향세를 보였다. 하지만 그 후 20년 동안, 거주의 칸막이화는 두드러지게 증가했으며, 모든 지표는 잘사는 사람의, 노동계급의, 그리고 빈민의 공간적 차이가 보다 더 증가했음을 보여주고 있다.[23] 더군다나 거주의 계급적 칸막이화는 미국만의 현상이 아님은 분명하며, 세계 도처에서 일반적이고 세계의 많은 부분들이 그러한 증가세를 보여주고 있다.[24]

가장 넓게 보면, 계급적 칸막이화는 상대적으로 잘사는 사람들이 잘살지 못하는 사람들과 마주침이 없이 절연된 채 즉, 그들의 얼굴, 그들의 주거지, 그들의 노동환경 등에 조우되지 않고 자신의 거의 모든 일상생활을 지낼 수 있는 생활방식 전체를 지칭한다. 잘사는 사람들이 자신이 사는 지역사회뿐만 아니라 근무일과 중, 쇼핑과 외식 중, 휴가 중 그리고 거주지에서 어디를 가던 간에, 못사는 사람들과의 조우로부터 공간적으로 밀봉되고 보호되었을 때, 칸막이화는 빈틈없이 철저해진다. 많은 사람들은 이러한 종류의 우대됨과 차단된 삶을 바랄뿐만 아니라 이들은 자신의 바람을 채울 수 있다.

계급적 칸막이화는 능동적이고 치안질서화된 배제(policed exclusion)에 의해 만들어지고 유지된다. 장벽을 설치하던 별도의 관할구역을 만들던 간에, 계급적 칸막이화는 엄격한 경계를 세우고 단속함으로써 주로 작동된다. 분명한 것은, 시장 세력이 거주의 계급적 편중이라는 패턴화에 막강하게 기여한다는 점이다. 잘사는 지역사회의 집과 아파트 가격이 다른 사람들은 지불하고 싶어도 그렇게 하지 못할 만큼 너무 높기 때문에, 많은 사람들은 이를 매매할 수도 임차할 수도 없다. 하지만, 규제되지 않은 부동산시장은 예측불허의 방식으로 예를 들면, 지역 내에서 수요를 다양화하고 소득수준과 직업차이를 양산하는 방식으로 작동할 수 있다.[25] 우대된 지역의 주택수요는 소득 피라미드의 저 밑에까지 미칠 수 있으며, 투자가 허용된다면 이 시장에 돈을 쓸 수 있고 그럴 의향이 있는 투자자들도 종종 즐비하다. 그러나 잘사는 지역의 건물양식과 자산사용을 규제하는 토지사용제한법은 이들 투자자들에게 그러한 기회를 허용하지 않는다.[26]

소득수준이 다양한 사람들이 거주하는 지역사회와 마을에서, 덜 부유한 사람들은 더 많은 자원을 가진 사람들과 함께 삶으로써 경험하는 '이웃사회 효과(neighborhood effects)'로부터 혜택을 본다. 부유한 사람들과 덜 부유한 사람들이 섞여 사는 이웃사회와 마을은, 대부분 저소득층이 모여 사는 마을이 할 수 있는 것보다 더 나은 공원, 공공건물, 길거리를 지원할 수 있다. 만약 그들이 공립학교를 운영한다면, 이는 더 나은 시설을 갖추게 될 것이다. 이들의 자금력은 더 많은 상점, 식당, 놀이거리를 끌어 모은다. 부유한 사람들의 집과 뜰이 문단속되어 접근이 불가하더라도, 인접지역에 사는 저소득층 사람들은 부유한 사람들의 녹지공간에서 혜택을 본다. 부유한 사람들은 도시공간을 이런 식으로 덜 부유한 사람들과 같이 나눔으로써 거의 혹은 아무것도 희생하지 않으며, 부유한 사람들은 차이 나는 형편에 있는 사람들과의 상호작용에서 혜택을 얻는다는 주장은 물론 논쟁의 여지가 있기도 하다.

성벽으로 둘러싸이고 출입이 제한된 성채(citadels)는 잠재적으로 주변 환경을 공유한다는 것과는 정반대이다. 이들 성채는 이웃사회에 대한 개방을 막기 위해 정확히 존재한다. 출입 제한된 많은 공동체는 그러한 성벽안에 사는 사람들만이 사용할 수 있도록 정원, 상점, 서비스에 울타리를 친다. 담장을 쌓은 일부 아성(enclaves)은 그 내부 거주민들만의 공동체를 독려한다. 그렇기 때문에, 이들 성채는 전적으로 사적 공간이 아니다. 하지만 이 공동체의 목적은 내부 거주민들을 주변도시, 그 도시의 사람들, 그리고 그들의 문제로부터 유리시키는 것이다.

부유한 교외지역의 특징인 능동적인 배제의 양상은 다르게 나타난다. 빌딩 규제와 로트 크기*는 해당 공동체가 토지사용을 부유한 주민들을 위해 일상적으로 예비해두었다는 것을 보여주는 것이다. 부유한 교외지역에로의 도로접근성은 제한되며 대중교통서비스는 거의 연계되지 않는다. 따라서 반갑지 않은 저소득층 방문자들이 그 안을 거의 기웃거리지 않는다. 만약 그들이 기웃거린다면, 경찰이나 지역방범대는 그들이 그곳에 갈 권리를 따지기 일쑤다.

내가 인종적 칸막이화에서 나타난다고 주장했던 것처럼, 계급적 칸막이화는 우대됨을 가림과 동시에 이를 증폭시키는가? 바로 부유한

* lot size. 개발 및 재개발허가를 받을 수 있는 대지의 최소크기.

사람들은 자신의 부 덕분에 토지, 거주, 편의시설 등에서 상당한 우대됨을 받는다. 칸막이화는 해당 주민들에게 위안과 화려함, 그리고 외부와 접촉이 거의 없이 밀폐된 안심(enclosed security)의 집합적 공간을 제공함으로써, 이러한 우대됨을 배가한다. 계급적 칸막이화는 도시생활의 정상적인 번거로움과 문제들 — 소음, 지저분함, 쓰레기, 공단과 물류부지, 오염, 붐비는 거리와 대중교통, 무질서하고 다양함이 뒤범벅된 건축물과 활동, 범죄와 범죄의 위협 등 — 로부터 부유한 사람들을 유리시킨다.

이렇듯 칸막이된 공동체에서 생활한다는 것은 또한 계급적 우대됨을 가린다. 잘사는 사람들은 잘살지 못하는 사람들보다 잘살지 못하는 사람들의 환경을 경험하는 상황을 피할 수 있다. 하지만, 자본주의 민주사회의 지배적인 가치는 계급적 우대됨을 인종적 우대됨만큼 문제시하지 않기 때문에, 이런 사회에서 인종적 우대됨을 가리고 감춰야 하는 유인보다 계급적 우대됨을 가리고 감춰야할 유인이 덜하다. 결과적으로, 모든 과시성 소비와 마찬가지로, 옹벽화된 공동체와 동질적인 풍족한 마을을 만드는 이유 중 하나는 그 곳 거주민들이 그 곳에 들어갈 때마다 의식적으로 되새기게 되는 우대됨의 무대(setting)를 제작하기 위함이다.

계급적 칸막이화는 적어도 세 가지 방식으로 민주주의를 위험하게 만든다. 첫째, 그것은 공적 공간과 공적 조우를 권장하지 않는다. 둘째, 거주지의 인종적 칸막이화처럼, 계급적 칸막이화는 집단 간 소통에 지장을 준다. 가장 중요하게는, 밀폐된 아성이나 분리된 정치공동체에서 스스로에게 칸막이를 침으로써, 잘사는 사람들은 풍족한 시민들이 덜 부유한 이웃들의 문제를 분담하며 공적 가치를 생산하기 위해 덜 부유한 이웃들과 협력해야 한다는 감(感)을 잃을 수 있다.

앞선 5장에서는 민주적 참여의 필수적인 측면으로서의 공공성을, 그리고 정치·경제엘리트들의 행위를 노출시키고 그들에게 소명책임을 물으며 그들 행위에 건설적으로 영향을 미치기 위한 시민 간 소통의 기반으로서의 공공성을 논의했다. 공적 영역은 인쇄매체와 전자미디어를 통해 부분적으로 현재화될 수 있으며, 그러한 만큼 물리적으로 열려있는 공간은 필요치 않다. 하지만 물리적인 공적인 공간이 위축되는 만큼, 혹은 많은 시민들이 구체적인 모습으로 구현되는 공적 공간에서 발을 빼는 만큼, 열려 있는 소통적 민주주의는 위험에 빠진다.

다시 말하지만, 공적 공간은 개방성(openness)과 드러남(exposure)의 공간으로 누구나 접근할 수 있는 어떤 것이다. 내가 [물리적 공간에서] **구현되는**(embodied) 공적 공간이라는 용어를 쓸 때, 나는 시가지, 광장, 프라자, 공원 같이 물리적으로 열린 공간을 염두해 둔다. 이는 많은 사람들이 서로를 보고, 서로에게 보여 지며, 서로에게 드러나게 되는, 현전(present)의 큰 공간이다. 이러한 공간에서 누군가는 통행하는 행인뿐만 아니라 동네 혹은 지역에 사는 다른 누군가와 마주칠 수 있다. 이 공간은 차이 나는 처지에 자리매김한 낯선 사람들을 서로서로의 현재함으로 보여주기 때문에, 민주적 포용에 중요한 기여를 한다. 이 공간은 취향, 이익, 필요, 삶의 환경 등에서 차이 나는 사람들이 도시나 광역에서 함께 공존하고 있음을 엄연한 사실로 만든다.[27] 이러한 공간은 경연이나 집회를 위해 다양한 구성원들에 의해 이용되기 때문에, 이는 구성원들의 이익과 즐거움을, 타인이 그러한 이익과 즐거움을 지지하기 위해 공유하거나 설득될 수 있는 더 폭넓은 공중에게 알릴 수 있다. 따라서 이 공간은 역시 정치적 표현과 시위를 하는 유일무이한, 공적 의견이 공적 의견으로서의 강함을 보여줄 수 있는 무대로서 민주주의의 중추이다.

옹벽화된 아성과 안중(眼中)에 없는 교외지역은 [물리적 공간속에서] 구현되는 공적 공간의 가치를 평가절하하고 침체시킨다. 이들 지역에는 거주민들과 이들이 초대한 외지인들이 함께 모이는 실내·외 공간이 있을 수 있다. 하지만, 그러한 장소에 누구나 접근할 수 있지 않으며 현지 주민들이 열고 들어올 수 없도록 위치되기 때문에, 이 공간은 공적이지 않다.

계급적 칸막이화는 부유한 집단과 부유하지 못하는 집단의 구성원들 간의 마주침을 최소화한다. 이들이 상호작용을 한다해도, 대부분이 아성 거주자들과 이들의 집을 청소하거나 수리하는 사람들 간의 상호작용같이, 부유한 사람들의 혜택을 위해 그들이 구체적으로 특정한 조건에서만 상호작용한다. 도시, 주 또는 전국단위로 정책을 결정하는 모든 집단들이 함께한다는 것을 형식적이고 추상적으로나마 생각하기도 하지만, 그러한 추상적인 함께함은 각 집단이 경험하는 기반에 뿌리를 두고 있지 않다. 하지만 칸막이화는 차이 나게 위치 지어진 경제집단이 현재를 살아가는 소통을, 결과적으로 다른 집단의 문제와 퍼스펙티브를 이해할 수 있는 기회를 줄인다. 그러나 이러한 문제와 퍼스펙티브는 이들의 인식에 영향을 미치기 때문에, 칸막이화된 집단은 다른 집단들에 대한 단편적이고 일차원적이며 비하적인 고정관념을 형성하면서 내부적으로만 대화를 할 수 있을 뿐이다. 만약 칸막이된 집단의 구성원들이 공적인 쟁점을 토론하는 장에 참여하게 된다면, 이들이 갖고 있는 잘못 압인된 인상(impressions)과 가정(assumptions)은 인화성 기름이 되어 오해에 불을 지피고 소통하려는 노력을 무색하게 하기 쉽다.

마지막으로, 계급적 칸막이화는 더 부유한 그리고 경제적인 파워가 더 센 사람들이 홀대받는 사람들의 이익과 문제를 무시하고, 단지 자신만의 안녕과 이익만을 심화하는데 매진하게 한다. 편안한 아성안에서 차단되기 때문에, 이들은 다른 사람들의 필요와 이익에 무심할 수 있으며, 상호의존적인 도시생활의 문제에 수수방관한다. 우대된 계급이 분리된 정치적 관할구역에 살고 있을 때, 경계지어짐으로 인해 풍족한 교외지역 거주민들이 자신만의 자원을 지킬 수 있게 되고 덜 유리한 사람들의 문제와 필요에서 자신을 차단할 수 있게 될 때, 사회적·정치적 무관심은 특히 더 쉬워진다. 미국 내 대부분의 메트로폴리탄 지역에는 일부 부유하지만 다른 대부분은 부유하지 못한 수십 개의 다른 종류의 관할구역들이 있다. 관할구역의 경계는 사람들로 하여금 해당 지역의 정책과 상황에만 지역정치적 관심을 표출하게 하며, 주변의 다른 마을과 도시에 사는 사람들을 간과하게 만든다. 보다 다양한 환경에 사는 동일한 소득수준의 사람들과 비교할 때, 이렇듯 자기본위만의 우대됨은 풍족한 공동체의 거주민들 간의 시민적이고 정치적인 가담을 축소하게 만드는 결과를 낳게 된다고 일부학자들은 주장한다. 많은 교외지역 거주민들은 학교와 서비스 등에 상대적으로 만족하며, 자신의 우대됨에 도전하거나 갈등을 일으킬 사람들이 없기 때문에, 자신 공동체의 안녕을 개선하거나 정치적 논쟁에 합세하기 위해 자발적으로 나설 동기가 거의 없다.[28]

일부 독자들은 계급 차이 그 자체가 정치적 평등의 주요한 장애요소(impediment)라 생각하기 때문에, 계급적 칸막이화를 민주주의에 대한 장애요소로 보는 이러한 비판에 만족해하지 못할 수 있다. 1장에서 밝혔듯이, 나는 구조적인 계급적 불평등이 정치적 불평등을 양산하며, 정치적 불평등은 다시 우대된 계급이 형식상 민주적 과정을 활용하여 자신의 우대됨을 공고히 한다는 시각에 동조한다. 이러한 시각에서 볼 때, 구조적 계급불평등은 그 자체로 축소되거나 제거되어야 한다.

하지만, 우리가 속한 완벽하지 않은 민주주의에 사는 많은 사람들은 이러한 분석이나 혹은 그것이 가정하는 경제적 평등의 가치에 동의하지 않는다. 그럼에도 만약 이들이 민주적 가치에 함께하겠다는 의지(commitment)를 보인다면, 이들은 해당 정체의 모든 구성원들은 원칙적으로 정치적 토론에 다른 사람들과 함께 참여하며, 그들에게 정의를 촉구하고, 그리고 그들에게 이러한 요구가 옳음을 설득할 수 있는 기회를 가져야 한다고 믿어야 한다. 계급구조와 구별되는 계급적 칸막이화의 문제는, 그것이 민주적 참여에 함께하겠다는 이러한 의지와 충돌한다는 점이다. 부와 경제적 파워의 불평등한 축적에 대해 부정당함을 못 느끼는 사람들도 민주적 가치에 문제가 되는 거주의 그리고 정치적인 칸막이화의 파장을 알아야 한다. 그러한 칸막이화의 기반을 약화시킴은 민주적 과정으로 평등주의적 정책을 실현할 수 있다고 설득하는 민주주의와 경제적 불평등이 궁극적으로 충돌한다고 믿는 사람들에게 더 많은 가능성을 열어줄 수 있다.

4. 통합이라는 이상에 대한 비판

거주의 인종적 칸막이화는 계급적 칸막이화와 더불어, 내가 살펴보는 유해함(harms)을 배양한다. 이러한 유해함을 반전시키고자 하는 정책과 행위는 어떤 규범과 이상이 견인해야 하는가? 인종적 칸막이화에 대한 많은 비판들은 집단의 공간적 차이 그 자체가 문제이며 거주의 혼합(residential mixing)이 해법이라는 통합의 개념으로 견인된다. 이상적으로 통합된 도시라면, 어떤 지역사회도 어떤 소수집단에게 지배되지 않을 것이며, 또한 어떤 지역사회도 다수 집단이 배타적으로 거주하지 않을 것이라고 본다. 대신, 각 지역사회는 전체 주민 수에서 그들의 인구 비율에 대략 비례하게 다른 집단의 사람들을 포함할 것이다. 이 절에서 나는 이 같은 이상이야 말로 거주의 인종적 칸막이화라는 유해함을 제거할 수 있는 조치의 적절한 나침판이라고 보는 입장에 의문을 제기한다. 이러한 통합의 이상은, 우대됨과 불리함이라는 보다 중심에 있는 이슈를 간과하는 한편, 집단밀집화의 패턴에 초점을 맞추는 경향이 있는데 이는 잘못된 것이다. 나는 탈칸막이화(de-segregation)와 포용의 목적을 구상하는 이러한 방식에 네 가지 반대 논점을 던진다.

첫째, 통합시키려는 노력은 배제된 집단의 구성원들에게 상당한 변화를 요구하지만, 이에 반해 지배적인 집단은 상대적으로 건드리지 않으려 한다. 예를 들어, 통합지향의 주택정책은 의례 칸막이된 집단의 구성원들이 백인 지역사회로 이전함을, 그 반대가 아니라, 주로 의미한다. 더 일반적으로 보면, 통합하려는 실제 노력은 비일비재하게 사회적으로 지배적인 집단들이 이미 칸막이된 집단들이 따라야 하는 통합의 조건을 설정함을 의미한다. 배제된 집단의 구성원들은 지배적인 집단의 기대와 사회에 '맞출 것'을 기대받는다.

둘째, 통합이라는 이상은 사람들이 특별하게 친연성을 느끼는 다른 사람들과 관계를 맺고 살아가려는 바람의 유효함을 인정하지 않는다. 사람들은 흔히 민족, 종교, 언어, 성적 지향 또는 생활방식으로 정의되는 친연적 집단으로 모여 지내고 싶어 하며, 현대 도시화의 과정은 대개 그들이 그렇게 할 수 있게 한다. 사람들은 흔히 가족이나 친구들이 가까이 사는 또는 특별한 취향, 언어, 종교적 관행 등 본인이 가장 편하다고 생각하는 것이 있는 도시에 새로 정착한다. 사람들은 집이나 직장 등을 물색하면서 친근한 사회관계망에 들어가려 하며, 이는 흔히 친연적으로 집단화됨(groupings)으로써 구체화된다.

이러한 거주적이고 시민적인 밀집화 그 자체를 부당하다 할 수 없다. 문화집단의 구성원들이 차별, 폄하적인 고정관념, 배제 그리고 상대적 불리함을 겪을 때는 특히 더 그렇다. 그러한 집단이 이웃사회로 밀집거주하는 것은 자기조직화, 자기존중(self-esteem), 안식(relaxation), 저항의 중요한 원동력으로 역할할 수 있다. 이러한 류의 원동력은 어떤 밀집화에서도 이끌어낼 수 있다. 어떤 집단이 밀집화되어 상대적으로 분리되는 것은, 그것의 목적이 상호부조이고 서로 간 친밀성을 갖는 사람들끼리 문화를 이루는 것일 때, 이러한 밀집화의 과정으로 인해 일부 사람들이 혜택과 기회에 접근하지 못하게 배제되지 않는다면, 이는 부당한 것이 아니다.

심지어 우대되거나 이미 우대된 집단들이라 할지라도 자신의 생활방식이나 안도감에 근거해 밀집화를 바란다면, 더군다나 만약에 이것이 타인을 비자발적으로 배제하지 않고 단지 우대됨을 지키고자 하는 것이 아니라면, 이는 부당한 것이 아니다. 논쟁적이지만 중요한 사례를 들자면, 자신의 언어를 지키고 자신의 역사를 계승하려는 인식을 보유하고자 하는 새로운 남아프리카에서 사는 아프리카너스*(Afrikaners)의 바람은 정통성이 있으며, 이러한 바람은 거주적이고 시민적인 집단 밀집화로 충족될 수 있을 것이다. 이러한 집단의 구성원들 역시 평등하게 포용적으로 민주적인 제도를 만드는 과정에 참여하고, 역사적으로 억압된 사람들에게 기회의 평등과 경제적 발전을 가져다 주는 수단을 뒷받침하는 한, 그들 중 일부에서 집단친연의식(sense of group affinity)을 가지려는 바람 그 자체를 도덕적으로 잘못되었다고 할 수 없다.

인종과 거주의 논의가 의례 암시하는 통합이라는 이상의 세 번째 문제는, 통합은 저항에 부딪치고 실패하기 쉬우며, 만약에 통합이 실패할 때 그 귀책은 칸막이된 집단에 있다고 본다는 점이다. 함께하겠다

* 남아프리카에 사는 네델란드계 언어를 사용하는 백인들.

는 진지한 의지와 자원이 충분히 후속되지 않기 때문에 혹은 선의가 있는 백인이 그릇된 신념을 가지고 합리화하는 배제적인 행위를 고집하기 때문에, 통합의 프로젝트는 실패할 수 있다. 통합이 칸막이된 사회집단의 구성원들에게 자신의 삶을 바꾸고 지배적인 집단의 기대에 순응해야 한다고 요구하는 만큼, 통합 성공의 부담은 상대적으로 더 불리한 집단에게 전가되게 된다. 친연적 집단을 해산시키려는 것에 대한 칸막이된 집단의 저항 또는 지배적 규범과 기대치에 맞추지 못함은, 성공적인 통합의 장애요인으로 보다 부각되게 된다. 이렇게 되면, 통합의 프로젝트에 함께하겠다고 다짐했던 지배적인 집단의 구성원들은 손을 떼게 되고, 그들 자신의 조건에 맞춰 통합하지 않으려는 혹은 그럴 수 없는 종속된 집단의 구성원들을 비난하게 된다.

가장 중요하게 마지막으로, 통합이라는 이상은 잘못된 이슈에 초점을 맞추는 경향이 있다. 이러한 이상에 따르면, 칸막이화의 문제는 집단이 공간적·제도적으로 칸막이화된다는 점이며, 이에 대한 처방은 적정한 비율로 공간과 제도를 혼합하는 것이다. 나는 앞서 칸막이화의 주요한 부당함은 집단이 칸막이화된다는 점이 아니라, 칸막이화의 과정을 통해서 특정 집단의 물적 우대됨이 성립되거나 유지된다는 점이라 주장했다. 지배적인 집단의 공간과 제도에 칸막이된 집단의 구성원들을 섞으려는 행위나 정책은 한 번에 몇 안 되는 사람들에게 상당히 서서히 운영되며, 또한 배제하는 공간적 과정을 통해 생성되는 물적인 불리함에 대해서는 언급하지 않는다.

미국에서 주거통합정책에 대한 촉구는 흔히 아프리카계 미국인이나 라티노에게는 그들이 애향심을 느끼고 살기 좋게 만들려 노력해온, 그들이 강한 유대의 교회와 시민적 제도,그리고 이웃과 어울리는 좋은 시간을 함께 체득해온 지역사회를 지탄하는 소리로 들린다. 이들 중 일부에게 통합 진흥의 정책은 사람들로 하여금 연대할 수 있는 원동력에서 배제하고 이들을 고립시키며 나아가 이들을 무력하게 하는 것으로 이해된다. 칸막이된 지역사회에 사는 거의 모든 사람들은 더 좋은 주거지, 교통접근성, 공원 등을 원하지만, 이들은 많은 사람들이 무시까지는 아니더라도 거리감이 들기 쉬운 외지인들과 섞이기 위해서 문화적으로 특정한 자신의 제도와 사회관계망을 포기해야 한다는 묵시적 의미에 저항하게 된다.[29]

미국에서 일부 공공주거정책은 때때로 밀집화 그 자체를 문제로 간주하고 혼합을 해결책으로 보는 비뚤어진 암시를 보여주기도 한다. 주택도시개발청(Housing and Urban Development agency)은 한때 통합을 독려하기 위해 백인에게 일정한 공간을 배정하는 것을 권장하는 저소득층 주택사업에 관한 지침 안을 갖고 있었다. 이 같은 지침으로 인해, 몇 년 이상 기다려온 아프리카계 미국인과 라티노의 대기자 명단뿐만 아니라, 나타나지 않은 백인신청자를 위해 예약된 공터가 야기되었을 뿐이다. 결국 법원의 조치는 그러한 통합진흥 수단에 제동을 걸었으며 실제로 상당부분 폐기되었다.[30]

오늘날 유럽에서 통합이라는 이슈는 대부분 아시아, 아프리카, 중동과 개리비인에시 유립국으로 이주해온 집단구성원들의 상황으로 논의되고 있다. 이들 중 많은 수가 유럽국에서 태어났지만, 흔히 지배적인 사회는 그들 모두를 외국인으로 대한다. 그들은 빈번히 유럽 도시에서 부분적으로 자발적인 밀집화와 또한 부분적으로 배제의 과정으로 인해, 상대적으로 칸막이화 된다. 이들 중 다수는 자신의 언어, 종교적 실천, 사회관계망 그리고 다른 문화적 친연성을 유지하고 있다. 흔히 이들은 취업 및 좀 더 나은 경제사정을 위한 미약한 기회를 가질 뿐이다. 많은 유럽의 도시와 국가는 이 같은 집단구성원들의 통합을 진흥하려 한다.

그의 영향력 있는 저서 『다문화 성원자격(Multicultural Citizenship)』에서 윌 킴리카(Will Kymlicka)는 통합이야말로 이주민들과 이들이 이주한 국가 간의 관계를 위한 적정한 규범적 이상이라 주장한다. 민족적 소수자들(national minorities)은 역사적으로 특정 영토를 차지해왔기 때문에 자기조직화와 문화적 분리에 대한 권리를 갖는 반면, 이주민들은 더 나은 삶을 위해 자발적으로 새로운 사회에 합류하였다. 따라서 이주민들은 차별로부터 보호받아야 하며, 또한 그들이 상주국 주류언어를 배우고 노동시장에서 경쟁하기 위한 필수적인 기량을 개발할 수 있는 특별한 자원이 필요하면서도, 이주민들의 운동과 정책의 목표는 상주국 문화로의 통합이어야 한다고 킴리카는 주장한다.[31] 이 지점에서 킴리카는 경제적 기회와 정치적 포용이라는 목표를 상주국 주류 문화로의 통일체화(incorporation)와 구분하는데 실패했다. 실제로 대부분의 이주민들은 상주국 사회의 노동시장과 정치제도에 통합되기를 원한다. 하지만, 많은 이들은 상주국의 지배적인 주류 문화를 체득해야 하며, 정치경제적 기회의 조건으로 자신의 원거주지 문화(native culture)를 공적인 것으로 내세워서는 안 된다는 당부에 반발하게 된다. 이러한 구분은 일부 유럽 도시들에서 갈등의 불씨를 야기하고 있다.

야스민 소이살(Yasemin Soysal)은 이주민과 이들의 아이들을 포용하기 위해 유럽국들이 따르는 두 가지 종류의 정책을 구분한다. 어떤 정책은 언어습득, 직업훈련 등의 기회를 제공하지만, 동시에 집단들이 집단특정된 조직화를 형성하지 못하게 한다. 다른 정책은 정치와 정책에서 이들에게 서비스가 제공되고, 이들의 이익과 퍼스펙티브가 대변될 수 있도록 이주민 집단의 자기조직화를 허용하거나 독려한다.[32] 나는 후자의 경우가 내가 뒤이어 주장하는 차별화된 연대성라는 이상에 보다 일치하는 반면, 전자의 경우가 통합이라는 이상으로 견인되는 경향이 짙다고 생각한다. 앞서 언급한 시민생활에서 통합이라는 이상에 반대하는 논거는 미국적 맥락에서 만큼이나, 내가 시사하듯, 유럽에서의 문화적 소수자들의 상황에도 적용된다.

유럽 도시에 관한 일부 연구자들은 통합이라는 묵시적인 혹은 명시적인 이상이, 상주국의 지배적인 다수에게 인종적으로 그리고/또는 문화적으로 다르다고 판단되는 사람들을 수용하고 포용하는 조건을 설정하도록 허용한다고 주장한다. 관대한 통합(tolerant integration)의 입장은 이주민들에게 주류사회의 가치와 사회문화적 성취를 인지하고 있음을 공언할 것을 요구한다. 하지만, 이주민들은 번번이 이러한 인지테스트(perception test)에서 떨어지는데, 그 이유는 이들이 집단특정된 조직화와 관행을 계속 유지하고 있기 때문이거나 혹은 상주국의 다수가 상주국 민족문화와 자부심을 공유하지 못하도록 하는 방식으로 이들의 차이를 간주하기 때문이다.[33]

특히 주거지의 배정과 관련해서, 백인과 유색인 간의 거주지 혼합에 초점을 맞추는 유럽의 일부 정책은 미국의 정책과 유사하게 어떤 강제성을 내포하고 있었으며, 미국의 경우에서처럼 주거와 사회적 불리함이라는 이슈에 대처하는데 실패했다. 예를 들면, 1970년대와 1980년대 초기 영국의 공공주택배정의 '분산화(dispersal)' 정책은 흑인으로 하여금 밀집화되어 살고 있던 지역으로부터 나와서 그들의 선택과 관계없는, 하지만 대부분 주거의 개선이라고는 전혀 없는 지역사회로 이전하도록 강제하였다.[34] 집단할당제(quotas for different groups)는 1980년대 네델란드의 통합지향적 주택정책의 핵심이었다. 하지만 이 정책은 결국 폐기되었는데, 왜냐하면 많은 사람들이 이 정책이 이주민 소수자들의 선택을 제한하는 방식에 저항했기 때문이었다.[35]

서로 특별한 친연성을 느끼는 사람들의 밀집화는, 이들이 종교나 다른 문화적 관행을 함께하고 있기 때문이고/거나 이들이 함께 저항할 수 있는 비슷한 힘겨움과 낙인을 같이하기 때문에, 미국에서 그러하듯 유럽적 맥락에서도 잘못된 것이 아니다. 거주의 밀집화는 집단구성원들 간 시민적 조직화와 관계망화(networking)의 혜택을 제공할 수 있으며 빈번히 그러하다. 이는 또한 인격적 정체성(personal identity)과 시민적 교류능력(civic sociability)을 뒷받침하기 위해 문화적 밑거름을 사용해야 한다면 불가피한, 문화적 특수성에 대한 **공적** 표현을 공간적·사회적으로 뒷받침해 줄 수 있는 기회를 허용하는 것이다.[36]

5. 대안적 이상: 차별화된 연대성

통합이라는 이상에 대해 내가 해온 비판이 유효하다고 본다면, 우리는 사회적·정치적 포용이라는 다른 이상을 공식화해야 한다. 나는 이러한 대안적 이상을 **차별화된 연대성**으로 부른다. 통합이라는 이상과 마찬가지로, 차별화된 연대성이라는 규범은 집단이나 특정 사람들의 범주를 배제하거나 칸막이화하는 행위와 구조를 반대한다. 차별화된 연대성은 존중(respect)과 상호의무(mutual obligation)를 전제한다.

하지만 통합과 달리, 차별화된 연대성은 이들이 서로에게 갖는 다른 사람들과는 공유하지 않는 사회적 혹은 문화적 친연성 때문에, 서로가 서로에게서 찾는 일정한 정도의 분립(separation)을 허용한다. 차별화된 연대성은 존중과 포용의 암묵적 혹은 명시적 태도의 조건으로 상호적인 동일시(identification)와 친연성을 전제하지 않는다.[37] 집단의 차별화된 친연성(affinity group differentiation)은 그것이 집단에 기반한 이기심, 편견 혹은 혐오를 무력화시키는 협력의 맥락에서 구조화된다면,

이는 긍정될 수 있다. 따라서 차별화된 연대성은 일반화된 포용의 가치와, 보다 특수주의적이고 현지적인 자기긍정과 표현에 대한 존중 사이에서, 균형을 잃지 않는 것을 목표로 한다.[38] 나는 연대와 차별화라는 차별화된 연대성의 두 가지 원칙을 설명하고, 이러한 이상이 칸막이를 허무는(탈칸막이적) 행위와 정책을 어떻게 견인할 수 있는지 보여주고자 한다.[39]

연대 — 내가 의미하는 이 용어는 사람들에게 빚진 함께하겠다는 의식과 정의감이다. 그러나 이는 정확히 말하자면, 동류감(同類感, fellow feeling)이나 서로의 동일치성에 기반하지 않는다. '연대'라는 용어의 일반적인 용례는, '공동체' 같은 유의어가 그러하듯, 이러한 통일적인 동류감을 전제한다. 하지만 복합적이고 복수적인 많은 인구의 사회에서의 포용이라는 이상은, 거리감을 전제하는 상호존중과 돌봄(caring)이라는 개념에 의존해야 한다.[40] 부연하면, 연대라는 규범은 잘 모르는 사람들과 서로에게 많은 방식에서 낯선 관계로 남는 사람들 사이에서도 유효하다. 동류감이 아니라면, 사회적 거리를 가로지르는 이러한 관심 갖기의 도덕적 근거는 무엇인가?

그것은 바로 사람들은 더불어 살아간다는 사실이다. 사람들은 싫든 좋든 지역단위나 광역에서 함께 한다. 사람들이 함께하기 때문에, 이들 모두는 지리적이고 기후적인 환경에 영향을 받고 관계할 뿐만 아니라, 거리감 있고 조정되지 않는 삶의 경로와 지역적 상호작용 속에서, 이들 모두는 이러한 광역에 들어와서 살고 다닌다는 바로 이러한 사실의 구조적인 여파에 영향을 받고 관계한다. 이들은 모두 잠재적으로 지진, 전력서비스 부족 혹은 혼잡한 교통지옥에 — 전력서비스 부족과 혼잡한 교통지옥은 종종 서로의 원인이 된다 — 영향을 받는다. 먼 거리의 낯선 사람들이라 해도 흔히 잠재적으로 이들 대부분에게 영향을 미치는 — 주로 이들의 개인화된 행위가 합쳐짐으로써 야기된 — 지역환경과 지역문제에 호응을 보일 정도로 서로에게 관심을 갖고 협력해야 할 필요가 있다.

현대사회의 낯선 사람들은 같이 산다는 의미보다 더 강한 의미에서 더불어 살아간다. 이들의 일상활동은 어떤 사람들의 행위와 그 결과가 많은 다른 사람들 — 이들이 알지 못하고 안중에도 없는 사람들 — 에게 영향을 미친다는 의미에서, 인과적으로 이들을 관련짓는 제도적 관계의 조밀한 관계망을 전제한다. 경제활동과 제도는 한 지역의 거주자들을 가장 심층적으로 연결한다. 대중전달의 제도와 관계, 법적 관계, 계약적 관계, 서비스전달의 관계 등은, 공적이건 사적이건, 이들의 조치와 그 조치의 조건을 연결시키는 소통적이고 인과적인 관계로 낯선 사람들을 함께 묶는다.

정의론자들 중 거의 누구도 인격체나 다른 피조물에게 확대되어야 마땅한 정의에 대한 의무(obligations of justice)의 범위가 어떻게 되는지 묻지 않는다. 이들은 정의의 원칙이 적용되어야 마땅한 이미 주어진 정체를 전제하며, 정의의 원칙은 동일한 정체에 스스로 속한다고 간주하는 모든 사람들에게 적용된다고 상정한다. 하지만 1장에서 지적한 바 그리고 이 장의 말미와 7장에서 재론하듯, 많은 정체는 자의적으로 개념정의되거나 일부 사람들을 배제하려는 목적으로 개념정의된다. 따라서 주어진 정체의 경계가 정의라는 도덕적 요구사항에 적정하게 대응하기 위해, 그러한 정체가 마땅히 가져야 하는 개념정의에 부응하는지를 묻는 것은 적절하다. 그렇다면, 우리는 정의의 의무의 범위가 어떻게 되는지를 기존 정체의 범위를 보지 않고서도 어떻게 안다는 것인가?

오노라 오닐(Onora O'Neill)은 이 문제에 대한 유용한 답을 제시한다. 이런 방식으로 함께사는 사람들(그리고 아마도 일부 다른 종의 피조물들)

은 정의의 원칙이 적용되어야 마땅한 관계에 있다고 그녀는 주장한다. 행위 주체는 모든 타인과 함께 정의의 관계에 있다. 그 행위주체는 타인의 행동을 자신 행위의 배경이라고 간주한다. 저마다의 일에서 우리는 많은 타인들이 그것의 제도적·인과적 결과가 우리의 삶과 행위에 영향을 미칠 수 있는 일을 할 것이라고 혹은 하지 않을 것이라고 전제한다. 또한 마찬가지로 우리는 암묵적으로 우리의 행위가 제도적·인과적으로 타인의 삶과 행위에 관련된다고 전제한다. 오닐의 논거에 따르면, 사람들이 타인의 구체적인 행위능력을 자신의 행위에 대한 전제로 생각하는 만큼, 그리고 그렇게 생각하는 사실에 근거해서, 사람들은 타인에게 정의의 의무를 갖는다는 것이다.[41]

나는 아침 8시30분 교통정보에 채널을 맞추며, 늘 다니던 출근길이 평소보다 막힌다는 것을 알게 된다. 그래서 나는 한 시간 더 기다려서 출근하기로 한다. 이 간단한 행위는 많은 다른 행위자들을 전제한다. 교통정보를 준비하는 관계자들, 라디오방송국 스텝들, 다른 모든 알려지지 않은 통근자들 등이다. 나는 주유중인 주유소에서 커피 한 잔을 들고 있다. 이 간단한 행위에서 나는 뜨거운 원두커피와 내가 이용할 정도로 저렴한 휘발유를 만드는데 도움이 된 어쩌면 수백만일지도 모르는 다른 모든 사람들의 행위를 전제한다. 정의의 의무는 이러한 제도적 관계들과 여파와 영향의 인과적 연쇄 고리들의 맥락에서 사람들 간에 생긴다. 이러한 제도적·인과적 관계성 때문에, 나의 행위는 다른 많은 사람들의 행위들과 함께 합세하여 계속된 파도처럼 파동을 만들어 유동하며, 멀리 떨어져 있는 타인들에게 광범위한 파장을 미친다.

오닐은 이 같은 개념화는 정의의 의무 범위가 글로벌하다는 것을 함의한다고 주장한다. 나는 그녀 주장에 동의하며, 다음 장에서 그녀 주장과 정치제도와 민주적 실천을 위한 그녀 주장의 규범적 함의를 논의할 것이다. 하지만, 이 지점의 핵심은 다양한 충성심, 지역적 친연성(local affinities) 그리고 목표를 지닌 낯선 사람들이 메트로폴리탄 지역의 복합적인 인과적 관계에서 같이 산다는 주장을 구체화하는 것이다. 왜냐하면 이러한 방식으로 이들은 더불어 살기 때문에, 이들에게는 서로가 서로에 대한 정의의 의무가 있다. 한 도시나 광역에서 더불어 사는 수천 또는 수백만의 사람들 저마다 다른 사람들과의 관계에서 다른 개개인의 상황에 관심 기울여야 하고, 저마다 개인 차원에서 발견한 부정의를 감수하며 살고 있는 어떤 개인의 상황을 교정해야 할 구체적이고 개인화된 의무가 있음을 의미하는 것은 분명 아니다. 대신, 이는 이러한 제도적·인과적 관계에서 살고 있는 모든 개별 개인은 정의의 관계를 이끌기 위해 조직된 집합적 행위의 제도를 즉, 정치적 조직화를 구성하고 뒷받침하기 위해 할 수 있는 것을 해야 할 의무가 있다는 의미이다. 차별화된 연대성라는 이상은 부정의를 약화시키고 특정 지역에 같이 사는 낯선 사람들끼리도 정의를 증진시키기 위한, 집합적 행위에 대한 이러한 의무를 구체적으로 인정한다.

차별화 — 차별화된 연대성이라는 사회적·정치적 이상은 칸막이화는 잘못이지만, 사회적 집단의 구분(social group distinction)은 잘못이 아니라고 본다. 이 이상은 도시공간적 의미에서 뿐만 아니라 종교나 문화 혹은 기타 친밀한 집단결사의 의미로도 모여(cluster) 살 수 있는 자유를 지지한다. 이러한 자유는 차별금지에 대한 신념과 균형을 맞추어야 한다. 다시 말해, 공간적·사회적 밀집화는 배제의 작용에 대한 기반이 아니라 친연성의 이끌림에 대한 기반이 될 수 있다.

또한 밀집화할 수 있는 자유는 동화되지 않은 타자성(unassimilated otherness)에 대한 개방성과 짝을 이뤄야 한다. 사회적·문화적 친연성 집단으로 차별화되는 사람들은 다른 친연성 집단들과 자신이 더불어 살고 있음을 인정하며, 그들과 자신이 정의의 관계로 더불어 살고 있음을 승인한다. 동화되지 않은 타자성에 대한 개방성은 그러한 타자들과의 관계성을 인정할 뿐만 아니라 존중되는 거리감(respectful distance) 또한 동시에 인정한다. 타인들을 인정(recognition) 또는 승인(acknowledgement)한다는 이 같은 입장은 관용(tolerance)이나 공동의 동일치성(communal identification)으로 설명될 수 없다. 관용한다는 것은 그들을 그냥 두지만 그들과의 관계를 승인하지 않으려는 의중을 의미한다. 관용은 포용을 진흥하기에는 지나치게 미약한 규범이다. 하지만 이미 설명해 왔고 다음 장에서 재삼 설명하듯, 포용적인 정치제도는 정체의 모든 구성원들이 서로를 동일시해야 한다고 요구하지 않는다. 차별화된 연대성은 이 같은 측면에서 서로 동일시화하는 사람들은 차이 나는 상황과 친연성을 지닌 사람들을 향한 개방성과 [정치적] 의무(engagement)를 확인해야 한다고 요구할 뿐이다. 2장에서 설명했듯이, 이러한 의미에서의 인정은 정치적 토론과 의사결정의 목표라기보다 조건이다. 인정은 함께 나누는 공적 공간에서 타인의 목소리에 귀 기울이며 또한 함께하겠다는 개방성을 표방하는 것임과 동시에, 집단기반의 조직화와 목소리 냄의 필요성을 승인하는 것이다.

차별화된 연대성이라는 규범적 이상은 또한 집단을 차별화하는 개념적인 경계뿐만 아니라 포용하고 배제하는 공간적인 경계에 도전한다. 만약 차이 나는 집단들이 있다면, 이들 간의 경계는 깨끗하게 구분되는 것이 아니라 서로를 점이*(漸移, shadings)하고 서로 중첩된다. 동화되지 않은 타자성에 개방적이라는 것은, 명확한 차이를 인정하는 것뿐만 아니라 사람들은 복수의 성원자격을 갖는다는 점과 어떤 사람들

* 음영의 변화처럼 미묘하게 서서히 단계적으로 변한다는 의미.

은, 선택에 따른 것이든 우연에 따른 것이든, 일체의 성격규정에 맞아떨어지지 않는다는 것을 승인하는 것이다.

공간으로 보여주고 있듯이, 차별화된 연대성은 밀집화와 더불어, 공간적인 점이와 공간적인 혼성(hybrids)을 규범적으로 우대한다. 차별화된 연대성를 예시하는 도시공간은 다음처럼 보일 수 있다. 이러한 광역 — 특징적으로 보면, 유대인, 아프리카계 미국인, 게이, 마오리 또는 유럽계 백인 지역사회 같은 — 은 일반적으로 차별화된 집단이 인정되는 지역사회들과 공동체들을 포함한다. 하지만, 이들 중 어떤 것도 순일한 동종류가 아니다. 다시 말해, 일부가 우세하게 차별화된 성격을 갖고 있을 수 있지만, 통계적으로 말하자면 그 지역사회는 혼종(混種)이다. 이러한 도시공간은 또한 집단밀집화가 거의 없는 많은 지역사회들과 구역들을 포함한다. 배제 없이 공간적으로 분리된 이 같은 도시지역을 지나는 사람들은 지역사회들 간의 명확한 경계가 없음을 보게 된다. 지역민들은 화려한 파사드(façade) 외벽과 허름한 나무판자로 덧댄 창문 사이의 이질적으로 급변하는, 현재 미국의 많은 도시에서 볼 수 있는, 경계없이도 서로에게 넘나든다.[42] 이러한 도시생활의 이상에서는, 모두가 저마다의 터전(homeplace) — 가까운 거주와 지역공동체의 참여의 장소로서 — 을 갖는다. 하지만 그 지역민들의 행태와 태도 때문에, 그 누구도 도시나 광역의 어떤 부분이 자신에게 닫혀있다고 느끼지 않는다. 더욱이, 다른 구역도 일터나 쇼핑, 놀거리 그리고 지인 사이의 왕래의 장소로서 사람들과 상관있는 곳이 된다. 차별화된 연대성을 시연하는 도시공간은, 그 광역에서 같이 사는 누구라도 공연, 페스티벌, 경연장, 공적 토론장에서 만날 수 있는 많은 실내외의 공적 공간들을 포함한다.

적용 — 통합과 차별화된 연대성이라는 두 가지 이상은 어떤 가치는 공유하지만 다른 가치는 달리한다. 통합이라는 이상만큼이나, 차별화된 연대성도 차별금지의 원칙을 승인한다. 차별화된 연대성이라는 이상으로 견인되는 정책은 집단에 기반한 모든 차별을 금지한다. 또한 이는 시군행정지역획정(municipal zoning)이나 로트 크기 이상을 요구하거나 다인(多人)단위 거주를 기피하는 등 경제적·사회적·정치적 기회 제공에 있어 계급적 배제를 지향하는 행위와 정책을 금지한다.

더 나아가, 아마도 통합이라는 이상보다 훨씬 더, 차별화된 연대성은 주택소비자들의 자유를 증진한다. 탈칸막이화와 차별화된 연대성의 규범의 진흥을 지향하는 사회정책은 개인에게 기회를 열어둬야 하며, 자신의 개인생활을 위한, 특히 자신의 거주장소와 관련해 본인이 직접 선택한 목표를 추구하는 자유를 허용해야 한다. 예를 들어, 칸막이화 하기 위해 사람들을 쫓아내서는 안 되는 것 만큼이나, 탈칸막이화를 이루기 위해 사람들이 이동하도록 강요해서는 안 된다. 주택의 배정은 가격으로 규제되거나 자금이 보조되는 시장에 일차적으로 의존해야 한다. 주택이 배정되는 이 시장은, 할당자들에 의해 결정된 통합된 패턴화 결과에 따르기보다 최대한 거주자의 선호에 따라 배정되어야 한다.

주택소비자들의 선호는 최대한 존중되어야 하지만, 제도와 소유주들의 행위는 그것이 거주 기회나 지역사회의 조건에 원인이 된다는 점에서는 그만큼 존중되어서는 안 된다. 거주의 인종적 칸막이화의 기존 패턴과 과정은, 토지소유주들, 금융제도, 개발자들 그리고 기타 도시공간의 사회적 의미에 영향을 많이 미치는 행위에 일조하는 기타 사적인 활동들을 감독하고 규제하지 않고서는, 단지 개인 선택의 폭을 넓히는 방식으로는 뒤바뀔 수 없다. 정책입안자들은 집단을 구분하지 않고 또한 차별하지 않겠다는 정직한 뜻과 의지에 기댈 수 없다. 왜냐하면 그러한 뜻과 의지도 흔히 칸막이된 우대됨과 불리함을 강화하는 행위를 수반하기 때문이다. 자유주의사회에서 칸막이화의 과정은 기획에 의해서가 아니라 누가 봐도 무해한 또는 자기기만적인 많은 조치들이 합세·합체됨으로써 재생산된다. 따라서 이러한 과정에 능동적으로 개입해야 한다는 점은 필연적이다. 일부가 집단밀집화를 선택하는 괜찮은 지역사회의 괜찮은 집에서 살 수 있는 개인의 자유를 증진하기 위해, 자산소유주들과 주택관련 제도의 자유를 제한하는 것은 정당하다.

자원배분과 정치과정의 차원에서, 차별화된 연대성의 이상으로 견인된 정책은 통합으로 견인된 정책과 구분된다. 후자는 대개 백인 압도적인 지역사회를 다른 지역민들에게 개방하는 것을 지향한다. 흔히 후자는 인종화된 집단의 구성원들이 열악하고 인종적으로 집중된 지역사회에서 더 나은 주택과 더 나은 삶의 질을 갖춘 장소로 이동할 수 있는 기회를 제공한다. 일부 정책은 인종적으로 섞인 지역사회에 백인이 정착하거나 정주할 수 있도록 독려한다. 이런 정책은 부동산소유주들이나 임차인들 개개인의 상황과 행위에 집중한다. 이들 중 많은 정책은 차별을 줄이거나 선택을 증진하는데 유용하다. 하지만, 이런 정책은 문제에 비해 상대적으로 수가 적고 개인의 이동에 초점을 맞추고 있기 때문에, 이들이 칸막이화의 우대됨을 재생산하는 과정이 몰고 오는 파문(波紋)과 파고(波高)에 거의 영향을 미치지 못한다.

몇몇 공간상 집단차별화된 도시의 이미지로 견인된 정책, 그러나 시민들이 그러한 차이를 가로질러 더불어 함께 살고 있음을 이해하며 서로에 대해 정의감을 갖고 있는 맥락에서 견인된 정책은, 사람을 이동시키기보다 자원의 이전에 더 초점을 맞춘다. 인종적으로 집중되어 불리한 지역사회는 주택개량과 개발, 상업공간과 기업, 마을센터, 공원, 운동장 같은 공적 공간 그리고 일자리창출산업에 대한 대대적인 공공

투자와 민간투자가 필요하다. 이러한 원칙에 의거한 미국 지역재투자법(Community Reinvestment Act)이나 '기업촉진지구법(Enterprise Zones Act)'으로 관철된 프로그램도 규모가 너무 작고, 그 활동도 대개가 비교적 고립되어서 지역사회의 삶의 질에 거의 영향을 미치지 못한다.

자원을 사람들에게로 이전시키고자 하는 정책은 칸막이화가 만드는 물적 우대됨 및 칸막이화 과정의 불평등을 직접적으로 다룬다. 이러한 정책은 살던 집의 친숙함을 떠날 것인지 아니면 다른 사회들에서는 열려 있는 혜택과 기회에서 배제될 것인지의 선택에 직면케 하지 않는다. 지역사회의 삶의 질을 개선하는데 있어 분명하고 지속적인 효력이 있는 방식으로 자원을 이전시킨다는 것은, 사람들의 이동에 영향을 미치게 된다. 일부 외지인들은 그런 지역에 살고 싶어 할 수도 있다. 물론, 인종적으로 집중되고 상대적으로 서비스가 불비한 지역사회에 자원을 투입하는 정책은 주거지역개방과 차별금지정책을 대체할 필요가 없으며 또한 대체하지 말아야 한다.

6. 지역참여와 광역거버넌스

30년 전 로버트 달(Robert Dahl)은 인구밀도, 소통의 용이 그리고 경제적 상호의존이 증가하는 세계에서 민주주의가 직면하는 딜레마를 강조했다. 한편으로, 참여의 가치, 소통적 상호작용 그리고 공적 결정에서 시민영향력은 민주주의자들이 소규모의 정치적 단위를 좋아하게 만들었다. 하지만 지역과 국가가 교차하는 상호의존성의 밀도를 감안한다면, 분권화된 단위들은 자신의 지역적 조건에 근본적인 전방위적인 관계와 행위에 영향을 미치는 파워가 거의 없다. 정치적 관할구역의 영역이 클수록, 그러한 전방위적인 조건을 규제하는 것이 더 가능해진다. 달은 이 딜레마를 이렇게 요약한다.

> 극단적으로, 시민들은 투표라는 간단한 행위로 거대한 범위의 복합적이고 중차대한 결정들에 참여할 수 있다. 혹은 그 외에도 시민들에게는 중요치 않은 사안에 대한 결정에 참여할 수 있는 거의 무제한적인 기회들이 있다. 그렇기에, 한 극단에서 보면, 인민은 투표이외의 통치는 하지 않는다. 다른 극단에서 보면, 인민은 통치를 하지만 이들이 통제할 수 있는 것은 아무것도 없다.[43]

소규모 단위의 민주적 거버넌스에는 특유의 장점과 기능이 있다. 정치적 단위를 이루는 사람들의 수가 적을 수록, 그 단위에서의 결정에 대한 구성원 각인이 갖는 잠정적인 영향력은 더 커진다. 소규모 단위에서는 밀도 있고 풍부하며 여러 측면의 관계를 만들기 위해, 구성원들이 결사와 소통의 관계망에서 다른 구성원들을 알고 직접적으로 상호작용할 수 있는 더 많은 기회를 갖는다. 소규모 거버넌스 단위에서 시민들은 위원회, 공청회 그리고 의결을 집행하는 담당자들에게 더 쉽게 접근한다. 따라서 시민들은 이 같은 실행을 모니터하고 공무담임자들에게 소명책임을 가장 쉽게 물을 수 있다. 지역의 거버넌스 단위는 이슈를 제기하고 정치적 의제를 형성하고 의사결정을 내리고 그 결과를 실행할 때, 시민들의 능동적 참여를 최선으로 독려하고 가능하게 할 수 있다.

하지만 오늘날의 세계에서 소규모의 정치적 관할구역은, 흔히 서로의 삶의 조건에 깊이 있게 영향을 미치는 행위를 하며, 그리고 제도적·인과적으로 사람들과 연관되는 환경과 구조적 과정 속에 함께 살고 있는 사람들을 행정적으로 분리시킨다. 내가 앞서 설명한 인종적이고 계급적인 거주의 칸막이화 과정은 흔히 불리함이 담겨있고 우대됨이 보존되는 관할구역의 신설이나 유지로 촉진된다. 자치권을 갖는 지역의 행정관할구역은 구역단위규제(zoning regulation)를 활용해서 일부 사람들과 활동을 배제한다. 재정이 넉넉한 지방행정단위는 든든한 세원으로 양질의 학교와 최상의 서비스를 운영하지만, 인근의 더 가난한 지방자치 행정단위는 세원이 훨씬 빈약해서 더 비싼 복합적인 서비스 제공이 필요하다. 행정구역상 자치권이 있는 단위의 계획과 개발결정은, 이러한 결정에서 발언권이 없는 많은 인근지역 공동체의 투자패턴과 투자분위기에 영향을 미친다.

정체의 범위는, 내가 앞서 주장했듯이, 사람들의 운명을 묶고 있는 사회적·경제적·소통적 관계들로 얽혀 있기 때문에, 서로에 대한 관계 속에서 사람들이 갖는 정의의 의무의 범위와 일치해야 한다. 이러한 사회적 연결성 때문에, 사람들은 서로를 모르며 또한 차이 나게 자리매김된 낯선 사람들의 많은 행위들을 자신이 행할 행위의 전제로 감안한다. 특정 지역사회나 상점구역에 교통편을 운행하지 않는 결정 그리고 풍족한 공동체 주변에 담을 세우는 결정은, 만약 접근이 더 쉬워지면 일부 못사는 사람들이 자신의 공간에 들어오려 할 것임을 상정하는 것이나. 내가 요약한 오닐의 정의의 의무 범위에 따르면, 이러한 사람들은 서로 정의의 관계에 있다. 나는 인과적인 영향력과 배경적 작용의 밀접한 관계들이 메트로폴리탄 광역을 가로질러 성립한다는 점을 앞서 제시했다. 이러한 광역에서의 정치조직화가 작은 단위로 분립된 관할구역내에서만 정치적 토론과 의사결정을 제도화할 때, 그리고 이 안의 사람들이 본인의 관할구역 공동체내에 있는 다른 사람들에게만 관심을 가질 필요가 있다고 느낄 때, 그러한 정치적 분립(political separation)은 그것이 정의관계의 범위에 부응하지 않기 때문에 정통성이 있다고 볼 수 없다.

미국에서 이러한 행정관할구역상 분립(jurisdictional separation)은 흔히 지속적인 사회적 배제와 불평등의 진원지이다.[44] 일부 학자들은 미국에서 교외지역의 경제적 안녕은 도심의 경제적 안녕과 맞물려있다고 주장한다. 하지만 행정구역상의 분립은 교외지역이 이들의 행정서비스 제공과 경제발전의 비용을 도심과 함께하지 않고서, 그러한 경제적인 상호의존성으로부터 혜택을 받을 수 있도록 한다.[45] 미국은 아마도 이 같은 광역 경제의 행정구역상 파편성의 정도가 유독 심하지만, 광역을 가로지르는 경제적 상호의존성의 정도에서는 그렇지 않다.[46] 이러한 이유로 광역을 가로질러 확장되는 정치적 규제의 폭넓은 범위는 효율성이나 효과성의 측면에서뿐만 아니라 규범성의 측면에서도 바람직하다.

우리는 규범적인 딜레마를 가진 것처럼 보인다. 한편으로, 자기결정, 문화적 특정성, 참여 그리고 소명책임성은 상대적으로 작은 규모의 정치적 단위에서 가장 잘 실현되는 것 같다. 다른 한편으로, 지역적 친연성 집단들과 더불어 사는 차이 나는 위치에 처한 다른 사람들의 필요와 이익을 고려하는 가치는 넓은 범위의, 적어도 광범위한 메트로폴리탄 광역으로 구성된 정치적 단위에서 최선으로 실현된다. 이 같은 딜레마를 벗어나는 방법 즉, 지역의 자기결정과 다른 사람들의 정당한 이익을 광역의 규모로 인정하는 것, 사이에서 균형을 잡을 수 있는 방법이 있는가?

제랄드 프러그(Gerald Frug)는 이러한 딜레마에 대응하기 위해 설계된 도시정치학모델을 제안한다. 그는 이 모델의 이론적인 핵심은 분권화(decentralized)된 정치단위를 '탈중심화(decentred)'로 구상하는 것이다.[47] 탈중심화된 분권화는 지방정부법(local government law)에서 가장 공통된 지역자율성(지방자치, local autonomy)에 대한 이해와 제도화를 거부한다. 지방정부법의 불충분한 해석에 따르면, 지방자치 행정당국은 각각의 행정당국이 불간섭이라는 원칙을 고수한다는 의미에서, 다른 행정구역들과 행정적인 경계로 분립된만큼 자치권(autonomous authority)을 갖는다. 행정관할구역안에서 진행되는 것은 우리의 소관업무이고, 밖에 있는 다른 사람들은 간섭할 수 없으며, 마찬가지로 이 행정구역에 속한 우리는 다른 이웃사회 행정구역의 문제와 결정에 관여할 필요도 없으며 관여해서도 안 된다. 프러그가 '중심적(centered)'이라 부르는, 이 같은 지역자율성에 대한 한정된 이해는, 각 지역자치 행정단위의 시민들과 정부에게 자신들의 행위와 정책이 행정구역 경계밖에 있는 사람들에게 미칠 여파를 고려하지 않고서 또한 광역 단위의 상호작용을 주목하지 않고서, 단위 구역내 주민들의 이익만을 추구할 수 있는 면허를 제공한다.

만약 이러한 의미에서 지역자율성이 절대적이라면, 현대사회는 작동되지 않을 수 있다. 하지만 현대사회는 그렇지 않다. 연방정부와 주정부는 정의의 보다 넓은 사회적 과정과 이슈에 대한 규제를 순조롭게 하기 위해, 지방자치 행정당국의 자율성을 제한한다. 이러한 방식으로 국가의 파워는 또한 주권이라는 중심화된 모델 아래에서 작동한다. 연방, 주(provincal), 전국단위 정부들은 지역의 참여가 배제된 제도에서 규제적인 통제를 중앙집권화한다. 즉, 이들은 많은 현안에 대한 일차적인 행정상의 파워를 쥐고 지역정부에게는 잔여적인 파워를 허용하면서, 지역정부의 자율성에 대한 월권(越權)자들이 된다. 프러그는 넓은 광역을 가로지르는 조정(co-ordination) 및 관심의 정치적 관계를 제도화하는 더 나은 방법은 수정된 지역자치의 개념에 의존하는 것이라고 주장한다. 페미니스트 이론가들이 주장하는 자율성 논의의 연장선상에서, 나는 이 같은 수정된 개념을 관계적 자율성(relational autonomy)이라 부를 것이다.[48]

관계적 개념에서 보면, 자율성은 행위주체가 자신의 목적을 선택할 수 있으며 그러한 목적을 추구할 수 있는 역량과 뒷받침을 가지는 것이다. 상호의존이라는 관계 속에서 행위주체와 이들 행위의 사회적 구성은, 타인을 분리하고 그리고 타인과 독립적일 수 있는 능력이, 비록 그렇게 보인다 할지라도, 거의 없음을 의미한다. 따라서 이러한 해석에 따르면, 개념적으로 충분한 자율성 개념은 다른 사람들도 동일한 목적을 추구한다는 관계적 맥락에서 자신의 목적을 추구하는 역량을 증진해야 한다. 이러한 자율성 개념은 불간섭(non-interference)을 수반하지만, 이는 원자화된 행위주체들이 단순히 각자 본인의 일만 신경을 쓰고 서로에 대해서는 방치하는 어떤 사회적 기획을 의미하는 것은 아니다. 대신에, 자율성 개념은 행위주체들은 본인이 선택하지 않은 많은 방식들 예를 들면, 친족, 역사, 공간적 인접성 또는 의도되지 않은 행위의 결과 등에 의해 관련된다는 점을 인정한다. 이러한 관계들 속에서 행위주체들은 서로를 지지할 수도 좌절케할 수도 있다. 그렇기 때문에, 관계적 자율성은 부분적으로 관계들의 구조에 놓여 있기 때문에, 그러한 관계들은 모든 개인의 목적이 최대한 추구될 수 있도록 뒷받침할 수 있다.

프러그는 이러한 관계적 자율성 개념을 도시정치학(urban politics)에 적용한다. 그는 지역단위들과 관계적 자율성을 갖는, 광역정부(광역통치, regional government)제도를 요구한다.[49] 첫째, 지역자율성은 지역 행정당국과 불간섭을 전제한다. 지역단위는 토론과 결정에 의미 있는 시민적 참여가 가능할 정도로 소규모여야 하며, 지역정부는 시민들의 환경, 공적 생활 그리고 기회를 형성하는 사소하지 않은 결정들을 내려야 한다. 그의 수정된 지역거버넌스 개념에서, 프러그는 지역 행정당국이 관할구역권을 유지하고, 더 큰 행정구역에서는 지역사회협의회를 만들어야 한다고 제안한다. 둘째, 지역단위의 결정과 활동이 다른 지역단위들에 부정적인 영향을 미치거나 분쟁을 야기하거나 다른 지역단위들과 상호의존적인 관계에 연루된다면, 다른 지역단위들도 자치권을 요구하며, 여타 지역단위들과 관계의 조건을 협상하고, 그러한 영향을 상호적으로 조정할 수 있는 정당한 권리를 갖는다. 따라서 프러그는 지역단위가 서로 다른 지역단위의 이익과 필요를 고려해야 함을 요구하는, 광역 전역의 관심사에 대한 관할권과 의사결정에 대해 협상하는 광역기구를 만드는 메커니즘을 제도화하자고 제안한다. 지역정부와 메트로폴리탄 또는 광역거버넌스 제도 사이의 관계는 대부분 광역정부가 지역정부를 하위에 두는 법적 위계라기보다 정부들 간의 협상에 기반한다.[50]

차별화된 연대성과 관계적 자율성 개념에 기반한 지역정부 및 광역정부의 제도설계를 자세히 살펴보기 위해서는 책 한 권이 더 필요할 것 같다. 이러한 기획은 지역정부의 많은 사안에 대한 많은 대안이 고려되어야 하며, 이들 대안에 대해 입장과 지지를 부여해야 하고, 규범적인 결론을 세계도처에 있는 광역정부의 기존 제도와 이 기획를 비교해야 할 필요가 있다. 지역적 통제와 광역적 범위에 관한 논거를 소개하는 나의 목적은 차별화된 연대성이라는 개념을 인종적이고 계급적인 칸막이화의 해악에 대한 대응책으로 제시하기 위함이다. 이러한 제한된 목적에 유념하면서, 나는 지역거버넌스(local governance)모델의 요소들을, 내가 이해한 대로, 제시해보고자 한다.

첫째, 이 모델에서 광역이란 무엇인가? 나는 기본적으로 거의 세계의 모든 인구들이 앞으로 수십년 동안 살 것으로 전망되는 메트로폴리탄 구심점을 염두에 두고 있다. 이는 높은 밀도의 경제과정과 이들을 가로지르는 움직임의 구심점 — 이 곳에서는 상호작용의 밀도가 가장자리로 갈수록 낮아진다 — 이다. 광역은 또한 특정한 기후조건, 생태, 산세나 지형 그리고 물길로 정의되는 지리적 중심이다. 광역은 지역의 노동시장과 소비시장의 반경이다. 또한 광역은 강력한 라디오 주파수 반경을 포괄한다. 많은 사람들은 본인의 이웃사회와 지역공동체에서 지낼뿐만 아니라 광역 전역에서 살아간다. 이들은 일하러 가고, 놀고, 쇼핑하고, 가족과 지인을 만나기 위해 빈번하게 광역을 가로질러 다닌다.

내가 이해하는 바, 이들은 광역에서 다른 지역정부들과의 관계로 제도화된 지역정부 자치모델의 요소 중 일부이기도 하다. 우리는 지역적으로 참여와 의사결정에 관한 자치단위(autonomous unit)에서 시작한다. 조르디 보르자(Jordi Borja)와 마뉴엘 카스텔(Manuel Castells)은 이러한 탈중심화된 단위의 특징을 다음과 같이 설명한다.

> 분권화는 역사적·지리적·사회문화적 특징을 지닌 즉, 집합적 정체성이 존재하거나 만들어질 수 있는 종류의 단위 혹은 영토적인 구획 즉, 구역(districts)에 근거해야 한다. 이러한 특징은 또한 가능한 만큼 명확한 물리적인 이미지를 지녀야 하며(사회의 주요한 동맥들이, 기존 지역들을 분리하지 않고 서로 합치면서, 구역을 정할 수 있다면, 이는 더욱 좋다), 또한 이는 사회적·기능적 관점에서 다목적이 되어야 하거나 될 수 있어야 바람직하다. 구역은 주민들을 포함할 만큼 충분히 커야 하며, 기능과 서비스를 실행하거나 관리할 수 있어야 한다.[51]

사람들이 종교, 문화 또는 삶의 방식의 친연성에 따라 밀집하는 곳에서, 이러한 지역정부모델은 이들 집단화에 대응할 수 있는 정치참여와 의사결정의 제도를 설계할 뿐만 아니라, 배제를 억제하는 다양하고 혼성된 많은 지역들을 부양하게 된다. 결사체 민주주의라는 아이디어를 실행함으로써 야기되는 많은 결사적 삶은 이러한 지역 구역(local districts) 내에서 발생하게 된다. 이러한 모델은 이러한 지역 수준에서 참여적 의사결정제도를 요구한다. 이는 현재의 많은 도시와 마을에서 존재하는 참여적 의사결정제도보다 더 두텁다.

이 모델은 지역정부 내에 모든 구성원들이 평등하게 존중되고 차별받지 않는다는 범위내에서, 해당 시민들이 자신의 정치제도를 통해 학교를 포함한 사회서비스정책과 형식을 결정할 수 있는 권리를 갖는다는 의미에서 볼 때, 이러한 지역정부는 자율적이라고 본다. 하지만 관계적 자율성의 개념은 지역자율성이 단지 내부로만 향하며 자기본위적일 수만은 없다고 말한다. 이 같은 광역거버넌스 모델은 지역정부는 광역내의 다른 지역정부들의 —특히 해당 지역 밖 사람들이 해당 지역단위의 정책과 조치에 영향을 받는다고 그들에게 요구하는 곳에서— 이해관계를 고려해야 한다고 주장한다. 광역거버넌스 제도는 이러한 요구사항을 집행한다. 이러한 제도는 지역정부들 간의 협상과 협력의 절차를 포함한다. 내가 그렸던 바와 같이, 만약 어떤 지역단위가 다른 지역단위의 활동이나 정책이 자신의 지역단위와 주민들에 불리하게 영향을 미치거나 미칠 수 있다고 이의를 제기한다면, 해당 광역의 지역정부들은 제3자가 중재역할을 하는 이익 상충에 관한 심의에 들어가야 한다. 또한 광역거버넌스는 세금정책과 세수공유, 대중교통과 건설계획 및 환경보호와 같은 여타 규제적인 기능을 제공할 뿐만 아니라, 위와 같이 강제되는 협상과정의 틀을 마련하는 광역단위 입법기구를 수반한다. 광역정부는 광역을 아우르는 양질의 효율적인 서비스를 제공하기 위해, 그리고 한 지역단위에서 제공되는 서비스에 접근하는 것이 그 지방자치단체의 주민들로 제한되지 않기 위해, 지역정부의 협력을 위한 정부 간 제도를 신설한다.[52]

광역거버넌스라는 맥락에서 이 같은 지역자기결정(local self-determination)모델이 어떻게 차별화된 연대성의 예가 될 수 있을까? 이 모델은 한편으로는 정의의 요구에 전념하는 다종다양하며 멀리 사는 낯선 사람들의 필요와 이익에 대한 관심과, 그리고 다른 한쪽으로는 보다 밀접하다고 규정되는 이익공동체에서의 차별화된 소속감에 대한 욕구, 이 둘 사이에서 균형을 잡고자 한다. 이 모델에 따르면, 문화나 생활방식에 의해 차별화된 집단들은 일정 정도의 자율성을 가질 수 있으며, 또한 더 넓은 광역제도에서 대표될 수 있다. 광역제도의 중요한 기능은 광역 전역의 관심사에 대한 공적 토론을 위해 이러한 특정한 집단들이 만나는 공론장을 만드는 것이 되어야 한다. 지역만이 대표되는 연고주의(parochialism)를 피하기 위해, 프러그는 광역단위 입법기구와 여타 광역거버넌스 제도가 지역정부의 대표성뿐만 아니라 구조적 혹은 기능적 집단들의 지역을 교차하는 대표방식에 의존해야 한다고 제안한다. 이러한 제도는 그렇지 않았으면 대표되지 못했었을 예를 들면, 여성이나 청년과 같이 광역을 아울러 구조적으로 자리매김된 입장을 특별하게 대표할 수 있다. 또한 이는 소비자나 부모 같이 구체적인 이해관계를 대표하는 제도일 수 있다.

이러한 광역정부 모델은 국가, 주 혹은 전국단위 정부들과의 관계에서 지역정부에 관한 많은 기존 구조와 중요한 방식에서 다르다. 첫째, 이 모델에서 한 광역의 범위는 많은 주정부들의 범위보다 협소하다. 둘째, 이미 언급했듯이, 이 모델에서 광역정부는 지역정부의 권한을, 지자체와 주정부 간 대부분의 관계에서 나타나듯, 단순히 제한하거나 월

권하지 않는다. 또한 광역통치는 시민들의 지역참여로부터 멀리 떨어진 더 높은 권위로 단지 기능하지 않는다. 대신, 광역통치는 광역적 공공의제뿐만 아니라 소지역의 공공의제를 다루는 현안에 대해 지역정부 간 협상, 갈등조정 그리고 협력을 할 수 있는 기본 틀을 마련한다.

최근에 많은 세력들이 합심하여 미국 내 지역정부들에게 과거보다 확충된 권한을 가진 탄탄한 메트로폴리탄 거버넌스구조를 제도화하기 위해 압력을 가하고 있다.[53] 지역정부들은 이러한 프로그램과 서비스의 재원과 비용에 대한 걱정이 컸지만, 연방정부와 주정부의 정책은 최근 복지와 같은 보다 행정적인 책임을 중소지역 수준으로 이양시켰다. 몇몇 지역정부들은 광역 수준에서 협력방안을 모색함으로써 대처하고 있다. 국경을 넘나드는 늘어나는 투자활동은 경제발전의 기회를 모색하며 다른 광역들과 경쟁하기 위해, 지역정부들에게 광역적으로 조직하는 동기를 부여하고 있다. 이와 같은 압력은 전세계 도처의 메트로폴리탄 광역지에게 광역통치를 신설하거나 재편하는 조치를 취하도록 채근하고 있다.[54]

나는 지역참여의 가치를 거의 훼손하지 않으면서도, 형평성 제고의 결정을 실행하는 제도적 역량을 진흥하는 것뿐만 아니라 정의감(sense of justice)을 진흥하는 것을 목적으로 하는 광역통치 모델의 밑그림을 제시하였다. 기존의 많은 광역정부들은 이런 취지가 없었다. 더 큰 광역거버넌스 제도만이 반드시 참여를 유지하거나 높이고, 배제와 칸막이를 줄이며, 광역을 아우르는 다른 지역들의 정당한 이익을 고려하는 윤리의식을 육성하는 것은 아니다. 주어진 파워의 실상을 고려한다면, 메트로폴리탄 정부들이 오히려 민주적 참여와 소명책임성을 축소하고, 더 불리한 사람들을 희생하는 대가로 보다 우대되고 풍족한 지역구의 파워를 높이기 쉽다. 지역사회의 질과 서비스에 대한 접근에서 배제의 기반을 약화시키고 더 많은 평등을 증진할 수 있는 모든 것은, 광역제도를 활용하려는 제도의 설계와 조직화된 시민들의 정치적 압력에 따라 좌우된다. 미국 미네아폴리스(Minneapolis)시의 세인트 폴(St Paul)이나 남아프리카공화국의 요하네스버그(Johannesburg)시에서 했던 것처럼, 광역정부에 의한 재분배실험은 차별화된 연대성으로 구성된 광역제도가 가능하다는 확신을 우리에게 심어준다.

6장 후주

1 Douglas Massey and Nancy Denton, *American Apartheid*(Cambridge, Mass.: Harvard University Press, 1993), 61-7. 나는 어떤 사람들이 마시와 덴튼이 이 사용하는 칸막이화 측정의 표현에 반대한다고 들었다. 마시와 덴튼은 탈칸막이화된 삶의 패턴을 살기 위해서 80%의 흑인이 뉴욕으로 이동해야 한다고 설명한다. 이러한 표현은 일부에게는 중립적이고 단순히 통계적인 것으로 들릴 수 있으며, 다른 일부에게는 불쾌한 백인 중심의 통합주의자의 전제로 들릴 수 있다. 왜 백인은 자신이 있는 곳에 머물면서 흑인이 이동하는 모습을 그리는 칸막이화 지표를 구성하는가? 진정으로 인종 집중화를 낮추고 싶다면, 두 집단이 모두 이동해야 하는 것이 아닌가? 이 지표의 개념정의는 바람직한 목표린 모든 지역에서 인종 비율에 맞게 백인과 유색인이 섞이는 것임을 시사한다. 이 장의 후반부에서 나는 바람직한 거주의 삶의 패턴에 대한 이러한 그림에 이의를 제기할 것이다. 나는 인종적 집중화의 정도를 측정하는 방식을 갖추는 것은 중요하다고 생각한다. 일부 도시나 권역에서 백인이 이동해야 한다는 식으로 측정지표(measure)를 말하는 것은 의미가 없다. 왜냐하면 미국의 대다수 국민은 백인이며 이들은 넓게 퍼져있기 때문이다. 적정한 비율을 성취하기 위해서 인종적 집중화의 측정지표로서 90%의 흑인이 이동해야 한다고 설명하는 방식은 받아들일 수 있으며 또한 적절하다. 하지만, 비록 사소해 보일지언정, 어떤 이들의 삶의 모습이 변해야 하는 이미지와 바람직한 어떤 목표가 문제의 진술 안에 내제해 있다는 것에 비판적으로 문제제기하고, 또한 그러한 전제를 알아차리는 것은 중요하다.

2 위의 책. 미국 내 특정지역에서의 라티노에 대한 칸막이화에 대한 논의는 Paul A. Jargowsky, *Poverty and Place: Ghettos, Barrios, Slums and the American City*(New York: Russell Sage, 1996)를 보라.

3 Massey and Denton, *American Apartheid*, 88-96. 이 자료는 내가 뒤에서 얘기할 아프리카계 미국인이 밀집해서 **모여 살려는**(clustering) 선호를 보여준다. 대다수의 흑인 역시 거의 백인만이 사는 지역사회에 살고 싶지 않다고 말한

다. 백인이 적어도 75% 이상인 지역사회에 살고 싶어하는 백인의 유표된 선호와 함께 본다면, 흑인과 백인이 각각 서로 모여 살려는 선호는 실제 거주의 패턴을 설명하는 데 도움이 된다. 요점은 아프리카계 미국인의 선호는 많은 것이 제한당한 거의 흑인만 사는 지역사회에 해당하지 않는다는 점이다.

4 위의 책, 96-109.

5 칸막이화를 유지시키는 우대됨의 자기영속적 순환(self-perpetuating cycle)에 대한 또 다른 논의는 다음을 참조하라. George C. Galster and Edward W. Hill, 'Place, Power, and Polarization,' in Galster and Hill(ed.), *The Metropolis in Black and White*(New Brunswick, NJ: Center for Urban Policy Research, 1992).

6 Massey and Denton, *American Apartheid*, 51-57.

7 정부보고서에 따르면, 웰링턴에서 태평양섬 출신인의 50%와 마오리인의 28%는 피케아(Pakeha) 즉, 유럽후손 뉴질랜드인과 동일한 거주분포를 이루기 위해서 현재 살고 있는 지역을 변화시켜야 한다고 답했다. 마오리인과 태평양섬 출신인의 주거 접근성에 대한 조사를 보면, 오클랜드 토지관리인의 83.9%가 마오리인과 태평양섬 출신 지원자에 대해 차별적인 행위를 했다고 밝힌다. MacDonald, *Racism and Rental Accommodation*(Auckland: Social Research and Development Trust, 1986)을 보라. Edward M. K. Douglas, *Fading Expectations: The Crisis in Maori Housing*, Report for the Board of Maori Affairs,(Wellington, June 1986); Elizabeth Mleay, 'Housing Policy', in Jonathan Boston and Paul Dalziel(eds.), *The Decent Society? Essays in Response to the Nation's Economic and Social Policies*(Auckland: Oxford University Press, 1992)를 추가로 보라.

8 거주의 칸막이화를 비교하는 몇몇 연구자들은 일부 유럽 도시에서 유의미한 칸막이화가 보이기는 하지만, 대부분 유럽의 도시에서 현재의 문제가 아니며 미국 지역사회를 특징짓는 '초 칸막이화된(hypersegregated)' 인종적 아성은 아니라고 지적한다. 예를 들어, Barbara Schmitter Heisler, 'Housing Policy and the Underclass: The United Kingdom, Germany, and the Netherlands', *Journal of Urban Affairs*, 16/3(1994), 203-20를 보라. 나는 여기에서 이 같은 평가에 대해 논쟁하지 않겠다. 미국은 칸막이화의 정도가 훨씬 심하며 보다 치유되기 어려운 문제를 안고 있어 보인다. 그럼에도 유럽 사례를 제시함의 요점은 단지 칸막이화의 유해성과 그것이 민주주의에 대해 발생시키는 문제가 미국

만의 일이 아님을 시사하고자 함이다.

9 Susan Smith, *The Politics of 'Race' and Residence*(Oxford: Blackwell, 1988); 'Residential Segregation and the Politics of Ritualization', in Malcom Cross and Michael Smith(eds.), *Racism, the City and the State*(London: Routledge, 1993); David McIvoy, 'Greater London in Britain's First Ethnic Census', in Curtis C. Roseman, Hans Dieter Laus, and Gunther Theme(eds.), *EthniCity: Geographic Perspectives on Ethnic Change in Modern Cities*(Lanham, Md.: Rowman & Littlefield, 1996).

10 예를 들면, 다음을 보라. Klaus Ronneberger, 'Zitadellenökonomie und soziale Transformation der Stadt', in Noller, Prigger, and Klaus Ronneberger(eds.), *Stadt-Welt*(Frankfurt, 1994); Jürgen Friedricks(ed.), *Spatial Disparities and Social Behavior*(Hamburg: Hans Christian Verlag, 1992). 이 선집의 몇몇 글들은 함부르크와 베를린을 포함한 독일의 일부 도시에서 벌어지는 이민자에 대한 차별과 거주집중화의 과정에 대해 논의한다.

11 Matthijs Breebaart, Sako Musterd, and Wim Ostendorf, 'Patterns and Perception of Ethnic Segregation in Western Europe', in H. Häussermann and Ingrid Orwald(eds.), *Stadtentwicklung and Zuwanderung*(Opladen: Sonderheft Leviathan, 1997). Hartmust Häussermann and Rainer Marz, 'Migration und Minderheiten in den zentraleuropaïschen Metropolen. Berlin, Brüssel, Budapest und Wien', in *Migranten Berlin. Zuwanderung*(Berlin: Gesellschaftliche Problem politische Ansatz, Fakultät Institut Sozialwissenschaften, Humbolt University, 1995).

12 학사들은 이러한 집중화를 인종적 칸막이화로 봐야 하는지에 대해서 의견이 분분하다. 예를 들어, 바캉(Loci J. D. Wacquant)는 프랑스에서 사회적 배제는 인종의 이슈라기보다 하층계급 젊은이의 문제로 본다. '"Race", Class and Space in Chicago and Paris', in Katherine McFate, Roger Lawson, and William Julius Wilson(eds.), *Poverty, Inequality and the Future of Social Policy*(New York: Russell Sage, 1995)를 보라. 반면, 보디-장드로(Sophi Body-Gendrot)는 프랑스에서 사회적·공간적 배제의 과정을 경험된 문화차이의 인종화와 본질주의화의 관점에서 개념화한다. Body-Gendrot, 'Immigration and Marginality in France', in McFate, Lawson, and Wilson(eds.), *Poverty, Inequality, and the Future of Social Policy*: Body-Gendrot, 'Migration the Racialization of the

Postmodern City in France', in Malcolm Cross and Michael Keith(eds.), *Racism, the City and the State*(London: Routledge, 1993)를 보라.

13 Joachim Vogel, 'Urban Segregation in Sweden: Housing Policy, Housing Markets, and the Spatial Distribution of Households in Metropolitan Areas', *Social Indicators Research*, 27(1992), 139-55.

14 Margaret Weir, 'The Politics of Racial Isolation in Europe and America', in Paul E. Peterson(ed.), *Classifying by Race*(Princeton: Princeton University Press, 1995).

15 Peter Marcuse, 'The Enclave, the Citadel, and the Ghetto: What has Changed in the Post-Fordist U.S. City', *Urban Affairs Review*, 33/2(Nov. 1997), 228-64. 마르쿠제는 거주 패턴을 세 가지 유형으로 개념상 분류한다. 아성(enclave)은 친연적 집단에 따라 사람들이 모이는 것이지만, 게토(ghetto)는 지배집단에 종속된 집단이 배제되고 갇히게 되는 것이다. 성채(citadel)는 다른 사람들은 접근이 제한되는, 계급과 인종적 우대됨으로 구성된 배타적인 공동체이다. 마르쿠제에 따르면, 아성은 긍정적이고 힘이 되어주는 사회구조인 반면, 게토는 불리함을 영속화한다. 인종적 혹은 민족적으로 집중화된 많은 공간들은 이런 각각의 특징을 모두 갖고 있다. 마르쿠제의 분류가 유용함에도 불구하고 그는 거주의 집중화가 아성인지 게토인지 혹은 성채인지, 아니면 이 상태에서 저 상태로 전이되고 있는지를 결정해줄 기준에 대해서는 제시하지 않는다.

16 Smith, *The Politics of 'Race' and Residence*, 3장과 4장.

17 Phillip L. Clay, 'The(Un)housed City: Racial Patterns of Segregation, Housing Quality and Affordability', in George Galster and Edward Hill(eds.), *Metropolis in Black and White: Place, Power, and Polarization*(New Brunswick, NJ: Center for Urban Policy Research, 1992)을 참조하라.

18 Massey and Denton, *American Apartheid*, 특히 5장.

19 William Julius Wilson, *When Work Disappears*(New York:Knopf,1997); Galster and Hill, 'Place, Power and Polarization'을 보라. 유럽에서 인종적·계급적 칸막이화의 파장에 대한 논의는 고용기회에 대한 여파를 지적한다. 예를 들면, Waquant, '"Race", Class and Space in Chiacago and Paris'를 참조하라.

20 Massey and Denton, *American Apartheid*, 153-60.

21 도슨(Michael Dawson)과 코헨(Cathy Cohen)은 애로점이 많은 아프리카계

미국인 지역사회에서의 정치적인 주변화와 칸막이화 간의 관계에 대해 분석한다. 그들의 'Neighborhood Poverty and African American Politics', *American Political Science Review*, 87/2(June 1993), 286–302를 보라.

22 Douglas S. Massey, 'The Age of Extremes: Concentrated Affluence and Poverty in the Twenty-First Century', *Demography*, 33/4(Nov. 1996), 395–412를 보라.

23 Christopher J. Mayer, 'Does Location Matter?', *New England Economic Review*,(May/June 1996), 25–40; Massey 'The Age of Extremes'; Stephen Hegley, *Privilege, Power and Place: The Geography of the American Upper Class*(Totowa, NJ: Rowma & Littlefield, 1995)를 보라.

24 유럽 도시의 계급적 칸막이화에 대해서는 다음 참조하라. Jordi Borja and Manuel Castells, *Local and Global: Management of Cities in the Information Age*(London: Earthscan, 1997), 37, 146. 영국에서 부유층과 빈곤층의 칸막이화에 대해서는 다음 참조하라. Anne E. Green, *The Geography of Poverty and Wealth*(Warwick: Institute for Employment Research, 1991). 메시(Massey)는 여러 발전국가와 개발국가에서의 계급적 칸막이화 추세를 보고한다. 그의 'The Age of Extremes'을 보라. 상파울루(São Paulo)와 로스앤젤레스(Los Angeles)에서 거주의 계급적 칸막이화에 대한 비교는 Teresa P. R. Caldeira, 'Fortified Enclaves: The New Urban Segregation', *Public Culture*, 8(1996), 303–28을 보라.

25 넬슨(Robert H. Nelson)은 많은 교외지역에서 현재 상태보다 더 자유화된 시장은 자산소유에서 소득의 다층화(income diversity)를 유발할 것이라고 주장한다. Nelson, *Zoning and Property Rights: An Analysis of the American System of Land-Use Regulation*(Cambridge, Mass.: MIT Press, 1977)을 살펴보라.

26 Hegley, *Privilege, Power and Place*, 특히 3장.

27 프러그(Gerald Frug)는 공적 공간에서 이러한 다양한 마주침(encounter)의 중요성에 대해 설명한다. 그의 *City Making: Building Communities without Building Walls*(Princeton: Princeton University Press, 1999), 6장을 보라. 공적 공간의 중요성에 대해서 논하는 칼데라(Teresa Caldeira)의 다음 논의를 참조하라. Teresa Caldeira, 'Fortified Enclaves: The New Urban Segregation'.

28 J. Eric Oliver, 'Civic Involvement in Suburbia: The Effects of Metropolitan Economic Segregation on Participation in Local Civic Affairs', 미국정치학회

발표문, 워싱턴, 9월, 1997.

29 Alex J. Johnson, 'Bid Whist, Tonk and *United States* vs. *Fordice*: Why Intergrationism Fails African Again', *California Law Review*, 81/6(Dec. 1993), 1401-70. 존슨은 여기서 아프리카계 미국인의 교육제도를 분리하자는 주장을 하지만, 그의 요점은 아프리카계 지역사회의 고유한 가치와 제도를 증진하는 것에 적용된다. 존슨은 통합이란 이상은, 아프리카계 미국인이 교육적이고 사회적인 집단적 결사로 함께 할 수 있는 인종적으로 분리된 제도의 운영·유지를 통해, 집단 고유의 문화를 존중함으로써 성취될 수 있다고 주장한다. 통합은 집단차별화된 분리를 지속적으로 확인하는 장기간의 과정이다. 존슨은 포르디스 판결(*Fordice* decision)을 분석하면서, 적어도 부분적으로는 아프리카계 미국인이 함께 모여 살 수 있는 선택을 제한하기 때문에, 인종적인 패턴을 강제로 변화시키려는 시도는 부당하다고 주장한다.

30 포드(Richard Thompson Ford)가 그의 논문 'Boundaries of Race: Political Geography in Legal Analysis', *Harvard Law Review*, 107/8(June 1994), 1896-7에서 언급한 *United States v. Starrett City Associates*(1988) 사건을 살펴보라.

31 Kymlicka, *Multicultural Citizenship*, 5장.

32 Yasemin Soysal, *Limits of Citizenship: Migrants and Postnational Membership in Europe*(Chicago: University of Chicago Press, 1994).

33 Jan Blommaert and Jef Verschieren, 'European Concepts of Nation-Building', in Edwin N. Wilmsen and Patrick McAllister(eds.), *The Politics of Difference* (Chicago: University of Chicago Press, 1996)를 보라.

34 Smith, *The Politics of 'Race' and Residence.*

35 Ger Mik, 'Housing Segregation and Policy in the Dutch Metropolitan Environment', in Elizabeth D. Huttman(ed.), Wim Blauw and Juliet Satman(eds.), *Urban Housing Segregation of Minorities in Western Europe and the United States*(Durham, NC: Duke University Press, 1991)를 참조하라.

36 이런 관점에서 타미르(Yael Tamir)는 공공문화의 필요성을 논의한다. Tamir, *Liberal Nationalism*(Princeton: Princeton University Press, 1993)을 보라.

37 차별화된 연대성이라는 개념하에서 내가 제시하는 원칙과 이상은 브룩스(Roy Brooks)가 '인종적 통합과 동맹하는 제한된 분리(limited separation in alliance with racial integration)'의 이름으로 제시한 이상과 유사하다. Brooks,

Integration or Separation: A Strategy for Political Equality(Cambridge, Mass.: Harvard University Press, 1996), 특히 3부. 제한된 분리란 '아프리카계 미국인 사회내에서의 문화적·경제적 통합'이라고 브룩스는 말한다(p. 184). '제한된 분리는 다른 개인이나 집단을 불필요하게 방해하지 않고 해당 집단 내에서 개인을 지원하고 부양하기 위해 작동하는 자발적인 인종적 고립이다. 아프리카계 미국인이 스스로를 위한 의식적인 선택이나 전략의 결과이며, 또한 불필요하게 백인에게 개인적으로나 집단적으로 종속되지 않는 인종적 고립(racial isolation)은 내가 의미하는 제한된 분리의 의미이다'(p. 190). 나는 이 정의가 '고립'을 과도하게 승인하는 것 같다는 점에서 지나치게 강하다고 생각한다. 인종적 '고립'은 바람직하지도 가능하지도 않다. '제한된 분리'는 보다 서술적인 용어이다.

38 차별화된 연대성 아이디어에 대한 발전은 필자의 이전 연구의 일부 아이디어로부터 나왔다. 부분적으로는 뉴질랜드의 마오리인의 투쟁 및 폭넓은 뉴질랜드 정체에서 타인과 함께산다는 맥락에서의 마오리인의 보다 큰 문화적·정치적 자율성을 위한 뉴질랜드 사회의 정책변화에서 영감을 받았기 때문에, 나는 차별화된 연대성이라는 아이디어의 초기 버전을 이전 저작인 필자의 'Together in Difference; Transforming the Logic of Group Political Conflict', in Will Kymlicka(ed.), *The Rights of Minority Cultures*(Oxford: Oxford University Press, 1995)에서 발전시켰다. 뉴질랜드에서는 지난 20년간 중요한 제도적 변화에도 불구하고, 칸막이화와 배제의 문제는 여전히 심각한 상태이다. 차별화된 연대성이라는 아이디어의 몇몇 다른 측면은 내가 '이질적 공중(heterogeneous public)'이라 부른 것에 대한 이전 논의를 다시 불러낸다. 'Impartiality and the Civic Public: A Critique of the Ideal of University Citizenship', in *Throwing Like a Girl and Other Essays in Feminist Philosophy and Social Theory*(Bloomington: Indiana University Press, 1990); *Justice and the Politics of Difference*(Princeton: Princeton University Press, 1990), 5장을 살펴보라. 이 아이디어 역시 내가 앞선 도시생활의 이상에 대한 논의에서 세밀하게 설명하고 있는 동화되지 않는 타자에 대한 개방성의 이상에 기반한다. 이에 대해서는 필자의 'The Ideal of Community and Politics of Difference', in Linda Nicholson(ed.), *Feminism/Postmodernism*(New York: Routledge, 1990)을 참조하라.

39 여기서 내가 상술하는 차별화된 연대성이라는 이상은 하버마스의 정치적 공

동체와 포용이라는 규범의 최근 논의에 힘입은 것이다. 하버마스는 정치제도를 작동하는데 필요한 상호존중과 협력의지의 기반이 되는, 전제된 전(pre)정치적 '민족'이나 집단의 다른 친연성을 인정하는 정치공동체 개념을 거부한다. 대신, 그는 정치공동체 내에서 문화으로 다름을 용인할 수 있으며, 정치공동체 구성원들을 하나로 통일시킬(unify) 수 있는 '헌정적 애국심(constitutional patriotism)'이라는 아이디어를 제시한다. 하버마스의 'Citizenship and National Identity: Some Reflections on the Future of Europe', *Praxis International*, 12/1(Apr.1992), 1-19; 'The European Nation-State: On the Past and Future of Sovereignty and Citizenship', in *The Inclusion of the Other: Studies in Political Theory*(Cambridge, Mass.:MIT Press, 1998)을 보라. 차별화된 연대성 개념은 상호 동일치성으로부터 정치적 연대성의 기반을 분리하려는 열망을 하버마스의 헌정적 애국심과 공유한다. 하지만 하버마스의 이상은 단일한 일단(一團)의 절차와 법이 적용되는 기존의 정치적 관할구역을 전제한다. 그의 개념은 헌정적 절차가 적용되는 관할구역을 만들어내거나 변화시키기 위한 규범적인 집단을 유용하게 설명하지 못한다. 내가 이 장의 말미와 7장에서 부연하듯, 관할구역의 경계는 의도적이거나 비의도적으로 행위와 정책에 의해 [삶의 조건이] 영향 받는 일부 사람들을 고려해야 한다는 점을 배제한다. 이와 같은 어긋남을 바로잡고자 하는 규범이론과 정치적 실천은 공유된 관할구역이나 헌정을 먼저 전제하는 연대성 개념에 의거할 수 없다.

40 Jodi Dean, *Solidarity of Strangers*(Berkeley: University of California Press, 1994).

41 Onora O'Neill, *Toward Justice and Virtue*(Cambridge: Cambridge University Press, 1996), 3장.

42 Richard Thompson Ford, 'Geography and Sovereignty: Jurisdictional Formation and Racial Segregation', *Stanford Law Review*, 49/6(July 1997), 1365-1446를 보라. 포드(Ford)는 인종적으로 밀집되고 황폐한 디트로이트의 동쪽 지역(East Side)에서 볼 수 있는 넓은 정원과 다듬어진 울타리 덤불의 조우를 설명한 잭슨(Kenneth Jackson)의 글을 인용한다. 포드는 법과 사회정책이, 우대됨과 불리함의 조건에 대한 냉혹한 분리는 허용하지만 동시에 대다수 흑인 선거구의 경계에 대해서는 법을 엄격하게 적용시키는, 사회적이고 행정구역적인 경계에 대해서는 신경을 쓰지 않고 있다고 지적한다.

43 Robert Dahl, 'The City in the Future of Democracy', *American Political*

Science Review, 61/41(Dec. 1967), 953–70. *Green Political Theory*(Oxford: Polity Press, 1992) 4장에서 참여와 중앙집중화(centralization)에 대한 구딘(Robert Goodin)의 논의와 비교하라.

44 Ford, 'Geography and Sovereignty: Jurisdictional Formation and Racial Segregation'.

45 David Rusk, *Cities without Suburbs*(Washington: Woodrow Wilson Center Press, 1993); Hank V. Savitch and Ronald K. Vogel, 'Ties that Bind; Central Cities, Suburbs and New Metropolitan Region', *Economic Development Quarterly*, 7/4(Nov. 1993), 341–58를 보라.

46 Michael Storper, *The Regional World: Territorial Development in a Global Economy*(London: Guilford Press, 1997); Borja and Castells, *Local and Global.*

47 Frug, 'Decentering Decentralization', *University of Chicago Law Review*, 60/2 (Spring 1993), 253–338. 프러그의 모델은 그의 책 *City Making*에서 가장 잘 설명되고 있다.

48 Jennifer Nedelsky, 'Relational Autonomy', *Yale Women's Law Journal*, 1/1(1989), 7–36; 'Law, Boundaries, and the Bounded Self', in Robert Post(ed.), *Law and the Order of Culture*(Berkeley: University of California Press, 1991)를 보라. 역시 Anna Yeatman, 'Beyond Natural Right: The Conditions for Universal Citizenship', in Postmodern Revisions of the Political(New York: Routledge, 1994); 'Feminism and Citizenship', in Nick Stevenson(ed.), *Cultural Citizenship* (London: Sage, 1998)을 보라. 이들 페미니스트 이론은 법과 정치적 거버넌스에 의해 개인의 자율성이 어떻게 구상되어야 하는지에 관한 것이다.

49 Frug, *City Making*, 다음의 포드의 제안과 비교하라. Ford, *'The United States vs. Starrett City Associates 1988'*; 'Geography and Sovereignty: Jurisdictional Formation and Racial Segregation'.

50 Borja and Castells, *Local and Global*, 8장과 비교하라.

51 위의 책, 190.

52 Frug, *City Making*, 8장을 보라. 포드 역시 도시서비스의 접근성에 대해서 '*The United states vs. Starrett City Associations 1988*'과 'Geography and Severeignty: Jurisdictional Formation and Racial Segregation'에서 강조한다.

53 Hank V. Savitch and Ronald K. Vogel(eds.), *Regional Politics: America in a Post-City Age*(Thousand Oaks, Calif.: Sage, 1996)를 보라.

54 Borja and Castells, *Local and Global*; Storper, *The Regional World*를 참고하라.

07

자기결정과 글로벌 민주주의

1. 민족국가와 정의의 의무
2. 국경을 가로지르는 정의와 글로벌 거버넌스
3. 민족주의 아닌 방식으로 관민을 인정하기
4. 자기결정의 재검토
5. 글로벌 민주주의
6. 단기적인 유엔개혁

자기결정과 글로벌 민주주의

민족국가(nation-state) 시스템은 배제 — 때때로 그 파급력을 무시할 수 없지만 그래도 정당한 것으로 널리 받아들여지는 — 를 현재화한다. 국가는 자국 국경 안에서 살고자 하는 비(非)시민을 배제할 수 있는 권리를 표방한다. 또한 국가는 자신의 행정관할구역(jurisdictions) 내에서 자신이 취하는 행위와 정책에 대해 다른 국가나 국제기구의 간섭에 맞설 수 있는 어떤 권리를 표방한다. 국가와 그 시민은 국경 밖에 있는 누군가의 안녕을 향상시키기 위해 자신의 지적·물적 자원을 매진해야 할 의무가 없음을 표방한다. 일부 정치이론가들은 이러한 배제는 정당하지 않다고 주장하며, 보다 코스모폴리탄(cosmopolitan) 도덕의무와 정치행위 개념을 권장한다. 반면 다른 이론가들은 자유민주주의 원칙과 제도에 부합하는 형식으로 민족주의(nationalism)의 도덕적 가치와 정통성을 단정하며, 코스모폴리타니즘(cosmopolitanism)에 이의를 제기한다.

이 장은 글로벌 맥락에서의 배제, 포용, 관계성이라는 이슈를 살펴본다. 또한 이 장은 정체의 적정한 범위(scope)에 관한 문제를 세계를 가로지르는 '관민*(關民, peoples)' 간의 정의의 이슈로 확장한다. 코스모폴리탄 지지자들과 마찬가지로, 나는 정의의 의무가 동일한 민족이나 해당 민족국가의 구성원들에게만 확장된다는 널리 퍼져 있는 신념에 반대한다. 글로벌 상호의존이라는 이 시대의 조건 하에서 특히 정의의 의무는 전지구적으로 확장된다. 만약 민주정치제도의 범위가 정의의 의무 범위에 부응해야 한다면, 전세계 관민 간의 관계와 상호작용을 관할하는 보다 전지구적인 제도역량이 있어야 한다.

하지만 문화적 동질화(homogenization)나 일부 사람들이 다른 일부 사람들을 지배하는 위험성을 근거로, 많은 사람들이 코스모폴리탄 거버넌스 기획을 신뢰하지 않음은 옳다고 볼 수 있다. 이 장은 이러한 회의론을 무겁게 받아들인다. 민족적 충성심(national loyalty)의 가치를 이론화하는 사람들과 마찬가지로, 나는 전세계 관민 간의 정의에 함께하겠다는 의지(commitments to justice)는 많은 개인들의 안녕을 위해 관민의 다름(distinctness of peoples)의 중요성을 인정해야 함을 수반한다고 제안한다. 나는 정치적 인정이라는 도덕적 가치가 정치적 자아의 중요한 원천을 제공한다는 주장을 검토할 것이다. 하지만 관민의 다름에 대한 민족주의적 해석은 부적절하게도 본질주의적이며 배타적인 경향을 보인다. 이에 반해, 관민은 관계적으로 구성되는 것으로 이해되어야 하며, 관민의 다름을 정치적으로 인정한다는 것은 자신의 정체성을 민족

---

* 전지구적 맥락에서 영이 언급하는 people/distinct people은 국내외적으로 상대적으로 다른 역사와 문화를 가지며 자기결정권을 요구하는 집단을 의미한다. 영은 본질주의적이고 배타적인 의미의 민족(nation)이라는 표현을 지양하는 대신 people이라는 용어를 사용했다. 역자는 영이 표현한 people/distinct people을 관민(關民)이라고 번역했다. 관민은 『만민법(Law of Peoples)』에서 롤즈가 이름붙인 만민(people)과 유사할 수 있겠으나, 영의 관민(people)은 서로 관계적으로 구성된 사람들이라는 의미에서 롤즈가 지적한 만민과는 다르다. 이하 논의에서 영은 관민을 보다 자세히 개념정의한다.

적 소속의 혼성체(hybrids)로 생각하는 즉, 코스모폴리탄 정체성을 구성하는 수백만의 사람들을 수용할 수 있어야 한다는 의미이다.

관민의 다름을 정치적으로 인정함의 중요성을 이론화하는 사람들이 자기결정(self-determination)이라는 원칙을 강조하는 것은 옳다고 볼 수 있다. 하지만 오늘날 우리는 이 원칙을 독립적인 주권국가에 대한 권리를 표명하는 것으로 해석하려는 경향이 여전하다. 이 같이 자기결정을 불간섭(non-interference)으로 해석하는 것은 글로벌 정의(global justice)의 요건에 부합하지 않는다. 6장에서 발전시킨 상대적 자율성 개념의 기반 위에서, 나는 자기결정이라는 규범적인 아이디어가 개방성 및 상호의존성과 조응하는 관계적 개념으로 재구상(再構想)되어야 한다고 주장한다. 자기결정은 불간섭이 아니라 비지배(non-domination)로서 이해되어야 한다. 관민들의 자기결정이라는 개념은 글로벌 거버넌스(global governance)와 연결된다는 점에서, 글로벌 규제레짐의 맥락에서 지역적·문화적 자율성에 대한 비전을 제공한다. 따라서 이 장은 전지구적인 수준에서 차별화된 연대성을 끌어내는 것을 목적으로 한다.

이 같은 비전에 구체성을 더하기 위해, 나는 글로벌 민주주의(global democracy)를 위한 사회운동이 글로벌 규제와 국제법 위에, 특히 유엔 시스템과 같은 일부 기존 제노 위에 구축될 수 있으리라 제안한다. 그러나 글로벌 거버넌스에 대한 모든 비전은 민주적이어야 하며, 이를 근거로 기존 유엔제도는 심도 깊은 개혁을 해야 한다. 이 장에서는 앞서 발전시킨 소통적 민주주의와 공적 영역이라는 규범을 다시 가져와서, 글로벌 민주적 상호작용의 요건에 대해서 논의할 것이다.

1. 민족국가와 정의의 의무

많은 사람들은 만약 자신이 정의의 의무(obligations of justice)가 있다면, 그러한 의무는 단지 동일한 헌법으로 통치되는 동일한 정치사회에 살고 있는 사람들에게만 해당한다고 생각한다. 사람들은 다른 민족국가에 사는 사람들과 서로 정의의 관계에 있지 않다. 마가렛 캐노번(Margaret Canovan)이 지적하듯, 자유주의 정치이론가들은 그들이 이 같은 전제를 하고 있다는 점을 내세우지 않을 정도로 이를 자신의 전형인 듯 전제한다.[1] 정치이론가들은 앞 장에서 내가 제기한 그리고 이제 재론하려는 문제 즉, 정치제도가 마땅히 부응해야 하는 정의의 의무의 적정한 범위가 무엇인가를 명시적으로 제기하는 경우가 드물다.[2]

일반적으로 인정되는, 거의 묵시적인 답은 이슈 및 정의의 요구사항의 범위는 민족국가라고 답한다. 주권국가의 관할구역이 되는 사회에 거주하는 사람들은 서로에게 정의의 의무가 있다. 예를 들어, 사람들은 제도나 법이 자신들을 공정하게 대하지 않는다고 동료시민이 촉구하는 주장을 경청해야 할 의무가 있으며, 이들은 또한 부정의의 교정과 정의의 증진을 지향하는 정책과 프로그램을 뒷받침하는데 기여해야 할 의무가 있다. 국가제도는 시민의 정의로운 요구를 불편부당하게 듣고 시민 간에 정의로운 판단을 집행해야 하는 의무가 있다. 하지만 국가나 행정관할구역내에 살고 있는 국민은 해당 사회 밖에 있는 사람들에 대한 정의의 의무는 없다. 대조적으로, 국가의 의무는 국익과 자국민의 이익을 최대화하려는 노력이 국민이 아닌 사람들의 이익에 얼마나 영향을 미칠 것인가에 대한 동등한 고려 없이, 그렇게 하는 것이 타국 내부의 문제를 직접적으로 간섭하는 것이 아닌 한, 자국과 그 국민의 이익을 최대화하는 것이다. 외국인들은 자국이 아닌 국가에 대해 또는 자국 법의 영향이 미치지 않는 다른 나라의 시민들에 대해 요구할 수 있는 어떤 도덕적 권한(moral right)이 없다. 도덕적 관점에서 보면, 각 사회에서 사는 사람들은 서로에게 전적으로 독립적이며 그래야 마땅하다.

이 같은 입장은 어떻게 정당화되는가? 내가 전술한 바, 많은 이론가들은 이 입장이 왜 정당한지 답하지 않고 이를 단순히 전제한다. 이에 반해 나는 실증주의적(positivist), 민족주의적(nationalist), 결사체주의적(associationalist)인 세 가지 정당화 방식을 재구성할 것이다. 나의 분석과 비판은 민족주의적인 정당화에 주로 주목할 예정인데, 왜냐하면 그것이 가장 타당해 보일 수 있으며 최근 이론과 실재에서 상당히 재조명되고 있기 때문이다.

실증주의 정당화 — 동일한 민족국가에서 살고 있는 사람들에게만 정의의 의무가 있다는 생각을 왜 가지고 있는지의 문제를 마주할 때, 일각에서는 자국민에게 그리고 오직 자국민에게만 정의의 의무를 갖는 동일한 헌정(political constitution)으로 통치받는다는 바로 그 사실 때문이라 답하는 경향이 있다. 당위(ought)는 가능성(can)을 내포한다는 입장에서 보면, 이 같은 정당화에 정의의 요구는 이를 법적으로 판단하고 이행하는 제도가 없다면 무의미하다는 주장이 추가될 수도 있겠다. 국가는 그 제도를 제공하지만, 그것은 국가의 행정관할구역 내에 있는 사람들에 대해서만이다. 그렇기 때문에, 정의의 의무는 자국민 사이에서만 성립하며 국외자들에게는 성립되지 않는다.

나는 이를 실증주의적 입장이라고 부르는데, 왜냐하면 이 입장은 정의의 도덕적 의무가 특정한 정치적 행정관할구역의 존재에 달려있기 때문이다. 하지만 모든 실증주의와 마찬가지로, 이 입장은 정의의 원칙과 실천에서 일체의 **도덕적** 위력을 빼앗는다. 정의의 도덕적 의무는 우연찮게 그어진 경계만큼 자의적이며 경계가 변하면 같이 변할 수 있다. 하지만 정의의 범위가 정치제도 — 누구는 정의를 요구할 수 있는 경계내부인으로, 다른 누구는 다른 법적 관할에 속한 경계외부인으로 인정하는 — 의 범위에 의해 결정된다는 것은 옳지 않을 수 있다. 이런 식으로 정의의 의무가 정치적 행정관할구역에 따라 임의적이라면, 사람들은 경계선을 다시 긋는 간단한 방식으로 본인의 의무를 없앨 수 있다.

이와 같은 입장에서 보면, 남아프리카 인종차별(아파르트헤이트, apartheid)의 '반투스탄(bantustan)'* 정책은 부정의하지 않다. 이 정책은 남아프리카 흑인을 위해 가장 열악한 터전에다 '홈랜드(지정지, homelands)'를 만들고, 남아프리카 정부는 이를 독립된 국가라고 선포했다. 이 정책으로 인해 많은 남아프리카 흑인들이 '홈랜드'로 강제 이주했으며, 이들 흑인은 남아프리카라고 부르는 국경 안에 들어오기 위해서 여권을 소지해야만 했다. 이 정책은 흑인이 통치하는 정부를 수립하고 흑인 지도자들이 경계 내의 사람들을 보살피도록 했으며, 그들이 부정의에 대한 요구를 지닌 채 백인의 남아프리카로 들어오지 못하게 했다. 전세계 대부분은 이 정책을 즉, 정치적 행정관할구역이 그 관할구역 밖에 있는 사람들을 정의의 요구에서 배제함을 정당화한다는 전제를 갖는 정책을 아파르트헤이트 정부가 범한 거악(巨惡) 중의 하나로 평가했다.

거두절미하면, 실증주의적 입장은 상당히 자의적이기 때문에, 이를 지지하는 사람들은 거의 없다. 정치행위자들은 흔히 누구를 포용하고 누구를 배제하는 정치적 행정관할구역을 한정하고 싶어 한다. 즉, 그들이 자신 의지를 실행하는 파워를 갖고 있을 때, 행정관할구역의 외

* 1960년대 남아프리카공화국 영토 안에 있는 반투족(남아프리카 흑인)을 격리하고 인종분리정책을 추진하기 위하여 설정한 보호령.

부인은 내부인의 국가 또는 그 주체들에 대해 어떠한 정의의 요구도 할 수 없다고 주장한다. 행정관할구역이라는 한정범위는 매우 자주 승자의 전리품이거나 갈등의 임시방편적 해결책이기 때문에, 그 관할구역은 정의의 의무 범위를 도덕적으로 정당화할 수 있는 기반이 될 수 없다.

민족주의—혹자의 주장처럼 민족성원자격(national membership)과 민족동일치성(national identification)을 함께 묶는 것은 정의의 의무가 한 사회 안에서만 적용되며 국가는 외부인의 이익을 고려하지 않고 자국 시민만의 이익을 진작시켜야 한다는 주장의 근거로서 보다 공통적이고 설득력 있게 기여한다. 데이비드 밀러(David Miller)는 민족동일치성은 정의의 의무를 위한 도덕적 기초라는 주장에 대해, 두 가지 방식의 논거를 제시한다. 민족은 의무의 공동체이며, 본인의 민족성원자격을 승인한다는 것은 민족동일시화가 수반되는 본인과 같은 민족의 사람들에 대한 다시 말해, 같은 민족에게만 해당하는 특정한 의무를 승인한다는 것이다. 이 같은 의무는 민족문화와 제도를 보존하고 가꾸는데 기여하고, 외부인으로부터 민족과 그 구성원을 방어하며, 민족의 문화와 동족을 지배하거나 핍박하는 일체의 노력에 저항하는 의무를 포함한다. 이러한 의무는 역시 정의의 의무를 포함한다. 민족공동체를 구성함은 민족의 구성원들은 같은 민족의 사람들에게 그들의 필요가 제공됨을 보장해야 하는 의무를 갖는다는 것이며, 그들과 민족적 자원 및 산물을 공유해야 하는 의무를 갖는다는 것이다.

많은 국가들의 분배·재분배 정책은 이러한 의무에서 그 근거를 갖는다. '시민성원자격의 실천은 현재 국가들에서 일반적으로 보이는 재분배적 요소를 포함한다는, 바로 구성원들의 필요를 부양하는 의무를 포함하는 민족성이라는 우선하는 의무가 우리에게 있기 때문이다'.[3] 민족성과 정의의 의무 간의 관계는 왜 도덕적 관점에서 개별 민족이 개별 국가를 다시 말해, 해당 민족의 구성원들이 서로에게 자신의 정의의 의무를 이행할 수 있는 수단으로서 국가를 가져야 하는지 그 이유를 설명한다. 한 민족의 구성원들은 외부인들에 대해 일정한 도덕적 의무 즉, 호의(hospitality)의 의무, 약속한 합의를 지키는 의무 혹은 다른 민족의 자율성을 존중하는 의무 등이 있다. 하지만 경계 밖의 사람들이 아무리 비참하고 궁핍하다 하더라도, 그리고 경계 내의 사람들이 많은 것을 풍족히 갖고 있다고 하더라도, 경계 내의 사람들은 외부인들에 대한 재분배적 정의의 의무는 없다. 다른 민족은 본인의 민족을 보살펴야 할 도덕적 의무가 있다. 만약 다른 민족의 구성원들이 본인의 민족을 돌봐야 하는 의무에 실패했을 때, 우리에게는 그 실패를 보상해야 할 의무가 없으며, 그 민족의 구성원들이 우리에게 정의의 의무를 다하라고 요구할 수 없다. 다른 민족구성원들이 스스로를 돌보는 것이 전적으로 불가능할 때에도, 우리는 그들에게 단지 자선(charity)의 의무만 있을 수 있다.[4]

밀러 역시 정의의 의무와 민족공동체 간의 연결점에 대한 생각해볼만 한 논거를 제시한다. 정의의 요구 및 의무에 상응하는 국가정책은 흔히 사람들에게 그렇지 않았다면(동일한 민족구성원이 아니였다면) 기여하거나 실천하지 않았었을 것을 기여하거나 실천하라고 요구한다. 민족동일치성이 없었다면, 사람들은 그러한 희생을 할 의향을 갖지 않게 된다.

> 만약 우리가 사회정의를 믿고 사회적으로 정당한 정책에 민주적 지지를 확보하는데 관심과 노력을 경주한다면, 우리는 서로 다른 집단들이 서로를 신뢰하게 되는 조건에 관심을 기울여야 한다. 그래야만 당신이 나의 정당한 요구에 대해 장차 지지할 것임을 전제

로 이번에는 내가 당신의 정의로운 요구를 지지할 수 있다. 신뢰는 집단들 안에서만이 아니라 집단들을 아우르는 연대성을 요구하며, 결과적으로 연대성은 민족성만이 제공할 수 있는 공통된 동일치성에 따라 좌우된다.[5]

문화와 역사에 의해 외부인과 구분되는 집단구성원으로서 서로를 동일시하는 사람들은, 다른 사람들에게는 없는 방식으로 특정하게 동일시하는 사람들에 대해 특별한 의무를 갖는다는 것은 상당히 설득력 있다. 그러한 의무는 문화적·역사적 정체성의 신장에 관심을 둔다.[6] 하지만 민족집단의 구성원들이 같은 민족에게**만** 정의의 의무를 갖는다는 주장은 도덕원칙에 기반하기보다 우연적인 심리적·역사적 환경에 기반하는 것 같다. 더군다나, 이 주장은 하나의 공통된 민족정체성이 약하거나 통일된 민족정체성을 진흥하기 위해 민족적·문화적 소수자들이 억눌려있는 다문화사회의 어려운 문제들과 충돌한다. 후술하겠지만 나는 민족이라는 개념이 특정 문화집단을 다른 문화집단에 비해 자의적으로 우대한다는 논거에서, 민족이라는 발상 자체에 의문을 던진다.

자민족 구성원들에게만 적용되는 정의의 원칙을 지지하는 밀러와 다른 이론가들[7]의 주장은 의무를 감성에 의존하게 만든다. 사람들이 타인에 대해 정의의 의무를 가진다는 주장은 그들이 타인에게 갖는 동일치성의 감정에 달려 있어서는 안 된다. 동일치성의 감정은 기껏해야 일부 사람들이 어쩌다 그들이 가지는 의무를 인정하는(혹은 그들에게 없는 의무가 있다고 믿는) 이유를 때때로 설명할 수 있을 뿐이다. 실제로, 우리는 타인에 의무를 갖는 사람들이 그 의무를 인정하지 못할 때, 어떤 사람들은 타인에 대해 정의의 의무가 있다는 주장을 매우 자주 펼쳐야 할 필요가 있다. 사람들은 자신들이 타인에게 친연성을 거의 갖고 있지 않거나 타인을 적극적으로 싫어한다는 이유로, 타인에 대한 자신의 정의의 의무를 종종 부정한다. 정의의 의무에 대한 도덕적 논거는 익숙함의 감정이나 문화적 친연성보다 더욱 객관적이고 규범적인 기반 위에 있어야 한다.

6장에서 나는 정의의 의무의 범위를 결정하는 오닐(Onora O'Neill)의 보다 객관적인 기준을 요약했다. 오닐의 입장은 정의에 대한 초국적인 또는 글로벌 의무가 있는지, 있다면 어느 정도 인지의 문제에 천착하는 찰스 베이츠(Charles Beitz)와 토머스 포기(Thomas Pogge)의 제안과 비슷하다. 크고 작은 상거래, 소통과 통신, 정책의 결과로 서로를 누군가와 연결하는 제도를 통해 사람들이 살아가는 한, 그래서 생긴 체계적인 상호의존이 제도적 관계가 아니었으면 없었을 혜택과 부담을 빚어내기 때문에, 체계적으로 상호의존적인 제도 속에 살아가는 사람들에게는 정의의 관계가 성립한다.[8] 다음 절에서 논의하려는 바, 오늘날의 전지구적인 사회적·경제적인 관계는 상호의존성이 민족국가의 경계로 한정된다는 주장을 지지하지 않는다.

모두의 좋은 삶을 증진하도록 설계된 집합적인 제도에 기여해야 한다고 요구받는 사람들은, 특히 일부가 다른 일부보다 더 많은 기여를 해야 한다면 그렇게 기여할 만한 동기가 부여되어야 한다. 이 같은 동기를 육성하는 한 가지 방법은 지역적 동일치성의 감정이나 문화적 친연성에 근거하는 것이다. 정의에 함께하겠다는 의지가 그러한 지역적 및 특정한 관계에서 **시작**된다고 보는 근거가 있을 수 있지만, 그럼에도 불구하고 이는 그러한 의지가 지역적 및 특정한 관계에서 끝나야 함을 의미하는 것은 아니다. 밀러와 캐노번 같은 정치학자들에 따르면, 민족형성의 시대는 수백만의 타지의 외지인들간 — 현대 복지국가를 가능케 한— 연대감을 자아내는데 도움이 되었다. 나 역시 복지국가의 기원에 대한 이러한 논의에 몇몇 의문점을 갖고 있지만, 이 논지를 그대로 받아들인다 하더라도, 연대감은 영원한 것도 자연적인 것도 아닌 구성될 수 있는 감정이다. 그렇다면, 초국적 연대감을 민족주의적인 동기라는 추정된 사실에 기대는 것이 아니라 초국적 의무에 상응하도록 구성되어야 마땅하지 않겠는가?[9]

같은 동족민에게만 정의의 의무가 있다는 주장은 다민족적이고 다문화적인 맥락에서 특히 문제가 되며, 오늘날의 이러한 맥락들은 예외가 아닌 원칙이 되고 있다. 역사적으로나 문화적으로 자신은 다르다고 보는 전세계 모든 집단들은 서로에게 접해서 살기도 하고 군데군데 서로 뒤섞여 존재하기도 한다. 어떤 경우, 민족주의적 기획이 어떤 한 민족의 지배 하에 여러 집단들을 하나로 규합했었으나, 이제는 이러한 민족적 소수자들이 자신의 특정성을 항변하고 있다. 다른 경우, 이주민과 난민은 자신과 자신의 아이들이 정주하는 사회의 상대적 동질성(relative homogeneity)을 상당히 변모시키고 있다.

정의의 의무가 동일 민족 사람들로 제한된다는 입장은 흔히 많은 시민들이 동일시하지 않는 집단에게 혜택을 주는 재분배정책에 대한 배척을 정당한 것으로 간주한다. 백인 앵글로계 미국인(Anglo-Americans)은 재분배정책을 점점 더 지지하려 하지 않는 것 같은데, 이는 이 중 많은 이가 이러한 재분배정책이 부분적으로는 주로 자신과 공통된 문화와 역사적으로 공유되는 유대(ties)가 거의 없다고 느끼는 아프리카계 미국인과 라티노에게 혜택을 준다고 잘못 생각하기 때문이다. 많은 유럽인들이 오래도록 추앙해온 재분배 연대성(redistributive solidarity)이라는 감정은 터키, 북아프리카 또는 남아시아계와 같은 비유럽계 이주민들의 상당수가 사는 사회들에서 곧 곪아터질 한계를 목전에 두고 있다.

사회민주주의 복지정책의 지지자들 일각에선 재분배 복지정책에 대한 대중적 지지를 새롭게 하기 위한 필요를 목적으로 훨씬 더 엄격한 이민 제약을 주장한다.[10] 물론, 이러한 주장은 그들이 해당 사회의 구성원이라는 사실에도 불구하고, 지배적인 민족의 문화와 다른 것으로 인식되는 문화를 향한 외국인 혐오(xenophobia)를 부채질하는 격이 될 수 있다.

밀러는 자신의 주장이, 인종적 또는 이주민 소수자들에 대한 주류 민족의 재분배의무가 주류 민족 자신에 대한 재분배의무와 동일하지 않다는 주장이 아님을 강조한다. 그는 어떤 민족국가의 행정관할구역 안에서, 해당 사회의 모든 성원은 본인의 민족적 혹은 인종적 기원을 떠나 동일한 권리와 혜택을 받을 수 있는 자격이 있어야 한다고 믿는다. 하지만, 그는 다문화사회는 태생적으로 불안정하다고 제시한다. 만약 다문화사회가 평화의 수호자이자 자유의 관철자라는 최소의 역할만 남도록 국가의 역할을 덜어버리지 않으려면, 단 두 개의 선택지만이 가능하다. 각 민족집단이 저마다의 국가가 있을 수 있도록 국가를 분할하거나 아니면 민족적·인종적 소수자들을 지배적인 민족으로 동화시킴으로써, 해당 사회의 제 각각의 사람들이 전체적인 복지정책을 지지할 수 있을 정도로 충분히 서로를 동일시하게 하는 것이다. 그러나 이 둘 모두 실행가능하지 않다.

뒤에서 나는 스스로를 다르다고 보는 관민에 대한 어느 정도의 분립(separation)과 자치(self-governance)는 특정한 측면에서 도덕적으로 적절하다는 견해를 지지할 것이다. 하지만 이러한 자기결정이 관민들이 서로에 대해 정의의 의무를 갖지 않음으로 귀결되지는 않는다. 더욱이, 문화적 차이에 부합하는 '분할(partition)'은 오래전부터 있었던 상호작용과 뿔뿔이 흩어져 살아왔던 유구한 역사를 간직한 관민들을 포함하는 많은 상황에서는 실행 불가능하다. 예를 들어, 근래 북아일랜드의 정치적 형국과 긴장은 분할로 어떤 갈등을 해결하려는 노력의 결과 그 자체이며, 그 누구도 더 이상의 분할이 바람직하다거나 가능하다고 생각하지 않는다. 북아일랜드에서 서로 다르다고 규정되는 집단들은 그들이 함께 살기 때문에 많은 경험과 문제를 공유한다. 비록 한 사회에서 그들이 자주 충돌하기는 하지만 말이다. 그들 만의 함께함과 조밀한 상호작용 때문에, 그들에게는 서로에 대한 정의의 의무가 있다. 많은 집단들이 서로를 동일시하지 않는다는 사실, 그리고 집단에서 일부가 다른 집단구성원들을 몹시 싫어한다는 사실은, 많은 집단들이 서로간의 정의의 의무를 인정하고 그러한 의무에 따라 행동하길 거부한다는 의미일 수 있지만, 이는 그러한 의무감이 존재한다는 사실을 부정하는 근거는 아니다.

다문화사회의 불안정성(instability)에 대한 동화주의자(assimilationist)의 답은 적어도 분할주의자(partitionist)만큼이나 문제의 소지가 있다. 이러한 시각에서 보면, 의료보건서비스의 확충, 주택개선, 마오리 개발재원보조 등을 뉴질랜드 정부에 촉구하는 마오리족은, 본인의 제도에 대해 그러한 자금을 집행할 권리를 주장해서는 안 되며 마오리 문화의식을 계속해서 공적으로 거행해서도 안 된다. 동화주의자의 논의에 따르면, 다수의 문화 혹은 민속집단이 소수자들에게 복지국가의 온전한 혜택을 수령할 수 있는 조건으로 그들의 정체성을 바꾸도록 요구하는 것은 정당한 것이다. 하지만 이러한 입장은 소수자 권리에 대한 최근의 많은 글들이 입증하듯, 정당하지 않은 지배를 승인하는 것이나 다름없다.

결사체주의 입장— 정의의 의무는 왜 단일한 주권국가의 행정관할구역 내에 있는 사람들에게만 성립하는지에 대한, 내가 결사체주의 논의라고 부르는 한 가지 논의가 남는다. 앞선 논의와 달리, 이 논의는 집단동일치성에 기반하지 않는다. 이 논의에 따르면, 한 민족국가에 같이 사는 사람들은, 하나의 공통된 헌정체제하에서 함께산다는 것이 그들의 사회적이고 경제적인 상호작용을 가능케 하고 증진하기 때문에, 서로에 대해 배타적인 그들만의 의무를 갖는다. 국가는 사회구성원들이 해당 사회의 다른 사람들과의 결사로 자신의 목적을 추구할 수 있는 사회협력의 틀을 제공한다. 사회구성원들은 이러한 협력의 틀 내에서 서로서로 어울리면서 자신만의 개인적인 그리고 집단적인 안녕을 추구할 수 있다. 해당 사회의 다른 구성원들의 안녕을 살펴야 하는, 그리고 특정한 행위, 제도의 조직화 혹은 우연에서 비롯된 불공정을 교정해야 하는 그들의 의무는, 그들 모두가 어느 정도 함께 영고성쇠(榮枯盛衰)하는 이 같은 어울림(결사)의 틀 안에서 함께산다는 사실에서 파생된다.[11]

이러한 결사체주의 주장은 실제로 하나의 국가 행정관할구역 내에 상주하는 사람들은 그 밖에 있는 사람들에 대해서는 갖지 않는 서로에 대한 **일정한** 의무가 있음을 보여줄 수 있다. 왜냐하면 동일한 정치공동체의 구성원으로서 서로 함께 살며 서로를 인정하기 때문에, 그들의 결사의 틀을 계속 유지함에 있어, 그러한 결사의 틀이 모든 구성원들을 번영케 할 수 있는 한, 서로를 지지해야 할 의무가 있다. 사회구성원들이 함께 속한 공적·사적 제도의 법규칙과 정책은, 부당함(unjust)이 없거나 정의를 증진하는 선에서 사회의 다른 사람들에 대한 특정한 의무를 발생시킬 수 있다. 이들 법규칙과 정책이 부당한 만큼, 이들 법규칙과 정책은 부당함을 바로잡아야 하는 의무를 발생시킨다. 특정 국가의 관할구역 안에서 정치적 결사의 틀이 외부인에게는 향하지 않는 특별한 의무를 발생시킬 수 있다는 사실이, 한 국가의 관할구역에 사는 사람들이 정의의 의무를 발생시키기에 충분한 외부인과의 관계가 없다는 것을 보여주는 것은 아니다. 국가제도만이 사람들을 특별한 의무로 결속시키는 유일한 결사의 형태는 아니다. 이들 중 일부는 국가를 가로지르기도 한다. 더욱이, 정의의 의무의 기반이 되는 다른 연결점은 많은 행위들이 합류되어 영향을 미친 의도치 않은 결과에서 생긴다.

국가에 한정되어 정의를 이해하는 이들 세 주장 중 어떤 것도 들어맞지 않는다. 다음 절에서 나는 정의의 의무가 오늘날 세계에서 전지구적으로 확장된다는 주장을 검토할 것이다. 나는 오늘날 많은 사람들이 생각하는 국경을 가로지르는 정의라는 이슈와 일부 규제문제를 자세히 볼 것이며, 이러한 문제와 이슈에 충분히 대응하기 위해서는 보다 튼튼한 글로벌 거버넌스 제도가 필요하다고 결론내리고자 한다.

2. 국경을 가로지르는 정의와 글로벌 거버넌스

나는 앞서 오늘날 정의의 이슈의 범위는 지역적이고 광역적일 뿐만 아니라 전지구적이라는 일부 정치이론가들의 주장을 언급했다. 상거래, 통신 또는 정책결과에 의해 서로를 연결하는 제도를 통해 행위하는 곳에서, 그러한 체계적인 상호의존은 이러한 제도적 관계성이 없었다면 존재하지 않았을 혜택과 부담을 생기게 하며, 그렇기 때문에 상호의존적 제도 내에 있는 사람들은 서로 정의의 관계에 있다. 베이츠, 포기, 오닐 등은 경제, 통신 그리고 여타 다른 제도적 시스템으로 이뤄진 범위와 복잡성이 제약과 상호의존성의, 오늘날 우리가 글로벌 **사회**라 부르지 않을 수 없는, 충분하게 단단한 망을 구성한다는 주장을 한다. 전지구화에 대한 최근의 경험적·사회이론적 연구들은 경제적 상호작용을 포함하는 다양한 사회생활의 면면에서 상호작용의 전지구화된 과정과 파장에 관한 많은 이슈를 제기해왔다. 증가하는 전지구화의 새로운 주제에 관해서는 거의 이의제기가 없다. 이들 이슈를 자세히 분석하고 검토하려면 이 책만으로는 부족하다. 하지만 전지구화의 세밀한 정도와 자세한 방식이 정의되기 이전에도, 우리는 정의의 이슈가 제기되는 전지구화된 사회의 어떤 전체적인 조건을 이야기할 수 있다.

첫 번째 관심사는 특정 종류의 자원이 다른 종류에 비해 더한 가치가 있다고 인정되는 세계경제시스템의 맥락에서, 자연자원의 글로벌 분배라는 사실을 주목한다. 비옥한 토지, 경제적으로 가치 있는 광물 등과 같은 자원은 결코 전지구적으로 공평하게 분포되지 않았다. 일부 국가들은 이러한 부를 관리·감독하는 반면, 다른 국가들은 거의 그렇지 못하다. 찰스 베이츠(Charles Beitz)는 국경 내에 우연찮게 들어있는 자연자원에서 파생된 모든 혜택을 자신을 위해서 보존할 수 있는 국가의 도덕적 권리에 대해 의문을 제기한다. 자원의 배치는 도덕적으로 자의적이기 때문에, 어떤 국가도 그것을 자국만의 혜택을 위해서만 사용될 수 있는 사적 자산으로 다루는 권한을 부여받지 않는다. 베이츠는 일부 자원은 모든 사회의 생산적 역량에 필수적이기 때문에, 그러한 자원은 전지구적 공공재(global commons)로 간주되어야 한다고 주장한다. 이들 자원의 사용과 그에 따른 혜택은 글로벌 정의라는 협력적 틀에서 전지구적으로 규제되어야 한다.[12] 어떻게 전지구적 협력의 틀이 자원의 접근과 사용을 정당하게 규제할 수 있을지는 또 다른 복잡한 문제이다.

많은 환경오염 및 지속가능성의 이슈는 그것의 영향력에 있어서 전지구적인 것으로 널리 인정된다. 세계의 모든 사람들은 지구라는 우주선의 승객으로서 떼려야 뗄 수 없이 함께한다. 만약 오존층이 얇아지면, 이는 장차 우리 모두에게 영향을 미치게 된다. 우리 모두가 지구온난화에 영향을 받게 된다. 대기나 수원에 유입되는 오염물은 세계의 모든 사람들에게 영향을 미치지 않지만, 오염물질은 국경을 모른다. 1990년대에 전지구적 환경규제의 필요성을 전제한 여럿의 유의미한

회의와 협정이 있었다. 정의의 개개 이슈가 회의마다 의제의 앞 줄에 있었다. 상대적으로 부유한 발전국가의 사람들에게는 자원을 사용하고 수 세기 동안 환경을 오염시킬 수 있던 기회가 있었던 반면, 상대적으로 덜 발전된 국가들의 사람들에게는 지금 자국의 산업화에 대한 잠정적인 환경적 지장을 마주한다는 사실을 감안한다면, 전지구적 환경규제의 부담과 혜택의 공정한 분배(fair distribution)란 무엇인가? 이러한 이유로 선발국가의 사람들이 지구를 살리기 위한 더 많은 부담을 져야 할 의무와 지구적 환경보존에 기여하는 후발국가의 사람들에게 보상해야 할 의무가 있지 않은가? 재삼 밝히지만, 글로벌 정의라는 이슈를 제기한다는 것은 그 이슈가 어떻게 처리되어야 하는지를 말하는 것이 아니다. 여기서 요점은 이러한 정의의 이슈는 정의의 의무 범위가 국가 행정관할구역의 경계만큼만 확대된다는 생각으로 해결되지 않는다는 점이다.

세계 모든 사람들에게 영향을 미치는 하나의 전지구적 경제시스템이 존재하는지 그리고 그것의 정도는 어디까지인지에 대한 것은 논쟁거리다. 하지만 세계에 살고 있는 사람들 간의 국경을 가로지르는 두터운 경제적 상호의존성이 존재하는 것에 대해서는 의문의 여지가 없다. 이런 상호의존성 때문에, 국가들 간의 합의가 있는 경우를 제외하고, 자국민에게만 영향을 미치는 정책을 집행하는 주권국가들로 이뤄진 어떤 체계가 곧 글로벌한 사회의 모습임을 인식하기는 어렵다. 일국 내에서 환율이나 이자율의 변화는 흔히 전세계 금융시장의 파장을 몰고 온다. 세계시장에서 상품가격은 국경을 가로지르는 많은 행위자들의 상호작용에 의해서 결정된다. 세계시장에서 일부 핵심상품의 가격변화는 일국 내 사람들의 생활과 안녕에 지대한 영향을 미칠 수 있지만, 종종 해당 국가는 그 가격 또는 가격의 여파에 영향을 미치거나 통제를 하기에 상대적으로 무력하다.

이러한 종류의 상호의존이 세계도처에 살고 있는 사람들 간의 정의의 이슈를 제기한다는 것은 아마도, 세계 사람들 간의 역사적·현재적 착취의 관계가 이들 간의 심각한 정의의 이슈를 제기하는 효과에 대해 일각에서 촉구하는 요구보다 덜 논쟁적이다. 일군의 학자들은 아프리카, 라틴 아메리카 그리고 남아시아 사회와 비교했을 때, 지금의 유럽과 북미의 북반부가 가진 오늘날 부는 북반구와 남반구 간의 식민지관계의 근절되지 않는 지속성에 부분적으로 기인한다고 주장한다.[13] 남반구 경제는 북반구에서 통제하는 투자에 따라 좌우되며, 투자수익의 대부분은 북반구 사람들이 보유하는 회사들로 되돌아간다. 남반구의 노동자들은 대개가 가족을 먹여 살리기에 턱없이 부족한 임금을 다국적기업이나 이들의 현지 대리계약자들에게 받으며, 남반구의 농부들과 광부들에게는 전지구화된 자원시장에서 형편없는 가격이 책정된다.

이 같은 박탈은 남반구의 많은 시장과 정부들이 북반구 은행과 국제금융기관의 혹독하게 관리되는 채무를 쓰지 않을 수 없도록 한다. 이러한 채무관계는, 주권 밖에 있는 막강한 금융제도가 이들 국가의 경제상황에 대해 실효적인 통제를 행사하기 때문에, 많은 남반구 국가들의 실효적인 주권을 제약한다. 외국 투자자의 투자금 회수확신이나 국제적 금융안정성을 위해 해당 국가의 사람들이 채택하도록 외부에서 압력을 가하는 구조조정정책 때문에, 남반구 국가의 행정관할구역 안에 있는 많은 사람들의 안녕과 생활수준은 기울어간다.[14] 분명, 이들 나라들에 같이 살고 있는 부유하고 힘있는 사람들에게 함께 살고 있는 더 열악한 자국민들의 이러한 조건에 대한 책임이 면제되어서는 안 된다. 구체적인 시간과 장소에서 상세한 경험으로 드러난다 하더라도, 이러한 조건이 전세계 사람들 간의 경제정의에 관한 이슈를 제기함에 의심의 여지가 없다. 무역, 금융, 투자, 생산의 작동이 그것의 영향력 면에서 전지구적이며, 이러한 과정 속에서 일부 사람들은 다른 사람들보다 더 혜택을 누린다. 이러한 의미에서 정의의 이슈와 의무로 포괄되는 글로벌 사회는 존재한다.

이와 같은 세계에서 국가 행정관할구역인 국경은 심심찮게 일부 사람들이 그들의 행위가 영향을 미치는 삶을 사는 다른 사람들의 이익을 그들이 단지 국경 밖에 있다는 단순한 이유만으로 부당하게 무시할 수 있도록 용인하는 역할을 한다. 일부 국가의 시민들은 다른 국가 혹은 그러한 국가 내에 있는 행위자들의 정책결정의 결과로 인해 제한된 선택의 폭을 갖지만, 해당 시민들에게는 그러한 결정에 영향을 미칠만한 제도적인 수단이 없다. 초국적기업과 같은 일부 국제행위자들의 활동은 아마도 민주주의의 원칙과 법치에 훨씬 더 도전하면서 관할구역을 바꿀 수 있기 때문에, 이들의 활동은 국가의 규제망을 번번이 빠져나간다.[15] 이러한 방식으로 오늘날의 국가는 자국의 시민들이 살고 일하는 제도적인 조건을 규제하는 국가의 능력이 심각하게 줄어들었음을 확인한다.

경제적·환경적 관계는 가장 확연한 국경을 가로지르는 정의의 이슈를 제기한다. 하지만 다른 관계는 추가적인 이슈를 제기한다. 예를 들어, 통신 미디어와 대중교통의 종류와 비용에서의 발전은 전세계 사람들 간의 보다 조밀한 사회적 상호작용을 만드는데 일조한다. 무엇보다도, 의사소통이 더욱 쉬워짐으로써 의사소통의 형식과 내용에 대한 문화적 차이와 통제에 관련된 정의의 이슈가 제기된다. 평화와 안보 이슈는 수 세기 동안 국제규제의 유력후보였지만, 현 시대의 조건은 이제 전쟁 이후의 추가된 정의의 이슈를 제기한다. 예를 들어, 전쟁으로 수십만 명의 사람들이 터전을 버리고 이주민이 된다면, 이들의 보호와 돌봄에의 책임이 어떻게 배정되어야 하는가? 이들에게는 어떤 자격이 부여되는가? 그리고 누가 그 자격을 부여하는가? 경제·환경·미디어의 상호작용은 유입국 및 유출국 사회 모두에서 이주민과 비이주민 간의 권리와 책임에 대해 심각한 갈등을 촉발하면서, 수백만의 사람들이 한 국가에서 다른 국가로 이주할 생각을 하도록 한다.[16]

이러한 사항을 고려할 때, 나는 정의의 원칙이 적용되는 관계성의 범위는 흔히 전지구적이라고 결론 내린다. 하지만 분명히 해둘 것은 이 같은 결론이 함의하지 **않는** 것에 대해서다. 전지구적 정의의 의무가 존재한다는 주장은 세상 저마다의 모든 사람들이 세상의 다른 모든 사람들에게 정확히 동일한 의무를 갖는다는 뜻이 아니다. 의무의 경중을 고려할 때, 그리고 의무가 누구에게 있는지를 고려할 때, 생각해야 할 두 종류의 고려사항이 있다. 제도적이고 인과적인 연결성이 정의의 원칙이 적용되는 관계의 근거이기 때문에, 연결이 클수록 적용되는 정의의 원칙도 더 많아진다. 따라서 국가의 정치적 행정관할구역 내에 살고 있는 사람들과/또는 더 가까운 사람들은 더 멀리 있는 사람들보다 서로에게 더 강한 정의의 요구를 갖게 되기 쉽다. 하지만 같은 광역이나 같은 나라에서 사는 사람들에게 더 강한 정의의 요구를 상정할 수 있는 이유는, 민족적 동일치성도 공통된 헌정체제도 혹은 지리 그 자체도 아니며, 사회경제적으로 엮여 있음의 범위와 강도에 있다. 더욱이, 특정한 제도나 도시 안에서 정의를 증진하려는 책임과 마찬가지로, 글로벌 정의를 증진하는 책임은 자신의 행위가 다른 사람들의 행위의 조건에 더 심대한 영향을 미치는 사람들에게 더 무겁게 놓인다.

더군다나, 정의의 의무가 전지구적으로 확장된다는 말은, 도덕적 행위는 각각의 행위자가 본인의 심의에서 다른 모든 개개인을 고려함이 필요하다는 의미가 아니다. 사회정의의 의무는 주로 개인이 개인에게 지는 것이 아니다. 대신에 사회정의의 의무는 주로 제도의 조직화에 관련된다.[17] 개인은 정의를 증진하는데 혼자로 행위할 수 없다. 즉, 개인은 관계의 조건을 조정하고 과거와 현재의 사회구조상의, 의도된 결과이든 아니든, 부정의한 결과를 교정하기 위해 집합적으로 행위해야 한다. 개인은 그것을 통해 집합적으로 행위하는 권한을 대행하는 제도(authoritative institutions)를 필요로 한다. 자국과 역내의 정의뿐만 아니라 글로벌 정의와 관련되어 개인이 갖는 주된 의무는, 전지구적으로 사람들 간의 공정한 관계를 지향하는 제도와 정책을 증진할 수 있도록 본인이 할 수 있는 것을 하는 것이다.

앞 장에서 밝혔듯이, 다른 조건이 같다면 정치제도의 범위는 정의의 의무의 범위에 부합해야 한다고 나는 주장한다. 따라서 만약 오늘날 세계에서 정의의 의무의 범위가 전지구적이라면, 그러한 의무를 다할 수 있는 글로벌 거버넌스의 튼튼하고 보다 민주적인 조직이 마땅히 있어야 한다. 하지만 이러한 주장을 보다 정교화하기 이전에, 우리는 글로벌 거버넌스를 지지하는 이러한 주장이 지역자율성 및 관민(distinct peoples)의 자기결정권에 대한 지속적인 강력한 정치적 요구에 얼마나 부합하는지 따져봐야 한다.

3. 민족주의 아닌 방식으로 관민을 인정하기

지금까지 이 장의 주장은 민족주의와 결부되는 도덕적 특수주의(moral particularism)에 대한 코스모폴리탄 비판과 동일한 맥락에 있다.[18] 코스모폴리탄 입장에서 보면, 우리는 단지 인권과 그에 상응하는 의무가 있는 개인이다. 이 같은 코스모폴리타니즘은 민족국가에게는 보다 제한된 파워를 유발시키는, 조밀한 초국경의 상호작용과 영향력의 역사적 조건과 부응한다. 하지만 코스모폴리탄 주장은 역사적 경향과 반대 방향이라고 생각되는 즉, 자신들을 지배하는 민족국가의 정통성에 대한 인종적·문화적 소수자들의 도전에 대해서는 부응하지 못한다. 전세계에서 더 큰 민족국가의 기획에 잘 흡수된 것처럼 보였던 집단들은 자신들에 대한 이들 국가의 주권이 정당성 없다는 점을 그리고 자신들에 자기결정권이 있다는 점을 요구해왔다. 이러한 요구는 도덕적으로 고귀하면서도 동시에 비도덕적이기도 한, 몇몇의 근원과 동기를 갖고 있다. 이러한 요구는 때때로 더 많은 파워를 얻고자 하는 잠재적인 엘리트들에 의해 선포된다. 다른 환경이라면, 이러한 요구는 민족국가나 초민족적 틀에서 한 집단의 구성원들이 특혜를 받은 다른 집단에 의한 경제적·사회적 주변화와 착취에 저항하는 열망을 표출한다. 이러한 많은 요구는 더 큰 결사적·문화적 자유에 대한 바람을 표출한다. 자기결정권에 대한 이 같은 요구는 다양한 동인을 갖기 때문에, 이들 요구는 흔히 연관된 함의에 있어 복잡하고 모호하다. 대체로 이러한 요구는 너무나 자주 다루기 힘들고 유혈적인 분쟁을 촉발한다. 많은 사람들은 이 사실을 자기결정권 요구를 거부할 수 있는 이유로 간주할 뿐만 아니라 관민이라는 바로 그 개념 및 관민의 자기결정에 대한 요구를 본래적으로 위험한 것으로 선언한다. 그러나 이러한 입장은 이들 요구에 대해 수사적으로 그리고 실천적으로 무력한 것이다. 실제로, 일각에서는 일부 공공행위자들이 이들의 요구를 진지하게 받아들이길 거부하는 것 자체가 때때로 이들이 촉발하는 분쟁의 원인이라고 주장한다. 전세계의 상당히 많은 사람들은 지역적 친연성에 강한 유대감을 갖고 있을 뿐만 아니라 이러한 친연성을 가로질러 누군가가 누구를 잠재적으로 혹은 실재적으로 지배하는 것에 강한 거부감을 갖고 있기 때문에, 글로벌 민주주의가 보여줘야 하는 비전은 이러한 요구를 반드시 심각하게 다뤄야 하며 이러한 요구에 대한 원칙화된 대응을 개념화하지 않으면 안 된다.

민족주의가 갖는 전형적인 배타성을 용인하지 않으면서도 관민의 다름(distinctness of peoples)을 긍정적으로 유발하는 입장을 견지하는 규범적·사회이론적 논의가 공식화될 수 있을까? 범위면에서 전지구적인 민주적 실천을 지지하는 사람들의 자기결정을 뒷받침하는 입장이 존재하는가? 글로벌 연대성과 지역적이고 문화적인 친연성의 특정성 간의 균형을 지향하는 이론과 실천이라야, 현 세계의 사회적 복잡성에 대처하는 정의를 이행하는 것이며 또한 사람들이 행위하도록 고취하는 희망을 갖게 될 것이다. 이 절에서 나는 관민이란 아이디어를 승인하지만, 민족이라는 아이디어를 거부함으로써 이 같은 논의를 진행하고자 한다. 관민이라는 개념은 민족주의에서 전형적인 실체론적 논거(substantial logic)가 아니라 관계적인 사회존재론(social ontology)에 기반한다.

민족주의 이데올로기는 민족집단을 이거 아니면 저거라는 식의 양자택일로 개념정의한다. 이 이데올로기는 민족을 내부인과 외부인으로 엄격하게 나눠지는 것으로 개념화하며, 모든 구성원들이 공유하는 민족정체성이나 특정 속성을 정의하려 한다. 내가 3장에서 설명했듯이, 민족의 본질적 속성을 요구하는 것은 때때로 그러한 민족적 규범에 순응하지 않는 민족구성원들을 억압하며, 때에 따라서는 민족구성원들이 대립구도로 스스로를 설정한 외부인들을 억압한다.

야엘 타미르(Yael Tamir)는 이와 같은 민족에 대한 본질주의적 이해를 반대하며, 대신 다른 문화집단 구성원들은 서로에게 '가족적 유사성(family resemblance)'을 갖는다고 제안한다.[19] 언어, 혈통, 역사적 스토리와 역사적 관점, 인문적 전통 그리고 종교를 포함하는 여러 속성으로

한 문화집단과 또 다른 문화집단을 구분할 수 있다. 해당 집단과 자신의 관계를 단정하는 한 집단의 모든 개별 구성원일지라도, 자신이 공유하는 같은 속성이나 — 이러한 속성과 본인과의 관계성에 근거해 해석하고 행위하는 — 방식의 정도에서 흔히 서로 간 차이가 있다. 본질주의적(essentialist) 민족주의는 그 안에서 이러한 차이를 억누르려 하며 민족성원자격의 경계 있는 단일성을 만들어 내려한다.

3장에서 나는 사회집단의 실체적(substantial) 존재론 보다 관계적(relational) 존재론을 주장했다. 하나의 사회집단은 다른 집단들과의 상호작용적 관계 속에서 존재하며 특정한 집단으로 개념정의된다. 사회집단의 정체성은 삶의 방식과 결사의 형태에서 일정한 차이를 경험하는 사람들 간의 우연적 조우(encounter)와 상호작용으로 발생한다. 이러한 시각에서 보면, 사회적 차이는 비교의 관점에 따라 더 강할 수도 더 약할 수도 있으며, 더 눈에 띌 수도 아닐 수도 있다. 집단은 사람들이 자신의 유사성 및 함께 속함(belonging)을 승인하기 위해 서로 상호작용하는 만큼 내적으로 구성된다. 또한 집단은 해당 구성원들이 다른 집단의 구성원들과 서로 다르다고 구별하며, 다른 집단의 구성원들도 이들과 차이가 있음을 승인하는 만큼 외적으로 구성된다. 하지만, 이러한 유사(類似)와 차이의 관계는 변할 수 있고 또한 흔히 변하며, 상호작용의 흐름 속에서 전부가 유사하거나 전부가 다른 것은 사실상 없다. 어떤 측면에서 내가 나와 같다고 보는 것이 다른 측면에서 다른 것일 수 있으며, 나는 나와 다르다고 보는 사람들로부터 어떤 유사성을 찾을 수도 있다. 집단차별성(group differentiations)을 관계, 비교, 상호작용의 함수로 생각하는 것은 집단들 간의 교집합과 혼종성을 허용하는 것이다. 개인별 편차, 복수의 성원자격 그리고 문화집단과 동일시화의 정도는 이렇듯 유동적이고 가동성의 세계에서 민족집단 및 문화집단을 인정하

고 개념화하는데 중요하다.[20]

만약 우리가 이거 아니면 저거라는 식의 민족주의 개념정의를 포기한다면, 관민의 다름은 정도(degree)의 문제로 대두된다.[21] 상대적인 시각에 따라, 사회적·문화적 차이는 더 강할 수도 더 약할 수도 있으며, 차이가 더 눈에 띨 수도 아닐 수도 있다. 해당 관민은 어떤 관민과 친연성을 공유하고, 여타 관민과는 가능한 많은 측면에서 — 언어, 영토와 관련된 역사적 연관성, 함께해 온 역사에 대한 자의식, 종교적 관례, 예술적 방식과 의미, 남들과 다르게 살고 있다는 대화적 의식, 다른 집단에 의해 칸막이화 되거나 고정관념화된 상태 등 — 다르다고 인식한다. 어떤 집단은 단지 몇 가지 방식에서만 다른 집단들과 다르지만, 어떤 다른 집단은 이런 모든 측면에서 다른 집단들과 다르다. 스코틀랜드인(Scots)은 역사적으로 종교적인 친연성, 역사, 영토의 측면에서 잉글랜드인(English)과 다르다. 언어가 사람들 간의 주요한 차이였던 곳에서 그것이 여전히 어느 정도 유지되고 있지만, 그럼에도 언어의 차이는 줄어들고 있다. 하지만 그들이 러시아인이나 중국인과의 관계에서 자신을 생각해볼 때, 대부분의 스코트랜드인은 잉글랜드인에 훨씬 더 가깝게 생각할 것이라 우리는 짐작할 수 있다.

아마도 본질주의의 입장으로 성원자격을 개념정의하려는 민족주의의 경향보다 더 중요한 것은, 단 하나의 민족에 일치하는 독립적이고 분립적인 정치공동체를 가지려는 민족주의의 열망이다. 원칙적으로 민족주의 정서는 각 민족에게 독립국가를, 그리고 각 국가에게 하나의 민족을 요구한다. 이러한 해석에서 보면, 자기결정은 불간섭의 권리와 내가 앞에서 문제삼았던 배타성을 필연적으로 동반한다. 민족주의자들은 해당 민족구성원들 모두 인접한 그리고 한정된 영토에 대한 주권과 배타적인 통제를 가져야 한다고 요구한다. 그들은 흔히 비(非)구성원을 배제할 수 있는 권리를 표방하며, 비구성원은 그들 영토 내에서 활동을 요구할 수 없다고 주장한다. 이러한 민족국가의 시민들은 외부인에 대해서는 갖지 않는 서로에 대한 충성심과 상호부조라는 의무를 갖는다. 국가라는 정치조직은, 주권성(sovereign statehood)을 분립하기 위한 자신의 권리를 존중하는 것을 제외하고는 다른 사람들의 이익에 대한 고려 없이, 자신의 민족적 목적을 진척시키도록 디자인된다.

오늘날의 세계에는 스스로를 다르다고 생각하는 ― 문화적 특성과 역사를 공유함으로써 다른 집단들과 자신이 구분된다고 생각하는 집단들, 또한 해당 구성원들이 특정한 측면에서 같은 집단이라고 서로를 인정하는 집단들과 같은 ― 수천 개의 집단들이 있다. 세계에서 자신이 관민이라고 생각하는 사람들 중 일부를 우리는 오늘날 민족이라 부른다. 민족이라 불리지 않는 사람들도 그렇게 불리고 싶어한다. 그리고 정말 많은 경우 민족으로 불리는 사람들은 문화적, 정치적 혹은 경제적으로 민족이라 지정되지 않은 사람들을 지배한다. 민족이라는 개념이 묵시적으로 국가다움(statehood)과 연결되기 때문에, 그리고 국제시스템이 새로운 국가를 인정하지 않으려 하기 때문에, 스스로를 관민이라고 정당하게 생각하는 많은 사람들은 광역적으로 혹은/그리고 국제적으로 그들이 받아야 할 인정을 받지 못한다. 우리가 관민의 다름을 관계적으로 그리고 정도의 문제로 본다면, 자신을 다른 관민과 차별화하는 문화집단이나 역사집단은 일반적으로 중요한 정도로 또한 함께 묶인다. 현재의 스페인이라는 맥락에서 자신들이 다른 관민이라고 단언하는 많은 카탈로니아인(Catalonians)은 이베리아반도의 타인들과의 관계에서 자신을 정의함을 인정하며, 또한 자신의 역사가 서로 엉켜있고 상호적으로 영향을 미친다는 점을 인정한다. 이들은 특정한 측면에서 자신들이 여타 민족과 다르다라는 점을 주장할 뿐만 아니라 또한 여타 민족과 공유된 문제와 기회를 갖는다고 주장한다.

우리가 민족이라는 아이디어에 회의적이고 비판적이어야 하며, 그 대신 관민이라는 보다 느슨하고 보다 관계적이며 연속적인 아이디어를 승인해야 한다는 제안에 부응해서, 많은 사람들은 관민인 것과 그렇지 않은 것을 알기를 희망한다. 하지만 어떤 유형은 다르다고 인정될 가치가 있으며 다른 유형은 그렇지 않다고 말하면서, 관민의 유형 간 법적 구분을 짓고 싶어하는 충동은 갈등과 지배의 주요한 원인이다. 집단이 다르다는 것을 보장할 정도로 충분한 친연성과 문화적 기획을 가지고 있을 때에 관한, 그리고 이들 집단의 요구가 자명한 기반을 제공한다는 것에 관한, 정치적 원칙은 보다 중의적인 직관으로 채워져야 한다. 내가 변론하고 싶은 자기결정이라는 개념은 민족주의로부터 다시 말해, 관민이 된다는 것은 배타적인 관할권을 가지고 여타 집단들이 간섭할 수 없는, 구별되고 인접하며 경계 지어진 영토에 대한 권리를 수반한다는 주장으로부터, 관민의 개념을 분리해 낸다. 국경화된 영토로부터의 이러한 분리는 관민이라는 아이디어 안에서 선명한 경계를 그어야 한다는 절박함을 덜어준다.

4. 자기결정의 재검토

많은 사람들이 문화적으로 다른 관민을 억누르거나 동화시키려는 일단의 민족건설의 노력에 고통받고 있다. 많은 사람들은 전용과 착취의 식민지 그리고 후기 식민지체계에 의해 터전과 생활을 빼앗겼으며, 그 과정에서 빈곤으로 내몰렸다. 또 다른 사람들은 자신의 종교, 결사 혹은 언어적·문화적 실천의 자유를 억눌린채 살아왔다. 이들 중 다수는 문화제국주의적 굴레에서 벗어나고, 자신 민족의 발전과 삶을 위한 기초가 되는 원천에 통제를 갖는 수단으로서, 자기결정권을 요구한다.

특히 원주민들의 요구는 국가주권의 글로벌 체계에 도전하는 글로벌 사회운동을 추동해왔다는 점에서 반향이 있다.[22] 전세계 원주민들의 대부분은 자신에게 주권적 권위를 단정하는 국가들에 대항할 수 있는 자기결정권을 요구한다. 하지만 현 시류에서 받아들여진 주권이라는 원칙에 따라 조직된 국가들은 이들의 요구를 수용하기가 어렵거나 불가능하다. 왜냐하면 이들은 터전(land)과 자원(resources)을 사용할 수 있는 권리를, 그리고 식민지 이전에 이들이 해오던 실천의 연장선상에서 거버넌스를 발전시키기 위한 권리를 요구하기 때문에, 원주민들의 요구는 근대 유럽법이라는 보다 형식적이고 관료적인 거버넌스 시스템과 쉽게 맞아떨어지지 않는다. 하지만 부당한 정복과 이어지는 억압에도 불구하고, 명확하게 경계지어진 영토내의 문제에 대한 궁극적인 권위를 지닌, 국제적으로 인정된 독립적인 국가의 건설을 추구하는 원주민들은 거의 없다. 대부분의 경우 원주민들은 더 넓은 정체의 틀 내에서 더 크고 더 안정적인 자율성을 추구한다.[23]

나는 원주민들이 근본적인 방식으로 주권국가체계에 도전하기 때문에, 이들의 상황과 요구를 숙고해 보고자 한다. 그럼에도 불구하고, 자신에 대한 관할권을 갖는다고 국제체계가 인정하는 국가들로부터 억압받거나 충분히 인정받지 못했음을 주장하는 또 다른 관민도 존재한다. 관민이 자기결정 즉, 자치(self-government)제도에 다른 관민들과 함께 참여함을 요구한다는 점은 자명하다. 이 같은 요구에는 두 가지 논거가 있는데, 하나는 문화와 정체성에 보다 주목하며, 다른 하나는 파워와 지배에 보다 주목한다. 문화적 차이의 중요성에 관한 최근 여러 도덕이론은 문화적 성원자격은 즉, 역사를 같이 하는 관민의 성원자격은 중요한 '자아의 원천'임을 주장한다. 사람이 성장하면서 듣고 말하는 언어 혹은 언어들은, 그 언어로 자신의 스토리를 듣고 노래를 부름으로써, 그 사람의 정체성을 형성하는 기억의 심연 속 보고(寶庫)이다. 많은 사람들은 구별되는 문화집단 혹은 역사집단과 연관된 상징, 관행, 유물, 사적지, 문헌을 통해 특정한 안정감과 기쁨을 얻는다. 대부분의 사람들은 부분적으로 이러한 문화적 친연성과의 관계를 통해 자신의 개인정체성을 진화시키지만, 내가 3장에서 설명했듯이, 이는 해당 집단의 구성원으로 위치 지어진 사람들 모두가 그 성원자격에 대한 동일한 태도를 갖는다는 의미는 아니다. 그럼에도, 개인의 안녕은 본인 자아의 원천으로 이바지하는 의미와 관행적 실천이 얼마나 번성한지에 따라 부분적으로 달라지는 만큼, 개인에게는 관민으로서 자신의 만개(滿開, flourishing)를 어떻게 보존하고 증진할 것인지를 집단적으로 결정할 수 있는 수단이 있어야 한다.[24]

자기결정을 요구하는 두 번째 요건은 대개 첫 번째 요구와 엮여있지만, 이에 더해 추가적인 함의를 갖는다. 파워, 착취 그리고 지배의 구조는 체감되는 사회적·문화적 차별성 위에 쉽게 구축된다. 인식되는 차이에 기반해서 일부 사람들은 물적인 혜택에서 다른 사람들을 배제하거나 그들의 노동을 착취해 자신의 혜택으로 만들 수 있다. 더 자비로운(benign) 지배의 형태는, 다수의 언어나 관행이 더 적은 소수자들의 언어나 관행을 압도할 때 나타날 수 있다. 이러한 상황에서 자기통치(self-government)의 제도는 배제, 차별, 착취 또는 소수자의 지위에 저항하는 수단으로서 기여할 수 있다. 의심할 여지가 없어 보이는 집단성원자격도 때로는 복수이며 모호하고 중첩적이다. 이러한 이유에서, 개개인의 어떤 특정한 집합을 관민으로서 간주할 것인지 단정키는 어려운 일이다. 많은 경우, 이 같은 모호성은 자기결정이라는 가치를 넘어서는 어떤 가치와 효과를 내다보는 논리주장과 협상으로 해소될 수 있다. 하지만 이러한 어려움은 역사적·문화적 집단이 흔히 국가권력을 이용하는 다른 집단들에 의해 지배와 착취를 받았으며 또한 계속해서 받을 것이라는 사실을 부정하지 않는다. 성원자격의 모호성은, 이 같은 집합적 자율성이 해당 구성원들의 자유와 안녕에 중요하다고 생각하기 때문에, 자신을 관민에 속한 구성원으로 생각하는 많은 사람들에게 자기통치와 자율성이 중요하다는 사실 또한 부정하는 것도 아니다.

자기결정권을 요구하는 많은 관민들은 오늘날 일도양단된 국경으로 된, 자신만의 단일한 땅덩어리로 이어진 영토를 가진 주권국가를 추구한다. 외부인들로부터 독립성을 요구하는 이어진 영토를 가진 경계 지어진 국가를 형성하고자 하는 이 같은 야심은 새로운 소수자들을 억압하며, 여러 집단들이 권리를 주장하는 영토에 대한 유혈분쟁을 낳는 위협을 가한다. 더욱이, 독립적인 주권국가의 확산은 아마도 내가 앞서 언급한 글로벌규제와 협력을 위한 더 큰 역량의 필요에 아마도 역행한다. 따라서 우리는 딜레마에 처한다. 한편으로, 관민들의 자기결정에 대한 요구의 타당성은 자명하다. 다른 한편으로, 개별 관민에게 영토적으로 경계 지어진 독립된 관할권을 부여함으로써 이들의 요구를 인정하는 것은 평화와 자유를 항구적으로 위협한다. 자기결정을 불간섭이 아닌 비지배라는 관계적인 방식으로 구상함으로써, 이러한 딜레마에서 빠져나오는 방법이 모색될 수 있다.

자기결정의 불간섭모델에 따르면, 관민이나 정부는 그 관할구역 안에서 진행되는 것에 대해 궁극적인 통제를 행사할 수 있는 권위를 지니며, 어떠한 외부의 주체도 자기결정의 주체가 하는 바에 대해 간섭하거나 청구할 권리가 없다. 마찬가지로, 스스로 결정하는 관민(self-determining people)은 다른 관할권 안의 이슈에 대해 다른 관할권의 사람들이 하는 것을 대상으로 청구할 수 없으며 이들의 소관사항에 간섭하는 권리가 없다. 이 모델이 어떤 관할구역에 대한 외부인들의 간섭권을 인정하지 않듯, 이 개념은 각기 스스로 결정하는 실체는 외부인들에 대한 내재적인 의무(inherent obligations)가 없음을 수반한다.

불간섭으로 해석되는 자유는, 개인이건 집합체건 행위주체들이 서로 교환하고 계약하는 한, 서로에게 독립적임을 가정한다. 하지만, 정의의 범위와 관민들 간의 글로벌 상호의존에 관해 내가 앞서 주장한 바는, 민족 혹은 국가의 독립이라는 불간섭모델의 가정에 도전한다. 관민의 자기결정에 대한 이론은 관민들이 상호의존적임을 인정해야 하고, 이 근거에서 불간섭은 자기결정에 대한 해석으로 부적절하다.

6장에서 나는 이 같은 독립이라는 아이디어가 자율성 도덕이론(moral theory of autonomy)으로 부적절하다는 페미니스트 비판과 페미니스트들이 제시한 대안 개념으로 관계적 자율성에 대해 언급했다. 관계적인 자율성은 불간섭을 전제하지만, 이는 원자화된 주체들이 단지 본인이 소관임무에만 신경 쓰고 서로를 방임하는 사회구상을 의미하지는 않는다. 대신, 관계적 자율성은 경제적 상호작용, 역사, 근접성 또는 행위의 의도하지 않은 결과에 의해서, 행위주체들은 자신이 선택하지 않는 많은 방식으로도 관련됨을 인정한다. 이러한 관계성 속에서, 주체들은 서로를 상충하기도 지지하기도 한다. 그렇기 때문에, 관계적 자율성은 관계의 구조화 속에 부분적으로 놓여있으며, 따라서 이들 관계는 행동주체의 목적을 최대한 추구하도록 뒷받침한다. 6장에서 나는 상대적 자율성이란 개념을 규범적인 지역정부(local government)모델에 적용했다. 그런 맥락에서 관계적 자율성은 지역의 이슈와 실천에 대한 지역단위의 통제를 전제하지만, 이러한 지역통제는 연방화된 정부 간 관계와 광역규제의 틀에서 존재한다. 내가 제안한 관계적 자율성 개념은, 자기결정의 원칙을 관민들의 상호의존적 관계의 맥락에서, 자기결정의 원칙이 자율을 향한 독립에서 탈피하도록 적용될 수 있다.[25] 페미니스트 관계적 자율성 개념을 보완하기 위해, 나는 불간섭으로 해석되는 자유에 대한 필립 페팃(Philip Pettit)의 비판과 비지배로 해석되는 자유에 대한 그의 대안 개념을 활용하고자 한다.[26]

페팃에 따르면, 간섭은 어떤 주체가 선택의 폭을 변경시킴으로써 다른 주체의 선택 상황을 악화시키는 방식으로 그 사람의 행위를 못하게 하거나 행위의 제작방향을 재조정케 하는 것을 의미한다. 페팃의 논의에 따르면, 비록 불간섭은 자유와 관련되지만, 이는 자유와 등가적이지 않다. 오히려 자유는 비지배로 이해되어야 한다. 어떤 주체가 상대에 대한 파워를 가지고 있어서 상대를 **자의적으로** 간섭할 수 있을 때, 이 주체는 상대를 지배한다. 간섭에 영향을 받는 사람들의 이익이나 의견에 대한 고려 없이 간섭이 선택되거나 거부당한다면 그 간섭은 자의적이다. 하지만 어떤 주체는 또 다른 상대를, 그 상대를 일체 간섭하지 않고도 지배할 수 있다. 지배는 어떤 주체가 다른 사람들의 행위들에 자의적으로 간섭**할 수 있도록** 만드는 일단의 관계 속에서 성립한다.

진정한 자유는 이러한 지배관계가 없음을 의미한다. 페팃은 제도는 모두의 비지배를 진흥하고 지켜야한다고 주장한다. 그러기 위해, 때때로 지배적 파워를 구속하고 협력을 부양하기 위해 행위를 간섭하는 규제가 있어야 한다. 간섭은 만약 그것의 목적이 지배를 최소화하는 것이라면, 그리고 만약 그것이 영향 받는 당사자들의 목소리와 이익을 고려하는 방식으로 이뤄진다면, 자의적이지 않다. 그렇기 때문에, 관계적 자율성 개념처럼, 비지배자유 개념은 사회적 관계들의 집합(set)을 일컫는다. '비지배는 다른 사람들이 현재하고 이들과 같이 살고 있을 때, 그리고 사회의 디자인에 의해 비로소 같이 사는 다른 사람들 중 누구도 이들을 지배하지 않을 때, 누군가가 누릴 수 있는 지위이다'.[27]

나는 관민을 위한 자기결정의 원칙은, 단순히 독립이나 간섭으로 해석되는 것이 아니라 관계적 자율성 혹은 비지배로 해석되어야 한다고 제안한다. 이런 해석에 따르면, 관민의 자기결정성은 해당 관민이 자신의 목표에 따라 결정하고 자신의 삶의 방식을 결정하는, 그들의 통치제도에 대한 권한을 갖는다는 의미이다. 다른 관민은 자신의 목적을 위해서, 혹은 자신 최선의 방법으로, 혹은 해당 관민을 더 큰 '민족'단위에 편입시키기 위해서, 해당 관민의 해석, 판단, 결정 등을 구속, 지배, 간섭해서는 안 된다. 즉, 관민은 마땅히 지배로부터 자유로워야 한다. 하지만 관민은 다른 관민들과 상호의존적인 관계에 있기 때문에, 이들은 자신의 행위가 다른 관민들에게 영향을 미칠 때, 다른 관민들의 이익과 요구를 무시할 수 없다. 자기결정하는 관민의 활동에 의해 외부인들이 영향을 받는 한, 비록 외부인들이 해당 통치의 관할구역밖에 있다하더라도, 이들 외부인들은 자신의 이익과 필요가 고려되어야 한다는 정당한 요구를 할 수 있다. 역으로, 외부인들은 그들이 관민에게 영향을 미칠 때, 관민은 외부인들이 역으로 자신에게 영향을 미치는 한, 관민 자신의 이익이 고려되어야 한다고 외부인들에게 정당한 요구를 할 수 있다. 이들의 활동이 서로에게 영향을 미치는 한, 관민은 관계상에 존재하며, 마땅히 그 관계의 조건과 효력을 협상해야 한다. 자기결정하는 관민들이 서로 간의 관계로 자신이 구성된다고 인식할 때, 이들은 자신이 다른 관민들과 함께 살고 행위하는 많은 측면이 존재함을 인정한다. 예를 들어, 이들은 다른 관민들과 영토적으로 함께 거주하며 동일한 지역 자원을 필요로 한다. 즉, 이들은 자연적·사회적·경제적 재앙에 비슷한 영향을 받는다.

자기결정하는 관민은 다른 관민들로부터의 간섭 없이는 그들이 원하는 것이 무엇이든 이를 도덕적으로 할 수 없다. 이들의 다른 관민들과의 영토적·경제적·소통적 관계들은, 자신의 이익뿐만 아니라 다른 관민들의 정당한 이익을 인정해야 하는 의무를 자신에게 지우는 갈등과 집합적인 문제를 발생시킨다. 페팃은 지배를 최소화하는 제도를 진흥하기 위해서라면 국가는 정당하게 개인들의 행위에 간섭할 수 있다고 주장한다. 마찬가지의 주장이 집합체의 행위와 관계에도 적용된다. 조밀하게 상호의존적인 세계에서 관민들은 이들 모두의 행위를 조정하고 분쟁을 해결하고 관계를 협상하기 위한 절차를 정하는 정치제도를 필요로 한다.

비지배 맥락에서 관계적 자율성으로 이해되는 자기결정 개념에 대한 이 같은 주장은 소수의 원주민이나 '인종' 집단만큼이나 큰 규모의 민족국가에도 적용된다. 원칙상 자기결정하는 독립된 국가로 오늘날 인정되는 이들 민족국가는 작은 집단들이 불간섭권리를 갖지 않아야 하는 것처럼 불간섭권리는 가져서는 안 된다. 주권국가로 불리는 이들 민족국가의 자기결정은 비지배를 의미해야 한다. 우리는 이러한 원칙에서 불간섭의 전제를 포용해야 하지만, 지배적인 해악을 방지하거나 혹은 집단행동을 위해 필수적인 조정을 요청하기 위해, 외부인들이 관민의 활동에 대해 모종의 요구를 할 수 있음은 원칙으로 규정된다. 따라서 자기결정을 비지배로 해석한다는 것은 궁극적으로 현행 민족국가의 권리를 제한한다는 것과 민족국가를 다른 즉, 더 협력적으로 규제되는 관계 속에 설정한다는 의미이다. 개인의 자유를 증진한다는 것이 지배를 방지하기 위해 관계를 규제함을 수반하듯, 관민의 자기결정을 증진한다는 것은 관민의 지배를 방지하기 위해 국제관계를 규제함을 수반한다. 그러나 이런 국제규제는 모든 관민들이 관련된 규제제도를 만드는 과정에 반드시 함께 참여해야 한다는 의미에서, 포용적이고 민주적이어야 한다.

나는 자기결정의 대안적 의미에 대한 논의가 제도설계의 첫발이 되어야 한다고 보지는 않는다. 나의 주된 관심은 내가 보기에 차별화된 연대성에 대한 전지구적인 이해에 최선으로 부응하는 거버넌스의 규범적 원칙을 천명하고 이를 정당화하는 것이다. 하지만 자기결정원칙의 이러한 해석을 적용한다는 것이 무엇을 의미하는지에 대한 논의가 추가된다면, 이러한 해석의 타당성을 높이는데 일조할 수 있을 것이다.

첫째, 이 같은 원칙의 적용은 저마다의 관민이 자신 집단의 구성원들만이 살고 있는 단일한 경계 지어진 인접한 영토에 대한 유일한 거버넌스 권리를 갖는다는 의미는 아니다. 애석하지만, 이것이 바로 오늘날 자기결정을 요구하는 많은 집단의 비전이기도 하다. 이는 금세기 자행된 너무나 많은 죽음과 인종청소를 선동해온 자기결정 그 자체에 대한 갈망이라기보다, 다름 아닌 단일하며 동족으로 채워지고 접경지로 경계 지어진 영토에 대한 갈망이다. 자기결정으로 이해되는 비지배는 영토와 분리되어야 한다.[28] 다양한 관민들이 대부분의 영토에서 살고 있음을 감안한다면, 또한 대부분의 영토가 관민들과 그들의 터전들이 혼합된 것임을 감안한다면, 거버넌스 제도는 영토와 영토 안에서 일어나는 일에 대한 배타적인 통제로 정의되면 안 된다. 반대로, 관할구역은 공간적으로 중첩되거나 공유되거나 혹은 심지어 공간적인 준거가 아예 없을 수도 있다.

다른 한편으로, 거버넌스는 땅, 이에 묻힌 자원 그리고 터전이라는 인식에서 분리될 수 없다. 관민들은 어딘가에 거주하며, 이러한 관민들은 서로 간에 이웃들이다. 대부분 원주민과 같은 억압받은 소수자들에 의한 많은 자기결정 요구는 자신의 경제적 안녕을 향상시킬 수 있는 땅과 이에 묻힌 자원에 대한 접근성을 중시한다. 더욱이, 많은 집단들이 가진 문화적·역사적 다름은 흔히 특정한 자연적 혹은 조성된 사적지,

그리고 민족주의 분쟁의 일부 최악의 경우는 집단들이 경쟁하는 유적지와 관련된다.

어떻게 해야 하는지 예정할 수 있는 공식은 없지만, 원칙상 자기거버넌스(self-governance) 제도의 실행은, 흔히 자기결정은 크고 인접한 경계 지어진 영토에 대한 배타적인 통제를 요구한다는 전제없이 땅, 자원, 터전의 중요성을 인정한다. 많은 경우 이들 지역단위들(locales)은 아마도 4장에서 주장한 집단대표성의 절차가 현재화되는 이질적(heterogeneous)이며 다문화적임을 의미한다. 다른 경우 특정한 집단은 영토에 대한 배타적인 통제없이 땅과 자원에 대한 특수한 권리를 가질 수 있다. 일부 지역의 원주민과 비원주민 간의 협상은 이러한 류의 수용을 중시한다.[29] 지역단위 및 자원을 인정하는 세 번째 방식으로, 집단자율성의 일부 양상은 영토에 기반할 수 있지만, 내부적인 소수자들의 자유와 번성을 보장하는데 도움이 되는 연방형태로 서로를 견제·구속하는 방식을 단서 조항화하는 것이다.

자기결정에 대한 요구는, 정확히 왜냐하면 일정 정도 혹은 일정 측면에서 자신을 차별화되게 인식하는 집합체들이 그럼에도 불구하고 역시 서로 관계하고 때때로 충돌하기 때문에 대두된다. 실제로 지배적인 함의를 최소화하는 방식으로 자기결정권을 인정하는 것은, 경합중인 집단 간 혼종성과 다문화주의의 정도, 다른 개인들과 집단들이 영향을 받는 방식, 경합자들이 스스로를 차별화하는 방식과 정도, 그리고 해당 광역의 역사에 따라 달라진다는 점에서, 다양한 양상을 보여야 한다. 비지배로서 자기결정은 많은 다문화적 혹은 코스모폴리탄 관할구역을 허용해야 한다. 거버넌스 제도가 집단에 기반한 곳에서, 거버넌스 제도는 위에서 언급한 상대적 위상에는 부합하면서도 집단들이 상이한 정도만큼 특정 측면에서는 달라질 수 있어서 관민들이 서로 다른 정도만큼 다양해 질 수 있다.

집단에 기반한 어떤 관할구역은 혼종적이고 광역을 거스르는 특성을 갖는 정체성의 정박지(anchor)로 역할하기 위해 특정 장소와 결합되어야 한다. 예를 들어, 전세계의 많은 유대인은 스스로를 유대인일 뿐만 아니라 미국인, 호주인 또는 남아프리카인 등으로 생각한다. 하지만, 이들 중 상당수에서 유대민족과 결부된 장소의 존재 즉, 이스라엘은 이들의 혼종적인 정체성을 유지할 수 있는 중요한 수단이다. 그럼에도 내 논거에 따르면, 자기결정을 행사할 수 있는 장소에 대한 권리는 현재 이스라엘이 요구하는 경계 지어진 영토에 대한 배타적인 관할로 이어지는 것은 아니다. 왜냐하면 팔레스타인도 역시 자기결정에 대한 정당한 요구가 있기 때문에, 물 같은 필수자원은 반드시 공정하게 공유되어야 하며, 예루살렘(Jerusalem)시 같은 특정한 공간 또한 공동으로 관할되어야 한다.

왜냐하면 불간섭으로 해석되는 자기결정은 이론적·실천적 측면에서 전세계적으로 헤게모니를 쥐고 있기 때문에, 보다 관계적인 이해를 적용하려는 거버넌스 방식의 실례를 찾기란 어려울 수 있다. 1998년 협상된 북아일랜드 평화협정은, 관민의 다름을 인정할 뿐만 아니라 더 큰 연동형(interlacking) 제도의 맥락에서 이들의 거버넌스를 관계적으로 정의하려 했으며, 동시에 제일 큰 두 집단과 연고가 거의 혹은 전혀 없는 개인과 집단의 권리도 보호하려 한, 내가 제안한 일단(一團)의 거버넌스 제도의 가장 흥미로운 사례 중 하나이다.

이 글을 쓰고 있는 시점에서, 이들의 합의이행은 무장해제에 대한 논쟁에서 막혀있으며, 당사자들이 고질적인 극단화로 되돌아가는 것처럼 보인다. 하지만 내가 말할 수 있는 건, 이러한 분쟁은 합의조건 그 자체에서 나온 것이 아니다. 1998년 협정의 제도디자인은 관계적 자율성의 좋은 사례를 제시한다. 이 협정은 북아일랜드로 알려진 영토의 모든 거주민들을 자신의 정부가 있는 자기결정하는 관민으로 인정한다. 또한 이 협정은 해당 영토와 역사적으로 관련된 두 주요 집단이 존재하고 이들의 운명은 수 세기동안 얽혀져 왔음을 인정하며, 또한 이들 간의 '동등한 존중(parity of esteem)'을 인정하려는 목적으로 이들 각각에게 거버넌스 구조에서의 특수한 권리를 부여한다. 협정은 북아일랜드를 영국과 아일랜드 모두와 연결시키는 추가적인 거버넌스 제도를 요구한다. 이 협정은 잉글랜드인(English)과 아일랜드인(Irish), 프로테스탄트와 카톨릭 모두를 인정할 뿐만 아니라, 북아일랜드내 어느 집단에 속하더라도 보호받고 지원받는다고 느낄 수 있는 통로로 기능한다. 하지만 이 협정은 잉글랜드계나 아일랜드계의 어떤 집단에도 확실하게 동일시되지 않는 북아일랜드 거주민들을 각별히 보호하겠다는 목적에서 인권과 차별금지에 대한 엄중한 표명을 담고 있다. 적어도 일각의 시각에서 봤을 때, 이 협정의 가장 미흡한 점은 영토에 대한 궁극의 권위로부터 영국의 국가주권성을 지워내지 못했다는 점이다. 그러나 이 협정은 북아일랜드 시민들이 국민투표로 영국의 국가주권성을 벗어버릴 수 있도록 이들 시민들에 대한 정치적 권한을 강화하고 있다.[30] 이러한 흠결은 비지배로서의 자기결정이라는 원칙을 국가주권이 남아있는 세상에, 그리고 국가주권의 헤게모니적 해석이 불간섭인 세상에 적용하려는 노력의 한계를 보여준다.

하지만 혹자는 소위 자기결정하는 관민의 '자기(자아)'가 무엇인지 궁금해 할 수 있다. 자기결정적일 정도로 충분한 단일성 있는 관민이 존재한다는 바로 그 아이디어에 의문을 가질 수 있다.[31] 모든 부족, 도시, 민족 또는 여타 집단들은 이견을 갖고 내부적으로 갈등하기 쉬운, 다양한 이해관계와 친연성을 지닌 개인들의 집합이다. 집단의 자율적인 통치를 견인하기 위해, 집단구성원들이 모두 동의하는 이해관계의 집합은 그 누가 해도 찾아내기 어렵다. 더욱이, 너무나 흔하게, 해당 집단의 일부 구성원들은 집단의 다른 구성원들과 구조적 불평등 혹은 지배의 관계에 있다. 이 같은 환경에서, 어떤 집단의 자기결정을 증진한다는 것은 해당 집단의 일부 구성원들에 대한 지배를 심화시킬 수 있다. 뿐만 아니라, 때로는 특정한 집단에 누가 속하는지 모호하며, 많은 개인들은 하나 이상의 여러 집단들과 친연성을 갖고 있다고 합당하게 주장할 수 있는 근거가 존재한다. 이러한 어려움이 자기결정이라는 아이디어의 가치를 헛되게 하는 것은 아닌가?

나는 그렇게 생각하지 않는다. 스스로를 하나의 정치공동체로 구성하는 사람들의 집합체는 공동체 안의 갈등과 이견에 대처하는 방법에 대해, 그리고 해당 집단의 이름으로 실행되는 결정과 행위가 해당 집단에 속한다고 말할 수 있는지의 여부에 대해 마땅히 우려해야 한다. 해당 집합체는 그 구성원들이 의사결정을 하고 이를 집행하는 일단의 제도를 갖는 한, 그 집단은 행위능력의 의미에서 일체성을 때론 표출한다. 어떤 갈등과 의견대립이 이 지점에 다다를 수 있을지 모르지만, 일단 집합적인 제도를 통해 의사결정이 내려지고 조치가 취해지면, 이 집단은 자체로 행위한다고 말할 수 있다. 집단 행위능력에 대한 남론과 행위능력의 대표성은 해당 집단을 오도하여 인격화시킬 필요가 없으며 집단구성원들 간의 차이를 억눌러서도 안 된다. 대부분의 정부는 '관민'을 대표해 행동할 것을 요구하며, 이러한 요구는 해당 사회의 관민이 정부와 그 통치행위를 자신의 것으로 받아들이는 만큼 정통성을 가진다. 만약 해당 사회의 관민이 정부의 의사결정과정에서 진정한 영향력을 갖는다면 훨씬 두터운 정통성을 가진다. 그렇기 때문에, 이상적으로 자기결정하는 관민은 자신을 민주적으로 통치해야 한다. 하지만, 만약 민주주의가 혹은 민주주의에 대한 특정한 해석이 외부인들에 의해 이들에게 부과된다면, 이들이 자기결정한다고 말할 수 없다. 외부인들이 할 수 있는 노력은 단지 해당 관민이 민주주의를 수립하고 유지하기 수월한 광역의 혹은 전지구적인 제도적 맥락을 북돋워주는 것이지, 그 관민에게 민주주의를 요구할 수는 없다.

하지만 외부인들은 자기통치하는 관민(self-governing peoples)이 평등하게 자신의 관할구역 내에 있는 모든 개인들의 기본적인 인권을 동등하게 존중하도록 도덕적으로 요구할 수 있다. 이것이 자기결정에 대한 비지배 해석의 중요한 함의이다. 어떤 관민이나 관할구역도, 만약 자신 구성원들 중 일부가 권리의 체계적인 남용으로 고통 받고 있음을 주장한다면, 자신이 외부인들에게 간섭받지 않을 권리를 갖고 있다고 주장할 수 없다. 이러한 주장은 마땅히 제3자적 실체, 더 선호되기로는 광범위한 다자적 실체 앞에서 청문되어야 마땅하다. 오늘날 몇몇 국가는 다른 국가의 관할구역에 사는 개인들의 인권을 보호해야 한다 말하지만, 실제로 이들 국가 역시 다른 국가들과 이들의 국민을 지배하고 있다. 예를 들어, 나토(NATO)가 천명한 유고슬라비아(Yugoslavia)에 대한 1999년 전쟁의 동기는 코소보(Kosovo)에서의 심각한 인권남용을 포함하지만, 나토가 국제적인 허가없이 움직였다는 것과 또한 코소보 전쟁을 실행하는 방식, 이 둘 모두는 인권보호에 처참하게 실패한 잘못된 지배의 사례를 보여준다. 일부 비판가들은 이 같은 사례를 거론하며 불간섭이라는 국가 간 원칙으로 회귀한다. 하지만, 이는 이 같은 지배적인 도덕주의(moralism)에 대한 적정한 대처가 아니며, 이에 대한 처방은 오히려 인권에 관한 강력한 글로벌 규제제도를 — 그 제도정책에 반드시 전세계의 모든 관민들을 포함하는 — 설립하는 것이다.

인권의 보호 역시 분쟁거리가 되는 성원자격 문제에 대한 최선의 답이다. 관민은 자기결정제도를 통해 성원자격의 의미와 조건을 정의하는 자명한 권리를 가져야 한다. 일부 개인들이 이들 제도를 통해 분쟁거리가 되는 성원자격을 요구할 때, 이들에게는 우선적으로 자신의 신변에 대한 보호가 있어야 하며, 이들의 요구가 청취되고 다뤄질 수 있는 공론장이 있어야 한다.

그렇기 때문에, 비지배로 이해되는 관민의 자기결정은 다음의 요건을 포함한다. 첫째, 자기결정은 불간섭을 전제함을 의미한다. 관민은 외부로부터의 간섭없이, 자신의 거버넌스 절차를 수립하고 그 관할구역 안에서 자신의 활동에 대해 스스로 결정할 수 있는 자명한 권리가 있다. 하지만, 이러한 활동이 역으로 외부인들에게 영향을 미치거나 다른 이유로 외부인들과 갈등을 유발하는 한, 자기결정은 외부인들이 해당 집단에게 요구를 할 수 있고, 서로의 관계에 대한 조건을 협상할 수 있으며, 이러한 파장을 서로 조장할 수 있는 외부인들의 권리를 수반한다. 따라서 자기결정하는 관민들은 그것을 수단으로 그들이 협상을 하고 분쟁을 판정하고 합의를 관철시키는, 인정되고 조정된 제도와 절차를 필요로 한다. 자기결정은 독립을 함의하지 않으며, 오히려 관민들 간의 지배를 최소화하는 정치제도 내에서 관민들이 더불어 사는 것을 의미한다. 마지막으로, 관민의 자기결정은 지배의 최소화를 목표로 지향하는 정부 간 제도를 설계하고 집행하는데 관련된 관민들이 참여하는 권리가 있음을 요구한다. 이러한 방식으로 자기결정원칙의 비지배적 해석은 원칙상 전지구적 규모에서 차별화된 연대성이라는 이상을 현재화한다.

5. 글로벌 민주주의

나는 정의의 의무 범위는 오늘날 많은 이슈들에서 전지구적으로 확장된다고 주장했다. 한 곳에서의 많은 행위와 정책은 국경을 가로지르는 타국의 행위자들을 연결하는 제도를 전제하며, 이러한 제도의 의도적인 또한 비의도적인 여파는 흔히 광범위한 영향을 미친다. 이상적으로 정치공동체와 정부규제의 범위는 정의의 의무 범위만큼 확장되어야 한다. 그렇게 될 때, 글로벌 행위자들은 협력과 규제를 위한 더 나은 글로벌 역량을 지닌 채, 많은 정의의 이슈들을 더 잘 표명할 수 있게 된다. 현재 존재하는 대부분의 국제적 규제제도와 대조적으로, 글로벌 거버넌스는 민주적으로 조직되어야 한다.

아울러 나는 현재 민족국가들이 관할권을 주장하는 대상인 많은 관민들이 자기결정의 권리가 있음을 주장했다. 하지만, 불간섭의 권리로 자기결정을 해석하기보다 자기결정의 원칙은 지배를 최소화하는 관계의 맥락에서 해당 집단의 구성원들이 자신의 목적을 세울 수 있어야 하는 요구로 이해되어야 한다. 6장에서 나는 지역적이고 광역적인 관계적 자율성이 민주적 참여에 중요함을 역설했다.

한편으로, 더 큰 글로벌 규제의 역량과 다른 한편으로, 더 큰 지역적·광역적 자율성이라는 목표는 서로 상충하는 것처럼 보인다. 하지만, 글로벌 민주주의의 가능성에 대한 최근의 이론화는 글로벌 규제의 틀과 지역적 자기결정성 간의 정당한 조합을 요구한다. 이들은 결코 길항적이지 않기 때문에, 더 튼튼하고 더 민주적인 글로벌 규제의 역량은 관민 및 다문화적인 메트로폴리탄 광역(metropolitan regions)의 자율성에 대한 열망을 뒷받침할 수 있다.

글로벌 규제역량을 요구함에 있어, 이 시대의 많은 이론가들은 기존의 거대한 민족국가 모델에서 구조화된 파워와 권위를 지닌 단일한 중앙집중화된 전지구적인 국가라는 비전을 거부한다. 이들 이론가들은 이 같은 비전은 작용하기 어려울 뿐만 아니라 목표로서도 바람직하지 않다고 지적한다. 국가의 파워는 그것이 복수화 되었을 때 가장 잘 견제되고 소명책임적이 된다.

따라서 몇몇 이론가들은 기존 민족국가의 수준에서 강화된 규제권위를 가진 지역적·광역적 단위로의 파워이전과, 또한 민족국가보다 폭넓은 관할구역을 지닌 규제적인 권위체와 역량을 함께 갖춘 글로벌 민주주의라는 비전을 제안한다. 이러한 비전에서는 글로벌 규제역량과 국가 하위(sub-state)의 더 큰 자기결정성은 상충되지 않는다. 오히려, 이들 학자들은 각각을 서로에 대한 보완재로 본다. 따라서 예를 들면, 조르디 보르자(Jordi Borja)와 마뉴엘 카스텔(Manuel Castells)은 오늘날 민족국가의 규제적 파워에서 부분적으로 빠져나가 특정한 관민들과 지역에 피해를 끼치는 금융, 투자, 통신의 과정을 관리하는데 있어, 더 튼튼한 글로벌 규제의 틀이 필수적임을 역설한다. 동시에, 이들 학자들은 문화보전을 위해서, 그리고 메트로폴리탄 광역의 관리와 거버넌스는 사람들의 삶을 밀접하게 규제하기 때문에, 더 큰 지역자율성을 요구한다. 예를 들면, 다른 민족국가의 관할권 하에 있는 노시들과 광역들이 더욱 수월하게 경제발전, 정치적 혹은 문화적 교류 등의 이슈에 대해 서로가 서로에게 상대가 쉽게 될 수 있게 하는 법적 변화가 현재화되어야 한다.[32]

데이비드 헬드(David Held)는 이양된 지역자율성을 보유한 글로벌 규제제도를 정교화한 비교적 제대로 발전시킨 글로벌 민주주의모델을 제시한다. 나의 앞선 주장과 같은 결에서, 헬드는 평화와 정의의 가치를 증진하는 것은 안보, 지속가능한 환경, 투자, 부의 전지구적 분배 등과 같은 이슈를 처리할 수 있는 글로벌 규제제도의 확대를 요구한다고 본다. 이와 같은 글로벌 규제제도는 민주적이어야 하며, 이는 대표성과 소명책임성의 체계가 글로벌 규제제도를 위해 발전되어야 한다는 의미이다. 하지만 민주적 참여와 관료적 명료함을 위해서, 헬드는 거버넌스는 명목적으로 지역적이어야 한다고 주장한다. 보충성의 원칙(principle of subsidiarity)은 지역적·광역적·일국적·전지구적 거버넌스의 관계들을 견인해야 마땅하다. 지역적으로 체감되는 문제나 갈등은 지역적으로 디자인된 절차에 따라 지역적으로 해결되어야 한다. 지역들 간의 갈등이 생겼을 때나 문제가 여러 지역단위들에 함께 영향을 미칠 때, 지역 수준 이상의 거버넌스가 이를 처리하기 위해 나서야 한다. 이러한 과정을 민주적으로 만들기 위해서 헬드는 초국적 입법부의 창설과 직접투표(referendum) 절차의 설립을 구상한다.[33]

이러한 접근은 지역의 자기결정과 결합될 수 있는 글로벌 정치공동체를 고심할 수 있는 좋은 출발점을 제공한다. 이러한 비전의 일환으로, 나는 자역들과 광역들이 연방적 시스템 속에서 관계되는 글로벌 규제레짐 체계를 제안한다. 이러한 레짐은 전지구적 협력을 위한 평화와 정의에 관련된 작지만 필수적인 일단의 이슈들과 관련된 법규칙을 규정한다. 물론 그 수에 차이가 있을 수 있고 관할구역이 다르게 정의될 수 있겠지만, 일곱 가지의 이러한 규제레짐을 생각해 본다: (1) 평화와 안보, (2) 환경, (3) 무역과 금융, (4) 직접투자와 자본활용, (5) 통신과 교통, (6) 노동조건과 복지권을 포함한 인권, (7) 시민성원자격과 이주. 나는 각각의 규제레짐은 중첩된 책임과 조정의 필요성 측면에서 서로 다른 기능적 관할구역을 갖는다고 구상해본다. 각각의 레짐은 개인들, 조직들 그리고 정부들이 서로의 이익과 환경을 고려해야 할 의무를 담임하는 방식을 특정하는 일단의 얇은 일반적인 법규칙을 제공한다.

레짐들은 글로벌 거버넌스 시스템처럼 서로 간 기능적으로 구분됨으로써, 주권성의 일부 측면이 탈영토화(deterritorializes)한다.

오늘날, 이러한 이슈의 개별 영역에서는 각각의 목적을 실행하는 훨씬 강화된 강제력과 자원을 창설할 수 있는, 국제법과 국제기구 수준으로 진화하는, 레짐이 조성되고 있다. 하지만 대부분의 경우, 국가의 활동만이 그러한 협정 레짐하에서 규제에 현재적으로 종속된다. 글로벌 규제레짐을 통한 탈중심적인(decentring) 거버넌스의 중요한 측면은, 적어도 비정부조직 — 지방행정당국, 비영리 및 영리기업, 글로벌 규제의 직접적인 영향을 받는 개인들 — 의 일부 활동을 집행수단으로서 광역 및 지역 정부와 함께 가져오는 것에 있다.

글로벌 규제레짐의 맥락에서 평상시의 거버넌스는 주로 지역적이어야 한다. 지역은 자율적 거버넌스 단위의 첫 번째 수준에 위치한다. 지역단위를 어떻게 개념정의하는지는 사람들이 연계하는 방식에 따라 즉, 본인의 역사, 우선순위, 다른 사람들과의 관계 등의 방식에 따라 다양할 수 있다. 일부 사람들은 자기결정하는 관민으로 정의될 수 있다. 터전(장소)에 뿌리를 두고 있지만, 이들은 단일한 접경영토와 관련되지 않을 수 있다. 예를 들어, 오지브와족(Ojibwa people)은 그들 중 일부가 영토적으로 흩어져 살고 있지만, 자기결정하는 지역단위로 간주될 수 있다. 하지만, 내가 앞서 언급한 바와 같이, 많은 지역들은 이질적이며 다문화적이어야 한다. 따라서 메트로폴리탄 광역은 자기결정하는 단위의 주된 후보자이다. 이러한 자율적인 거버넌스 단위는 영토적이고 관할적인 의미 모두에서 개방적으로 제도화되어야 한다. 자율적인 관민이나 공동체는 영토에 있어 서로 겹칠 수 있으며, 이들의 거버넌스는 이들의 행위가 다른 단위와 그 구성원들의 행위 조건에 어떻게 영향을 미치는지 인정해야 할 필요가 있을뿐만 아니라 그들이 다른 관민들과 공유하는 조건과 문제를 인정해야 할 필요가 있다. 이 비전에서 지역단위는 글로벌 규제의 한계 속에서 해당 구성원들이 선택하는 대로 이들 자신의 거버넌스 제도를 구성한다는 의미에서 자율적이다. 글로벌 수준의 거버넌스는 내가 위에서 목록화한 이슈들에 관해 일반적인 원칙만을 규정한다는 의미에서 적정하게 '얇다'. 지역적 관할권은 지역 자신의 절차, 우선순위, 문화적 이해에 따라 그 원칙을 해석하고 적용함으로써 실행되는 프로그램과 법규칙으로 구체화되도록 원칙을 '두텁게' 한다.34

내가 그리는 모델에서 글로벌 규제레짐의 주요한 목적은 지역단위와 그 구성원들을 지배로부터 보호하는 것이다. 비지배로 이해되는 자기결정은, 다시 상기하건대, 지배적인 위협으로부터 그들을 보호하는 제도적 관계에 내장된 자율적 단위에 대한 불간섭을 전제한다는 의미이다. 일부 지역단위는 이러한 지배적 위협에 대해 다른 단위보다 더 취약하다. 글로벌 규제레짐은 개인뿐만 아니라 자기결정하는 지역의 지배를 최소화하고자 한다. 관민과 지역이 자신들에게 관할권을 요구하는 인접한 이웃 관민들이나 민족국가들에 의해 종종 지배를 겪고 있는 만큼, 글로벌 규제의 목적 중 하나는 이러한 취약한 관민과 지역을 보호하는 것이다. 마찬가지로 중요하게, 규제제도는 오늘날 막강한 사기업이 수시로 행사하는 지배로부터 개인과 집단 모두를, 특히 가난한 소수자들을 보호해야 한다. 이러한 방식으로 지역적 자기결정성과 문화적 자율성은 튼튼한 글로벌 규제를 위해 서로 상충하는 것이 아니라 서로 필요로 하는 것으로 이해될 수 있다.

지역적 자기결정성을 갖춘 글로벌 거버넌스의 비전은 민주적 가치와 제도의 포용을 가장 중요하게 삼아야 한다. 하지만, 국가의 관할권을 뛰어넘는 글로벌 상호작용을 조정하고 규제하는 오늘날 존재하는 이들 레짐과 제도는 그다지 민주적이지 않다. 예를 들어, 다국적기업의 커지는 글로벌 파워는 분명 민주적이지 않다. 기존의 국제사법재판소는 민주적인 소명책임성의 통로를 거의 갖고 있지 않다. 특히, 유엔안보리(UN Security Council)의 구조와 파워 때문에, 유엔은 민주적인 제도가 아니다. 학자들과 언론인들은 오늘날 가장 복합적이고 대단히 발전된 초국적 거버넌스 기구인 유럽연합(European Union)의 작동에서, 그들이 목격하는 '결손 민주주의(democratic deficit)'를 한탄한다.[35]

물론 글로벌 거버넌스의 과정과 제도를 민주화하기 위한 제도디자인에 대한 많은 질문들이 있으며, 이들 이슈는 다음 절에서 유엔시스템을 참고로 간단하게 짚어볼 것이다. 비전이라는 수준에서 보면, 민주화의 이슈가 존재한다.[36] 첫째, 지역주의(localism)를 옹호하는 이유 중 하나는, 기존 민족국가 수준에서 더 지역단위로의 권위이양은 민주주의를 증진하는 것이다. 참여와 시민성원자격은 지역수준에서 가장 잘 실행된다. 민주적으로 연방화된 글로벌 규제레짐은 지역을 벗어난 여러 수준에서 대의제도와 정책심의제도를 필요로 한다. 예를 들어, 전지구적 환경규제 의사결정기구에서는 현재의 많은 민족국가의 규제기구처럼 일반 시민들이 더 이상 배제되어서는 안 된다. 일단 지역수준을 넘게 되면, 사람들은 해당 레짐에 속한 다른 사람들을 쥐거나 경험하지 못하기 때문에, 공동체의 이해관계 및 문제는 모든 사람들에게 영향을 미치면서 광범위하게 구성되어야 하는 '상상의 공동체(imagined community)'이다. 나는 초국적이고 전지구적인 규제영역에서 생기는 이 같은 문제가 민족국가 영역에서 생기는 같은 문제보다 그렇게 큰 문제는 아니라고 생각한다.

글로벌 거버넌스의 활동은 마땅히 공적인 것이 되어야 한다. 단순하게 들리지만, 국제통화기금(International Monetary Fund)이나 세계무역기구(World Trade Organization)와 같은 오늘날 가장 힘있는 글로벌 행위자들의 심의는 공적이지 않으며, 이들의 리더들은 그 결정으로 영향받는 사람들에게 소명책임적이지 않다. 5장에서 나는 독립적인 공적 영역 ― 공적 영역을 통해서 개인과 집단이 힘있는 국가와 경제행위자의 활동을 들춰내고, 이들의 일부 활동에 대해 반대와 비판을 표출하며, 이러한 힘있는 행위자들에게 소명책임을 묻고 따질 수 있는 ― 의 토양을 신장함에 있어 시민사회의 중요한 기능에 대해 설명했다. 전지구적 차원의 민주적 과정은 전세계 모든 사람들을 원칙적으로 포용하는 그러한 공적 영역 없이 힘을 발휘할 수 없다.[37] 이미 오늘날 세계의 대중교통과 통신수단의 가능성은 글로벌 시민사회의 능동적 시민들로 구성된 초기단계 공적 영역의 형성을 보여준다.[38] 최근 20년간 열정적인 초국적 시민결사들은 국경을 가로지르는 조직화로 수백만을 포용해왔으며, 시민결사의 실질적 원조, 예술과 인문의 교류, 네트워크는 힘을 모아 막강한 글로벌 행위자들에게 그들의 정책을 바꾸도록 압력을 가하고 있다. 이러한 글로벌 공적 영역의 영향력에 주목할 만한 사례는, 초국적기업이 협력적인 글로벌 규제를 위해서가 아니라 이들 기업만의 자유를 위해 민족국가의 기존 많은 규제를 우회할 수 있도록 한 1998년 다자간 투자협정인 세계무역기구의 제안을 공론화한 것이다. 1999년 시애틀에서 세계무역기구에 대해 보다 투명하고 민주적인 소명책임성을 요구하는 시위자들은 이러한 글로벌 공적 영역이 확대되고 있음을 시사한다.

관민과 지역이 글로벌 규제레짐의 정책을 공식화하는데 참여토록 하는 제도는 이러한 글로벌 규제가 자기결정의 원칙과 양립할 수 있도록 만드는 데 도움을 준다. 앞서 주장했듯이, 자기결정은 배제와 불간섭의 궁극적인 권리라는 의미가 아니다. 하지만, 자기결정은 자기통치적 실체가 보다 포괄적인 규제를 준수하는 의무를 다하는 만큼, 이러한 실체는 그러한 규제를 공식화하는데 참여하는 다른 실체들과 함께 참여할 수 있는 실질적인 기회를 갖게 됨을 수반한다.

앞서 나는 예를 들어, 개인의 인권에 대한 글로벌 기준을 공식화하고, 이러한 기준에 대한 준수를 감독하고 관철시키는 더 튼튼한 글로벌 레짐이 마땅히 있어야 한다고 제안했다. 이러한 인권레짐을 갖는 것은, 다음의 두 조건이 충족된다면, 내가 강변하는 지역적 자기결정을 침해하지 않는다. (1) 이러한 기준을 준수해야 할 의무가 있는 관민들과 공동체들은 그러한 기준을 공식화하는데 있어 집단으로 참여하는 기회를 가진다. (2) 관민들과 공동체들은 그러한 기준을 자신의 지역적 맥락에 어떻게 적용할지에 대한 상당한 재량권과 지역적으로 그러한 기준을 실행하는 수단을 가진다. 내가 이들의 저항을 이해한 바로는, 기존 인권협약을 자신의 맥락에 적용하는 것에 문제를 제기하는 오늘날 전세계의 민족들과 집단들도 인권이라는 보편적 원칙을 거부하지 않는다. 이들은 오늘날 적용되는 권리의 특정한 공식이 대부분 서구 세력들에 의해 발전되었으며, 따라서 이렇듯 변화된 시대에 이러한 공식은 자신들을 포함하는 과정 속에서 재검토되어야 한다고 주장한다.[39]

이상적으로, 글로벌 민주적 제도는 앞 장에서 내가 이론화한 방식으로 포용적 소통을 북돋을 수 있도록 디자인될 것이다. 예를 들어, 대의제도는 구조적 불평등의 균열상이 표현될 수 있도록, 또한 구조적으로 차별화된 글로벌 퍼스펙티브가 가시적인 목소리를 낼 수 있도록 디자인되어야 한다. 예컨대, 세계의 가난한 사람들은 글로벌 무대에서 특별한 목소리를 낼 수 있어야 한다. 전세계적으로 이데올로기적 측면, 종교, 가족구조 등에서 어마어마한 차이가 있음에도 불구하고, 여성은 그들이 어느 곳에 있든 글로벌 공론장에서 정기적으로 청문되어야 마땅한 취약성과 종속이란 특수한 이슈가 있다. 지역적이고 광역적일 뿐만 아니라 전지구적인 수준에서의 이러한 구조적 차이에 대한 안목(眼目)을 잃지 않고 직시하는 것은, 문화적 혹은 역사적으로 관민의 자기조직화 속에서 일부는 두려워할지 모를 위험성을 덜어줄 수 있다.

6. 단기적인 유엔개혁

개선된 글로벌 규제제도는 전세계 도처에서 함께하는 결연한 사회운동에 의해서만 가능해 질 수 있다. 이 장과 앞 장에서 이미 나는 국제제도의 정책에 영향을 미쳐온 글로벌 사회운동을 거론했다. 예를 들어, 저발전국가의 많은 사람들에게 해를 끼치는 구조조정정책 및 부채에 비판적인 운동은 국제금융제도의 담론과 정책에 영향을 미쳐왔다. 전지구적이며 지역적인 민주주의 원칙으로 단단히 제어되는 보다 튼튼한 글로벌 규제제도를 지지하는 글로벌 사회운동이 규합될 수 있다는 전제에서, 가까운 시일에 이 사회운동의 주안점은 무엇이어야 하는가? 이 장을 마무리하면서, 나는 유엔시스템의 개혁이 그러한 운동의 한 가지 합당한 목표임을 제안한다.

왜 유엔에 주목하는가? 비록 유엔총회가 전세계의 관민들을 완전히 대표하지는 못하지만, 원칙상 전세계의 거의 모든 사람들을 대표하는 유일한 제도이다. 비록 많은 개인들과 국가들은 유엔이라는 제도가 비효율적이고 비효과적이라 불평하지만, 미국이나 중국 같은 힘있는 국가들일지라도 유엔의 과정을 활용하여 자국의 국제행위의 정통성을 정례적으로 추구한다. 유엔제도는 대개 자국의 이익을 증진하고자 열을 올리는 국가들에 의해 조종되곤 하지만, 유엔은 수시로 지배에 대항하고 혹은 안녕을 증진하기 위한 국가들 간 원칙이 있는 조정의 수단으로서 기여해왔다.

국가들은 유엔제도를 통해서 주로 작동할뿐만 아니라 혹은 적어도 유엔제도를 통해서 정의에 협력적이고 관심 있어 보이듯 작동한다. 특히 지난 20년 동안 일부 국제시민사회의 가장 중요한 조직들은 환경, 인권, 여성 이슈와 같은 다양한 이슈들에 있어 유엔이 후원하는 회의와 협약에 관련해왔다. 자원이 부족하고 제도디자인과 운영에서 흠이 없지는 않지만, 유엔의 많은 제도들은 글로벌 민주주의제도를 구축하기 위한 지금으로서는 최선의 시발점이다. 일부 유엔제도 내에서 또한 그 제도와 함께 일해 본 경험 속에서, 그 경험이 괜찮은 성과이든 혹은 실패이든, 많은 사람들은 효과적인 평화의 집행이나 개발원조가 무엇을 수반하는지에 대해 많은 것을 깨우치고 배우고 있다. 여기는 기존 유엔시스템에 대한 많은 비판과 다양한 개혁안에 대해 검토하고 평가하는 지면은 아니다.[40] 앞서 내가 제안한 것과 양립하는, 글로벌 민주주의의 비전에서 파생된 시스템변화를 할 수 있는 몇 개 아이디어의 개요를 설명하고자 한다.

민주적인 글로벌 거버넌스를 지향하는 운동은 기존 제도에서 시작하지 않을 수 없지만, 그럼에도 유엔시스템은 보다 민주적이고 정의롭고 실효적이기 위한 중요한 것을 해야 한다. 첫째, 안전보장이사회는 근본적으로 탈바꿈하지 않으면 안 된다. 현재 이 의결체는 상임이사국들이 유엔제도를 자신의 목적에 복무하도록 허용하고 있는 반면, 나머지 국가들은 반대할 힘이 없는 무력한 상태에 안주하고 있다. 안보리는 전세계의 관민들을 더 많이 대표해야 하며, 어떠한 국가도 비토권을 가져서는 안 된다. 총회는 상대적으로 민주적인 제도이다. 원칙상 각 회원국가는 동등한 위상을 갖는다. 하지만 그것이 기존 국가시스템을 그대로 반영한다는 점에서, 총회의 활동은 보다 글로벌 규제도 보다 지역적 자기결정도 권장하지 못한다. 20세기 마지막 20년 동안 비정부기구(NGO)가 유엔에 참여하도록 하는 유엔의 공식적인 역할이 증가했으며, 이는 사회운동이 의지할 수 있는 경향이다. 원주민들은 본인의 이익을 위해 예를 들면, 관민으로 인정을 받고 유엔기구의 프로그램과 공론장에 접근하기 위해 비정부기구라는 지위를 활용해왔다. 유엔제도로의 참여를 확대하는 이 같은 가능성뿐만 아니라, 일부 유엔개혁가들은 전세계의 모든 개인들이 직접 대표를 선출하는 세계만민총회(People's Assembly)의 설립이 필요하다고 주장한다.[41] 무엇보다도 세계만민총회는 모든 인격체들이 자신의 기본권을 인정받기 위해 국가에 의존하지 않을 수 있도록, 이들을 위한 글로벌 시민성원자격의 지위를 확립하는 데 기여할 수 있을 것이다.

유엔제도는 창립 시 구상했던 가장 중요한 두 가지 역할을 다 하지 못하고 있다. 하나는 평화의 증진이고, 다른 하나는 공정한 경제적 상호작용의 증진이다. 전세계의 국가들은 특히 가장 힘있는 국가들은 유엔의 지원으로 평화를 유지하는 강한 제도의 발전을 용납하지 않는다. 불편부당한 다자적인 인도주의적 개입과 평화집행이라는 아이디어는, 이 이름으로 이뤄지는 조치들이 미국의 국가지휘를 받는 장비와 인력으로 미국에 의해 조직되고 주도되는 한, 조롱의 대상이 된다. 유엔은 평화를 집행시킬 수 있는 유엔의 지휘를 받는 군대를 갖춰야 한다.[42]

가장 힘있는 글로벌 경제규제제도인 국제통화기금, 세계은행(World Bank), 세계무역기구 역시 세계에서 가장 부유한 나라들의 실질적인 통제를 받고 있으며, 세계에서 가장 힘센 사기업들이 규제제도정책에 상당한 영향력을 행사하고 있다. 세계무역기구와 세계은행의 투표력은 이들에 대한 경제적 기여에 좌우되기 때문에, 이들 제도들은 포용적이고 민주적으로 보여 지기 위한 시늉조차 하지도 않는다. 세계무역기구는 모든 구성원 국가들에게 동등한 투표권을 부여하고 있지만, 그 과정과 활동에서 투명성이 없다. 이들 제도들은 다른 유엔제도의 특징인 공적 영역과 글로벌 포용과는 무관하게 진화하고 있다. 더욱이, 세계의 경제 파워들은 G7과 경제협력개발기구(Organization for Economic Co-operation and Development)와 같은 경제집단에 의존하면서, 흔히 유엔 경제제도를 우회하려 한다. 기타 유엔제도들은 포용적이고 형평성 있는 방식으로 글로벌 경제협력을 강화하는데 언제나 상용될 수 있었다. 유엔무역개발회의(UN Conference on Trade and Development)는 처음부터 이러한 역할을 위해서 구상되었고, 그렇게 다시 활용될 수 있으며, 유엔개발프로그램(UN Development Programme)이라는 자원 역시 향상될 수 있다. 일부에서는 총회가 권역적인 경제위원회를 감독하는 글로벌 경제사회이사회(Council of Ministers for Economic and Social Affairs)를 창설해야 한다고 주장한다.[43]

이 중 어느 것도 유엔조직을 위한 향상되고 보다 잘 조직된 자원 없이는 유용하거나 실효적일 수 없다. 어스킨 칠더스(Erskine Childers)에 따르면, 비대해진 유엔의 전체 관료직원의 수가 와이오밍(Wyoming) 주의 주민 수와 비슷하다고 한다. 이 조직의 예산은 거대 기업이나 세계 수요국의 예산에 비하면 아주 작은 편이다. 글로벌 민주주의와 포용을 강화하려는 일체의 사회운동은, 안전보장이사회에서 자국의 파워는 휘두르면서 자국이 유엔에게 지불해야 하는 몫을 나몰라라 하는 미국과 같은 국가들에게 부끄러움을 알게 해주어야 한다. 하지만, 글로벌 거버넌스 제도는 국가들의 자원을 활용할 뿐만 아니라 사기업의 파워를 활용하는 형평성 있는 재정을 보다 광범위하게 필요로 한다.

글로벌 민주주의와 정의를 향한 사회운동은 글로벌 법적·규제적 제도의 기반을 다지고 창설해야 하는 것 뿐만 아니라 초국적 결사와 공적 영역의 가능성을 확대해야 한다. 작금의 세계에서 가장 창의적인 사회운동의 일부 활동은 민주주의와 분배적 정의의 문제에 초국적인 관심을 요구하는데 있어 지역경제의 형평성 있는 발전을 추구하는 사람들을 포함하고 있다. 대부분의 빈곤 채무국에 대한 채무탕감의 이슈는, 적어도 부분적으로 지속적인 글로벌 사회운동 때문에 최근 몇 년 동안 진지한 토론 주제가 되었다.

이 장은 포용적 민주주의의 원칙은, 많은 사회경제적 상호작용이 오늘날 전지구적으로 확대되었기 때문에, 글로벌 수준으로 확장되어야 한다는 주장을 펼쳤다. 동시에, 나는 글로벌 거버넌스 제도는 마땅히 그러한 거버넌스 제도 속에서 관민으로서 대표되어야 하는 관민의 자기결정의 인정과 결합되어야 한다고 주장했다. 6장에서 논한 바, 메트로폴리탄 정부의 수준이 어느 수준에 있건, 더 넓은 광역적이건 전지구적 수준에서건, 민주적 참여는 지역단위들이 서로를 상대하는 관계를 인정하고, 협상과 협력의 합의된 연방적 과정에서 이러한 관계를 규제함과 동시에, 집합체의 지역자율성을 최대화해야 한다.

7장 후주

1 Margaret Canovan, 'The Skeleton in the Cupboard: Nationhood, Patriotism, and Limited Loyalties', in S. Caney, D. George, and P. Jones(eds.), *National Rights, National Obligations*(Boulder, Colo.: Westview Press, 1997). 또한 Canovan, *Nationhood and Political Theory*(Cambridge: Cambridge University Press, 1996)를 보라.

2 롤즈는 『정의론(A Theory of Justice)』(Cambridge, Mass.: Harvard University, 1971)에서 정의의 대상은 다른 사회들과 독립적이고 닫혀진 어떤 특정한 사회의 기본제도임을 명시적으로 전제하고 있으나, 이러한 전제가 왜 정당한지 밝히지는 않는다. 보다 최근의 저작에서, 그는 '만민법(law of peoples)'의 필요를 인정하지만, 그는 정의의 두 원칙이 이미 존재하는 국가(in a given state)에서만 적용됨을 여전히 재확인하고 있다. Susan Hurley, 'Democracy, Rationality and Leady Boundaries', in Ian Shapiro and Casiano Hacker-Cordon(eds.), *Democracy's Edges*(Cambridge: Cambridge University Press, 1999)를 보라. Kok-Chor Ten, 'Kantian Ethics and Global Justice', *Social Theory and Practice*, 23(Spring 1997), 53-62를 참조하라.

3 David Miller, *On Nationality*(Oxford: Oxford University Press, 1995), 72.

4 위의 책, 76-9.

5 위의 책, 140. 다음 타미르(Yael Tamir)의 주장과 비교하라: '우리가 응당 고려해야 하는, 복지를 받는 "타인들"은 우리가 신경써야 하는 사람들이며 우리의 결사적 정체성(associative identity)에 적실한 사람들이다. 공동체적 연대성은 분배적 정의의 전제조건인 함께하는 운명이나 친근감과 같은 어떤 감정 즉, 일종의 환상을 조성한다. 그것은 "자비는 가정(home)에서 시작된다"는 주장을 뒷받침한다는 점에서, 각별한 관계에 도덕적 파워를 부여한다. 더욱이, 공동체의 도덕성은 미래 세대의 안녕을 위하고 공동체의 역사를 보존하고 연구하기 위한 자원할당을 정당화하는 근거로 이바지할 수 있다. 결과적으로, 민족국가의 공동체같은 특징이 특별히 자유주의적 복지국가의 개념에 잘 맞으

며, 어쩌면 심지어 필수적이다'. 그의 *Liberal Nationalism*(Princeton: Princeton University Press, 1993), 121.

6 이러한 취지의 립스타인(Arthur Ripstein)의 주장은 다음을 참조하라. 그의 'Context, Continuity, Fairness', in Robert McKim and Jeff MaMahon(eds.), *The Morality of Nationalism*(Oxford: Oxford University Press, 1997).

7 캐노번은 민족주의가 복지정책을 집행하고 관철하는 정치적 동력을 모을 수 있을 만큼의 강한 국가를 만드는 정치적인 '엔진'을 제공한다고 주장한다. 근대국가의 성취는 민족주의 운동과 공헌이 개인들로 하여금 그들의 의무감을 자신의 가족, 부족 또는 마을을 넘어서 동일한 문화와 역사적인 공동체에 속한다고 동일시하는 외부인들에게까지 확대하도록 동기부여했다는 의미에서 보편주의적이다. 그녀의 *Nationhood and Political Theory*를 보라.

8 Charles Beitz, *Political Theory and International Relations*(Princeton: Princeton University Press, 1979); Thomas Pogge, 'Cosmopolitanism and Sovereignty', *Ethics*, 103(Oct. 1992), 48-75.

9 하버마스(Jürgen Habermas)는 민족주의가 역사적으로 넓은 영토에서 외부들 간의 연대성 형성을 동기부여하는데 이바지해왔다고 주장한다. 하지만, 그는 지금과 같은 조건하에서라면 민족에 대한 호소는 부당한 배타적이고 차별적인 파장을 낳는다고 주장한다. 이러한 시기에 연대성에 대한 의지는 민주주의와 법치에 대한 경험에 의해 진작될 수 있다고 지적한다. 그의 'The European Nation-State: On the Past and Future of Sovereignty and Citizenship'과 'On the Relation between the Nation, the Rule of law, and Democracy', both in *The Inclusion of the Other*(Cambridge, Mass.: MIT Press, 1998)를 보라. 처음은 진보적이었지만 지금은 회귀적인 역할을 하는 민족이라는 아이디어의 이 같은 진화적인 스토리는, 처음부터 민족주의가 다른 사람들에 대한 일부 사람들의 제국주의적 지배에 기름을 부어온 방식을 도외시한다. 여전히 민족주의와 연대성은 모두 역사적으로 구성된 것이고, 그렇기 때문에 민족주의 없이도 연대성을 재구성할 수 있다는 가능성을 우리에게 환기시킨다는 점에서 하버마스의 논의는 여전히 유용하다.

10 Alan Wolfe and Jyette Lausen, 'Identity Politics and the Welfare State', *Social Philosophy and Policy*, 14/2(Summer 1997), 231-55를 보라.

11 Samuel Scheffler, 'Liberalism, Nationalism and Egalitarianism', in Robert McKim and Jeff McMahon(eds.), *The Morality of Nationalism*(Oxford: Oxford

University Press, 1997), 191–208와 비교하라. 쉐플러(Samuel Scheffler)는 정의의 원칙을 적용하는데 있어 도덕적 기반을 구성하는 것으로서 민족동일치성(national identification)에 반대한다. 그는 국가와 사회는 그 제도가 증진하는 정치문화 즉, 사회의 구성원들 서로가 장기간에 걸쳐 위험을 상호적으로 함께하려는 의향을 가졌다고 보는 정치문화에 의해 대신에 하나가 된다고 제안한다.

12 Beitz, *Political Theory and International Relations*, 3부, 2장. 흥미롭게도 밀러(David Miller)도 이 주장을 수용한다. 그는 개별 민족국가는 저마다의 경제적인 안녕을 위한 평등한 기회를 제공하는 자원에 대한 권리를 갖는다고 말한다. 그의 *On Nationality*, 2장.

13 관련하여 아민(Samir Amin)의 저작이 고전이다. 그의 *Class and Nation*(New York: Monthly Review Press, 1980)을 보라. 결론은 유사하지만 보다 최근의 다른 분석에 대해서는 다음 참조하라. Fernando Henrique Cardoso, 'North-South Relations in the Present Context: A New Dependency', in M. Carnoy, M. Castells, S. Cohen, and F. Cardoso(eds.), *The New Global Economy in the Information Age*(University Park: Pennsylvania State University Press, 1993)를 살펴보라.

14 Stephen Haggard, 'Markets, Poverty Alleviation, and Income Distribution: An Assessment of Neoliberal Claims', *Ethics and International Affairs*, 5(1991), 175–96; Barry Wilkins, 'Debt and Underdevelopment: The Case for Cancelling Third World Debts', in Robin Attfield and Barry Wilkins(eds.), *International Justice and the Third World*(London: Routledge, 1992)를 보라.

15 벡(Ulrich Beck)의 '가상의 납세자(virtual taxpayer)'에 대한 논의를 참고하라. 그의 *Was ist Globalisierung?*(Frankfurt: Suhrkamp Verlag, 1997), 1장을 보라.

16 Rainer Bauböck, *Transnational Citizenship: Memebrship and Rights in International Migration*(Aldershot: Edward Elgar, 1993).

17 포기(Thomas Pogge)는 사회정의에 대한 접근을, 제도적인 것과 상호작용적인 것, 두 가지로 구분한다. 상호작용적 접근이 특정한 개인의 행위에만 초점을 맞춘다면, 제도적 접근은 타인에게 해를 입힐 수 있는 제도와 관행에 개인행위자가 관여되는 만큼 타인의 운명에 대한 도덕적 책임을 이론화한다. 제도적 접근은 상호작용적 접근과 다른 것으로서, 이는 동떨어진 나라에

사는 타인에 대해 국가 간의 정의와 도덕적 책임이라는 이슈를 제기한다. 나 역시 정의에 대한 분배적 접근과 제도가 재화와 그 분배를 양산하는 방식에 초점을 맞추는 접근, 이 둘을 유사하게 구분한다. Iris Marion Young, *Justice and the Politics of Difference*(Princeton: Princeton University Press, 1990)를 보라. 구조와 제도의 관계가 어떻게 분배적 패턴을 만드는지에 초점을 맞추는 것은 연결된 국제사회와 그 속에서 타국의 타인에 대한 도덕적 책임성의 관계를 보다 가시화시키는 것이다.

18 코스모폴리탄 입장의 최근 사례는 다음을 참조하라. Martha Nussbaum, 'Patriotism and Cosmopolitanism', in Joshua Cohen(ed.), *For Love of Country* (Boston: Beacon Press, 1996); Veit Bader, 'Citizenship and Exclusion: Radical Democracy, Community and Justice, or What is Wrong with Communitarianism?', *Political Theory*, 23/2(May 1995), 211-46. 하지만 최근 글에서 배더(Bader)는 인종문화적 확신에 더 주목한다는 점에서 덜 확실한 코스모폴리탄 입장을 보인다. 그의 'The Cultural Conditions of Transnational Citizenship', *Political Theory*, 25/6(Dec. 1997), 771-813; Jeremy Waldron, 'Minority Cultures and the Cosmopolitan Alternative', in Will Kymlicka(ed.), *The Rights of Minority Cultures*(Oxford: Oxford University Press, 1995)를 보라.

19 Tamir, *Liberal Nationalism*. 문화적 차이와 성원자격을 개념화하기 위해 툴리(James Tully)가 활용한 가족적 유사성과 비교하라. 그의 *Strange Multiplicity* (Cambridge: Cambridge University Press, 1995), 120-2를 보라.

20 Kwami Anthony Appiah, 'Cosmopolitan Patriots', in *Cosmopolis: Thinking and Feeling beyond the Nation*(Minneapolis: University of Minnesota Press, 1998)과 비교하라. 집단 친연성에 대한 탈민족주의적인 관계적 개념과 공존되는 동일치성 및 동기부여 형식에 대한 이론적 논의에 대해서는 다음을 참조하라. Martin J. Matustick, *Postnational Identity: Critical Theory and Existential Philosophy in Habermas, Kierkegaard, and Havel*(New York: Guilford Press, 1993).

21 나는 민족과 인종적 집단을 이분법으로 보는 킴리카(Kymlicka)의 시각이 다소간 다른 사람들의 연속성으로 대체되어야 한다고 제안해왔다. 필자의 'A Multicultural Continuum: A Critique of Will Kymlicka', *Constellations*, 4/1(Apr. 1997), 48-53을 보라.

22 Franke Wilmer, *The Indigenous Voice in World Politics*(Newbury Park, Calif.:

Sage, 1993)를 보라.

23 Hector Diaz Palanco, *Indigenous Peoples in Latin America; The Quest for Self-Determination*, trans. Lucia Rayas(Boulder, Colo.: Westview Press, 1997), 특히 2장을 보라.

24 Will Kymlicka, *Liberalism, Community and Culture*(Oxford: Oxford University Press, 1989), 특히 4장, 5장, 8장; Charles Taylor, 'Multiculturalism and the Politics of Recognition', in Amy Gutmann(ed.), *Multiculturalism*(Princeton: Princeton University Press, 1992); Tamir *Liberal Nationalism*, 1장과 2장을 살펴보라.

25 자기결정에 대한 원주민들의 요구의 의미를 개념화하는 맥락에서 스콧(Craig Scott)은 그러한 요구에 대한 보다 관계적인 이해를 제안한다. Scott, 'Indigenous Self-Determination and Decolonization of the International Imagination: A Plea', *Human Rights Quarterly*, 18(1996), 814-20를 참조하라.

26 Philip Pettit, *Republicanism*(Oxford: Oxford University Press, 1997).

27 위의 책, 67.

28 John Gerard Ruggie, 'Territoriality and Beyond: Problematizing Modernity in International Relations', *International Organization*, 47/1(Winter 1993), 139-74를 보라.

29 Roger Maaka and Augie Flera, 'From Entitlement to Re-engagement as Indigenous Affairs Agenda: *Tino Rangatiratanga* and the Politics of Indigeneity in Aotearoa/New Zealand', in Paul Patton and Duncan Ivason(ed.), *Political Theory and Indigenous Peoples*(Cambridge University Press, 2000)을 참조하라. 원주민(First Nations)과 캐나다 주 간의 최근의 협상은 토지와 자원 사용에 대한 복수의 청구권을 정당하게 수용하는 것으로 해결되고 있다.

30 Shane O'Neill, 'Mutual Recognition and the Accommodation of National Diversity: Constitutional Justice in Northern Ireland', in Alain G. Gagnon and James Tully(eds.), *Struggles for Recognition in Multicultural Societies*(Cambridge: Cambridge University Press, 2000)를 참조하라.

31 민족주의적 정치의 맥락에서 집단적 공통이익 개념에 대한 비판에 대해서는 다음을 참조하라. Russell Hardin, *One for All*(Chicago: University of Chicago Press, 1995). 비지배로서의 자기결정에 대한 나의 논의에 대한 하딘의 답변에 대해서는 다음을 참조하라. Ian Shapiro and Stephen Macedo(eds.),

Designing Democratic Institutions, NOMOS 31(New York: New York University Press, 2000).

32 Jordi Borja and Manuel Castells, *Local and Global: Management of Cities in the Information Age*(London: Earthscan, 1997).

33 David Held, *Democracy and the Global Order*(Cambridge, Mass.: Polity Press, 1995), 4부; 'Democracy and Globalization', in Daniele Archiburgi, David Held, and Martin Kohler(eds.), *Re-imagining Political Community: Studies in Cosmopolitan Democracy*(Cambridge, Mass.: Polity Press, 1998)를 참조하라.

34 스스로 결정하는 실체들 간의 연방화된 관계는 왈쩌(Michael Walzer)가 지지한 '얇은' 그리고 '두터운' 원칙 간의 관계를 실현할 수 있는 방법으로서 해석될 수 있다. 왈쩌의 *Thick and Thin: Moral Argument at Home and Abroad* (Notre Dame, Ind.; Notre Dame University Press, 1994), 63-84를 보라.

35 Thomas Pogge, 'Creating Supra-national institutions Democratically: Reflections on the European Union's "Democratic Deficit"', *Journal of Political Philosophy*, 5/2(June 1997), 163-82를 보라.

36 민주적 관계가 글로벌 민주제도를 구상함에 있어 어떻게 수직적이지 않고 '수평적으로' 개념화될 필요가 있는지 대한 시사점 많은 아이디어에 대해서는 헐리(Susan Hurley)의 'Democray, Rationality, and Leaky Boundaries'를 참조하라.

37 전지구적 공적 영역의 필요성과 잠재성에 대한 하버마스의 논의는 다음을 참조하라. 그의 'Kant's Idea of Perpetual Peace: At Two Hundred Years' Historical Remove', in Ciaran Cronin and Pablo De Greiff(eds.), *The Inclusion of the Other: Studies in Political Theory*(Cambridge, Mass.: MIT Press, 1998).

38 Richard Falk, 'The Global Promise of Social Movements,' in *Explorations at the Edge of Time: Prospects for World Order*(United Nations University, 1992); Ronnie D. Lipschutz, 'Reconstructing World Politics: The Emergence of Global Civil Society', *Millennium*, 21/3(Winter 1992), 389-420.

39 Nikhil Aziz, 'The Human Rights Debate in an Era of Globalization', in Peter van Ness(ed.), *Debating Human Rights: Critical Essays from the United States and Asia*(New York: Routledge, 1999)를 참조하라.

40 도움이 되는 자료에 대해서는 다음을 보라. Erskine Childers and Brian Urquhart, *Renewing the United Nations System*(Uppsala: Dag Hammarskjöld Foundation,

1993); 또한 Erskine Childers, 'The United Nations and Global Institutions: Discourse and Reality', *Global Governance*, 3(1997), 269-76; Chadwick F. Alger(ed.), *The Future of the United Nations System: Potential for the Twenty-First Century*(New York: United Nations University, 1998); Daniele Archibugi, 'The Reform of the UN and Cosmopolitan Democracy: A Critical Review', *Journal of Peace Research*, 30/1(1993), 301-15.

41 전지구적 규모의 의회선출을 조직하는 것은 불가능하다는 반대에 대한 대응으로, 칠더스(Erskine Childers)는 그것은 8개의 인디안 의회선출을 조직하는 것과 마찬가지라 말한다.

42 Raimo Vayrynen, 'Enforcement and Humanitarian Intervention: Two Faces of Collective Action by the UN', in Alger(ed.), *The Future of the United Nations System.*

43 Ho-Waon Jeong, 'The Struggle in the UN System for Wider Participation in Forming Global Economic Policies', in Alger(ed.), *The Future of the United Nations System.*

참고문헌

ABRAMS, KATHRYN, 'Hearing the Call of Stories', *California Law Review*, 79/4 (July 1991), 971–1052.

ALCOFF, LINDA MARTIN, 'The Problem of Speaking for Others', *Cultural Critique*, 20 (Winter 1991), 5–32.

_______, *Real Knowing: New Versions of Coherence Theory* (Ithaca, NY: Cornell University Press, 1996).

ALGER, CHADWICK F. (ed.), *The Future of the United Nations System: Potential for the Twenty-First Century* (New York: United Nations University, 1998).

ALLEN, DANIELLE, 'Good Will and Equitable Persuasion: Reading Aristotle's *Rhetoric* for a Theory of Democratic Judgement', Paper presented to the American Political Science Association, Boston, Sept. 1998.

AMIN, SAMIR, *Class and Nation* (New York: Monthly Review Press, 1980).

ANZALDUA, GLORIA (ed.), *Making Face, Making Soul/Haciendo Caras* (San Françisco: Aunt Lute Foundation, 1990).

APPIAH, KWAMI ANTHONY, 'Identity, Authenticity, Survival: Multicultural Societies and Social Reproduction', in Amy Gutman (ed.), *Multiculturalism* (Princeton University Press, 1994).

_______, 'Cosmopolitan Patriots', in *Cosmopolis: Thinking and Feeling beyond the Nation* (Minneapolis: University of Minnesota Press, 1998).

ARCHIBUGI, DANIELE, 'The Reform of the UN and Cosmopolitan Democracy: A Critical Review', *Journal of Peace Research*, 30/3 (1993), 301–15.

ARENDT, HANNAH, *The Human Condition* (Chicago: University of Chicago Press, 1998).

ARONOWITZ, STANLEY, 'Is a Democracy Possible? The Decline of the Public in the American Debate', in Bruce Robbins (ed.), *The Phantom Public Sphere* (Minneapolis: University of Minnesota Press, 1993).

AZIZ, NIKHIL, 'The Human Rights Debate in an Era of Globalization', in Peter van Ness (ed.), *Debating Human Rights: Critical Essays from the United States and Asia* (New York: Routledge, 1999).

BADER, VEIT, 'Citizenship and Exclusion: Radical Democracy, Community and Justice, or What is Wrong with Communitarianism?' *Political Theory*, 23/2 (May 1995), 211–46.

_______, 'The Cultural Conditions of Transnational Citizenship', *Political Theory*, 25/6 (Dec. 1997), 771–813.

BARBER, BENJAMIN, *Strong Democracy* (Berkeley: University of California Press, 1984).

BARWELL, ISMAY, 'Towards a Defense of Objectivity', in Kathleen Lennon and Margaret Whitford, (eds.), *Knowing the Difference: Feminist Perspectives in Epistemology* (London: Routledge, 1994).

BAUBÖECK, RAINER, *Transnational Citizenship: Membership and Rights in International Migration* (Aldershot: Edward Elgar, 1994).

BAYNES, KENNETH, *The Normative Grounds of Social Criticism* (Albany: State University of New York Press, 1992).

BECK, ULRICH, *Was ist Globalisierung?* (Frankfurt: Suhrkamp Verlag, 1997).

BEITZ, CHARLES, *Political Theory and International Relations* (Princeton: Princeton University Press, 1979).

_______, *Political Equality* (Princeton: Princeton University Press, 1990).

BENHABIB, SEYLA, 'Sexual Difference and Collective Identities: The New Global Constellation', *Signs: A Journal of Women in Culture and Society*, 24/2 (Winter 1999), 335–62.

_______, 'Toward a Deliberative Model of Democratic Legitimacy', in Benhabib (ed.), *Democracy and Difference* (Princeton: Princeton University Press), 67–94.

BEVERLEY, JOHN, 'The Margin at the Center: On *Testimonio* (Testimonial Narrative)', *Modern Fiction Studies*, 35/1, 11–28.

_______, '"Through All Things Modern": Second Thoughts on *Testimonio*', *boundary* 2, 18/2, 1–21.

BICKFORD, SUSAN, *The Dissonance of Democracy* (Ithaca, NY: Cornell University Press, 1996).

_______, 'Beyond Reason: Political Perception and the Political Economy of Emotion Talk', Paper presented to the American Political Science Association, Boston, Sept. 1998.

_______, 'Reconfiguring Pluralism: Identity and Institutions in the Inequalitarian Polity', *American Journal of Political Science*, 43/1 (Jan. 1999), 86–108.

BLAU, PETER, *Inequality and Heterogeneity* (New York: Free Press, 1977).

BLOMMAERT, JAN, and JEF VERSCHIEREN, 'European Concepts of Nation-Building', in Edwin N. Wilmsen and Patrick McAllister (eds.), *The Politics of Difference* (Chicago: University of Chicago Press, 1996).

BODY-GENDROT, SOPHI, 'Immigration and Marginality in France', in Katherine McFate, Roger Lawson, and William Julius Wilson (eds.), *Poverty, Inequality and the Future of Social Policy* (New York: Russell Sage).

_______, 'Migration and the Racialization of the Postmodern City in France', in Malcolm Cross and Michael Keith (eds.), *Racism, the City and the State* (London: Routledge, 1993).

BOHMAN, JAMES, 'Emancipation and Rhetoric: The Perlocutions and Illocutions of the Social Critic', *Philosophy and Rhetoric*, 21/3 (1988), 185–203.

_______, *Public Deliberation* (Cambridge, Mass.: MIT Press, 1996).

_______, 'The Coming of Age of Deliberative Democracy', *The Journal of Political Philosophy* 6/4 (Dec. 1998), 400–425.

_______, and WILLIAM REHG (eds.), *Deliberative Democracy* (Cambridge, Mass.: MIT Press, 1996).

BONDI, LIZ, 'Locating Identity Politics', in Michael Keith and Steve Pile (eds.), *Place and the Politics of Identity* (London: Routledge, 1993).

BORJA, JORDI, and MANUEL CASTELLS, *Local and Global: Management of Cities in the Information Age* (London: Earthscan, 1997).

BOZÓKI, ANDRA, and MILOS SÜKÖSD, 'Civil Society and Populism in the Eastern European Democratic Transition', *Praxis International*, 13/3 (Oct. 1993), 224–241.

BREEBAART, MATTHIJS, SAKO MUSTERD, and WIM OSTENDORF, 'Patterns and Perception of Ethnic Segregation in Western Europe', in H. Haussermann and Ingrid Orwald (eds.), *Stadtentwicklung und Zuwanderung* (Opbaden: Sonderheft Leviathan, 1997).

BROOKS, ROY, *Integration or Separation: A Strategy for Political Equality* (Cambridge, Mass.: Harvard University Press, 1996).

BROWN, WENDY, *States of Injury* (Princeton: Princeton University Press, 1995).

CALDEIRA, TERESA P. R., 'Fortified Enclaves: The New Urban Segregation', *Public Culture*, 8 (1996), 303–28.

CANOVAN, MARGARET, *Nationhood and Political Theory* (Cambridge: Cambridge University Press, 1996).

_______, 'The Skeleton in the Cupboard: Nationhood, Patriotism, and Limited Loyalties', in S. Caney, D. George, and P. Jones (eds.), *National Rights, National Obligations* (Boulder, Colo.: Westview Press, 1997).

CARDOSO, FERNANDO HENRIQUE, 'North-South Relations in the Present Context: A New Dependency' in M. Carnoy, M. Castells, S. Cohen, and F. Cardoso (eds.), *The New Global Economy in the Information Age* (University Park: Pennsylvania State University Press, 1993).

CARENS, JOSEPH, and MELISSA WILLIAMS, 'Muslim Minorities in Liberal Democracies: Justice and the Limits of Toleration', in Carens (ed.), *Culture, Citizenship, and Community: A Contextual Exploration of Justice as Evenhandedness* (Oxford: Oxford University Press, 2000).

CHAMBERS, SIMONE, *Reasonable Democracy: Jürgen Habermas and the Politics of Discourse* (Ithaca, NY: Cornell University Press, 1996).

CHANDHOKE, NERRA, *State and Civil Society* (Berkeley: Sage, 1992).

CHILDERS, ERSKINE, 'The United Nations and Global Institutions: Discourse and Reality', *Global Governance*, 3 (1997), 269-76.

_______, and BRIAN URQUHART, *Renewing the United Nations System* (Uppsala: Dag Hammarskjöld Foundation, 1993).

CHRISTIANO, THOMAS, *The Rule of the Many* (Boulder, Colo.: Westview Press, 1996).

CLAY, PHILLIP L., 'The (Un)Housed City: Racial Patterns of Segregation, Housing Quality and Affordability', in George Galster and Edward Hill (eds.), *Metropolis in Black and White: Place, Power, and Polarization* (New Brunswick, NJ: Center for Urban Policy Research, 1992).

COHEN, CATHY J., 'Straight Gay Politics: The Limits of an Ethnic Model of Inclusion', in Ian Shapiro and Will Kymlicka (eds.), *Ethnicity and*

Group Rights, NOMOS 29 (New York: New York University Press, 1997).

COHEN, JEAN, *American Civil Society Talk*, Working Paper No. 6 (College Park: National Commission on Civic Renewal, University of Maryland, 1997).

COHEN, JEAN, and ANDREW ARATO, *Civil Society and Political Theory* (Cambridge, Mass.: MIT Press, 1992).

COHEN, JOSHUA, 'An Epistemic Conception of Democracy', *Ethics*, 97 (Oct. 1986), 26–38.

_______, 'Deliberation and Democratic Legitimacy', in Alan Hamlin and Philip Pettit (eds), *The Good Polity* (London: Blackwell, 1989).

_______, 'The Economic Basis of Deliberative Democracy', *Social Philosophy and Policy*, 6/2 (Spring 1989), 25–50.

_______, and JOEL ROGERS, 'Secondary Associations and Democratic Governance', in Eric Olin Wright (ed.), *Associations and Democracy* (London: Verso, 1996).

COLLINS, PATRICIA HILL, *Black Feminist Thought* (New York: Routledge, 1991).

CONNOLLY, WILLIAM, *Identity/Difference* (Ithaca, NY: Cornell University Press, 1993).

CORTESE, ANTHONY, *Ethnic Ethics* (Albany: State University of New York Press, 1990).

COWARD, ROSALIND and JOHN ELLIS, *Language and Materialism* (London: Routledge & Kegan Paul, 1977).

CROCKER, DAVID, 'Functioning and Capability: The Foundations of Sen's and Nussbaum's Development Ethic', in Martha Nussbaum and Jonathan Glover (eds.), *Women, Culture and Development: A Study in Human Capabilities* (Oxford: Oxford University Press, 1995).

CROSS, MALCOLM, and MICHAEL SMITH, *Racism, the City and the State* (London: Routledge, 1993).

CRUIKSHANK, BARBARA, *The Will to Empower: Technologies of Citizenship, Social Reform, and Democratic Government* (Ithaca, NY: Cornell University Press, 1999).

CULLER, JONATHAN, 'Communicative Competence and Normative Force', *New German Critique*, 35 (Spring–Summer 1985), 133–44.

CUNNINGHAM, FRANK, *Democratic Theory and Socialism* (Cambridge: Cambridge University Press, 1987).

_______, *The Real World of Democracy Revisited* (Atlantic Highlands, NJ: Humanities Press, 1994).

DAHL, ROBERT, 'The City in the Future of Democracy', *American Political Science Review*, 61/41 (Dec. 1967), 953–70.

_______, *Democracy and its Critics* (New Haven: Yale University Press, 1989).

DAWSON, MICHAEL, 'A Black Counterpublic? Economic Earthquakes, Racial Agenda(s), and Black Politics', *Public Culture*, 7 (1994), 195–223.

_______, and CATHY COHEN, 'Neighborhood Poverty and African American Politics', *American Political Science Review*, 87/2 (June 1993), 286–302.

DEAN, JODI, *Solidarity of Strangers* (Berkeley: University of California Press, 1994).

DE GREIFF, PABLO, 'Deliberative Democracy and Group Representation', in Jorge Gracia and Pablo De Greiff (eds.), *Hispanics/Latinos in the US* (New York: Routledge, 2000).

DERRIDA, JACQUES, *On Grammatology* (Baltimore: Johns Hopkins University Press, 1973).

_______, *Speech and Phenomena and Other Essays: Husserl's Theory of Signs* (Evanston, Ill.: Northwestern University Press, 1973).

_______, 'Sending: On Representation', trans. Peter Dews and Mary Dews, *Social Research*, 49 (Summer 1982), 294–326.

_______, 'Force of Law: The "Mystical Foundation of Authority"', in Drucilla Cornell, Michel Rosenfeld, and David Gray Carlson (eds.), *Deconstruction and the Possibility of Justice* (New York: Routledge, 1992).

DEWEY, JOHN, *The Public and Its Problems* (Chicago: Swallow Press, 1927).

DHANDA, MEENA, 'Justifications for Gender Quotas in Legislative Bodies: A Consideration of Identity and Representation', *Women's Philosophy Review*, 20 (Winter 1998–9), 44–62.

DISCH, LISA, 'More Truth than Fact: Storytelling as Critical Understanding in the Writings of Hannah Arendt', *Political Theory*, 21/4 (Nov. 1993), 665–94.

_______, *Hannah Arendt and the Limits of Philosophy* (Ithaca, NY: Cornell University Press, 1994).

DOUGLAS, EDWARD M. K., *Fading Expectations: The Crisis in Maori Housing*, Report for the Board of Maori Affairs (Wellington, June 1986).

DRYZEK, JOHN, *Discursive Democracy* (Cambridge: Cambridge University Press, 1990).

_______, *Democracy in Capitalist Times* (Oxford: Oxford University Press, 1996).

_______, 'Political Inclusion and the Dynamics of Democratization', *American Political Science Review*, 90/1 (Summer 1996), 475–87.

DYSON, MICHAEL, 'Essentialism and the Complexities of Racial Identity', in David Theo Goldberg (ed.), *Multiculturalism* (Cambridge, Mass.: Blackwell, 1994).

ELSHTAIN, BETHE JEAN, *Democracy on Trial* (New York: Basic Books, 1995).

ESTLAND, DAVID, 'Making Truth Safe for Democracy', in D. Copp, J. Hampton, and J. Roemer (eds.), *The Ideal of Democracy* (Cambridge: Cambridge University Press, 1993).

_______, 'Beyond Fairness and Deliberation: The Epistemic Dimension of Democratic Authority', in James Bohman and William Rehg (eds.), *Deliberation and Democracy* (Cambridge, Mass.: MIT Press, 1998).

ETZIONI, AMITAI, *The Spirit of Community* (New York: Crown, 1993).

FAJER, MARC A., 'Can Two Real Men Eat Quiche Together? Storytelling, Gender-Role Stereotypes, and Legal Protection for Lesbians and Gay Men', *University of Miami Law Review*, 46 (Jan. 1992), 511-651.

FALK, RICHARD, 'The Global Promise of Social Movements', in *Explorations at the Edge of Time: Prospects for World Order* (New York: United Nations University, 1992).

FARRELL, THOMAS B., *Norms of Rhetorical Culture* (New Haven: Yale University Press, 1993).

FISHKIN, JAMES, *The Voice of the People* (New Haven: Yale University Press, 1995).

FORD, RICHARD THOMPSON, '*The United States vs. Starrett City Associates 1988*, Boundaries of Race: Political Geography in Legal Analysis', *Harvard Law Review*, 107/8 (June 1994), 1841-1921.

_______, 'Geography and Sovereignty: Jurisdictional Formation and Racial Segregation', *Stanford Law Review*, 49/6 (July 1997), 1365-446.

FRASER, NANCY, 'Struggle over Needs', in *Unruly Practices* (Minneapolis: University of Minnesota Press, 1989).

_______, 'Rethinking the Public Sphere: A Contribution to the Critique of Actually Existing Democracy', in Bruce Robbins (ed.), *The Phantom Public Sphere* (Minneapolis: University of Minnesota Press, 1993).

_______, 'From Redistribution to Recognition: Dilemmas of Justice in a "Post Socialist" Age', *New Left Review*, 212 (July–Aug. 1995), 68–99.

FRIEDMAN, MILTON, *Capitalism and Freedom* (Chicago: University of Chicago Press, 1962).

FRIEDMAN, STEVEN, 'An Unlikely Utopia: State and Civil Society in South Africa', *Politikon*, 19/1 (Dec. 1991), 5–19.

FRIEDRICKS, JURGEN (ed.), *Spatial Disparities and Social Behavior* (Hamburg: Hans Christian Verlag, 1992).

FRUG, GERALD, 'Decentering Decentralization', *University of Chicago Law Review*, 60/2 (Spring 1993), 253–338.

_______, *City Making: Building Communities without Building Walls* (Princeton: Princeton University Press, 1999).

FRYE, MARILYN, 'Oppression', in *The Politics of Reality* (Trumansburg, NY: Crossing Press, 1983).

FUSS, DIANA, *Essentially Speaking: Feminism, Nature and Difference* (New York: Routledge, 1989).

GALSTER, GEORGE C., and EDWARD W. HILL, 'Place, Power, and Polarization', in Galster and Hill (eds.), *The Metropolis in Black and White* (New Brunswick, NJ: Center for Urban Policy Research, 1992).

GALSTON, WILLIAM, *Liberal Purposes* (Cambridge: Cambridge University Press, 1991).

GARLAND, MICHAEL J., and ROMANA HASRAEN, 'Community Responsibility and the Development of Oregon's Health Care Priorities', *Business and Professional Ethics Journal*, 9/3 and 4 (Fall 1990), 183–200.

GIDDENS, ANTHONY, *The Constitution of Society* (Berkeley: University of California Press, 1984).

GITLIN, TODD, *Twilight of Common Dreams* (New York: Metropolitan Books, 1995).

GOODIN, ROBERT E., 'Inclusion and Exclusion', *Archives of European Sociology*, 37/2 (1966), 343-71.

______, *Green Political Theory* (Oxford: Polity Press, 1992).

______, 'The State as a Moral Agent', in *Utilitarianism as a Public Philosophy* (Cambridge: Cambridge University Press, 1995).

GOULD, CAROL, *Rethinking Democracy: Freedom and Social Cooperation in Politics, Economy and Society* (Cambridge: Cambridge University Press, 1988).

GREEN, ANNE E., *The Geography of Poverty and Wealth* (Warwick: Institute for Employment Research, 1991).

GREEN, PHILIP, *Retrieving Democracy* (Totowa, NJ: Rowman & Allenheld, 1985).

GUINIER, LANI, *The Tyranny of the Majority* (New York: Free Press, 1995).

GUTMANN, AMY, 'Responding to Racial Injustice', in Kwami Anthony Appiah and Amy Gutmann (eds.), *Color Conscious* (Princeton: Princeton University Press, 1996).

______, and DENNIS THOMPSON, *Democracy and Disagreement* (Cambridge, Mass.: Harvard University Press, 1996).

HABERMAS, JÜRGEN, *The Theory of Communicative Action*, i and ii (Boston: Beacon Press, 1984).

______, *Moral Consciousness and Communicative Ethics* (Cambridge, Mass.: MIT Press, 1990).

______, 'Citizenship and National Identity: Some Reflections on the Future of Europe', *Praxis International*, 12/1 (Apr. 1992), 1-19.

______, *Between Facts and Norms* (Cambridge, Mass.: MIT Press, 1996).

______, *The Inclusion of the Other: Studies in Political Theory* (Cambridge, Mass.: MIT Press, 1998).

_______, 'Kant's Idea of Perpetual Peace: At Two Hundred Years' Historical Remove', in Ciaran Cronin and Pablo de Greiff (eds.), *The Inclusion of the Other: Studies in Political Theory* (Cambridge, Mass.: MIT Press, 1998).

HÄUSSERMANN, HARTMUST, and MARZ RAINER, 'Migration und Minderheiten in den zentraleuropaïschen Metropolen. Berlin, Brüssel, Budapest und Wien', *Migranten Berlin. Zuwanderung* (Berlin: Gesellschaftliche Problem politische Ansatz, Fakultat Institut Sozialwissenschaften, Humbolt University, 1995).

HAGGARD, STEPHEN, 'Markets, Poverty Alleviation, and Income Distribution: An Assessment of Neoliberal Claims', *Ethics and International Affairs*, 5 (1991), 175–96.

HAMPTON, JEAN, *Political Philosophy* (Boulder, Colo.: Westview Press, 1997).

HARAWAY, DONNA, 'Situated Knowledges: The Science Question in Feminism and the Privilege of Partial Perspective', in *Simians, Cyborgs, and Women* (New York: Routledge, 1991).

HARDIN, RUSSELL, *One for All* (Chicago: University of Chicago Press, 1995).

HARDING, SANDRA, *Whose Science? Which Knowledge? Thinking from Women's Lives* (Ithaca, NY: Cornell University Press, 1991).

HARVEY, DAVID, *Justice, Nature and the Geography of Difference* (Oxford: Blackwell, 1996).

HEGLEY, STEPHEN, *Privilege, Power, and Place: The Geography of the American Upper Class* (Totowa, NJ: Rowman & Littlefield, 1995).

HEISLER, BARBARA SCHMITTER, 'Housing Policy and the Underclass: The United Kingdom, Germany, and the Netherlands', *Journal of Urban Affairs*, 16/3 (1994), 203–20.

HELD, DAVID, *Democracy and the Global Order* (Cambridge, Mass.: Polity Press, 1995).

_______, 'Democracy and Globalization', in Daniele Archibugi, David Held, and Martin Kohler (eds.), *Re-imagining Political Community: Studies in Cosmopolitan Democracy* (Cambridge, Mass.: Polity Press, 1998).

HENRY, CHARLES, *Culture and African American Politics* (Bloomington: Indiana University Press, 1990).

HIRST, PAUL, *Representative Democracy and its Limits* (Oxford: Polity Press, 1990).

_______, *Associative Democracy* (Amherst: University of Massachusetts Press, 1993).

HOCHSCHILD, JENNIFER, *Facing up to the American Dream: Race, Class, and the Soul of the Nation* (Princeton: Princeton University Press, 1995).

_______, 'Where You Stand Depends on What you See: Connections among Values, Perceptions of Fact, and Prescriptions', in James Kuklinski (ed.), *Citizens and Politics: Perspectives from Political Psychology* (Cambridge: Cambridge University Press, 2000).

HONIG, BONNIE, *Political Theory and the Displacement of Politics* (Ithaca, NY: Cornell University Press, 1993).

HONNETH, AXEL, *The Struggle for Recognition* (Cambridge, Mass.: MIT Press, 1995).

_______, 'Democracy as Reflexive Cooperation: John Dewey and the Theory of Democracy Today', *Political Theory*, 26/6 (Dec. 1998), 763–83.

HUNOLD, CHRISTIAN, and IRIS MARION YOUNG, 'Justice, Democracy, and Hazardous Siting', *Political Studies*, 46/1 (1998), 87–95.

HURLEY, SUSAN, 'Democracy, Rationality, and Leaky Boundaries', in Ian Shapiro and Casiano Hacker-Cordon (eds.), *Democracy's Edges* (Cambridge: Cambridge University Press, 1999).

INGRAM, DAVID, *Reason, History, and Politics* (Albany: State University of New York Press, 1995).

ISAAC, JEFFREY, *Democracy in Dark Times* (Ithaca, NY: Cornell University Press, 1998).

JARGOWSKY, PAUL A., *Poverty and Place: Ghettos, Barrios, Slums and the American City* (New York: Russell Sage, 1996).

JEONG, HO-WAON, 'The Struggle in the UN System for Wider Participation in Forming Global Economics Policies', in Chadwick F. Alger (ed.), *The Future of the United Nations System: Potential for the Twenty-First Century* (New York: United Nations University, 1998).

JOHNSON, ALEX J., 'Bid Whist, Tonk and *United States* vs. *Fordice*: Why Integrationism Fails African Americans Again', *California Law Review*, 81/6 (Dec. 1993), 1401-70.

JUTKOWITZ, JOEL M., 'Civil Society and Democratic Development in Chile', Paper presented to the American Political Science Association, Chicago, Sept. 1995.

KNIGHT, JACK, and JAMES JOHNSON, 'Aggregation and Deliberation: On the Possibility of Democratic Legitimacy', *Political Theory*, 22/2 (May 1994), 277-98.

KYMLICKA, WILL, *Liberalism, Community, and Culture* (Oxford: Oxford University Press, 1989).

______, *Multicultural Citizenship* (New York: Oxford University Press, 1996).

______, (ed.), 'Together in Difference: Transforming the Logic of Group Political Conflict', in *The Rights of Minority Cultures* (Oxford: Oxford University Press, 1995).

LARA, MARIA PIA, *Moral Textures: Feminist Narratives in the Public Sphere* (Cambridge: Polity Press, 1998).

LARMORE, CHARLES, *Patterns of Moral Complexity* (Cambridge: Cambridge University Press, 1987).

LEFORT, CLAUDE, *The Political Forms of Modern Society* (Cambridge, Mass.: MIT Press, 1986).

LEVI, MARGARET, 'Social and Unsocial Capital: A Review Essay of Robert Putnam's *Making Democracy Work*', *Politics and Society*, 24/1 (Mar. 1996), 45–55.

LÉVINAS, EMMANUEL, *Otherwise than Being, or Beyond Essence*, trans. Alphonso Lingis (The Hague: Nijhoff, 1981).

LIPSCHUTZ, RONNIE D., 'Reconstructing World Politics: The Emergence of Global Civil Society', *Millennium*, 21/3 (Winter 1992), 389–420.

LUGONES, MARIA, 'Purity, Impurity and Separation', *Signs: A Journal of Women in Cultural and Society*, 19/2 (Winter 1994), 458–79.

LYOTARD, JEAN-FRANÇOIS, *The Differend: Phrases in Dispute* (Minneapolis: University of Minnesota Press, 1988).

MAAKA, ROGER, and AUGIE FLERA, 'From Entitlement to Re-engagement as Indigenous Affairs Agenda: *Tino Rangatiratanga* and the Politics of Indigeneity in Aotearoa/New Zealand', in Paul Patton and Duncan Ivason (eds.), *Political Theory and the Rights of Indigenous Peoples* (Cambridge: Cambridge University Press, 2000).

MCCARTHY, THOMAS, 'Practical Discourse: On the Relation of Morality to Politics', in Craig Calhoun (ed.), *Habermas and the Public Sphere* (Cambridge, Mass.: MIT Press, 1992).

MACDONALD, J., *Racism and Rental Accommodation* (Auckland: Social Research and Development Trust, 1986).

MCIVOY, DAVID, 'Greater London in Britain's First Ethnic Census', in Curtis C. Roseman, Hans Dieter Laus, and Gunther Threme (eds.), *EthniCity: Geographic Perspectives on Ethnic Change in Modern Cities* (Lanham, Md.: Rowman & Littlefield, 1996).

MACPHERSON, C. B., *The Life and Times of Liberal Democracy* (Oxford: Oxford University Press, 1977).

MANDELBAUM, SEYMOUR, 'Telling Stories', *Journal of Planning Research*, 10/3 (1991), 109–214.

MANSBRIDGE, JANE, *Beyond Adversary Democracy* (New York: Basic Books, 1980).

_______, 'Feminism and Democratic Community', in John W. Chapman and Ian Shapiro (eds.), *Democratic Community*, NOMOS 35 (New York: New York University Press, 1991).

_______, 'A Deliberative Perspective of Interest Representation', in Mark P. Patracca (ed.), *The Politics of Interest: Interest Groups Transformed* (Boulder, Colo.: Westview Press, 1992).

_______, 'Self-Interest and Political Transformation', in George E. Marcus and Russell L. Hanson (eds.), *Reconsidering the Democratic Public* (University Park: Pennsylvania State University Press, 1993).

_______, 'Activism Writ Small, Deliberation Writ Large', Paper presented to the American Political Science Association, Washington, Sept. 1997.

MARCUSE, HERBERT, *One Dimensional Man* (Boston: Beacon Press, 1964).

MARCUSE, PETER, 'The Enclave, the Citadel, and the Ghetto: What has Changed in the Post-Fordist U.S. City', *Urban Affairs Review*, 33/2 (Nov. 1997), 228–64.

MARTIN, BILL, *Matrix and Line* (Albany: State University of New York Press, 1993).

MASSEY, DOUGLAS S., 'The Age of Extremes: Concentrated Affluence and Poverty in the Twenty-First Century', *Demography*, 33/4 (Nov. 1996), 395–412.

_______, and NANCY DENTON, *American Apartheid* (Cambridge, Mass.: Harvard University Press, 1993).

MATUŠTÍLK, MARTIN J., *Postnational Identity: Critical Theory and Existential Philosophy in Habermas, Kierkegaard, and Havel* (New York: The Guildford Press, 1993).

_______, 'Back to the Future: Marcuse and New Critical Theory', foreword to William Wilkerson and Jeffrey Paris (eds.), *New Critical Theory: Essays on Liberation* (Lanham, Md.: Rowman & Littlefield, 2000).

MAY, LARRY, *The Morality of Groups* (Chicago: University of Chicago Press, 1988).

_______, *Sharing Responsibility* (Chicago: University of Chicago Press, 1993).

MAYEKISO, MZWANELE, *Township Politics: Civic Struggles for a New South Africa* (New York: Monthly Review Press, 1996).

MAYER, CHRISTOPHER J., 'Does Location Matter?', *New England Economic Review* (May–June 1996), 26–40.

MELUCCI, ALBERTO, *Nomads of the Present: Social Movements and Individual Need in Contemporary Society* (London: Radius, 1989).

METGE, JOAN, *The Maoris of New Zealand: Tauhai* (London: Routledge & Kegan Paul, 1976).

MEYERS, DIANA TIETZEJS, *Subjection and Subjectivity* (New York: Routledge, 1994).

MICHELMAN, FRANK, 'Traces of Self-Government', *Harvard Law Review*, 100 (1986), 4–77.

MIK, GER, 'Housing Segregation and Policy in the Dutch Metropolitan Environment', in Elizabeth D. Huttman (ed.), and Wim Blauw and Juliet Satman (co-eds.), *Urban Housing Segregation of Minorities in Western Europe and the United States* (Durham, NC: Duke University Press, 1991).

MILL, JOHN STUART, *On Liberty* (New York: MacMillan, 1999).

MILLER, DAVID, *On Nationality* (Oxford: Oxford University Press, 1995).

_______, 'Deliberative Democracy and Social Choice', in David Held (ed.), *Prospects for Democracy* (Oxford: Polity Press, 1993).

MINOW, MARTHA, *Making All the Difference* (Ithaca, NY: Cornell University Press, 1990).

MLEAY, ELIZABETH, 'Housing Policy', in Jonathan Boston and Paul Dalziel (eds.), *The Decent Society? Essays in Response to the Nation's Economic and Social Policies* (Auckland: Oxford University Press, 1992).

MOHANTY, SATYA, 'The Epistemic Status of Cultural Identity', *Cultural Critique*, 24 (Spring 1993), 41–80.

MONROE, KRISTIN RENWICK and LINA HADDA KREIDI, 'The Perspective of Islamic Fundamentalists and the Limits of Rational Choice Theory', *Political Psychology*, 18/1 (1997), 19–43.

MOUFFE, CHANTAL, *The Return of the Political* (London: Verso, 1993).

_______, 'Democracy, Power, and the "Political"', in Seyla Benhabib (ed.), *Democracy and Difference* (Princeton: Princeton University Press, 1996).

MOYA, PAULA, 'Postmodernism, "Realism" and the Politics of Identity: Cherrie Moraga and Chicana Feminism', in Chandra Talpade Mohant and M. Jacquie Alexander (eds.), *Feminist Genealogies, Colonial Legacies, Democratic Futures* (New York: Routledge, 1997).

MULGAN, RICHARD, *Maori, Pakeha, and Democracy* (Auckland: Oxford University Press, 1989).

NEDELSKY, JENNIFER, 'Relational Autonomy', *Yale Women's Law Journal*, 1/1 (1989), 7-36.

_______, 'Law, Boundaries, and the Bounded Self', in Robert Post (ed.), *Law and the Order of Culture* (Berkeley: University of California Press, 1991).

NELSON, HILDE, 'Resistance and Insubordination', *Hypatia: A Journal of Feminist Philosophy*, 10/2 (Spring 1995), 23-40.

NELSON, ROBERT H., *Zoning and Property Rights: An Analysis of the American System of Land-Use Regulation* (Cambridge, Mass.: MIT Press, 1977).

NICHOLSON, LINDA (ed.), *Feminism/Postmodernism* (New York: Routledge, 1990).

NIELSEN, KAI, 'Reconceptualizing Civil Society for Now: Some Somewhat Gramscian Turnings', in Michael Walter (ed.), *Toward a Global Civil Society* (Providence, RI: Berhahan Books, 1995).

NOZICK, ROBERT, *Anarchy, State and Utopia* (Cambridge, Mass.: Harvard University Press, 1974).

NUSSBAUM, MARTHA, 'Patriotism and Cosmospolitanism', in Joshua Cohen (ed.), *For Love of Country* (Boston: Beacon Press, 1996).

OFFE, CLAUS, *Contradictions of the Welfare State* (Cambridge, Mass.: MIT Press, 1984).

_______, 'Bindings, Shackles, Brakes: On Self-Limitation Strategies', in *Modernity and the State* (Cambridge, Mass.: MIT Press, 1996).

OKIN, SUSAN, *Justice, Gender and the Family* (New York: Basic Books, 1989).

OLIVER, J. ERIC, 'Civic Involvement in Suburbia: The Effects of Metropolitan Economic Segregation on Participation in Local Civic Affairs', Paper presented to the American Political Science Association, Washington, Sept. 1997.

O'NEILL, ONORA, *Toward Justice and Virtue* (Cambridge: Cambridge University Press, 1996).

O'NEILL, SHANE, 'Mutual Recognition and the Accommodation of National Diversity: Constitutional Justice in Northern Ireland.', in Alain G. Gagnon and James Tully (eds.), *Struggles for Recognition in Multicultural Societies* (Cambridge: Cambridge University Press, 2000).

PALANCO, HECTOR DIAZ, *Indigenous Peoples in Latin America: The Quest for Self–Determination*, trans. Lucia Rayas (Boulder, Colo.: Westview Press, 1997).

PETTIT, PHILIP, *Republicanism* (Oxford: Oxford University Press, 1997).

PHILLIPS, ANNE, *Democracy and Difference* (University Park: Pennsylvania State University Press, 1993).

_______, *The Politics of Presence* (Oxford: Oxford University Press, 1995).

PITKIN, HANNA, *The Concept of Representation* (Berkeley: University of California Press, 1971).

PLOTKE, DAVID, 'Representation is Democracy', *Constellations*, 4/1 (Apr. 1997), 19–34.

POGGE, THOMAS, 'Cosmopolitanism and Sovereignty', *Ethics*, 103 (Oct. 1992), 48–75.

_______, 'Creating Supra–national Institutions Democratically: Reflections on the European Union's "Democratic Deficit"', *Journal of Political Philosophy*, 5/2 (June 1997), 163–82.

PUTNAM, HILARY, 'A Reconsideration of Deweyan Democracy', *Southern California Law Review*, 63/6 (Sept. 1990), 1671–97.

_______, 'Pragmatism and Moral Objectivity', in Martha Nussbaum and Jonathan Glover (eds.), *Women, Culture and Development* (Oxford: Oxford University Press, 1995).

PUTNAM, ROBERT, *Making Democracy Work: Civic Traditions in Modern Italy* (Princeton: Princeton University Press, 1993).

PZEWORSKI, ADAM, and IMMANUEL WALLTERSTEIN, 'Structural Dependence of the State on Capital', *American Political Science Review*, 82/1 (1989), 11-29.

RAWLS, JOHN, *A Theory of Justice* (Cambridge, Mass.: Harvard University Press, 1971).

_______, *Political Liberalism* (New York: Columbia University Press, 1993).

REHG, BILL, 'Reason and Rhetoric in Habermas's Theory of Augumentation', in Walter Jost and Michael Hyde (eds.), *Rhetoric and Hermeneutics in Our Time* (New Haven: Yale University Press, 1997).

REMER, GARY, 'Political Oratory and Conversation: Cicero versus Deliberative Democracy', *Political Theory*, 27/1 (Feb. 1999), 39-64.

RIPSTEIN, ARTHUR, 'Context, Continuity, Fairness', in Robert McKim and Jeff McMahon (eds.), *The Morality of Nationalism* (Oxford: Oxford University Press, 1997).

ROBBINS, BRUCE (ed.), *The Phantom Public Sphere* (Minneapolis: University of Minnesota Press, 1993).

RODGER, JOHN J., 'On the Degeneration of the Public Sphere', *Political Studies*, 32 (1985), 203-17.

RONNEBERGE, KLAUS, 'Zitadellenökonomie und soziale Transformation der Stadt', in X. Noller, X. Prigger, and Klaus Ronneberger (ed.), *Stadt-Welt* (Frankfurt, 1994).

ROSENBLUM, NANCY, *Membership and Morals: The Personal Uses of Pluralism in America* (Princeton: Princeton University Press, 1998).

ROSS, THOMAS, 'Despair and Redemption in the Feminist Nomos', *Indiana Law Review*, 69/1 (Winter 1993), 101-36.

RUGGIE, JOHN GERARD, 'Territoriality and Beyond: Problematizing Modernity in International Relations', *International Organization*, 47/1 (Winter 1993), 139–74.

RUSK, DAVID, *Cities without Suburbs* (Washington: Woodrow Wilson Center Press, 1993).

RYDEN, DAVID, *Representation in Crisis: The Constitution, Interest Groups, and Political Parties* (Albany: State University of New York Press, 1996).

SANDERS, LYNN, 'Against Deliberation', *Political Theory*, 25/3 (June 1997), 347–76.

_______, and DONALD KINDER, *Divided by Color: Racial Politics and Democratic Ideals* (Chicago: University of Chicago Press, 1996).

SARTRE, JEAN-PAUL, *Critique of Dialectical Reason*, trans. Alan Sheridan-Smith (London: New Left Books, 1976).

SAVITCH, HANK V., and RONALD K. VOGEL, 'Ties that Bind: Central Cities, Suburbs and the New Metropolitan Region', *Economic Development Quarterly*, 7/4 (Nov. 1993), 341.

_______, *Regional Politics: America in a Post-City Age* (Thousand Oaks, Calif.: Sage, 1996).

SCHEFFLER, SAMUEL, 'Liberalism, Nationalism, and Egalitarianism', in Robert McKim and Jeff McMahon (eds.), *The Morality of Nationalism* (Oxford: Oxford University Press, 1997).

SCHWARTZ, NANCY, *The Blue Guitar: Political Representation and Community* (Chicago: University of Chicago Press, 1988).

SCOTT, CRAIG, 'Indigenous Self-Determination and Decolonization of the International Imagination: A Plea', *Human Rights Quarterly*, 18 (1996), 814–20.

SEIDMAN, STEVEN, 'Identity and Politics in a "Postmodern" Gay Culture', in *Difference Troubles: Queering Social Theory and Sexual Politics* (Cambridge: Cambridge University Press, 1997).

SEN, AMARTYA, *Inequality Reexamined* (Cambridge, Mass.: Harvard University Press, 1992).

_______, 'Justice: Means versus Freedoms', *Philosophy and Public Affairs*, 19 (Spring 1990), 111–21.

SHAPIRO, IAN, 'Elements of Democratic Justice', *Political Theory*, 24/4 (Nov. 1996), 579–619.

_______, *Democratic Justice* (New Haven: Yale University Press, 1999).

SHAPIRO, JOSEPH P., *No Pity: People with Disabilities Forging a New Civil Rights Movement* (New York: New York Times Books, 1993).

SILVERS, ANITA, 'Formal Justice', in Anita Silvers, David Wasserman, and Mary B. Mahowald (eds.), *Disability, Difference, Discrimination: Perspectives on Justice in Bioethics and Public Policy* (Lanham, Md.: Rowman & Littlefield, 1998).

SKILLING, H. GORDON, *Samizdat and an Independent Society in Central and Eastern Europe* (Oxford: Macmillan, 1989).

SMITH, KIMBERLY K., 'Storytelling, Sympathy, and Moral Judgement in American Abolitionism', *Journal of Political Philosophy*, 6/4 (1998), 356–77.

SMITH, SUSAN, *The Politics of 'Race' and Residence* (Oxford: Blackwell, 1988).

_______, 'Residential Segregation and the Politics of Ritualization', in Malcolm Cross and Michael Smith (eds.), *Racism, the City and the State* (London: Routledge, 1993).

SOMMER, DORIS, 'Not Just a Personal Story: Women's *Testimonios* and the Plural Self', in Bella Brodzski and Celeste Schenk (eds.), *Lifelines:*

Theorizing Women's Autobiography (Ithaca, NY Cornell University Press, 1988).

SOYSAL, YASEMIN NOHAGLU, *Limits of Citizenship: Migrants and Post-national Membership in Europe* (Chicago: University of Chicago Press, 1994).

SPARKS, HOLLOWAY, 'Dissident Citizenship: Democratic Theory, Political Change, and Activist Women', *Hypatia: Journal of Feminist Philosophy*, 12/4 (Fall 1997), 74-109.

SPELMAN, ELIZABETH V., *Inessential Woman* (Boston: Beacon Press, 1988).

SPRAGENS, THOMAS, *Reason and Democracy* (Durham, NC: Duke University Press, 1990).

STEVENSON, NICK (ed.), *Cultural Citizenship* (London: Sage, 1998).

STORPER, MICHAEL, *The Regional World: Territorial Development in a Global Economy* (London: Guilford Press, 1997).

SUNSTEIN, CASS R., 'Preferences and Politics', *Philosophy and Public Affairs*, 20 (Winter 1991), 3-34.

_______, *The Partial Constitution* (Cambridge, Mass.: Harvard University Press, 1993).

SZAZ, ANDREW, 'Progress through Mischief: The Social Movement Alternative to Secondary Associations', in E. O. Wright (ed.), *Associations and Democracy* (London: Verso, 1995).

TAMIR, YAEL, *Liberal Nationalism* (Princeton: Princeton University Press, 1993).

TAN KOK-CHOR, 'Kantian Ethics and Global Justice', *Social Theory and Practice*, 23 (Spring 1997), 53-62.

TAYLOR, CHARLES, 'Multiculturalism and the Politics of Recognition', in Amy Gutmann (ed.), *Multiculturalism* (Princeton: Princeton University Press, 1992).

TESTER, KEITH, *Civil Society* (London: Routledge, 1998).

TULLY, JAMES, *Strange Multiplicity* (Cambridge: Cambridge University Press, 1995).

VAN PARIJS, PHILIPPE, 'Justice and Democracy: Are they Incompatible?', *Journal of Political Philosophy*, 4/2 (June 1996), 101–17.

VAYRYNEN, RAIMO, 'Enforcement and Humanitarian Intervention: Two Faces of Collective Action by the UN', in Chadwick F. Alger (ed.), *The Future of the United Nations System: Potential for the Twenty-First Century* (New York: United Nations University, 1998).

VERBA, SIDNEY, KAY LEHMAN SCHOLZMAN, and HENRY E. BRADY, *Voice and Equality: Civic Voluntarism in American Politics* (Cambridge, Mass.: Harvard University Press, 1995).

VOGEL, JOACHIM, 'Urban Segregation in Sweden: Housing Policy, Housing Markets, and the Spatial Distribution of Households in Metropolitan Areas', *Social Indicators Research*, 27 (1992), 139–55.

WACQUANT, LOIC J. D., '"Race", Class and Space in Chicago and Paris', in Katherine McFate, Roger Lawson, and William Julius Wilson (eds.), *Poverty, Inequality and the Future of Social Policy* (New York: Russell Sage, 1995).

WALDRON, JEREMY, 'Minority Cultures and the Cosmopolitan Alternative', in Will Kymlicka (ed.), *The Rights of Minority Cultures* (Oxford: Oxford University Press, 1995).

WALKER, MARGARET, *Moral Understandings: Feminist Studies in Ethics* (New York: Routledge, 1997).

WALTON, DOUGLAS, *The Place of Emotion in Argument* (University Park: Pennsylvania State University Press, 1992).

WALZER, MICHAEL, *The Company of Critics: Social Criticism and Political Commitment in the Twentieth Century* (New York: Basic Books, 1990).

______, *Thick and Thin: Moral Argument at Home and Abroad* (Notre Dame, Ind.: Notre Dame University Press, 1994).

______, 'The Idea of Civil Society', in Walzer (ed.), *Toward a Global Civil Society* (Providence, RI: Berhahan Books, 1995).

WARREN, MARK, 'What Should We Expect from More Democracy? Radically Democratic Responses to Politics', *Political Theory*, 24/2 (May 1996), 241–70.

WEIR, MARGARET, 'The Politics of Racial Isolation in Europe and America', in Paul E. Peterson (ed.), *Classifying by Race* (Princeton: Princeton University Press, 1995).

WELDON, S. L., 'The Political Representation of Women: The Impact of a Critical Mass', Paper presented to the American Political Science Association, San Francisco, Sept. 1996.

WENDELL, SUSAN, *The Rejected Body* (New York: Routledge Press, 1996).

WHITE, STEPHEN, *Political Theory and Postmodernism* (Cambridge: Cambridge University Press, 1991).

WILKINS, BARRY, 'Debt and Underdevelopment: The Case for Cancelling Third World Debts', in Robin Attfield and Barry Wilkins (eds.), *International Justice and the Third World* (London: Routledge, 1992).

WILLIAMS, MELISSA, *Voice, Trust and Memory: Marginalized Groups and the Failure of Liberal Representation* (Princeton: Princeton University Press, 1998).

WILMER, FRANKE, *The Indigenous Voice in World Politics* (London: Sage, 1993).

WILSON, WILLIAM JULIUS, *When Work Disappears* (New York: Knopf, 1997).

WOLFE, ALAN, and JYETTE LAUSEN, 'Identity Politics and the Welfare State', *Social Philosophy and Policy*, 14/2 (Summer 1997), 231–55.

WRIGHT, ERIC OLIN, *Class Counts* (Cambridge: Cambridge University Press, 1997).

YEATMAN, ANNA, 'Beyond Natural Right: The Conditions for Universal Citizenship', in *Postmodern Revisions of the Political* (New York: Routledge, 1994).

_______, 'Minorities and the Politics of Difference', in *Postmodern Revisions of the Political* (New York: Routledge, 1994).

_______, 'Feminism and Citizenship', in Nick Stevenson (ed.), *Cultural Citizenship* (London: Sage, 1998).

_______, and MARGARET WILSON (eds.), *Justice and Identity: Antipodean Practices* (Wellington: Bridget Williams Books, 1995).

YOUNG, IRIS MARION, 'The Ideal of Community and the Politics of Difference', in Linda Nicholson (ed.), *Feminism/Postmodernism* (New York: Routledge, 1990).

_______, 'Impartiality and the Civic Public: A Critique of the Ideal of University Citizenship', in *Throwing Like a Girl and Other Essays in the Feminist Philosophy and Social Theory* (Bloomington: Indiana University Press, 1990).

_______, *Justice and the Politics of Difference* (Princeton: Princeton University Press, 1990).

_______, 'Rawls's *Political Liberalism*', *Journal of Political Philosophy*, 3/2 (June 1995), 181–90.

_______, 'Together in Difference: Transforming the Logic of Group Political Conflict', in Will Kymlicka (ed.), *The Rights of Minority Cultures* (Oxford: Oxford University Press, 1995).

_______, 'Communication and the Other: Beyond Deliberative Democracy', in Seyla Benhabib (ed.), *Democracy and Difference* (Princeton: Princeton University Press, 1996).

______, 'A Multicultural Continuum: A Critique of Will Kymlicka', *Constellations*, 4/1 (April 1997), 48–53.

______, 'Asymmetrical Reciprocity: On Moral Respect, Wonder, and Enlarged Thought', in *Intersecting Voices: Dilemmas of Gender, Political Philosophy and Policy* (Princeton: Princeton University Press, 1997).

______, 'Gender as Seriality: Thinking about Women as a Social Collective', in *Intersecting Voices: Dilemmas of Gender, Political Philosophy and Policy* (Princeton: Princeton University Press, 1997).

______, 'Unruly Cateogries: A Critique of Nancy Fraser's Dual Systems Theory', *New Left Review*, 222 (Mar.–Apr. 1997), 147–60.

______, 'Justice, Inclusion and Deliberative Democracy', in Stephen Macedo (ed.), *Deliberative Politics: Essays on Democracy and Disagreement* (Oxford: Oxford University Press, 1999).

색인

(ㄹ)

(ㅁ)

(ㅅ)

(ㅇ)

(ㅈ)

(ㅊ)

(ㅋ)

(ㅎ)

저자 약력

아이리스 매리온 영(Iris Marion Young)

사회적 약자의 입장에서 정의와 민주주의를 이야기하는 대표적인 정치철학자이자 페미니즘 이론가이다. 2006년 57세로 세상을 떠나기 전까지 시카고 대학교(University of Chicago) 정치학과에서 정의론, 민주주의이론, 페미니즘이론 등을 가르쳤다. 주요 저서로는 *Justice and the Politics of Difference*(1990), *Intersecting Voices: Dilemmas of Gender, Political Philosophy, and Policy*(1997), *Inclusion and Democracy*(2000), *On Female Body Experience: "Throwing Like a Girl" and Other Essays*(2005), *Global Challenges: War, Self-Determination, and Responsibility for Justice*(2006), *Responsibility for Justice*(2011) 등이 있다. 미국정치학회에서는 페미니스트 정치이론의 최우수 논문을 영(Iris Marion Young)과 오킨(Susan Moller Okin)의 기여를 기리고자 영과 오킨의 이름(Okin-Young Award)으로 매년 수여하고 있다.

역자 약력

김희강

고려대학교 행정학과 교수이다. University of Chicago에서 정치사상으로 박사학위를 받았다. 주요 관심분야는 공공철학, 규범적 정책분석, 돌봄윤리 등이다. 최근 저역서로는 『정책의 규범적 분석』(2016), 『돌봄과 공정』(공편, 2018), 『돌봄지원국가』(근간), 『돌봄민주주의』(2014), 『돌봄: 돌봄윤리』(2017), 『돌봄: 정의의 심장』(2017), 『돌봄: 사랑의 노동』(2016) 등이 있다.

나상원

보건복지자원연구원 기획위원이다. 요양보호사와 장애인 활동보조인이다. 돌봄노동자에 관심을 갖고 있다. 번역서로는 『자유의 미래』(2004), 『돌봄 민주주의』(2014), 『돌봄: 돌봄윤리』(2016), 『돌봄: 정의의 심장』(2016), 『돌봄: 사랑의 노동』(2016) 등이 있다.

이 저서는 2018년 대한민국 교육부와 한국연구재단의 지원을 받아 수행된 연구임(NRF-2018S1A3A2075609).

포용과 민주주의

초판발행 2020년 8월 31일

지은이 Iris Marion Young
옮긴이 김희강 · 나상원
펴낸이 안종만 · 안상준

편 집 장유나
기획/마케팅 이영조
표지디자인 조아라
제 작 고철민 · 조영환

펴낸곳 (주) 박영사
서울특별시 금천구 가산디지털2로 53, 210호(가산동, 한라시그마밸리)
등록 1959. 3. 11. 제300-1959-1호(倫)
전 화 02)733-6771
f a x 02)736-4818
e-mail pys@pybook.co.kr
homepage www.pybook.co.kr
ISBN 979-11-303-1063-3 93340

* 파본은 구입하신 곳에서 교환해 드립니다. 본서의 무단복제행위를 금합니다.
* 공역자와 협의하여 인지첩부를 생략합니다.

정 가 22,000원